元華文創

從肉刑到流刑

漢唐之間
刑罰制度的變革

**From Corporal Punishment
to Banishment**
The Evolution of Penalty System
during Han and Tang Dynasties

陳俊強 著

流放刑，一種源遠流長又變化多端的刑罰。
作者能小處著手，大處著眼，
兼具微觀考察與宏觀視野，
以雋永典雅的筆調，
娓娓道來流刑的發展、變遷與地位。

序　從肉刑到流刑
——漢唐之間刑罰制度的變革

　　從中國刑罰制度發展史的角度觀察，秦漢時期最令人矚目的，無疑是徒刑的發達與肉刑的廢除。相對於此，隋唐時期最值得注意的，顯然是流刑的邁向成熟，進而促成笞、杖、徒、流、死的新五刑趨於完備，影響後世垂一千二百多年之久。將犯人遠逐流徙之刑罰，古已有之，但直至北魏孝文帝太和十六年（492）流刑方始成為律典之正刑。以肉刑為核心的「古典刑罰」終於在流刑創制入律後走入歷史，以徒刑、流刑為主體的「傳統刑罰」於焉奠定。自漢文帝十三年廢肉刑後，刑罰制度歷經六、七百年的摸索，變革轉型的工程方才告一段落。是故，流刑之成立與成熟影響後世至深且鉅，實不可等閒視之。長久以來，中國法制史學界多著眼於犯罪而較忽視刑罰，至於從鉅視角度宏觀析論漢唐之間刑罰嬗變的論著更是少見。《從肉刑到流刑——漢唐之間刑罰制度的變革》擬以流刑創制與發展為主軸，考察六朝隋唐數百年間刑罰制度的發展，從而勾勒「古典刑罰」到「傳統刑罰」的變革過程與意義。

　　拙稿終於付梓出版，心中固然雀躍，但亦是感觸良多。這本書在十年前就該出版了。

　　我的研究主題從漢唐帝王恩赦轉向刑罰的變革，尤其聚焦於流刑的研究，應該追溯到二十年前。2001 年 7 月「唐律研讀會」召開了一次「唐律名例律學術研討會」，當時正值博士畢業，在完成博士論文《北朝隋唐恩赦制度研究》後，理應在既有研究之外，思索新的發展領域。在探討北朝隋唐恩赦制度的發展與變遷時，發現隋唐帝王除了經常大赦天下以外，減死為流的「恩降」次數亦稱頻繁，此一現象並不見於魏晉南

朝或者北朝初期，流刑在皇帝恩赦中逐漸扮演重要角色，遂開啟了流刑研究的興趣。在該次研討會中發表了〈試論唐代的流刑〉一文，自此以流刑為主題展開了漢唐刑罰發展的系列研究，陸續完成〈試論唐代流刑的成立及其意義〉、〈三國兩晉南朝的流徙刑——流刑前史〉、〈漢末魏晉肉刑爭議析論〉、〈北朝流刑的研究〉、〈唐代的流刑——法律虛與實的一個考察〉、〈從天聖獄官令看唐宋的流刑〉等文章。

　　這本專書的撰寫計畫早在 2008 年就已經啟動，孰料因健康問題不得不暫予擱置。身體逐漸康復後，又承高明士老師之命投入高中歷史教科書編寫工作二年。中學課本每年讀者數以萬計，影響年青學子數年乃至數十年的歷史觀，其社會影響不容忽視。故對編寫工作一直謹之慎之，字斟句酌，投入的精力完全不亞於撰寫學術論文。教科書任務告一段落後，接下來就是學術主管的工作，不論是系主任、研究中心主任還是院長，九年光陰，倏忽飛逝。行政工作既是服務眾人之事，處事必須先公後私，況且自認並非行政長才，更須全心全力投入方能勉強勝任，於是大多時間與心力都耗費在行政公務上。十多年間種種意料之外的境遇，雖是豐富了人生，但研究工作頗受干擾，舊著的修訂工作只能斷斷續續進行，出版計畫遂一再延宕。

　　今年年中如願卸下院長職務，並申請了半年的學術休假遠赴德國明斯特大學漢學系訪問研究。在擺脫行政雜務，遠離塵囂，置身恬謐愜意環境中，終於一鼓作氣把舊稿全面修訂與統整。全書各章大抵根據舊作修訂補充而成，但每段文字都重新檢視、反覆推敲，訂正增補改寫重組之處，比比皆是，某個意義而言，每章又幾乎是舊題新著。雖不敢說通篇皆嶄新創作，然與舊作相較，自信仍具相當新意。每篇文章當初撰寫時，自問用心經營，未曾懈怠，但董理舊稿時，總是發現錯漏之處仍多，有待增補之處不少，思之不禁慚愧。有時只好自我解嘲，或許並非往日不肖，而是日新又新，今天稍有長進吧。改寫過程中有些問題苦思終日，焚膏繼晷，心中疑團始終未能悉數解答，此為研究之苦吧？在反

覆推敲過程中有時靈光一閃發想新的方向，此為研究之樂吧？苦耶？樂
耶？點滴在心頭，想必學界同道亦有同感。書中各篇雖是同一主題的系
列著作，但難免有時詳於此而略於彼，這是興趣使然；有時長於此而短
於彼，這是學養使然，一切萬望讀者包涵諒察。

　　書中有多篇文章曾獲國科會（前稱科技部）研究計畫經費補助，特
誌謝忱。高明士老師創立的「唐律研讀會」在中國法制史學界舉足輕
重，我在創會之始即參與工作與活動，二十多年來在師長學友的鞭策砥
礪下，受益匪淺。德國明斯特大學漢學系邀請訪問三個月，使我能在自
由自在的氛圍下完成修訂工作，謹此誌謝。擔任行政主管期間，平日都
被大小瑣事纏繞，研究工作只能利用假日踥步前進，不免犧牲了與家人
的生活，心中多少有些歉疚，感謝賢內助麗冰與家人的支持與體諒。最
後，感謝元華文創在此不景氣的年代，仍慨允出版我這本學術專著。是
為序。

陳俊強

二〇二二年冬至日
謹識於臺北大學歷史學系研究室

目　次

序 章　問題所在

　　上古之世，斷肢體、刻肌膚的肉刑是懲罰罪犯主要的手段，及至戰國時代，徒刑興起，漸有取代肉刑之勢。終於在漢文帝十三年（前167）以「緹縈救父」為契機下，文帝毅然廢除肉刑，正式掀開了「古典刑罰」崩解的序幕。徒刑之興和肉刑之廢的確是刑罰制度的一大變遷，然而，若再拓寬視野來看，從肉刑到徒刑只是「古典刑罰」瓦解的開始，絕非刑罰制度重整的完成。肉刑被廢除後，不斷有人高喊要求恢復，相關爭議竟糾纏了五、六百年之久，顯然徒刑仍不足以完全取代肉刑的地位。刑罰制度的重整必有待新刑罰的創制並足以填補肉刑的位置，才能大功告成。

　　將犯人遠逐流徙之刑，古已有之，但直至第五世紀末的北魏孝文帝時期方始成為法律之正刑。自漢文帝廢除肉刑，歷經六百多年的摸索，終於在流刑入律後，刑罰體系的變革才算告一段落。流刑的創制標誌以肉刑為核心的「古典刑罰」走入歷史，由笞、杖、徒、流、死所構成的「傳統刑罰」正式確立，其在刑罰史上的地位可謂舉足輕重。關於六朝流放刑罰的發展和創制，學界僅有零星討論；而有關唐朝流刑的研究，既有成果雖然不算稀罕，但有待補充發揮之處仍多，至於從宏觀角度辨析六朝隋唐數百年間刑罰嬗變的論著更是少見。拙著《從肉刑到流刑——漢唐之間刑罰制度的變革》，擬以流放遠逐之刑為核心，考察魏晉隋唐刑罰制度的變遷，從而勾勒「古典刑罰」蛻變到「傳統刑罰」的過程，並進一步指出刑罰制度重整的歷史意義。

　　殘害身體的肉刑最終被廢棄容或是歷史發展的趨勢，不過，歷史的進程往往會遇上一些逆流。漢文帝鑑於肉刑不人道，而且阻絕犯人改過

遷善的機會，乃毅然宣布廢除，實一大創舉與德政。然而，嗣後數百年間倡議恢復肉刑的呼聲，竟是從未止歇。甚至，漢末魏晉二百多年間，就應否恢復肉刑一事，多次在朝中引起激烈爭辯。廢止了三、四百年的肉刑，呈現一種迴光返照之態。第一章〈古典刑罰的幽靈徘徊──漢魏以來恢復肉刑的爭議〉嘗試從外緣的角度，指出漢末魏晉二百多年間，朝廷何以就恢復肉刑一事多番爭論。另外，亦嘗試從刑罰制度發展的內在理路，分析肉刑爭議之意義。

　　肉刑爭議之平息乃至刑罰轉型之完成，必有待北朝隋唐流刑之確立與成熟，方始水到渠成。將罪犯逐離原籍，徙送遠處之處罰，古已有之，或稱「流」，或作「放」。漢代雖無流刑之名，但皇帝卻經常將罪犯減死遷徙到邊地。漢代徙邊之刑一直以代刑的角色存在，它是如何發展成為後來的流刑？流刑雖在北朝成立，但考諸史籍，魏晉南朝一直都存在將犯人流徙遠逐的懲罰，第二章〈三國兩晉南朝的流徙刑〉將針對漢末以降四百年的「流徙刑」作一全面考察。

　　流刑最終在北魏孝文帝太和年間創制入律，它是如何發展而成的？其成立的條件是甚麼？流刑入律與北魏末年政局有何關係？流刑最終在北朝而非南朝發展為正刑，又應如何理解呢？周隋流刑有何重大改革？北朝流刑與隋唐流刑的淵源關係是如何？史學界一直深受程樹德、陳寅恪等學者影響，以為隋唐刑律皆源自北齊而與北周無涉，確實如此嗎？第三章〈北朝流刑的成立與確立〉將檢討這些問題。

　　流刑發展到唐代臻於成熟，其具體運作規定詳見於律令之中。相對於唐律的完好留存，唐代令典卻早已亡佚。所幸近年發現藏於寧波天一閣的宋代《天聖令》殘本，其中〈獄官令〉等篇保留許多關於唐代流刑的令文，得以進一步探討流刑的具體運作。第四章〈律令中的流刑──唐代流刑的表相〉旨在利用唐律與唐令相關條文，分從流刑的斷決、流人的押送、流人至配所等三方面，考察唐代流刑的內容。

　　唐代律令法典之成熟固然毋庸置疑，但落實程度又是如何？紙上的

法律與實際執行之間是頗為一致抑或明顯落差？第五章〈實踐下的流刑
——唐代流刑的實相〉分從流刑的兩大元素——「放逐」與「勞役」，析
論流刑實際執行時，在律令規定以外的各種懲罰手段。另方面，流人依
律乃終身放逐，但自初唐以來，卻有不同形式的放免措施。本章將從流
刑的加重與流人的放免等兩個截然相反的方向，探討唐代流放的實際運
作。

　　唐代除了法定的「三流」以及在此基礎上發展而來的「加役流」與
「長流」之外，又陸續產生其他不稱為流刑，但卻具有遠逐性質的刑罰
——「配隸」、「安置」、「罰鎮」、「效力」。這些刑罰之具體內容是什麼？
處罰的對象是誰？與刑律中的流刑有何關係與差異？第六章〈非流之流
——唐代流刑的變相〉將一一釐清這些問題。

　　唐代史籍所見官人遭流放遠逐的案例，俯拾可得，顯見流刑確實普
遍施用。流刑是僅次於死刑的重刑，遭到判處流放的官人究竟犯了什麼
嚴重犯罪？流刑是他們原來的刑罰嗎？判刑確定後，這些官人最終接受
怎樣的處罰？他們的下場又是如何？第七章〈唐代前期流放官人的研
究〉與第八章〈唐代後期流放官人的研究〉，將以實際案例為基礎，分從
罪、刑、罰等角度，全面考察有唐一代的流放官人。

　　筆者一直感到好奇的是，一個時代為何需要創制新的刑罰？而新創
的刑罰會對既有的刑罰造成什麼衝擊呢？簡而言之，流刑對原來的徒
刑、死刑以及廢除已久卻不斷被倡議恢復的肉刑將帶來怎樣的影響？若
謂流刑的創制在刑罰變革中扮演關鍵角色，標誌「古典刑罰」的消逝以
及「傳統刑罰」的確立與奠定，刑罰變革的內涵究竟為何？終章〈流刑
的創制在刑罰史上的意義〉將從微觀角度析論流刑的成立與成熟對既有
刑罰的衝擊，亦擬從宏觀視野針對「古典刑罰」與「傳統刑罰」的內涵
提出幾點觀察。

第一章　古典刑罰的幽靈徘徊
——漢魏以來恢復肉刑的爭議

前　言

　　所謂肉刑，指對罪犯施以切斷肢體，割裂肌膚之刑罰，乃上古時期處罰罪犯之主要手段。肉刑或謂源自西南苗族，據《尚書・呂刑》：

> 蚩尤惟始作亂，延及于平民。罔不寇賊，鴟義姦宄，奪攘矯虔。苗民弗用靈，制以刑，惟作五虐之刑曰法。殺戮無辜，爰始淫爲劓、刵、椓、黥。[1]

蚩尤之世，苗民輕慢犯法，爭奪紛擾，於是作了劓、刵、椓、黥等刑加以懲治。劓，即割鼻；刵，即截耳；椓，或稱宮，即閹割；黥，或稱墨，即刺面。源出西南苗族的肉刑後來被中原國家所吸收，並構成周朝所謂的「五刑」，云：

> 墨罰之屬千，劓罰之屬千，剕罰之屬五百，宮罰之屬三百，大辟之罰其屬二百。五刑之屬三千。[2]

---

[1]　〔漢〕孔安國傳；〔唐〕孔穎達正義；廖名春、陳明整理，《尚書正義》（《十三經注疏》整理本）（北京：北京大學出版社，2000），卷19，頁630。

[2]　《尚書正義》，卷19，〈呂刑〉，頁643。

荆或稱刖，指斷足之刑。周朝墨刑與劓刑的條文各有一千條，荆刑的條
文有五百條，宮刑的條文有三百條，死刑的條文有二百條，五刑條文總
共三千條。另外，《周禮‧秋官‧司寇》云「墨者使守門，劓者使守關，
宮者使守內，刖者使守囿，髠者使守積。」[3]囚徒所服勞役類別是由肉刑
類別決定，可見殘害身體的肉刑在上古時期構成了刑罰制度的主體，勞
役刑此時仍是輔刑的角色。[4]

　　隨著社會進步，殘害人民肢體的刑罰，既不符合人道精神，亦損及
國家的勞動力和戰鬥力。春秋戰國之世，競爭激烈，列國力圖足食足
兵，肉刑自是不合時宜。職是之故，剝奪罪犯自由並利用其無償勞動的
徒刑逐漸興起，並進而取代肉刑在刑罰體系中的地位。[5]眾所周知，肉刑
正式在刑罰體系中被廢除，是在西漢文帝（前 202～前 157）十三年（前
167），其契機是有名的緹縈救父一事。漢文帝不僅被緹縈的孝行所感，
亦鑑於肉刑不人道，而且阻絕了人民改過遷善的機會，乃宣佈廢除肉
刑。[6]沿用千百年的肉刑，自此在法典中被廢除，[7]堪稱中國刑罰制度史

[3]　〔東漢〕鄭玄注；〔唐〕賈公彥疏；趙伯雄整理，《周禮注疏》（《十三經注疏》整理本）（北京：北京大學出版社，2000），卷 36，頁 1128。

[4]　韓樹峰，〈秦漢徒刑結構〉，收入氏著《漢魏法律與社會──以簡牘、文書為中心的考察》（北京：社會科學文獻，2011），頁 68。

[5]　杜正勝以為徒刑取代肉刑，正代表編戶齊民形成後，作為中央集權政府的基礎，中央政府更懂得善用人民的無償勞動。參看杜正勝著，《編戶齊民──傳統政治社會結構之形成》（臺北：聯經出版事業公司，1990）第七章〈刑法的轉變：從肉刑到徒刑〉。徒刑一名始見於六世紀的北周，之前或稱作刑、或稱歲刑、或稱耐刑、或稱刑罪，不一而足。為行文方便，除非特別需要，拙稿一律概稱為徒刑。

[6]　〔西漢〕司馬遷撰，《史記》（點校本）（北京：中華書局，1959）卷 10〈孝文本紀〉云：「今人有過，教未施而刑加焉，或欲改行為善而道毋由也。朕甚憐之。夫刑至斷支體，刻肌膚，終身不息，何其楚痛而不德也，豈稱為民父母之意哉！其除肉刑。」（頁 428）另可參看〔東漢〕班固撰；〔唐〕顏師古注，《漢書》（點校本）（北京：中華書局，1962），卷 23，〈刑法志〉，頁 1098。

[7]　自漢文帝廢肉刑後，某些肉刑雖有復用，但或具偶然性，或非律文之正刑，畢竟沒有普遍恢復，漢文帝的改革還是深具歷史意義的。參看韓國磐，《中國古代法制史研究》（北京：人民出版社，1993），頁 221-235。

之革命性事件。

　　據《漢書‧刑法志》的記載，肉刑被廢除後，犯肉刑者改科其他刑罰：

> 諸當完者，完為城旦舂；當黥者，髡鉗為城旦舂；當劓者，笞三百；當斬左止者，笞五百；當斬右止，……皆棄市。[8]

秦漢的劓和斬趾刑並不是單獨執行，而是經常附加於黥刑。替代劓和斬左趾等附加刑的笞刑，也應該是附加於正刑的刑罰。所謂「當劓者」，原來應是劓＋黥城旦舂之刑，而隨著黥刑被髡鉗刑取代，變成了笞＋髡鉗城旦舂。那麼，《漢書‧刑法志》中有關肉刑的變革，應是：

黥城旦舂→髡鉗城旦舂；

劓＋黥城旦舂→笞三百＋髡鉗城旦舂；

斬左趾＋黥城旦舂→笞五百＋髡鉗城旦舂；

斬右趾＋黥城旦舂→棄市。[9]

肉刑雖被廢除，但刑罰看來並沒有減輕。不管是笞五百抑或是笞三百，是「率多死」，更不必說原來斬右趾的現在改處以死刑了！難怪班固（32～92）以為文帝「外有輕刑之名，內實殺人。」[10]及至景帝（前 188～前 141）元年（前 156），下詔笞五百者減為三百，笞三百者減為二百，但笞死者仍多。至景帝中元六年（前 144），朝廷再減笞三百者為二百，笞

8　《漢書》，卷 23，〈刑法志〉，頁 1099。張建國據顏師古注文推測，以為當作「當黥者，髡鉗為城旦舂；當劓者〔籍笞〕，〔籍〕笞三百；當斬左止者，〔籍〕笞五百；當斬右止，……皆棄市。」「籍」是加的意思，「籍笞」當即加笞。參看張建國，〈前漢文帝刑法改革及其展開的再探討〉，收入氏著《帝國時代的中國法》（北京：法律出版社，1999），頁 192-195。

9　〔日〕冨谷至著；柴生芳、朱恒曄譯，《秦漢刑罰制度研究》（桂林：廣西師範大學出版社，2006），頁 90-95。張建國亦有相同的觀點，參看前揭〈前漢文帝刑法改革及其展開的再探討〉，頁 195-196。

10　《漢書》，卷 23，〈刑法志〉，頁 1099。

二百者為一百，並規定笞刑的箠的長短厚薄，被笞者只能笞臀，行刑時不得中途換人等，史稱「自是笞者得全」。[11]廢肉刑之美意始逐漸落實。

　　文帝廢肉刑的同時，亦為徒刑制定了刑期。學界目前普遍認為在漢文帝以前大多數罪人是沒有刑期，皆為「無期刑」。[12]不過，徒刑沒有刑期並不等於終身刑，蓋因朝廷經常不定期頒布赦令釋放刑徒，[13]所以有學者稱之為「不定期刑」或「無定期刑」。[14]據《漢書‧刑法志》的記載，文帝在廢肉刑後，「令罪人各以輕重，不亡逃，有年而免。」[15]「有年而免」，徒刑正式制定了刑期。[16]徒刑刑名與刑期分別為：髠鉗城旦舂，五歲刑；完城旦舂，四歲刑；鬼薪白粲、隸臣妾，三歲刑；司寇，二歲刑；戍罰作刑，一至三月。[17]廢除肉刑與徒刑制定刑期等刑罰改

---

[11] 景帝之改革見《漢書》，卷23，〈刑法志〉，頁1099-1100。

[12] 關於秦漢徒刑的刑期問題，研究甚夥，可參看高恒，〈秦律中的刑徒及其刑期問題〉，收入氏著《秦漢法制論考》（廈門：廈門大學，1994），頁86-97；栗勁，《秦律通論》（濟南：山東人民，1985），頁277-283；張金光，〈關於秦刑徒的幾個問題〉，《中華文史論叢》1985:1（上海：上海古籍，1985），頁21-47。張建國，〈西漢刑制改革新探〉，收入氏著《中國法系的形成與發達》（北京：北京大學，1997），頁228-248。

[13] 參看栗勁，《秦律通論》，頁279；拙著《魏晉南朝恩赦制度的探討》（臺北：文史哲出版社，1998），頁21。

[14] 冨谷至前揭《秦漢刑罰制度研究》，頁105-110；張建國，〈漢文帝改革相關問題點試詮〉，收入前揭氏著《帝國時代的中國法》，頁225-227。筆者以為法律中確實沒有規定徒刑的刑期，雖然在執行上或實務上刑徒有可能因赦令而放免，但就法定刑的概念而言，仍是屬於一種無期刑。

[15] 《漢書》，卷23，〈刑法志〉，頁1098。

[16] 邢義田認為漢文帝以前的秦漢刑罰已有刑期，文帝改革的意義是使原本存在的刑期制體系化和固定化。參看邢義田，〈從張家山漢簡《二年律令》重論秦漢的刑期問題〉，收入氏著《治國安邦：法制、行政與軍事》（北京：中華書局，2011），頁101-124。

[17] 參看滋賀秀三，〈前漢文帝の刑制改革をめぐって──漢書刑法志脱文の疑い──〉，收入氏著《中國法制史論集──法典と刑罰》（東京：創文社，2003），頁557-567；冨谷至前揭《秦漢刑罰制度研究》，頁81-116；張建國前揭〈前漢文帝刑法改革及其展開的再探討〉、〈漢文帝改革相關問題點試詮〉。〔漢〕衛宏撰；〔清〕孫星衍輯；周天游點校，《漢舊儀》，收入《漢官六種》（北京：中華書局，1990），頁85。張建國懷疑衛宏所云漢代徒刑刑期，其實是西漢後期東漢初年的制度，文帝十三年改革時，仍是繼承秦代水德，故色尚黑，數尚六。徒刑之刑期是：髠鉗城旦舂，刑期六年；完城旦舂，刑期五年；鬼薪白粲，刑期四年；隸臣妾，刑期三年；司寇，刑期二年。直至漢武帝太初

革，可說都是因為文帝著眼於為人民開闢改過自新之途的緣故。[18]

　　殘害身體的肉刑最終被廢棄，或許是歷史發展的趨勢。不過，歷史
的進展往往會遇上一些逆流。自漢文帝以後，要求恢復肉刑的呼聲，竟
是從未止歇。西漢末年的揚雄可能是最早提議恢復肉刑之人，[19]及至東
漢光武帝時，朝臣曾倡議恢復肉刑，[20]而稍後的班固亦在其《漢書·刑
法志》中強烈表達恢復肉刑之主張。[21]只是這些倡議並沒有引起重大迴
響。東漢末葉，恢復肉刑的倡議再起，爾後竟是此起彼落，至東晉晚期
而不曾間斷。廢止了三、四百年的肉刑，呈現一種迴光返照之態。關於
這些爭辯，學界頗有論及。[22]只是，筆者感到好奇的是，要求恢復肉刑

以後，徒刑刑期有所調整，衛宏所記乃調整後的新制。參見〈前漢文帝刑法改革及其展開的再探
討〉，頁 205。

[18] 滋賀秀三前揭〈前漢文帝の刑制改革をめぐって——漢書刑法志脫文の疑い——〉，頁 557-567；張
建國，〈漢文帝除肉刑的再評價〉，收入前揭氏著《帝國時代的中國法》，頁 228-241。

[19] 參看邢義田，〈從安土重遷論秦漢時代的徙民與遷徙刑〉附錄〈論遷徙刑之用與肉刑之不復〉，收入
前揭氏著《治國安邦：法制、行政與軍事》，頁 89。

[20] 〔南朝宋〕范曄撰；〔唐〕李賢等注，《後漢書》（點校本）（北京：中華書局，1965），卷 27，〈杜
林傳〉，頁 937-938。

[21] 關於班固的主張可參看拙著，〈漢唐正史〈刑法志〉的形成與變遷〉，《臺灣師大歷史學報》43（臺
北，2010），頁 1-48。

[22] 清末沈家本在《刑法分考》一書中，有專章討論肉刑及恢復肉刑之爭議。參看沈家本撰；鄧經元、
駢宇騫點校，《歷代刑法考》（北京：中華書局，1985），頁 155-181。民國初年楊鴻烈，《中國法律
思想史》（上海：商務印書館，1936；臺北：臺灣商務印書館，1984 重印）一書，亦設專章論「肉
刑復興問題」。二書所收肉刑資料豐富，為往後的研究帶來很大的便利。此外，早期較為重要的論
著，尚有劉公任，〈漢魏晉的肉刑論戰〉，《人文月刊》，8.1（上海，1937），頁 1-23。重澤俊郎，
〈漢魏に於ける肉刑論〉，《東洋の文化と社會》，2（京都，1952），頁 103-119。西田太一郎著，
《中國法制史研究》（東京：岩波書店，1974）第十一章〈肉刑論から見た刑罰思想〉。近年較重要
的論著，有范家偉，〈復肉刑議與漢魏思想之轉變〉，《中國史研究》，1996:1（北京，1996），頁 91-
98。王政勛，〈漢魏之際關於肉刑問題的辯論〉，《唐都學刊》，49（西安，1996），頁 57-60。張建
國，〈受肉刑問題困擾的刑罰制度〉，收入前揭《中國法系的形成與發達》，頁 172-187。宇培峰，
〈關於肉刑體系的沿革及廢棄之爭〉，收入韓延龍編，《法律史論集》（北京：法律出版社，2001），
頁 101-139。薛菁，《魏晉南北朝刑法體制研究》（福州：福建人民，2006），頁 41-79。拙著，〈漢末
魏晉肉刑爭議析論〉，《中國史學》，14（京都，2004），頁 71-85。

者甚多，但不是每一次提議都會引起朝廷的重視。譬如，漢末仲長統（180～220）、陳紀等要求恢復肉刑，然「漢朝既不議其事，固無所用矣。」[23]仲長統等人的意見，並沒引起很大的迴響。可是，有時候朝廷卻對恢復肉刑的建議，慎重其事，廣泛徵詢群臣意見，譬如魏明帝（205～239）太和元年（227）的一次，竟是「議者百餘人」，顯然朝廷就此問題展開激烈爭論。對於一種廢棄數百年的刑罰，為何朝廷會掀起激烈爭論？這點前輩學人似乎不曾觸及。此外，經過漫長和廣泛的討論，不管肉刑恢復論抑或是肉刑廢除論，都對肉刑乃至刑罰體系產生更加深刻的認識，筆者將檢視兩者的觀點。最後，在刑罰發展的鉅視角度下，這二百多年肉刑的爭議，代表甚麼意義呢？這些都是本章嘗試解決的問題。

第一節　爭議的政治背景

　　就史籍所見，自東漢晚年以迄東晉末葉的二百多年間，公開主張恢復肉刑者，前後共有十次。為使讀者方便檢閱，筆者製成附表一「漢末魏晉肉刑爭議表」。從附表可清楚看到，要求恢復肉刑的呼聲，從西元二世紀末的東漢晚年，持續到五世紀初的東晉末葉，從未間斷。試就這十次肉刑倡議的背景簡述如下：

　　第一次是發生在東漢末年，據《晉書·刑法志》云：

> 是時天下將亂，百姓有土崩之勢，刑罰不足以懲惡，於是名儒大才故遼東太守崔寔、大司農鄭玄、大鴻臚陳紀之徒，咸以為宜復行肉刑。漢朝既不議其事，故無所用矣。（頁921）

---

[23]　〔唐〕房玄齡等撰，《晉書》（點校本）（北京：中華書局，1974）卷30，〈刑法志〉，頁921。

《晉書‧刑法志》將此事繫於漢獻帝（180～234）建安元年（196）記事之後、建安十三年（208）再議肉刑之前，而《冊府元龜》在這段資料之前增加了「先是建安初」數字。[24]考陳紀死於建安四年（199），鄭玄死於五年（200），故此次倡議應發生在建安二、三年間。崔寔的議論見於《後漢書》本傳，陳紀的論點見於《三國志‧魏書‧陳群傳》，史稱朝廷「不議其事」，可知他們的倡議無疾而終。

　　第二次發生在建安十三年（208）。《晉書‧刑法志》云：「及魏武帝匡輔漢室，尚書令荀彧博訪百官，復欲申之。」荀彧之論或是受仲長統影響而來。[25]此事《晉書‧刑法志》沒有載明年月，但袁宏《後漢紀》繫於建安十三年，今從之。[26]復肉刑的倡議遭到少府孔融（153～208）嚴詞駁斥，最後「朝廷善之，卒不改。」[27]

　　第三次是在建安十八年（213）。宰制漢政多時的曹操有意恢復肉刑，御史中丞陳群、相國鍾繇贊成，然朝臣王朗和大司農郎中令王脩等反對。此事《三國志》〈武帝紀〉和〈陳群傳〉並無明確繫年，但據《三國志‧魏書‧王脩傳》云「魏國既建，（王脩）為大司農郎中令。太祖議行肉刑，脩以為時未可行，太祖採其議。」[28]考曹操晉爵魏公，建立魏國是在建安十八年五月，故司馬光將此事繫於建安十八年，是相當合理

24　〔宋〕王欽若等編纂，《冊府元龜》（北京：中華書局，1960），卷 610，〈刑法部二‧定律令二〉，頁 7323-2。

25　《後漢書》卷 49〈仲長統傳〉云：「尚書令荀彧聞統名，奇之，舉為尚書郎。後參丞相曹操軍事。」以荀彧與仲長統之關係，范家偉以為荀彧極可能向其諮詢有關肉刑之意見，參看前揭氏著〈復肉刑議與漢魏思想之轉變〉，頁 92。

26　〔晉〕袁宏撰；周天游校注，《後漢紀校注》（天津：天津古籍出版社，1987），卷 30，〈後漢孝獻皇帝紀〉，頁 836。

27　參看《晉書》，卷 30，〈刑法志〉，頁 921-922。

28　〔晉〕陳壽撰；〔南朝宋〕裴松之注；陳乃乾校點，《三國志》（北京：中華書局，1959），卷 11，〈魏書‧王脩傳〉，頁 347。

的。[29]正如前述，在荀彧的建議下，曹操即有意恢復肉刑，但最終因孔融的反對而作罷。建安十八年建魏國後，曹操重提舊議，有意在封國內先行恢復肉刑。這次參與討論的，不論是贊成的陳群抑或反對的王脩，都是以魏國大臣的身分發言。最後，曹操「難以藩國改漢朝之制，遂寢不行。」[30]

　　第四次的倡議，據《晉書‧刑法志》云「魏文帝受禪，又議肉刑」，看來時間應是魏朝創建伊始。這次倡導者仍是鍾繇，時為魏朝的大理，史稱「及文帝臨饗群臣，詔謂『大理欲復肉刑，此誠聖王之法。公卿當善共議。』議未決，會有軍事，復寢。」[31]魏文帝（220～226）顯然繼承乃父未竟之業，既以肉刑乃「聖王之法」，其贊成之態度更是昭然若揭了。然而，其事始終未決，顯然意見很不一致，最終「會有軍事，復寢。」

　　第五次發生在魏明帝太和元年（227）。這次倡議的人仍是鍾繇，時為魏朝太傅，反對恢復的主將是司徒王朗。此事在《三國志》〈明帝紀〉、〈鍾繇傳〉和〈王朗傳〉均無明確繫年，但據〈明帝紀〉可知鍾繇為太傅、王朗為司徒的時間，皆為明帝黃初七年（226）十二月事。次年明帝改元太和，而王朗則死於太和二年十一月，則議論肉刑之事必在之前發生。《資治通鑑》將此事繫於太和元年，今從之。鍾繇主張仿傚漢朝的舊例，凡犯棄市者，欲斬右趾者許之；其黥、劓、左趾、宮刑者，易以髡笞。明帝令公卿群僚共議其事，司徒王朗反對恢復肉刑，史稱「議者百餘人，與朗同者多。帝以吳、蜀未平，且寢。」[32]這次參與討論的朝臣，竟有百餘人之多，顯然徵詢範圍之廣泛，參與討論臣僚之眾多，

---

[29]　〔宋〕司馬光撰；〔元〕胡三省註，《資治通鑑》（點校本）（北京：中華書局，1981），卷 66，〈漢紀五十八〉，「漢獻帝建安十八年」條，頁 2124。

[30]　《晉書》，卷 30，〈刑法志〉，頁 922。

[31]　《三國志》，卷 13，〈魏書‧鍾繇傳〉，頁 397。

[32]　《三國志》，卷 13，〈魏書‧鍾繇傳〉，頁 398。

可謂曹魏王朝肉刑爭論最激烈的一次。結果，一如以往，與王朗同樣反對恢復肉刑者畢竟較多，朝廷最終以吳蜀未平而停止議論。

第六次發生在魏齊王芳正始年間。時河南尹李勝、散騎常侍曹彥、尚書丁謐又倡議恢復肉刑，但征西將軍夏侯玄、中領軍曹羲反對。值得注意的是，不論是主張抑或反對者，都屬大將軍曹爽集團中人，曹彥、曹羲更是曹爽之弟。這次看來是曹爽集團內部的意見交換，並非朝廷一場公開辯論。關於這次辯論，不見於《三國志》夏侯玄等人本傳，其詳情散見王隱《晉書》、《藝文類聚‧刑法部》、《通典‧刑法典‧刑法六》等。

第七次發生在晉武帝（236～290）太康十年（289），倡議者是曾擔任廷尉的劉頌（?～約 300）。據《晉書‧刑法志》謂劉頌曾屢次上表武帝建議恢復肉刑，其〈請復肉刑疏〉中主張將死刑之限輕，及三犯逃亡淫盜，一律處以肉刑。而疏文又云「臣昔常侍左右，數聞明詔，謂肉刑宜用，事便於政。」則武帝原來亦有恢復肉刑之意。但這次結果與之前的上疏一樣，「又不見省」。[33]

第八次倡議發生在東晉元帝太興元年（318）即位之初。據《晉書‧刑法志》云：

> 及（晉元）帝即位，（衛）展為廷尉，又上言：「古者肉刑，事經前聖，漢文除之，增加大辟。今人戶彫荒，百不遺一，而刑法峻重，非句踐養胎之義也。愚謂宜復古施行，以隆太平之

---

[33] 《晉書》，卷 30，〈刑法志〉，頁 931-933。關於劉頌上疏要求恢復肉刑的時間，〈刑法志〉雖完整收錄劉頌疏文，但沒有載明時間。而卷 46〈劉頌傳〉中收錄了劉頌在擔任淮南相時上疏論封國之制、東南六州將士之役、設官分職等事，然後提到「又論肉刑，見〈刑法志〉。」而武帝亦下詔答曰：「得表陳封國之制，宜如古典，任刑齊法，宜復肉刑，及六州將士之役，居職之宜，諸所陳聞，具知卿之乃心為國也。」可以推斷劉頌〈請復肉刑疏〉與上疏論封國之制應在同時，而《通鑑》將上疏論封國等事繫於太康十年，則議復肉刑之事或許亦在是年。

化。」詔內外通議。³⁴

廷尉衛展欲以肉刑代替死刑，以收繁衍人口之功，元帝詔內外通議。驃
騎將軍王導、太常賀循、侍中紀瞻、中書郎庾亮、大將軍諮議參軍梅
陶、散騎郎張嶷等贊成，但尚書周顗、尚書郎曹彥、中書郎桓彝等反
對，元帝猶欲從衛展之議，恢復肉刑，但大將軍王敦以為「百姓習俗日
久，忽復肉刑，必駭遠近。且逆寇未殄，不宜有慘酷之聲，以聞天
下。」³⁵這次爭議在王敦表達意見後平息，恢復肉刑的主張仍是沒有通
過。

第九次是東晉安帝元興二年（403）。據《晉書·刑法志》云：「至
安帝元興末，桓玄輔政，又議欲復肉刑斬左右趾之法，以輕死刑，命百
官議。」桓玄輔政，倡議恢復斬左右趾之法以代替死刑，著作佐郎蔡廓
贊成，而西閣祭酒孔琳之反對。史稱「時論多與琳之同，故遂不行。」³⁶

第十次是發生在南燕政權，時間是東晉安帝義熙二年（406）。南燕
主慕容超議復肉刑之事見於《晉書·慕容超載記》，《通鑑》繫於晉安帝
義熙二年（406），今從之。史稱「南燕主（慕容）超好變更舊制，朝野
多不悅；又欲復肉刑，增置烹轘之法，眾議不合而止。」³⁷

綜觀這十次倡議，有時候朝廷不議其事，有時候統治集團卻是廣徵
眾意，導致發言盈庭的局面。為何有些政權對於恢復肉刑如此熱衷討
論？筆者以為這些政權都有相同之政治背景，那就是與新王朝的創建有
關。

律令是現實國家制度的反映，在新王朝的創建之時，為了象徵新時

---

³⁴　《晉書》，卷30，〈刑法志〉，頁940。

³⁵　《晉書》，卷30，〈刑法志〉，頁942。

³⁶　《晉書》，卷30，〈刑法志〉，頁942。

³⁷　《資治通鑑》，卷114，〈晉紀三十六〉，「晉安帝義熙二年九月」條，頁3593。

代的來臨，新統治的展開，必須編纂一套嶄新的法典，代表一朝新制。法典中最重要的構成部分，無疑就是刑罰制度。[38]漢朝將肉刑廢除，堪稱刑罰發展史上一大革命。相對於此，嗣後新的王朝在編纂新的法典時，自然有必要慎重思考是否要繼承漢朝廢除肉刑後的刑罰制度？還是將肉刑重新置回刑罰制度之中，以顯示新時代的除「舊」佈「新」？

　　以上十次恢復肉刑的倡議，至少編號 3、4、5 等三次，顯然都與曹魏王朝的建立有關。編號 3 的爭議發生在建安十八年，距離曹丕篡漢雖然尚有八年左右，但卻是曹魏王朝創建的關鍵一年。建安十三年，赤壁之戰慘敗後，天下三分之局已定。曹操在有生之年併吞八荒的夢想既然落空，創建曹魏王朝的鴻圖乃置於日程上。曹操本人縱然不會謀取大位，但也必須為後人掃除篡奪的障礙。建安十八年，曹操以宰相之尊進一步晉爵魏公、加九錫、建魏國，並准予自建社稷宗廟。漢與魏的關係，已非漢制朝廷與郡國的君臣主從關係，而是平行的主賓之制。[39]篡魏自代之心，昭然若揭。是故，忠於漢室的荀彧因反對曹操行此非常之舉，遂憂憤而卒。建安十八年既然是曹操為了曹魏王朝的創建跨出了關鍵的一步，此年就肉刑的恢復一事廣徵眾議，自然不是純粹基於個人對刑罰的好惡而已，背後自必與新王朝的創建、新律的制定有著密不可分的關連。最終，曹操「難以藩國改漢朝之制」，其事遂寢，但當魏朝正式成立後，為了與漢王朝作一明顯區隔，新律之制定可謂勢所必然。

　　西元二二〇年，曹丕篡漢建魏，又再度就恢復肉刑一事，廣泛徵詢意見。肉刑議論的背後，自然是為了制定代表魏朝的《魏律》所作的準備工作。《魏律》沒有在文帝朝制定完成，及至明帝甫即位的太和元年（227），再度就恢復肉刑展開激烈爭辯。次年《魏律》正式編纂完成，

---

[38]　自唐律以迄清律，置於諸篇之首的是《名例律》，而作為法典總則的《名例律》的第一條至第五條，分別就是笞、杖、徒、流、死等五刑，於此可見刑罰在法典中的地位。另外，正史中記述一朝法律概況的專章名為〈刑法志〉，名稱亦是先刑後法的。

[39]　衛廣來，〈求才令與漢魏嬗代〉，《歷史研究》，2001：5（北京，2001），頁 77-89。

可見太和元年的議論明顯是為了新律的制定而展開的。太和元年的爭辯
中，反對恢復肉刑的大將王朗，主張加重徒刑以收懲治重犯之作用。曹
魏新律中「髡刑」、「完刑」、「作刑」等勞役刑所佔比重很大，大概就是
吸收了王朗等人的意見。（王朗的意見，另詳下節）曹魏三代先後就肉刑
之恢復展開朝議，其實背後正是牽涉到新王朝的建立與新律的制定。史
稱魏律是「改漢舊律不行於魏者皆除之，更依古義制為五刑。其死刑有
三，髡刑有四，完刑、作刑各三，贖刑十一，罰金六，雜抵罪七，凡三
十七名，以為律首。」[40]「五刑」當指死刑、髡刑、完刑、作刑、贖刑
等，但不管五刑為何，都沒有肉刑的位置。曹魏新律建立了排除肉刑的
五刑制度，深具歷史意義。[41]

　　漢末魏晉另一場大型爭議發生在東晉元帝司馬睿即位之時。司馬睿
即位是在西元三一八年，中原正值胡族構兵之時，兩京數年間一一失
陷，懷愍二帝先後蒙塵。琅邪王司馬睿在王導的襄助下，積極拉攏南方
士族，終於在風雨飄搖下稱帝建康，開創了東晉王朝。恢復肉刑的爭議
就在這樣的背景下展開。其時廷尉衛展上書「謂宜復古施行，以隆太平
之化」，建議恢復肉刑。王導、賀循、庾亮等重臣都以為肉刑肇自遠古，
「聖哲明王所未曾改也」，肉刑可以代替死刑懲治嚴重犯罪，奏請「今大
晉中興，遵復古典，率由舊章，起千載之滯義。」值元帝開創新局之
際，恢復古典的肉刑。史稱「元帝猶欲從展所上」，但最終因大將軍王敦
諫阻乃止。[42]此次可謂魏晉王朝鼎革之際，朝廷為了應否恢復肉刑最後
一次大規模的辯論。參與者包括了王導、王敦、庾亮等中興重臣，而元
帝亦欲採納衛展的建議，肉刑之恢復僅差一步之遙而已。若謂曹魏明帝
太和元年肉刑爭議的重要性是建立了排除肉刑的五刑制度，那麼，東晉

---

[40]　《晉書》，卷30，〈刑法志〉，頁925。

[41]　張建國前揭〈受肉刑問題困擾的刑罰制度〉，頁180-181。

[42]　《晉書》，卷30，〈刑法志〉，頁940-942。

初年的爭論應是最終否定了晉律容納肉刑的可能性。從法制發展角度而言，東晉初年的爭議甚至可視為魏晉新律應否容納肉刑的終極辯論了。

　　東晉朝廷最後一次肉刑爭議，發生在東晉安帝元興二年，倡議者是權臣桓玄，目的正是為了謀移晉祚而作的政治安排。安帝即位時，宗室司馬道子、元顯父子用事，由於任用非人，造成中外離心。同時，江南八郡的「孫恩盧循之亂」正鬧得如火如荼，致使「東土塗地，公私困竭。」[43]元興元年（402），雄據長江中游重鎮的荊州刺史桓玄，早蓄異謀，竟乘機舉兵東下，擒殺道子父子，獨攬朝政。元興二年八月，盧循兵敗浮海南走，東土危機解除，桓玄謀奪大位的時機成熟。這年十月，桓玄倡議恢復肉刑，並有意廢錢用穀，這些舉措無疑都是謀移晉祚的準備工夫。十二月，桓玄遂正式廢安帝自立，建國號楚。由此可知倡議恢復肉刑，與桓玄創建新王朝的圖謀密切相關。

　　綜合而言，魏晉史上有關恢復肉刑的激烈爭議，主要集中在建安十八年（213）、魏文帝朝（220～226）、魏明帝太和元年（227）、東晉元帝即位（318）、東晉安帝元興二年（403）等五次，究其原因，與新王朝的創建有著密切關係。新統治的展開，新時代的來臨，必須輔以嶄新的法典，彰顯一朝的新制，而刑罰制度無疑是處於新律最核心之位置，自需慎重議論。漢文帝將行用千百年的肉刑一朝廢除，堪稱刑罰發展史上一大變革，文帝本人亦因而名垂後世。嗣後新的王朝在編纂一朝新律時，遂有意將肉刑重新置於刑罰制度之中，以顯示新時代的除舊佈新，而新的統治者亦可藉由革新兩漢數百年來舊制，匹比漢文，著稱史籍。

43　《資治通鑑》，卷112，〈晉紀三十四〉，「晉安帝隆安五年十二月」條，頁3532。

第二節　恢復論和廢除論的觀點

　　歷經漢末魏晉二百多年激烈的爭辯，不管肉刑恢復論者抑或肉刑廢除論者，對於肉刑乃至整個刑罰體系，都有了更加深刻的認識。茲將兩者之主張，略作整理，分述如下：

一、恢復論的觀點

　　漢末恢復肉刑之議響徹雲霄，其時上距漢文帝廢肉刑已經三百多年。一種已被廢棄三百多年不用的刑罰，竟然獲得不少學者大才擁護，紛紛倡議恢復，原因是甚麼呢？這恐怕要從肉刑本身的特質來回答。

　　肉刑是一種對罪犯的身體切割刻剝的刑罰，不論是施以「斷支體」，或「刻肌膚」，還是「終身不息」的刑罰，都相當殘酷和不人道。不過，作為一種刑罰，正是由於肉刑的殘酷和不人道，被認為可以收到預防犯罪的效果。肉刑恢復論者幾乎都強調對罪犯施以肉刑，可收防範罪犯再度犯罪的作用。陳群在引述父親陳紀的言論時，就以為「若用古刑，使淫者下蠶室，盜者刖其足，則永無淫放穿窬之姦矣。」[44]曹魏的李勝亦以為「盜斷其足，淫而宮之，雖欲不改，復安所施。」[45]西晉武帝朝的廷尉劉頌，由於長期從事司法工作，所論非常深刻，亦以為「乃去其為惡之具，使夫姦人無用復肆其志，止姦絕本，理之盡也。」[46]對於盜者施以刖刑，犯姦淫罪的處以宮刑，從此以後，受刑人絕無可能再犯同樣的惡行。「絕其為惡之具」，從而「為惡無具則姦息」，正是肉刑恢

---

[44]　《三國志》，卷22，〈魏書・陳群傳〉，頁634。

[45]　〔唐〕杜佑撰；王文錦等點校，《通典》（北京：中華書局，1988），卷168，〈刑法典・刑法六・肉刑議〉，頁4336。

[46]　《晉書》，卷30，〈刑法志〉，頁932。

復論者的主要理據。

　　除了防止罪犯再犯外，國家對犯罪者施以肉刑，可以威嚇其他人，以達到預防並制止人們犯罪的目的。罪犯一旦受刑，不管是斷肢體，還是刻肌膚，身上永遠留下明顯痕迹，對其他人有威嚇和警惕作用。所以，李勝以為肉刑是「刑一人而戒千萬人！」曹魏散騎常侍曹彥亦以為「且創制黥刖，見者知禁，彰罪表惡，聞者多服。」[47]東晉初年的王導、賀循等亦以為「若刑諸市朝，朝夕鑒戒，刑者詠為惡之永痛，惡者覩殘刖之長廢，故足懼也。」[48]可知肉刑的殘酷，不僅讓人聞而戰慄，更重要是讓人日常親眼目睹犯罪的下場！人們一方面會感受到受刑人的痛苦，另方面，受刑者身上有明顯犯罪之印記，必遭社會鄙視與排斥，那麼，其他人自然有意識避免觸犯同樣的罪行，如此就達到大家不敢犯法的目的，此即劉頌所謂「人見其痛，畏而不犯，必數倍於今。」[49]可知中國古代刑罰之對象，除了是針對個別兇惡犯罪者以外，其實更不應忽視千千萬萬善良的百姓，「刑一人」固然重要，但更應注意是藉此以「戒千萬人」，使良民「畏而不犯」。

　　肉刑具有犯罪預防作用，固是恢復論者要恢復肉刑的重要理據，但除此以外，肉刑在漢末魏晉這段特定時空中，一再有人倡議恢復，那就

---

[47] 〔唐〕歐陽詢撰；汪紹楹校，《藝文類聚》（上海：上海古籍，1982），卷 54，〈刑法部〉，頁 972-973；〔宋〕李昉等撰，《太平御覽》（北京：中華書局，1960），卷 648，〈刑法部〉，頁 2901；〔清〕湯球輯；楊朝明校補，《九家舊晉書輯本‧王隱晉書》（鄭州：中州古籍，1991），卷 4，〈刑法記〉，頁 207。《藝文類聚》作「曹志」，《太平御覽》所引《王隱晉書》則作「曹彥」，湯球在《九家舊晉書輯本》中則疑作「曹義」。考曹志為曹植之子，《晉書》卷 50 有傳，但不載曾論肉刑之事。至於曹彥，魏晉各有一人，一為曹魏曹真第五子，另一人為東晉初尚書郎。據《晉書‧刑法志》所云，晉尚書郎曹彥為反對復肉刑者，而此段議論則是贊成恢復肉刑，可知當非晉初之曹彥。至於曹魏之曹彥為曹爽之弟，爽為大將軍時，命弟曹羲為中領軍，曹訓為武衛將軍，曹彥為散騎常侍。正如前文所述，曹爽主政時，集團內部曾就恢復肉刑一事展開辯論，曹羲乃反對復肉刑者，頗疑此段文字當為曹爽另一弟曹彥的議論。

[48] 《晉書》，卷 30，〈刑法志〉，頁 941。

[49] 《晉書》，卷 30，〈刑法志〉，頁 933。

不能不考慮它有適應這個時代的功用。

　　東漢自「黃巾之亂」後，不旋踵董卓亂政，州郡割據，終致王綱解紐，天下大亂。際此中原板蕩，「百姓有土崩之勢，刑罰不足以懲惡。」不少人基於《周禮‧大司寇》「刑新國用輕典」、「刑平國用中典」、「刑亂國用重典」的觀點，紛紛主張加重刑罰以救治亂世。漢末大儒崔寔在其《政論》一書中，大聲疾呼，要求恢復肉刑，云：

> 夫刑罰者，治亂之藥石也；德教者，興平之粱肉也……（文帝）雖有輕刑之名，其實殺也。當此之時，民皆思復肉刑。……以此言之，文帝乃重刑，非輕之也；以嚴致平，非以寬致平也。[50]

崔寔以為漢文帝廢除肉刑，其用意是加重刑罰以致太平。其時正值天下將亂之時，因此，恢復殘酷不仁的肉刑，正是藉重典以治亂世。誠如前文所述，漢末、魏初、東晉初、東晉末，朝廷都曾激烈爭辯應否恢復肉刑，這些正是烽火遍地，治安不靖的時代，恢復論者大聲疾呼要求恢復肉刑，多少是基於治亂世用重典的考慮。

　　肉刑只損人體，不傷人命，用以取代死刑，既收重懲之效，復可減少勞動力和戰鬥力的損耗，具有所謂「生死息民」之功。漢末戰火連年，生靈塗炭，戶口凋弊，正好為肉刑恢復論者提供了有利的背景。漢末大儒荀悅以為「古者人民盛焉，今也至寡……自古肉刑之除也，斬右趾者死也，惟復肉刑，是謂生死而息民。」[51]陳紀主張除了漢律殊死之罪外，其他的死罪都可易以肉刑。[52]恢復論的大將鍾繇，先後三度建議

50　《後漢書》，卷 52，〈崔寔傳〉，頁 1728-1729。

51　〔東漢〕荀悅，《申鑒》（臺北：臺灣商務印書館，1979）〈時事第二〉。

52　陳紀所論皆其子陳群轉述，見《三國志‧魏書‧陳群傳》。其中陳紀以肉刑代死刑之方案，原文作

恢復肉刑。第一次在建安十八年，配合曹操的倡議，主張以宮刑取代死
刑。經過兩度失敗後，在太和元年三度要求恢復。這次鍾繇的方案更加
縝密，以為：

> 其當棄市，欲斬右趾者許之。其黥、劓、左趾、宮刑者，自如
> 孝文，易以髡、笞。能有姦者，率年二十至四五十，雖斬其
> 足，猶任生育。今天下人少于孝文之世，下計所全，歲三千
> 人。[53]

相較於之前以宮刑代死刑的方案，這次是以斬右趾之刑取代死刑。之前
的方案，只能消極減少人口損耗；新的方案則「猶任生育」，更沒有妨礙
人口的增殖。鍾繇在新的方案中，提出非常具體的數據，認為一年可使
三千人死而復生。這在迭遭戰火摧殘的時代，帶來多大的經濟效益！
　　局勢更加動盪不安的東晉初年，肉刑恢復論者更是緊扣肉刑取代死
刑所產生的經濟效益。東晉初的衛展就指出「今人戶彫荒，百不遺一，
而刑法峻重，非句踐養胎之義也。愚謂宜復古施行，以隆太平之化。」
同時的刁協（？～322）、薛兼（？～322）等，亦以「今中興祚隆，大命惟
新，誠宜設寬法以育人。」東晉末年，桓玄議復肉刑，贊成者著作佐郎
蔡廓亦以復肉刑，可以「申哀矜以革濫，移大辟於支體，全性命之至
重，恢繁息於將來。」[54]可知在戰亂頻仍的時代，恢復論者都從人口繁
衍的角度，主張以肉刑取代死刑。

「漢律所殺殊死之罪，仁所不及也，其餘逮死者，可以刑殺」。「其餘逮死者，可以刑殺」一句，殊
不合理。《資治通鑑》卷 66「漢獻帝建安十八年」條則改作「其餘逮死者，可易以肉刑」，似較合
陳紀之意。今從《資治通鑑》。

[53]　《三國志》，卷 13，〈魏書・鍾繇傳〉，頁 397。

[54]　以上參看《晉書》，卷 30，〈刑法志〉，頁 940-942。

　　漢末以來，議復肉刑者前仆後繼的原因，除了肉刑可治亂世，生死育民以外，從刑罰發展史來看，與漢文帝廢肉刑後所產生的刑罰制度漏洞，有著密切的關係。原來漢代的刑罰主要是以死刑、肉刑、徒刑所構成，但漢文帝廢除肉刑的同時，卻沒有創制一種新的刑罰加以替代，懲治嚴重犯罪就剩下死刑與徒刑。髡鉗城旦舂乃徒刑之最重者，不過五歲刑而已，但在髡鉗城旦舂之上，就是死刑。可見肉刑在刑罰中被抽離後，刑罰制度產生「死刑既重，生刑又輕」的漏洞。漢文帝廢肉刑固然是刑罰制度的一大改革，但因為缺乏完善的配合措施，這套沒有肉刑的刑罰制度，運作了三百多年後，弊病叢生，職是之故，漢末朝臣大儒紛紛主張恢復肉刑，希望將這種「中刑」重新置回，以救刑罰輕重失衡之弊。

　　漢末仲長統即已經指出「肉刑之廢，輕重無品，下死則得髡鉗，下髡鉗則得鞭笞……髡笞不足以懲中罪，安得不至於死哉！」[55]西晉初年的劉頌，亦以「今死刑重，故非命者眾；生刑輕，故罪不禁姦。所以然者，肉刑不用之所致也。」[56]東晉初年的王導、賀循等人，在論述恢復肉刑的好處時，亦以為「死刑太重，生刑太輕，生刑縱於上，死刑怨於下，輕重失當，故刑政不中也。」[57]徒刑太輕，無法懲治重犯，若稍為重判，則處以死刑，刑罰顯然輕重失衡，不恢復肉刑，怎能解決這個難題呢？

　　試圖恢復一種被廢除三百多年的刑罰，縱有刑罰主觀的優點以及客觀有利的環境，恐怕仍需訴諸權威。因此，恢復論者無不強調肉刑乃上古聖王之制，只要恢復肉刑，則盛世可期。崔寔指出嚴刑可致太平的同時，強調「使人主師五帝而式三王。盪亡秦之俗，遵先聖之風，弃苟全

---

[55]　《後漢書》，卷49，〈仲長統傳〉，頁1652。

[56]　《晉書》，卷30，〈刑法志〉，頁931。

[57]　《晉書》，卷30，〈刑法志〉，頁940。

之政，蹈稽古之蹤。」[58]陳紀云「《書》曰：『惟敬五刑，以成三德。』《易》著劓、刖、滅趾之法，所以輔政助教，懲惡息殺也。」[59]鍾繇亦云「古之肉刑，更歷聖人，宜復施行，以代死刑。」其後，又云「大魏受命，繼蹤虞、夏。孝文革法，不合古道。」[60]傅幹亦指出「雖湯武之隆，成康之盛，不專用禮樂，亦陳肉刑之法。」[61]自漢武帝獨尊儒術後，儒家定於一尊，儒家典籍被奉為經。堯舜禹湯文武成康，皆儒家經典一再稱道的上古聖王，劓、刖等皆其時習用之刑罰。肉刑既為上古聖王之制，一旦恢復，盛世可期，倡議恢復者更是振振有詞。

二、廢除論的觀點

　　肉刑恢復論或從肉刑之特質考量，或以時代需求出發，或從刑罰體系的缺陷著眼，其議論洋洋灑灑，並非無理。肉刑廢除論者亦就自身認知，據理力爭，彼此針鋒相對。

　　肉刑最被詬病的地方，在於殘酷和不人道，恢復論者卻一再強調其可預防犯罪。肉刑真能預防犯罪？漢末的孔融是廢除論的大將，其議論對後世影響頗大，就預防犯罪一點來講，孔融尖銳批評，以為「且被刑之人，慮不念生，志在思死，類多趨惡，莫復歸正。」[62]罪犯一旦受刑，身體留下永久性的傷痕，從此自暴自棄，反而日趨於惡，不會改過遷善。孔融並進一步舉出歷史上許多才智之士，諸如孫臏、司馬遷（前145～前 86）者，都因身受肉刑，而沒世不齒。恢復論強調肉刑可「絕

58　《後漢書》，卷 52，〈崔寔傳〉，頁 1729。

59　《三國志》，卷 22，〈魏書・陳群傳〉，頁 634。

60　《三國志》，卷 13，〈魏書・鍾繇傳〉，頁 397。

61　《藝文類聚》，卷 54，〈刑法部〉，頁 973。

62　《後漢書》，卷 70，〈孔融傳〉，頁 2266-2267。

其為惡之具」，孔融卻力陳肉刑「不能止人遂為非也，適足絕人還為
善。」曹魏的夏侯玄亦以「聖賢之治世也，能使民遷善而自新……能懲
戒則無刻截，刻截則不得反善矣。」[63]肉刑造成罪犯身上留下明顯和永
久性的傷痕，就某種意義而言，正是一種將罪犯驅逐出正常人社會的處
罰。[64]孔融、夏侯玄等卻從另一角度指出，刑罰的目的是使人改過遷
善，而不是讓人永世不得重返社會。肉刑不僅不能防止犯罪，反而阻塞
了「改惡之路」。他們的觀點無疑是比較進步的。

　　恢復論者以為肉刑可填補刑罰「生刑過輕，死刑過重」的困境，這
個論點在當時似乎頗有說服力，幾乎所有廢除論者都沒有直接反駁。不
過，恢復論的鍾繇在曹魏太和元年提議復肉刑以代死刑之時，廢除論的
另一大將曹魏的王朗，曾經提出一個對後來頗有影響力的觀點，云：

> 夫五刑之屬，著在科律，自有減死一等之法，不死即為減。施
> 行已久，不待遠假斧鑿于彼肉刑，然後有罪次也。……今可按
> 繇所欲輕之死罪，使減死之髡刖（刑）。嫌其輕者，可倍其居
> 作之歲數。內有以生易死不訾之恩，外無以刖易鈦𫓧耳之聲。[65]

王朗不主張以肉刑代死刑，以為刑罰自有等差，若朝廷矜恤人命，自然
可以給予減死。依照漢律的規定，死刑之下就是髡鉗城旦舂，即五歲
刑。倘若嫌其過輕，可以延長徒刑的刑期。王朗的觀點可能給後來修律

---

[63]　《通典》，卷 168，〈刑法典‧刑法六‧肉刑議〉，頁 4337。

[64]　滋賀秀三，〈中國上代の刑罰についての一考察〉，收入前揭氏著《中國法制史論集──法典と刑
罰》，頁 523-556。張建國，〈漢文帝除肉刑的再評價〉，收入前揭氏著《帝國時代的中國法》，頁
228-241。

[65]　《三國志》，卷 13，〈魏書‧鍾繇傳〉，頁 397-398。「使減死之髡刖」一句，《資治通鑑》卷 70〈魏
紀二〉「魏明帝太和元年」條則作「使減死髡刑」。王朗本身即反對恢復肉刑，若將死罪減為「髡、
刖」，並不合理，故應以《通鑑》之語意較勝。

者帶來靈感，遂以加重徒刑刑期的方式來解決刑罰畸輕畸重的問題。[66]
因而，次年的太和二年新訂的《魏律》，其正刑中增加了徒刑的份量，分
別為髠刑四、完刑三、作刑三，此皆徒刑之屬。[67]可見，王朗的意見應
當有被採用。關於這些徒刑的內容，詳見本章第三節。

　　恢復論者經常強調肉刑是上古聖王之制，這樣的論點在儒家獨尊後
的中國，不能說沒有說服力。孔融雖不反對肉刑是古制，但以為時代不
同了，不可一概而論，云：

> 古者敦厖，善否不別，吏端刑清，政無過失。百姓有罪，皆自
> 取之。末世陵遲，風化壞亂，政撓其俗，法害其人。故曰上失
> 其道，民散久矣。而欲繩之以古刑，投之以殘弃，非所謂與時
> 消息者也。[68]

上古是政無過失，百姓有罪，都是咎由自取。如今卻是風化壞亂，上失
其道。時移勢易，故不能復肉刑。類似的觀點亦見東晉初年的周顗等
人，云：「然竊以為刑罰輕重，隨時而作。時人少罪而易威，則從輕而寬
之；時人多罪而難威，則宜化刑而濟之。」[69]另外，亦有以刑罰非致治
之本，從根本的角度取消恢復肉刑的建議。曹魏夏侯玄以為「若飢寒流
溝壑，雖大辟不能制也，而況肉刑哉！」[70]人民生活困頓，最終必鋌而
走險，雖死刑猶不能禁，何況是切割身體的肉刑呢？同一時間的曹羲以

---

[66] 經過王朗之倡議，徒刑始有延長刑期之構想。及至晉律，中國徒刑刑名始以年歲計算，故亦稱「歲刑」。另參看張建國前揭〈受肉刑問題困擾的刑罰制度〉，頁179。

[67] 〔唐〕李林甫等撰；陳仲夫點校，《唐六典》（北京：中華書局，1992）卷6，「刑部・刑部郎中員外郎」條注，頁181。

[68] 《後漢書》，卷70，〈孔融傳〉，頁2266。

[69] 《晉書》，卷30，〈刑法志〉，頁941。

[70] 《通典》，卷168，〈刑法典・刑法六・肉刑議〉，頁4336。

為在上位者應從根本著手，應「不營奇思，行之以簡，守之以靜。」[71]

綜觀兩派的觀點，筆者以為恢復論者所議似較深刻，畢竟他們要爭取恢復一項被廢除三、四百年的刑罰，理據自然要非常充分。廢除論者以孔融所論最具作表性，其刑罰思想亦相當進步。漢末以來大一統王朝崩解，政權分立，為廢除論者營造了有利的環境。回顧前述五次爭議的背景，每一次倡議恢復肉刑時，背後都得到權臣或人君等執政者大力支持，但因肉刑過於殘酷，往往為了顧及政權的形象，不願敵對陣營藉此攻訐，最後都以失敗告終。曹操至魏明帝時期，前後三次爭議，都以「軍事未罷」或「吳蜀未平」而寢。東晉初年的一次，史稱元帝猶欲從衛展之議，但大將軍王敦反對，以為「百姓習俗日久，忽復肉刑，必駭遠近。且逆寇未殄，不宜有慘酷之聲，以聞天下。」[72]仍然是一種政治形象的考量。可知恢復肉刑的建議，響徹雲霄，固與王綱解紐，群雄逐鹿有關，但其建議始終無法通過，也是囿於這樣的背景所致。

最後，希望澄清一個刻板印象。肉刑之殘酷，自是毋庸煩言，那麼，恢復論者是否比較主張嚴刑，而廢除論者則比較主張寬仁呢？這似乎不能一概而論。正如前述，部分恢復論者復肉刑的目的，其實是要取代死刑。曹魏的鍾繇和李勝、西晉的劉頌以及東晉初的衛展，都是主張恢復肉刑以替代死刑。誠如李勝所說：「全其命，懲其心，何傷於大德？今有弱子，罪當大辟，問其慈父，必請其肉刑代之矣。」[73]這些恢復論者主張以身體刑取代生命刑，如此，就不能說他們都是嚴刑主義者了。反觀廢除論者中，不少是認為死刑較諸肉刑，更能達到誅除妖逆的效果。曹魏的曹羲反對恢復肉刑，理由就是「夫死刑者，不唯殺人，妖逆

---

[71] 《藝文類聚》，卷 54，〈刑法部〉，頁 981。附帶一提的是，曹羲、夏侯玄等人的觀點，其實都透露濃厚道家的氣息，此反映漢末之世先秦思想的復興。參看前揭范家偉〈復肉刑議與漢魏思想之轉變〉。

[72] 《晉書》，卷 30，〈刑法志〉，頁 942。

[73] 《通典》，卷 168，〈刑法典·刑法六·肉刑議〉，頁 4336。

是除，天地之道也。」[74]同時的夏侯玄亦以「暴之取死，此自然也，傷人不改，縱暴滋多，殺之可也。」[75]東晉初年周顗等反對恢復肉刑的理由，正是由於肉刑太輕，不足以懲姦，云：

> 方今聖化草創，人有餘姦，習惡之徒，為非未已，截頭絞頸，尚不能禁，而乃更斷足劓鼻，輕其刑罰，使欲為惡者輕犯寬刑，蹈罪更眾。……不如以殺止殺，重以全輕。[76]

周顗反對以肉刑代死刑的主張，認為應該以殺止殺。從這個角度來看，廢除論者其實是認為肉刑還是太輕了！

　　恢復論者如鍾繇、劉頌主張以肉刑替代死刑，可謂「化尸為人」，以生易死，無疑是矜恤人命，對人命的尊重。廢除論者如孔融、夏侯玄等，抨擊肉刑不僅不能止人為非，「適足絕人還為善」。孔融等的言論非就統治角度或社會整體治安著眼，而是從受刑人的角度出發。儘管彼此主張南轅北轍，但都是從人的價值思考，[77]這不能不說是時代的進步。對於人命的矜恤重視若是這個時代的氛圍，那麼是否可以大膽的推論，設若魏晉帝王宸綱獨斷、獨排眾議，採納了鍾繇、劉頌、衛展等以肉刑替代死刑的主張，死刑的執行勢必減少，是否會在西元三、四世紀的中國就開始檢討並思考死刑存廢問題？若是如此，也許不必等到八世紀中期的唐玄宗天寶年間才有廢除死刑的嘗試也說不定了。[78]

---

[74] 《藝文類聚》，卷 54，〈刑法部〉，頁 981。

[75] 《通典》，卷 168，〈刑法典·刑法六·肉刑議〉，頁 4337。

[76] 《晉書》，卷 30，〈刑法志〉，頁 941。

[77] 重澤俊郎前揭〈漢魏に於ける肉刑論〉。

[78] 關於唐玄宗廢除死刑的嘗試，可參看拙著〈唐代死刑發展的幾個轉折〉，收入中央研究院法律史研究室主編，《中華法理的產生、應用與轉變——刑法志·婚外情·生命刑》（臺北：中央研究院，2019），頁 227-260。

第三節　從刑罰制度的發展看肉刑的爭議

　　肉刑爭議之熾盛，若置於刑罰發展之脈絡觀察，反映甚麼意義呢？

　　戰國晚期，徒刑逐漸取代了肉刑，成爲刑罰的主體。在列國相互變法競爭的背景下，人力是關係著彼此興衰成敗的重要資源，因而，造成身體終身戕害或影響生育的肉刑，自然不合時代的需求。秦代徒刑取代肉刑，並大規模役使刑徒，正標誌著當編戶齊民形成後，作爲帝國的基礎，個人與政府的關係調整了，中央政府更懂得善用人民的無償勞動。不過，秦代刑徒被役使的範圍雖廣，但究其工作性質，其實一如封建時代農民爲封建領主提供的勞動服務，只是規模更爲龐大而已。因此，秦代徒刑逐漸取代肉刑，固然是代表封建過渡到帝國時代，但從徒刑的工作性質，依舊殘存著封建時代的痕迹。

　　漢文帝十三年廢肉刑，存在千年以上的肉刑，正式在法定刑罰中被廢除。文景之世，以死、徒、笞分別取代肉刑。其中，笞刑迭經景帝的改革，其威嚇力大減。因此，對於嚴重犯罪，漢代大體以死刑和勞役刑懲處。漢代徒刑最重一級是髡鉗城旦舂，即五歲刑。按照刑律，五歲徒刑之上即是死刑，刑罰明顯因肉刑這種「中刑」被廢後，輕重失衡。試看班固在《漢書‧刑法志》的描述：

> 且除肉刑者，本欲以全民也，今去髡鉗一等，轉而入於大辟。以死罔民，失本惠矣。故死者歲以萬數，刑重之所致也。至乎穿窬之盜，忿怒傷人，男女淫佚，吏爲姦臧，若此之惡，髡鉗之罰又不足以懲也。故刑者歲十萬數，民既不畏，又曾不恥，刑輕之所生也。[79]

---

[79]　《漢書》，卷23，〈刑法志〉，頁1112。

廢除肉刑，本是矜恤人命，但五歲刑以上即是死刑，造成每年死刑犯超過萬人，明顯是死刑太重。但是，竊盜、傷人、淫佚、姦臧等罪，髡鉗五歲刑又不足懲其惡，人民輕於犯法，每年刑徒超過十萬，無疑生刑太輕所致。那麼，該如何填補肉刑廢除後所產生的漏洞呢？簡而言之，解決之道不外三種：其一，將五年徒刑不足以懲處的犯罪科處死刑，然後皇帝再將情節不算嚴重的死刑犯，恩詔寬宥，減死一等。如此，可解決「死刑太重」之弊病。其二，加強徒刑的懲罰力道，如此，可解決「生刑過輕」問題。其三，恢復肉刑，把刑罰的漏洞重新回填。

西漢自文景以後，主要是以第一種方式解決「中刑」的問題。[80]西漢自廢除肉刑後，由於刑罰輕重失衡，每年判處死刑的罪犯，據班固《漢書·刑法志》記載，竟達萬人之多！因此，漢代皇帝往往減死一等，恩詔寬宥。至於減死一等的處置，可謂五花八門。減死一等為「髡鉗城旦舂」的不是沒有，但更多是「減死下蠶室」，即宮刑。前述漢末建安年間，曹操、鍾繇建議以宮刑代替死刑，或許正是因循東京舊法罷了。然而在東漢安帝朝，由於陳忠上言，朝廷廢除了「蠶室刑」。[81]東漢中葉，減死徙邊戍就成為減死一等最主要的處置方式了。[82]歷東漢之世，將死刑犯減死戍邊，至少有十多次。[83]東漢大規模遷徙罪犯的措施，固有開發與補充兵力的作用，但究其根本目的，毋寧是為了解決肉刑廢除後，刑罰失衡的困境。故此，東漢末年以前，提議恢復肉刑以解

---

80 邢義田前揭〈從安土重遷論秦漢時代的徙民與遷徙刑〉，頁 62-100。作者除了探討秦漢遷徙刑以外，在附錄〈論遷徙刑之用與肉刑之不復〉，討論遷徙刑之用與肉刑之不復，析論精闢。邢氏不僅縷述漢代減死一等之處置方式，並進一步指出東漢遷徙刑在肉刑廢除後，其實扮演著懲「中罪」的作用。筆者此節所論，頗受邢氏啟發。

81 《後漢書》，卷 46，〈陳寵附子忠傳〉，頁 1556。

82 關於東漢將罪囚減死徙邊的「遷徙刑」，可參看邢義田前揭〈從安土重遷論秦漢時代的徙民與遷徙刑〉。另參看大庭脩〈漢の徙邊刑〉，收入氏著《秦漢法制史の研究》（東京：創文社，1982），頁165-198。

83 邢義田，〈從安土重遷論秦漢時代的徙民與遷徙刑〉，頁 95-97。

決「死刑既重，生刑又輕」難題者，不乏其人，但始終不能引發大規模和持續性的爭議，原因就是漢代一直有行之有效的方法。

及至黃巾之亂後，統一王朝崩解，群雄並起，中原迭經兵亂，漢代減死徙邊的措施，完全失去推行的環境。將人民遷徙邊地以加速開發，其先決條件當然是中原戶口充實，才會有多餘的人力移往邊地。兩漢長期的穩定，自然具備這樣的條件。然而，漢末戰火漫天，中原歷經喪亂，建安年間，史稱：

> 自遭荒亂，率乏糧穀。諸軍並起，無終歲之計，飢則寇略，飽則棄餘，瓦解流離，無敵自破者不可勝數。袁紹之在河北，軍人仰食桑椹。袁術在江、淮，取給蒲蠃。民人相食，州里蕭條。[84]

又云「漢自董卓之亂，百姓流離，穀石至五十餘萬，人多相食。」[85]曹操的〈蒿里行〉更是傳神描述當時災荒之慘狀，云：「白骨露於野，千里無雞鳴。生民百遺一，念之斷人腸。」[86]戶口大量損耗的環境下，各政權無不想盡辦法吸引人口回流，當然不可能將人力徙往邊地。漢代行之有年的減死徙邊措施，在漢末魏晉之世，因客觀條件的丕變而不得不放棄。

魏晉之世，則採取第二種方法，即以徒刑來解決刑罰失衡的困境。正如前文所述，曹魏明帝太和元年，司徒王朗反對鍾繇恢復肉刑以代死刑的主張，認為若要寬宥死刑，法律本有減死一等即為髡鉗城旦舂之規定，「嫌其輕者，可倍其居作之歲數」，王朗之主張或許影響到後來法律

---

[84]　《三國志》，卷1，〈魏書·武帝紀〉建安元年十月條注引王沈《魏書》，頁14。

[85]　《晉書》，卷26，〈食貨志〉，頁783。

[86]　曹操，〈蒿里行〉，收入逯欽立輯校，《先秦漢魏晉南北朝詩》（北京：中華書局，1982），頁347。

的制定，魏律徒刑的內容確實比漢律複雜。魏律中的徒刑包括「髡刑四」、「完刑三」、「作刑三」等。髡刑四，據學者推論應是「減右趾髡鉗五歲刑笞二百」、「減左趾髡鉗五歲刑笞二百」、「髡鉗五歲刑笞一百」、「髡鉗五歲刑」等，其刑度較諸漢律為重；完刑三，當即「四歲刑」、「三歲刑」、「二歲刑」等；作刑三，即「一歲刑」、「半歲刑」、「百日刑」等。[87]魏律與漢律對照，徒刑的內容明顯複雜細密。

　　西晉武帝泰始四年（268）頒行的《泰始律》，其徒刑的規定類似漢律，分為髡鉗五歲刑笞二百、四歲刑、三歲刑、二歲刑等四等。[88]徒刑最高雖為五年，但據張斐《律序》曰「徒加不過六」，可知刑徒苦役的年限在五年以外，還可因犯行的嚴重性而累加到十一年。[89]不過，實際的狀況看來尚不止此。晉武帝時期的廷尉劉頌，指出刑徒因環境惡劣，不斷逃亡，「亡之數者至有十數，得輒加刑，日益一歲，此為終身之徒也。」[90]刑徒逃亡被捕獲後會加重刑期，致有終身之徒。可見曹魏以加重徒刑附加刑，而晉朝以延長徒刑刑期的方式，加強徒刑懲罰的力道，來解決肉刑廢除後刑罰失衡的困境。

　　曹魏兩晉以法律手段修補刑罰的漏洞，較諸東漢以皇帝恩典的政治手段而言，無疑是一種進步。然而，徒刑雖可填補刑罰的漏洞，其衍生的問題亦復不小。

　　肉刑被廢除後，徒刑犯的數量勢必大增，據班固《漢書‧刑法志》的描述，竟是「刑者歲十萬數」！不管國家對刑徒勞動力的仰賴程度如何，自徒刑取代了肉刑成為主要刑種後，國家就需要為管理數量龐大的刑徒而投下大量人力物力，若刑徒的隊伍過度龐大，勢必造成囹圄充

87　張建國，〈魏晉五刑制度略論〉，收入前揭氏著《帝國時代的中國法》，頁 242-263。

88　《唐六典》，卷 6，「刑部‧刑部郎中員外郎」條注，頁 181。

89　《晉書》，卷 30，〈刑法志〉，頁 929。又《太平御覽》，卷 642，〈刑法部〉「累作不過十一歲」注云：「五歲徒犯一等加六歲，犯六等加為十一歲作。」，頁 3007-1。

90　《晉書》，卷 30，〈刑法志〉，頁 932。

斥，繫囚猥畜等現象，對刑獄的管理人手及設施，構成沉重壓力，最後，不得不經常頒布恩赦以作紓解。[91]結果，頻繁的恩赦嚴重挫損法律的威信，人民更是輕於犯法。東漢末年，不少人痛陳漢代三百多年濫赦之弊。王符《潛夫論・述赦》云「今日賊良民之甚者，莫大於數赦。赦贖數，則惡人昌而善人傷矣。」[92]崔寔《政論》云「赦者，奔馬之委轡，不赦者，痤疽之砭石……宜曠然更下大赦令，因明諭使知永不復赦，則群下震慄，莫輕犯罪。」[93]荀悅亦曰：「夫赦，權時之宜，非常典也……故管子曰：『凡赦者，小利而大害也，故久而不勝其禍，無赦者，小害而大利也，故久而不勝其福。』」[94]曹操主政期間，更是一反兩漢常赦的習慣，二十多年從不下赦。[95]崔寔、荀悅、曹操等人不僅只是反對兩漢多赦的措施，同時亦提出救時的方案，那就是恢復肉刑。

　　正如前述，曹魏兩晉以加重徒刑附加刑或延長徒刑刑期的方式，增強徒刑懲罰的力道，衍生出諸多弊端。西晉武帝時廷尉劉頌論之最是透澈，云：

　　　　今為徒者，類性元惡不軌之族也，去家懸遠，作役山谷，飢寒切身，志不聊生，雖有廉士介者，苟慮不首死，則皆為盜賊，豈況本性姦凶無賴之徒乎！……是以徒亡日屬，賊盜日煩，亡之數者至有十數，得輒加刑，日益一歲，此為終身之徒

[91] 徒刑與大赦的關係，可參看拙著《魏晉南朝恩赦制度的探討》，頁 144-146。
[92] 〔漢〕王符著；〔清〕汪繼培箋；彭鐸校正，《潛夫論箋校正》（北京：中華書局，1985），卷 16，〈述赦〉，頁 174。
[93] 〔清〕嚴可均校輯，《全上古三代秦漢三國六朝文》（北京：中華書局，1958），卷 46，〈崔寔政論〉，頁 726-2。
[94] 〔唐〕徐堅等撰，《初學記》（北京：中華書局，1985），卷 20，〈政理部・赦一〉，頁 469。
[95] 漢末反赦的風氣，參看拙著《魏晉南朝恩赦制度的探討》，頁 45-49。

也。……古者用刑以止刑，今反於此。諸重犯亡者，髮過三寸
輒重髡之，此以刑生刑；加作一歲，此以徒生徒也。亡者積
多，繫囚猥畜。議者曰囚不可不赦，復從而赦之，此為刑不制
罪，法不勝姦。……至今恒以罪積獄繁，赦以散之，是以赦愈
數而獄愈塞，如此不已，將至不勝。原其所由，肉刑不用之故
也。今行肉刑，非徒不積，且為惡無具則姦息。去此二端，獄
不得繁，故無取於數赦，於政體勝矣。[96]

劉頌指出徒刑的諸多弊端：其一，刑徒服役環境惡劣，無生人之趣，必
然逃亡。其二，逃亡之刑徒遭捕回後，加以髡髮和延長刑期，造成以刑
生刑，以徒生徒之惡果。劉頌雖無明言，但應是暗指悖離聖賢「刑期于
無刑」、[97]「刑以止刑」[98]的理想。其三，若不斷延長刑徒的刑期，刑徒
人數一定越來越多，造成「繫囚猥畜」之現象。其四，囚徒眾多，朝廷
不得不大赦。結果是「刑不制罪，法不勝姦」，法律失去權威性，人民輕
於犯法。劉頌所論徒刑之弊，部分在漢代業已存在，但晉朝以延長徒刑
刑期的方式填補刑罰的漏洞，必然造成刑徒人數眾多的後遺症，愈發嚴
重。劉頌一面痛陳徒刑之弊、大赦之失，另一方面則是大力提倡恢復肉
刑。肉刑可以解決徒刑種種問題，從而國家不必經常大赦以解刑獄之壅
塞。

　　劉頌主張恢復肉刑的同時，甚至建議廢除徒刑，云：

　　　　其三歲刑以下，已自杖罰遣，又宜制其罰數，使有常限，不得

---

[96]　《晉書》，卷30，〈刑法志〉，頁931-933。

[97]　《尚書正義》，卷4，〈虞書‧大禹謨〉，頁109。

[98]　《孔叢子‧刑論》。參見《太平御覽》，卷634，〈治道五‧政治三〉，頁2928。

減此。其有宜重者，又任之官長。應四五歲刑者，皆髠笞，笞
至一百，稍行，使各有差，悉不復居作。[99]

三歲刑以下以杖罰代替，四五歲刑則以髠笞代替，「悉不復居作」即一律
不必從事苦役。苦役是徒刑最核心的構成要素，劉頌的主張無疑是廢除
徒刑！徒刑之弊、大赦之失、肉刑之復三者之間，其實有其內在理路的
關連。學界討論肉刑恢復的爭議時，不宜忽略其與徒刑和大赦之關係。
附帶一提的是，據《晉書》本傳，劉頌在擔任淮南相時上疏論封國等
事，並提到「世之私議，竊比陛下於孝文。」[100]即一般以晉武帝比擬漢
文帝，但劉頌不以為然，認為武帝有許多優勝之處，當可與湯武比隆。
奏議中雖沒論及，但劉頌以為武帝遠邁孝文之處，或許正是期待武帝採
取迴異的政策，斷然恢復為孝文所廢棄的肉刑，從而垂範後世。

　　廢除肉刑，造成死刑犯和徒刑犯數量龐大，逼迫朝廷不得不常赦以
紓解。東漢末葉，既懲於兩漢的濫赦，亦由於東漢以來減死徙邊的處
罰，無法執行，必須對現有的刑罰作出革新。魏晉嘗試以加重徒刑懲戒
的力道，來解決生刑太輕的難題，但徒刑之弊端也在此時表露無遺。職
是之故，官人學者紛紛倡議恢復肉刑。然而鑑於肉刑殘酷，又值群雄爭
霸之際，擔心引起敵對陣營的攻訐。是故，肉刑終究沒有恢復。

　　從刑罰發展史的角度來看，漢末魏晉復肉刑議之熾盛，當置於中刑
治中罪的的脈絡理解。此時，兩漢解決中刑的手段產生困難，新的手段
造成更多問題，要求恢復肉刑的聲浪，自然響徹雲霄。恢復論的主將是
曹魏的鍾繇、西晉的劉頌和東晉的衛展，他們都曾擔任大理或廷尉等
職，都是長期從事司法實務的官僚。在日常實務中，應該親身體驗到刑

---

[99] 《晉書》，卷 30，〈刑法志〉，頁 933。其中「已自杖罰遣」句，《冊府元龜》卷 614 作「自杖罰
遣」。而據王隱《晉書》卷 4〈刑法記〉則作「宜杖罰」，參看前揭《九家舊晉書輯本》，頁 207。

[100] 《晉書》，卷 46，〈劉頌傳〉，頁 1307。

律中的漏洞，所以才不約而同提出恢復肉刑以茲補救。可是，肉刑終究沒有恢復，那麼，刑罰失衡的難題，如何解決？此必有待新刑罰的誕生。

結　語

漢末魏晉二百多年間，朝廷為了恢復肉刑一事，先後展開五次大規模的激辯。此五次分別是東漢建安十八年（213）、魏文帝朝、魏明帝太和元年（227）、東晉元帝太興元年（318）、東晉安帝元興二年（403）。究其背景，與新王朝的創建關係密切。在新王朝創建之時，為了象徵新時代的來臨，新統治的展開，往往需要編纂一套嶄新的法典以彰顯一朝新制。漢文帝將行用千百年的肉刑斷然廢除，堪稱刑罰發展史上一大變革，文帝本人亦因而名垂後世。相對於此，嗣後新的王朝在編纂新朝法律時，自有必要慎重思考其中占有重要位置的刑罰部分。究竟應當繼承漢朝除肉刑後的刑罰制度，抑或將肉刑重新恢復，以顯示新時代的除「舊」佈「新」？新的統治者顯然試圖一改行用三、四百年的「舊制」，欲將肉刑置回刑罰制度之中，既昭示新時代的除「舊」佈「新」，亦可藉此「變革」匹比西漢文帝，垂範後世。

肉刑恢復論者，大多認為肉刑乃聖王古制，理當恢復。對罪犯施以肉刑，既可絕人為惡之具，亦可鎮懾威嚇旁人，對犯罪有相當的預防作用。此外，要求恢復肉刑，其實亦符合漢末以來的動亂環境：既有用重典以治亂世之意，亦可減少人口的損耗。肉刑廢除論者最有力的反駁，就是肉刑殘害身體，使人留下永久性的傷痕，更難改過遷善。況且，致治根本之道，在於禮教，不在刑罰，廢除論者亦是以經典聖賢之言論反駁恢復論者。此外，漢末魏晉天下紛擾，政權林立，肉刑因過於殘酷，

主政者往往為了顧及政權形象，不願敵對陣營藉此攻訐，肉刑始終無法恢復。不管是廢除論的孔融所關心的受刑者改過遷善之途，還是恢復論的鍾繇、衛展強調復肉刑可以「化尸為人」，以生易死，都是從人的價值思考，對於人命的尊重，值得注意。

　　從刑罰發展的脈絡來看，自漢文帝廢肉刑後，刑罰呈現「死刑太重，生刑太輕」，缺乏「中刑」以治「中罪」，明顯輕重失衡的困境。東漢長期以「減死徙邊」的措施以填補刑罰的漏洞，但在漢末離亂之世，因客觀條件的丕變而不得不放棄。魏晉採取加強徒刑懲戒力道的新嘗試，固然有效填補「中刑」，但也衍生不少問題。因此，漢末以來復肉刑議熾盛，正是反映東漢行之有年的舊法窒礙難行，而魏晉新制又無法有效解決問題。學者官員乃大聲疾呼恢復肉刑，以解決刑罰失衡之困境。然而，有鑑於肉刑殘酷，雖經多次激烈爭議，終究沒有恢復。這些爭議必須等到一種輕重適當的新刑罰創制入律，才會逐漸平息。

附表一　漢末魏晉肉刑爭議表

時間＼態度	恢復論	廢除論	結果	出處
1　漢獻帝建安二、三年（197、198）	遼東太守崔寔 仲長統 大司農鄭玄 荀悅 大鴻臚陳紀		不議其事	《後漢書·崔寔傳》《後漢書·仲長統傳》《申鑒·時事》《三國志·陳群傳》《晉書·刑法志》
2　漢建安十三年（208）	尚書令荀彧	少府孔融	卒不改	《後漢書·孔融傳》《晉書·刑法志》《後漢紀·獻帝紀》

時間＼態度	恢復論	廢除論	結果	出處
3　漢建安十八年（213）	御史中丞陳群 相國鍾繇 參軍傅幹	大司農郎中令王脩	太祖深善繇、群言，以軍事未罷，顧眾議，故且寢。	《三國志‧陳群傳》《三國志‧鍾繇傳》《三國志‧王脩傳》《晉書‧刑法志》《藝文類聚‧刑法部》
4　魏文帝朝（220～226）	大理鍾繇		議未定，會有軍事，復寢。	《三國志‧鍾繇傳》
5　魏明帝太和元年（227）	太傅鍾繇	司徒王朗	議者百餘人，與朗同者多。帝以吳、蜀未平，且寢。	《三國志‧鍾繇傳》
6　魏正始間（240～248）	河南尹李勝 散騎常侍曹彥 尚書丁謐	征西將軍夏侯玄 中領軍曹羲	卒不能決	《通典‧刑法六‧肉刑》《藝文類聚‧刑法部》《王隱晉書‧刑法記》
7　晉武帝太康十年（289）	淮南相劉頌		不見省	《晉書‧刑法志》
8　晉元帝太興元年（318年）	廷尉衛展、驃騎將軍王導、太常賀循、侍中紀瞻、中書郎庾亮、大將軍諮議參軍梅陶、散騎郎張嶷、尚書令刁協、尚書薛兼	尚書周顗 尚書郎曹彥 中書郎桓彝 大將軍王敦	詔內外通議，因王敦故，於是乃止。	《晉書‧刑法志》
9　晉安帝元興二年（403）	太尉桓玄 著作佐郎蔡廓	西閣祭酒孔琳之	時論多與琳之同，故遂不行。	《晉書‧刑法志》《宋書‧蔡廓傳》《南史‧孔琳之傳》

時間＼態度		恢復論	廢除論	結果	出處
10	晉安帝義熙二年（406）	南燕主慕容超		下議多不同，乃止。	《晉書・慕容超載記》

第二章　三國兩晉南朝的流徙刑

前　言

　　漢文帝十三年（前 167）廢除肉刑後，刑罰呈現「死刑太重，生刑太輕」，明顯輕重失衡的窘境。東漢長期以「減死徙邊」作為補救的措施在漢末窒礙難行，而魏晉嘗試以加強徒刑懲戒力道的手段又衍生不少問題。因此，漢末以來學者官員不斷倡議恢復肉刑以填補刑罰的漏洞，相關難題竟糾纏了五、六百年之久。「古典刑罰」的幽靈歷久不散，人們還需要漫長時間的摸索，才能把肉刑留下的空隙完全填補過來。這些爭議必須等到一種輕重適當的新刑罰創制入律，才會逐漸平息。北朝晚期逐漸確立下來的流刑，正是歷經數百年摸索的重大成果。刑罰制度的重整必有待流刑的確立和成熟，才能大功告成。肉刑之廢，只是古典刑罰制度瓦解的開端；流刑之立，才是整個刑罰制度變革的完整圖像。流刑之誕生與確立，在中國刑罰發展史上意義重大。

　　將犯人遠逐流放的刑罰起源甚早，沿用亦久，但入律成為正刑時間很晚，流刑是如何發展而成的？關於秦漢時期徙逐之刑，尤其是兩漢將犯人移徙至邊郡的措施，既有成果已豐。但魏晉南北朝流放遠逐刑罰的考察，尤其流刑在北朝入律的探析，學界研究相對較少。筆者擬對魏晉南北朝的流徙刑罰作一全面考察，以明秦漢遷徙之刑的發展，並釐清隋唐流刑之淵源脈絡。魏晉南北朝四百年間，長期存在南北政權對峙的局面，流徙刑罰在南北各有不同發展。因此，為免篇幅過分冗長以及能充分突顯各自主題，筆者將分成兩章加以探討，本章先討論三國兩晉南朝部分。

第一節　魏晉以前的放逐遷徙

一、遠古的流放

隋唐流刑是僅次於死刑的刑罰，據《唐律疏議・名例律》「流刑三」條（總 4 條）云：

> 流刑三：二千里。二千五百里。三千里。
>
> 《疏》議曰：《書》云：「流宥五刑。」謂不忍刑殺，宥之于遠也。又曰：「五流有宅，五宅三居。」大罪投之四裔或流之于海外，次九州之外，次中國之外。蓋始於唐虞。今之三流，即其義也。[1]

唐代法律專家標榜流刑的理念是淵源於《尚書・舜典》「流宥五刑」、「五流有宅，五宅三居」。所謂「流宥五刑」，據孔《疏》曰：「用流放之法寬宥五刑。五刑雖有犯者，或以恩減降，不使身服其罪，所以流放宥之。」又曰：「『流』謂徙之遠方；『放』使生活；以流放之法寬縱五刑也。」[2]至於「五刑」，若據《尚書・呂刑》乃指墨、劓、剕、宮、大辟。原來遭到判處這些刑罰的罪犯，以遠逐他方的刑罰予以寬宥。所謂「五流有宅，五宅三居」，[3]孔傳曰：「謂不忍加刑，則流放之，若四凶者。五刑之流，各有所居。五居之差，有三等之居，大罪四裔，次九州

1　〔唐〕長孫無忌等撰；劉俊文點校，《唐律疏議》（北京：中華書局，1983）卷 1，頁 5。

2　《尚書正義》，卷 3，頁 79-80。

3　《史記》，卷 1，〈五帝本紀・帝舜〉作「五流有度，五度三居」，頁 39。

之外，次千里之外。」⁴簡單而言，就是以「流」的方式，寬縱犯五刑者，被寬縱者需按其罪狀之輕重，徙置於遠、中、近三等的居所。

遠逐的刑罰之所以稱作「流」，《尚書正義》釋云：「流者移其居處，若水流然。」⁵即移置罪犯居處，狀水之流動也。其實遠古之世，水與刑罰關係密切。犯罪者是觸犯了禁忌與褻瀆了神明，被認為是污穢之人，而將污穢棄入水流以求清淨，是一種原始修祓方式。⁶「法」字古體寫作「灋」，可視為一種與水有關的處罰手段。據《說文解字》的解釋：「灋，刑也，平之如水，從水；廌，所以觸不直者去之，從去。」法就是刑，用刑要公平如水，所以用水作為偏旁；另外「廌」是一種傳說中的獨角神獸，會用角觸碰訴訟兩造中無理的一方。有學者以為公平如水恐怕是比較後出的意思，「灋」字從水，應該是將罪人置於水上，隨流漂去，「灋」字本意原是流。⁷

刑罰的起源有所謂「二元說」，意指「族外制裁」和「族內制裁」兩個來源。刑罰有鎮壓異族的作用，是故「大刑用甲兵，其次用斧鉞」，兵刑合一。甚至較為慘烈的生命刑或身體刑之「五刑」，亦是對族外適用。另方面，對族內的制裁相對較輕，主要是以流放和贖金所構成的刑罰，故《尚書・舜典》有「流宥五刑」、「金作贖刑」的記載。⁸所謂「流宥五刑」是指對於族內觸犯五刑者，改以流放予以寬宥。不過，遠古時期個人必須倚靠氏族以及生活於氏族之中，離開氏族被迫生活於蠻荒世界，隨時面對糧食、疾病、猛獸的威脅，甚至可能遭遇其他氏族的攻擊，生命危在旦夕。將人驅逐出氏族是非常嚴厲的懲罰，流刑幾乎等同

4　《尚書正義》，卷3，頁90。

5　《尚書正義》，卷3，頁83。

6　〔日〕白川靜著；張浩、劉幸譯，《漢字的世界下》（成都：四川人民，2020），頁57。

7　蔡樞衡，《中國刑法史》（北京：中國法制出版社，2005），頁159。

8　〔日〕小島祐馬，《古代中國研究》（東京：平凡社，1968），頁89-121。

死刑，相差不過是多了一點苟延的時間罷了。又為何要採取驅逐的手段？因為犯下嚴重惡行的人被認為是受到邪靈驅使而作出違背神明意旨的行為，為了安撫神明，必須將犯罪者放逐至邪靈肆虐的四裔之地，冀使邪靈附加在罪犯身上，以求祓除邪靈。[9]前述將罪人置於水上，隨流漂去，本身就是一種具有驅逐意涵的懲罰。其實，不管是流刑、死刑抑或墨劓等肉刑，原來都具有相同的目的——將惡人驅逐出社會，以維護社會的存在。[10]

　　《尚書‧舜典》云「流共工于幽洲，放驩兜于崇山，竄三苗于三危，殛鯀于羽山。」[11]流、放、竄、殛，名異實同，都有遠徙驅逐之義。此外，西周初年，周公平定「三監之亂」，誅武庚、管叔，「放蔡叔」。[12]可知上古一直都有「流」或「放」這種將犯人遠逐的懲罰。然而，《尚書》中的「流」與「放」嚴格而言與後世的流刑仍是有根本上的差別。後世的流刑，是支配天下的專制君主將版圖內人民中的犯罪者，強制遣送遷移到同一版圖中的另一指定地點居住。上古的「放」與「流」，則是依據盟（的形式）把受到眾人一致非難的為害者予以絕交，並驅逐出共同體之外。[13]

9　〔日〕白川靜著；張浩、劉幸譯，《漢字的世界下》，頁76-77。

10　參看滋賀秀三，〈中國上代の刑罰についての一考察〉，收入滋賀秀三著《中國法制史論集——法典と刑罰》（東京：創文社，2003），頁547。

11　孔穎達釋云：「流四凶族者，皆是流而謂之『殛竄放流，皆誅』者，流者移其居處，若水流然，罪之正名，故先言也。放者使之自活，竄者投棄之名，殛者誅責之稱，俱是流徙，異其文，述作之體也。」可知流、放、竄、殛，名異實同，「俱是流徙」，都是遠徙驅逐之義。參看《尚書正義》卷3，頁78、83。

12　《史記》，卷4，〈周本紀〉，頁132。

13　參看滋賀秀三前揭〈中國上代の刑罰についての一考察〉，頁531。

二、秦及漢初的「遷」刑

　　及至戰國，遠逐之刑則名曰「遷」。[14]秦孝公時，商鞅將議論法令之人視為「亂化之民」，「盡遷之於邊城。」[15]既是亂化之民，「遷」自然是一種刑罰。秦國在占領新土地後，往往把人遷往該處，[16]如昭襄王二十一年（前 286）取魏國安邑、二十八年（前 279）取楚國鄢鄧，都曾「赦罪人遷之」，[17]遷刑具有實邊意義。此外，「遷」亦作為政治上打擊敵對勢力的手段，[18]如秦王政九年（前 238）誅嫪毐（?-前 238），「奪爵遷蜀四千餘家」。[19]在主要政敵被誅除後，受其牽連者亦會被遷，具有連坐刑的性質。[20]嫪毐黨羽被遠逐蜀地或許並非個案，史稱「秦法，有罪遷徙之於蜀漢。」[21]秦國將罪人遷蜀或遠徙新領地的處置固然可視作刑罰，但它是法律的正刑嗎？

　　在出土的睡虎地秦簡中共有八條與「遷」刑有關的法律，主要懲罰小吏做了違法或瀆職之事，[22]如《法律答問》：

---

[14]　關於秦朝遷刑的研究，參看沈家本《歷代刑法考・刑法分考》，頁 247；栗勁，《秦律通論》，頁 283；徐世虹主編，《中國法制通史》第二卷《戰國秦漢》（北京：法律出版社，1999），頁 163-166。近年陸續有專論秦代遷刑的文章問世：崔向東，〈論秦代的「遷」刑〉，《廣西民族大學學報（哲社版）》，2011:5（南寧，2011），頁 137-141；王戰闖，〈秦代遷刑考辨〉，《安陽師範學院學報》，2013:3（安陽，2013），頁 51-52；溫俊萍，〈秦遷刑考略〉，《湖南大學學報（哲社版）》，2017:9（長沙，2017），頁 26-30。

[15]　《史記》，卷 68，〈商君列傳〉，頁 2231。

[16]　參看前揭《中國法制通史》第二卷《戰國秦漢》，頁 164；王戰闖前揭〈秦代遷刑考辨〉，頁 51-52。

[17]　《史記》，卷 5，〈秦本紀〉，頁 213。

[18]　王戰闖指出遷刑此一政治屬性是秦王政登基後的一個明顯變化，參看前揭〈秦代遷刑考辨〉，頁 52。

[19]　《史記》，卷 6，〈秦始皇本紀〉，頁 227。

[20]　溫俊萍前揭〈秦遷刑考略〉，頁 28。

[21]　《漢書》，卷 1，〈高帝紀〉如淳注，頁 30。

[22]　王戰闖前揭〈秦代遷刑考辨〉，頁 52。

> 嗇夫不以官為事，以奸為事，論可（何）殹（也）？當曐
> （遷）。[23]

嗇夫不以官職為事，而專幹壞事，會判處「遷刑」，可見秦的「遷刑」是
法定正刑。「遷刑」是沒有刑期的終身刑，而且妻子、奴婢都要一同前
往。[24]在秦代死、刑、耐的刑罰架構中，「遷」刑與「耐」刑處於同一等
級，而「遷」較「耐」要來得輕。[25]
　　張家山出土的《二年律令》讓世人有緣一睹漢初的律令概況，其中
的《具律》與《告律》仍清楚看到「遷刑」的條文，如《具律》云：

> 贖死，金二斤八兩。贖城旦舂、鬼薪白粲，金一斤八兩。贖
> 斬、腐，金一斤四兩。贖劓、黥，金一斤。贖耐，金十二兩。
> 贖遷，金八兩。有罪當腐者，移內官，內官腐之。（具律 119）

贖遷刑需繳付的金額比贖耐刑的要少四兩，遷刑在刑罰序列中略輕於耐
刑。另外《告律》亦有提到「遷」刑，云：

> 告不審及有罪先自告，各減其罪一等，死罪黥為城旦舂……耐
> 為隸臣妾罪耐為司寇，司寇、遷及黥顏頯罪贖耐。（告律 127-
> 129）

---

[23]　睡虎地秦墓竹簡整理小組編，《睡虎地秦墓竹簡》（北京：文物出版社，1990），頁 107。

[24]　王戰闊前揭〈秦代遷刑考辨〉，頁 53；溫俊萍前揭〈秦遷刑考略〉，頁 29。

[25]　〔日〕冨谷至著，《漢唐法制史研究》（東京：創文社，2016），頁 290-291；溫俊萍前揭〈秦遷刑考
　　略〉，頁 30。

告言與事實不符，以及有罪先行自首，各減其罪一等。死罪減為黥城旦舂……耐為隸臣妾減為耐司寇，司寇、遷及黥顏頯則減為贖耐。[26]可見直到惠帝年間，漢律的正刑中仍有「遷」刑。然而，觸犯「遷」刑的犯人具體遷移至甚麼場所，目前尚不得而知。另外，「遷」刑屬於輕刑，用以懲治小罪，與前述嫪毐案中遭「奪爵遷蜀四千餘家」重懲描述，似乎並不契合，而與其後東漢減死徙邊或是隋唐僅次於死刑的流刑相比，更是相差甚遠。秦與漢初正刑中的「遷」刑真是東漢減死徙邊或隋唐「流刑」的前身嗎？其實不無疑慮。「遷」刑在後來的漢律中消失了，究竟甚麼時候廢除「遷」刑，又為何要廢除「遷」刑？暫時不得而知。[27]

三、兩漢的徙邊刑

漢代的刑罰體系中雖然廢除了「遷」刑，但自西漢中葉，皇帝卻經常將罪犯減死徙邊，故實際上一直存在遠徙放逐之處罰。關於漢代減死遠逐之刑，大庭脩稱為「徙遷刑」，而邢義田則作「遷徙刑」，二人之研究至今仍具經典地位。[28]其實，減死徙邊的刑罰在漢代並沒有確定的刑名，而一般都以「詣……屯」、「詣……戍」、「徙邊」等形式在詔書中表述，故冨谷至認為可稱作「徙邊刑」。[29]「遷，徙也」，應劭與顏師古都

---

[26] 張家山二四七號漢墓竹簡整理小組編著，《張家山漢墓竹簡（二四七號墓）》（北京：文物出版社，2001），頁150-151。

[27] 張小鋒指出「《睡虎地秦墓竹簡》中的遷刑刑罰規定很多，而《張家山漢墓竹簡》中的遷刑刑罰規定卻很少，這絕不是一個偶然的現象，而是秦漢刑罰有別的一個例證，說明與秦相比，漢初的遷徙刑罰力度是大大減少了，這也與漢初統治者安土重民、休養生息和穩定社會的統治願望相吻合。」參看氏著〈釋《二年律令‧告律》第126-131簡及漢初的「遷」與「贖遷」〉，《出土文獻研究》第六輯（上海，2004），頁146。

[28] 參看大庭脩〈漢の徙遷刑〉，收入氏著《秦漢法制史の研究》（東京：創文社，1982），頁165-198；邢義田〈從安土重遷論秦漢時代的徙民與遷徙刑〉，收入氏著《治國安邦：法制、行政與軍事》（北京：中華書局，2011），頁62-100。

[29] 冨谷至著，《漢唐法制史研究》，頁292。

作這樣的解釋，二者義同。[30]綜觀漢代，遠逐他鄉之刑在史籍中一直都以「徙」字來表述，相反的，自漢初廢除「遷」刑後，「遷」字已不作放逐刑罰名稱使用。至於「遷徙」一詞，多作搬移、改變之義，未見用作刑名。況且，秦代漢初「遷」刑屬於輕刑，用以懲治小罪，與西漢中葉減死徙邊之措施相去甚遠，因此若將減死徙邊之刑稱作「遷徙刑」或「徙遷刑」，難免會將兩種目前看不出延襲關係的刑罰混為一談。而且，除了前述「詣……戍」、「徙邊」等表述外，亦看到犯人遭判處「徙某郡」，該郡或是北方的敦煌、朔方，或是南方的合浦、日南、九真，都屬邊遠郡縣。所以，將西漢中葉出現的新刑罰稱作「徙邊刑」，無疑更為貼切。

　　「徙邊刑」是什麼時候出現的？武帝征和二年（前 91）太子據因巫蠱事起兵失敗後，史稱：

> 諸太子賓客嘗出入宮門，皆坐誅；其隨太子發兵，以反法族；
> 吏士劫略者，徙敦煌郡。[31]

所謂「吏士劫略者」，據顏師古的解釋是指「非其本心，然被太子劫略」，也就是脅迫而從者。謀反者非誅即族，脅迫而從者罪名較輕，遂徙敦煌郡。又稍早一點的天漢二年（前 99）李陵率軍出塞與匈奴單于接戰，史稱：

> 始軍出時，關東群盜妻子徙邊者隨軍為卒妻婦，大匿車中，陵
> 搜得，皆劍斬之。[32]

30　《漢書》卷 57 上〈司馬相如傳〉顏師古注、卷 24 下〈食貨志〉應劭注。

31　《漢書》，卷 66，〈劉屈氂傳〉，頁 2882。

32　《漢書》，卷 54，〈李陵傳〉，頁 2453。

關東群盜罪名較重或已伏法，其妻子屬從犯，故遭到徙邊的處罰。可見徙邊刑早在武帝晚年即已施行，[33]但在西漢末葉的成帝年間徙邊案例急劇增加。[34]

「徙邊刑」是漢律的「正刑」嗎？學界一般認為「徙邊刑」原是作為死刑的「代刑」，但罪與刑之間似有對應關係：徙往南方邊郡的大多是「大逆不道」的從犯，徙往北方邊郡的大多是「不道」犯及「大不敬」犯。南方邊郡主要是合浦、日南、九真，北方邊郡主要是敦煌、朔方。將犯人強制遷徙到南北邊境，有助充實並開發這些區域。刑罰原理應是「屏廢放之人於遠方，致不使參政」的思想，其目的也在於將罪犯逐離京師，強制移住不便之地以示懲罰。[35]而且，據東漢順帝永建元年（126）春正月甲寅（二日）赦詔，云：

> 蕩滌宿惡，與人更始，其大赦天下。……坐法當徙，勿徙；亡徒當傳，勿傳。[36]

從「坐法當徙，勿徙」一語看來，似乎某些犯罪按照法律本來就會被判處徙邊，「徙」不是代刑而是載於科條中的「本刑」。[37]然而，東漢諸帝在「聽亡命得贖」的詔令中，提到刑罰的種類和等級僅及死、徒，而東漢人論刑亦從不將「徙」視為死、徒等刑的另一類。[38]可見即使某一時期按照帝王詔令或科條，特定犯罪會被判處徙邊之刑，但徙邊之刑仍僅

---

[33] 邢義田前揭〈從安土重遷論秦漢時代的徙民與邊徙刑〉，頁 86-87；富谷至前揭《漢唐法制史研究》，頁 292。

[34] 大庭脩前揭〈漢の徙邊刑〉，頁 185。

[35] 大庭脩前揭〈漢の徙邊刑〉，頁 195。

[36] 《後漢書》，卷6，〈順帝紀〉，頁 252。

[37] 大庭脩前揭〈漢の徙邊刑〉，頁 171、186。

[38] 邢義田前揭〈從安土重遷論秦漢時代的徙民與邊徙刑〉，頁 87。

是犯人的「本刑」而非律典的「正刑」。

　　漢代減死一等的「徙邊刑」，學界一般較注意「減死一等徙邊」或「減死一等詣……戍（或邊縣）」等型態，如漢章帝建初七年（82）九月辛卯（二七日）詔云：「詔天下繫囚減死一等，勿笞，詣邊戍，妻子自隨，占著所在，父母同產欲相從者，恣聽之。」[39] 又據順帝永建元年（126）冬十月辛巳（三日）詔，云：「詔減死罪以下徙邊，其亡命贖，各有差。」[40] 歷東漢之世，將死刑犯減死戍邊的恩詔至少有十多次。[41] 除此以外，「徙邊刑」尚有另一類型。試看《漢書·鮑宣傳》，云：

　　　　上遂抵（鮑）宣罪減死一等，髡鉗。宣既被刑，乃徙之上黨。
　　　　（頁 3094）

鮑宣因距閉使者，無人臣禮，大不敬不道，哀帝將其減死一等，髡鉗徙於上黨。髡鉗即漢人對髡鉗城旦也就是五歲勞役刑的簡稱，鮑宣看來是被徙往上黨執行髡鉗城旦之刑。又《後漢書·梁冀傳》：

　　　　南郡太守馬融、江夏太守田明，初除，過謁（梁）不疑，
　　　　（梁）冀諷州郡以它事陷之，皆髡笞徙朔方。融自刺不殊，明
　　　　遂死於路。（頁 1185）

南郡太守馬融、江夏太守田明因得罪外戚梁冀，遭「髡笞徙朔方」。「髡笞」疑同於鮑宣「髡鉗」之例亦是服勞役刑，但地點則是朔方。與前述

[39]　《後漢書》，卷3，〈章帝紀〉，頁143。

[40]　《後漢書》，卷6，〈順帝紀〉，頁253。

[41]　邢義田前揭〈從安土重遷論秦漢時代的徙民與遷徙刑〉，頁95-97。

章帝、順帝詔的減死徒邊戍不同，鮑宣、馬融的例子是犯人減死一等的
代刑是髡鉗勞役刑，只是其勞動場所是邊郡，所以犯人才會遭到強制遷
徙。[42]從「宣既被刑，乃徙之上黨」、「皆髡笞徙朔方」的用語，似乎按
規定被刑就要徙往上黨、朔方等邊郡，勞役刑與徙邊的處罰是自然連動
的，難道此即前引東漢順帝赦詔所云「坐法當徙」之情況？

　　「徙邊刑」在西漢武帝晚年產生，或可置於漢代刑罰發展的脈絡來
觀察。漢文帝廢肉刑的同時，亦制定勞役刑的刑期，勞役刑亦自無期刑
發展為有期刑。誠如前述，自文帝廢肉刑後，死刑之下即是髡鉗五歲
刑，刑罰制度出現死刑太重，生刑太輕的窘境。漢代徙邊刑並無刑期，
犯人應是徙逐終身。但學者指出「徙邊刑」的重點不在放逐，論其性質
應是無期勞役刑，放逐不過是執行戍邊軍役而必然伴隨的移動而已。「徙
邊刑」這樣的無期勞役刑具有填補死刑與有期勞役刑之間空檔的效果。[43]

第二節　　三國兩晉南朝的流徙概況

　　關於三國兩晉南朝的流徙案例，在史籍中共輯錄得 109 則，現製成
附表二〈三國兩晉南朝流徙人表〉，置於本章之末。以下將分期述論三國
兩晉南朝流徙刑罰的施行概況。

一、三國時期

　　附表二編號 1 至 32，是三國的流徙案例，其中曹魏 6 例，蜀漢 3
例，孫吳 23 例。綜觀三國時代的流徙刑，可歸納出以下現象：

---

[42]　富谷至著，《漢唐法制史研究》，頁 293-299。

[43]　富谷至著，《漢唐法制史研究》，頁 299-307。

　　第一，從曹魏的六宗案例來看，編號 1 的杜恕（197-252）是因擅殺而被徙往冀州勃海郡的章武，距離首都洛陽相當遙遠。至於編號 2 至 6 案例，則全都屬於謀反罪的從犯或家屬。編號 2 是嘉平元年（249）司馬懿（179-251）發動高平陵政變，誅除大將軍曹爽（?-249），獨攬朝政。與曹爽交好的夏侯霸（?-259）畏而奔蜀，司馬懿將其子徙樂浪郡，樂浪郡治所即今朝鮮半島的平壤。其後，司馬師（208-255）兄弟進一步肅清曹爽餘黨。嘉平六年（254），夏侯玄（209-254）、李豐（?- 254）等重臣被誅，家屬徙樂浪，而與李豐交好的許允（?-254）亦遭遠徙。編號 6 是鄧艾（197-264）滅蜀後，遭鍾會構陷謀反伏誅，家屬徙西域。可知曹魏的流徙案例，主要是謀反罪的牽連犯，由於是謀反罪之故，所以，徙逐的地點都屬絕域塞外，具有嚴懲罪犯之作用。

　　第二，就蜀漢的個案而言，編號 7 是廖立與李嚴（?-234）有隙，諸葛亮（181-234）廢徙廖立於汶山郡。編號 8 則是李嚴欲取代諸葛亮，為亮廢徙梓潼郡。[44]編號 9 則是諸葛亮死後，楊儀（?-235）自恃功高，不服執政蔣琬（193-246），多所怨望，遭廢徙漢嘉郡。這三宗案例都是屬於中央政府內部的權力鬥爭，但鬥爭不算激烈，尚不至如曹魏高平陵政變般刀光劍影的地步。三人被徙置的地方──汶山、梓潼、漢嘉，都在成都四周不遠處，並非南中等不毛之地，顯見流徙之目的，旨在將鬥爭對手逐離中樞而已，並無嚴懲之意。

　　第三，孫吳的流徙案例，主要集中在孫權（182-252）和孫晧（243-284）兩朝，流徙地以交、廣為主。孫權朝的流徙，主要是發生在赤烏八年（245），肇因於太子和（223-253）與魯王霸（?-250）之間的鬥爭。最後，孫權將太子黨的顧譚等人以及魯王霸陣營的關係人楊穆（其弟楊

44　據田餘慶考察，蜀漢政權長期存在舊人和新人兩個集團，諸葛亮先後廢徙廖立和李嚴，目的旨在調和兩集團間的矛盾。參看〈李嚴興廢與諸葛用人〉，收入田餘慶著《秦漢魏晉史探微》（北京：中華書局，1993）。

竺（?-245）屬魯王黨）一律遠逐交州（編號 12 至 17）。吳末帝孫晧朝流
徙的事例頗多，然其性質與曹魏的懲處謀反罪家屬的情況不同，主要是
孫晧為政荒暴，御下喜怒無常，動輒以屬下欺君誹謗而科以重刑，例
如，編號 21 的王蕃（228-266）不勝酒力，但孫晧疑其欺君，竟斬王蕃
而流其家屬於廣州。編號 28、30 的樓玄和賀邵（227-275）的家屬，都
因誹毀國事而遭流徙。

　　綜合而言，曹魏之流徙多因謀反罪而起，當主要政治首領被誅除
後，其家屬或相關者則遭減死遠徙，既見朝廷之恩宥，而徙置絕域亦達
嚴懲之效果。至於蜀漢之流徙，其意旨在將政爭敵人逐出權力中樞而
已，故此，其徙置地並非不毛之地。孫吳的流徙，或因諸王爭立，或因
誹毀朝政，或因欺君等事，並沒發生如曹魏高平陵政變之類的嚴重鬥
爭，主要是君王不滿臣下之作為，乃將當事人遠逐偏遠之地，以作懲
戒。

二、西晉時期

　　西晉自司馬炎（236-290，265-290 在位）篡魏至愍帝（301-318，313-
316 在位）被俘，國祚僅五十多年，期間流徙的案例不多，僅得 8 例而
已，可參看附表二編號 33 至 40。

　　西元二六五年，司馬炎篡魏建晉，然而，其叔祖司馬順竟以炎為
「事乖唐虞，而假為禪名！」遂被武帝廢黜，徙武威姑臧縣。史稱「雖
受罪流放，守意不移而卒。」[45]西晉的流徙案例，主要見於惠帝朝（259-
306，290-306 在位），大多與「賈后與八王之亂」有關。附表二編號 34
之案例，是東安王繇（?-304）謀廢賈后（257-300），反而遭廢徙帶方
郡。編號 35、36、37、38 等例，則是趙王倫（240-301）廢賈后，並誅

---

[45]　《晉書》，卷 37，〈宗室‧任城景王陵附弟順傳〉，頁 1114。

除張華（232-300）、裴頠（267-300）等朝望大臣，以利篡逆。張、裴被殺後，其家人則被徙逐邊地。至於編號 40 之案例，則是趙王倫被殺後，其機要陸機（261-303）受到牽連，幸賴成都王穎（279-306）等營救，得以減死徙邊，後遇赦歸。

　　西晉的案例中，編號 39 是較為特殊的一宗。此例是武陵王司馬澹（?-311）之妻郭氏對澹母無禮。齊王冏（?-303）輔政時，澹母控訴澹不孝，澹與妻子因而被徙遼東。司馬澹以王族之尊遭流徙遼東，其刑不可謂不重。然而，司馬氏政權一向標榜以孝治天下，司馬昭（211-265）執政時，何曾（199-279）稱頌「明公方以孝治天下」。[46]故阮籍（210-263）恃才放誕，居喪無禮，何曾就主張流之四裔。[47]泰始初，李密（224-287）上疏武帝時，就提到「聖朝以孝治天下」。[48]武帝訓勉郡國守相，亦以「士庶有好學篤道，孝弟忠信，清白異行者，舉而進之；有不孝敬於父母，不長悌於族黨，悖禮棄常，不率法令者，糾而罪之。」[49]因此，司馬澹之處罰雖重，但卻是符合司馬氏立國之原則。

三、東晉時期

　　「八王之亂」擾攘十多年，國家元氣大傷，久居中原的胡族將領，趁機起兵，終致兩京失陷，二帝蒙塵。琅琊王司馬睿（276-323）在琅琊王導（276-339）等僑姓大族擁戴下，南渡建康，苟延國祚。從此，中國進入了南北長期對峙之局，達 270 多年之久。東晉一朝的流徙案例，共得 16 人次，可參看文末附表二編號 41 至 56。

---

[46]　〔南朝宋〕劉義慶撰；余嘉錫箋疏，《世說新語箋疏》（上海：上海古籍出版社，1993）〈任誕第二十三〉，頁 727。

[47]　《晉書》，卷 33，〈何曾傳〉，頁 995。

[48]　《晉書》，卷 88，〈孝友・李密傳〉，頁 2275。

[49]　《晉書》，卷 3，〈武帝紀〉，頁 57。

　　東晉十六宗流徙案例，絕大部份都與中央政府的權力鬥爭有關。編號 41 之案例是南頓王司馬宗（?-326）於成帝（321-342，325-342 在位）咸和元年（326）因謀反被殺，其妻子徙於晉安。明帝朝有意培植南頓王宗、西陽王羕（284-329）等宗王勢力，以抗庾亮（289-340）、王導代表的僑姓大族。成帝甫即位，庾亮先發制人，以謀反之名收捕南頓王宗等。從此，東晉宗王勢力遭到摧毀，僑姓大族獨霸朝綱之勢漸成。[50]

　　編號 42 至 56 的案例，除編號 56 外，其餘都與桓溫（312-373）、桓玄（369-404）父子的篡奪有關。編號 42 是殷浩（?-356）連年北伐無功，遭朝廷廢黜流逐。殷浩為清談名士，時為揚州刺史，朝廷賴以制荊州桓溫，永和九年（353）十月，殷浩北伐軍徹底失敗。桓溫乘朝野怨望而上疏歷數殷浩罪狀，朝廷不得已免浩為庶人，徙東陽之信安。桓溫廢逐殷浩後，數度北伐，最終兵敗枋頭，望實俱損，只好擅行廢立以樹威。太和六年（371）十一月，桓溫廢晉帝改立簡文帝昱（320-372），並以謀反罪名收太宰武陵王晞（316-381），進一步翦除司馬氏宗室。桓溫本擬殺武陵王晞，但簡文帝固執不可，武陵王晞得以免死，徙新安郡，連帶新蔡王晃亦被徙衡陽。[51]此即編號 43 和 44 兩例的緣由。孝武帝（362-396，372-396 在位）康寧元年（373），桓溫病重，桓氏內部亦是暗潮洶湧。桓溫子桓熙與桓濟欲圖叔父江州刺史桓沖（328-402），為桓沖所知，二人俱徙長沙。此即編號 45 和 46 二例的緣由。

　　編號 47 至 55 的案例則與桓溫子桓玄稱兵有關。孝武帝晚期，宗室會稽王道子（364-403）及其世子元顯（382-402）試圖重振司馬氏皇權。然而，道子終日酣醉，復寵信佞臣王國寶（?-397）等；而元顯性苛刻，生殺任意，大失朝野所望。安帝（382-419，396-418 在位）初年，長期經營荊楚的桓溫之子桓玄，趁朝政紊亂之際，直取揚州，執道子父

50　田餘慶，《東晉門閥政治》（北京：北京大學，2005 年第 4 版），頁 86-92。

51　《晉書》，卷 9，〈簡文帝紀〉，頁 220-221。

子。道子被徙江州安成郡，後酖於徙所（編號 47）。司馬元顯伏誅，同
黨的豫州刺史譙王尚之（?-402）和毛泰皆被斬。王國寶早於隆安元年
（397）被誅，但桓玄仍將其家屬遠徙交州（編號 48）。尚之弟恢之和允
之被流徙廣州，於途中被害（編號 49、50）。毛泰弟毛遁亦被流廣州，
義熙初年放還（編號 51）。同屬元顯黨的王誕（375-413）因桓脩（?-
404）所救而免死，被徙廣州（編號 52）。曾任中書侍郎且頗有清望的范
泰（355-428）亦被捲入這波政變中，以居喪無禮的罪名，廢徙丹徒（編
號 53）。元興二年（403），桓玄加九錫，密謀廢立，各地陸續湧現反桓
玄的力量，桓玄侄桓亮乘亂起兵，後被玄平定，並將其流徙衡陽（編號
54）。

四、南朝時期

　　西元 420 年，劉裕（363-422）篡晉建宋，劉宋一代，約 56 年，比
東晉國祚約少了一半，但流徙的個案卻有 37 例，多於東晉。劉宋朝的流
徙，可參看附表二編號 57 至 93。

　　限於篇幅，本文無法對劉宋的案例一一詳述，不過，大致而言，劉
宋的流徙事例並沒有明顯集中在特定皇帝統治時期，而是自宋初至宋末
都經常發生。若細究各人流徙的緣由，可以發現 37 例中，約有 25 例是
與謀反罪有關，佔三分之二左右。[52]

　　兩宗發生在少帝朝的案例，無一例外，皆是謀反罪的正犯或牽連
犯。文帝（407-453，424-453 在位）朝共有 15 次流徙事例，其中編號
60、61、62 都因謝靈運（385-433）率眾反亂而起。另外有 7 例發生在元
嘉二十二年（445）至二十四年（447）間，編號 64 至 67 等四例是因范

---

[52] 這 25 例為編號 57、58、59、60、61、62、63、64、65、66、67、68、69、70、74、75、78、83、
　　84、86、88、89、91、92、93。

曄（398-445）謀反案所牽連。事緣太子詹事范曄等謀亂以迎還廢徙豫章的彭城王義康，范曄黨羽皆伏誅。編號 64、65、66 皆受牽連者，編號 67 的彭城王義康（409-451）雖不預謀，但仍遭徙付安成郡。編號 68 至 70 等案例，則因豫章胡誕世等謀反，殺太守桓隆之，並欲奉戴劉義康。亂平後胡誕世弟景世、寶世皆被徙。朝廷為了防微杜漸，決定將義康徙至廣州遠郡。

孝武帝（430-464，453-464 在位）朝共有 9 例，即位之初有 3 例，首例編號 73 的沈懷遠遭徙逐廣州，事緣沈懷遠納王鸚鵡為妾，王鸚鵡乃弒文帝（407-453，424-453 在位）元凶劉劭（424-453）黨羽，孝武誅劭等後，沈懷遠被徙廣州。編號 74 是雍州刺史武昌王渾（439-455）與左右作檄文，自號楚王，改元永光，備置百官，以為戲笑。後為部下所告，被貶為庶人並徙始安郡。編號 75 是臧質（400-454）與南郡王義宣（415-454）謀反，鄧璩因與臧質同謀伏誅，其弟鄧琬（407-466）得以免死遠徙。史稱孝武帝為人「性嚴暴，睚眦之間，動至罪戮。」[53]遭流徙者常常不得善終，如武昌王渾（編號 74）、顏辟強（編號 77）、垣襲祖（編號 79）等皆是。沈懷遠之徙，原先孝武令廣州刺史宗愨（?-465）殺之。會南郡王義宣反，懷遠戴罪立功，由此見原，然終孝武之世不得還。前廢帝（449-466）被弒後，明帝（439-472，466-472 在位）與晉安王子勛（456-466）發生叔侄爭立的武裝衝突，最後子勛被殺，子勛黨的相關人犯劉子房（456-466）（編號 83）和袁昂（461-540）（編號 84）皆被徙。明帝晚年，猜防宗室又較孝武帝為甚。泰始七年（471），明帝疾篤，懼諸弟強盛，太子幼弱，遂先後以謀反之名殺弟晉安王休祐（445-471）和始安王休仁（443-471），其子分別徙晉平和丹楊。

蕭齊前後 23 年，流徙個案只得 7 例。有別於劉宋的情況，因謀反

---

[53] 〔南朝梁〕沈約，《宋書》（點校本）（北京：中華書局，1974），卷 94，〈恩倖·戴法興傳〉，頁 2303。

罪而遭流徙者，只有編號 96 一例：垣惠隆因父垣崇祖（440-483）反，遭流放廣州番禺。其餘六例，或是有怨言，或是訕謗朝政，其罪名不算十分嚴重，但皆流逐交廣，刑罰頗重。而且，遭流放者經常難逃一死，如王遜（編號 94）、檀超（編號 95）、謝超宗（430-483）（編號 97）等，皆被害於途。這樣的處置，不知是否反映蕭齊為政較為苛暴寡恩呢？

蕭梁前後 56 年，流徙個案可考者只得 9 例。值得注意的是，這 9 例中或因居喪無禮，如編號 103 的王貞秀，或因北伐喪師敗績的蕭正德（?-549）（編號 105）與元慶和（編號 107），但並沒有一例是牽涉謀反罪。而且其中 4 例後來被追還或遭赦免，如編號 102 的范縝（450-515）、編號 104 的蕭昱（?-524）、編號 105 的蕭正德、編號 108 的周弘正（496-574）。固然，編號 103 的王貞秀和編號 106 的蕭正則最終都遭殺害，但原先蕭正則被徙鬱林後，「帝敕廣州日給酒肉，南中官司猶處以侯禮」，[54] 其待遇仍然不差。若非二人在配所圖謀不軌，興兵作亂，下場應當不致如此。史稱梁武帝（464-549，502-549 在位）為政，「敦睦九族，優借朝士，有犯罪者，皆諷群下，屈法申之。百姓有罪，皆案之以法。」[55] 從武帝朝的流徙案例來看，武帝對於宗室朝士的確頗為優遇。

陳朝前後 33 年，流徙之例，竟未一見！筆者以為這並非史料佚失，而是流徙之刑發生了重大變化所致。這將在後文詳述。

以上概述三國兩晉南朝近四百年間流徙放逐刑罰施行的情況，而尤其值得注意的是這種刑罰的名稱。秦漢之世，將罪犯驅逐他方的刑罰，或稱「遷」，或稱「徙」，但至三國時代，史籍中的「遷」或是泛指職官的調動、或是泛指變換轉移地方，已經不再用作刑名。三國時期 32 宗案例一律寫作「徙」或「流徙」某地，可知將犯人遠逐之刑罰，漸漸限制

---

54 〔唐〕李延壽撰，《南史》（點校本）（北京：中華書局，1975），卷 51，〈梁宗室上·蕭正則傳〉，頁 1283。

55 〔唐〕魏徵，《隋書》（點校本）（北京：中華書局，1973），卷 25，〈刑法志〉，頁 700。

稱作「徙」或「流徙」。

　　兩漢似乎都有朝臣遭到「流放」的懲罰，如西漢哀帝（前 25-前 1，前 7-前 1 在位）朝方士夏賀良（?-前 5）以「反道惑眾」，其黨與如李尋遭到「流放」。[56] 又哀帝崩後，寵臣董賢（前 22-前 1）與外戚丁氏、傅氏遭到另一外戚王氏整肅，史稱「董賢縊死，丁、傅流放」。[57] 又東漢桓帝朝「黨錮之禍」，「劉祐、馮緄、趙典、尹勳，正直多怨，流放家門。」[58]「流」似乎早已作刑名而用。但細究史料，夏賀良案中的黨人如李尋、解光等，在本傳中所見具體刑罰是「減死一等，徙敦煌郡。」[59] 又哀帝崩後，丁、傅俱敗，史稱「皆免官爵，丁氏徙歸故郡。」「（傅）晏將家屬徙合浦，宗族皆歸故郡。」[60] 本傳所載是罪犯的具體刑罰，都不是以「流」而是以「徙」某地來表述。至於黨錮之禍各人皆無遠徙放逐之刑：趙典因諫爭違旨，「免官就國」；劉祐、馮緄是「輸左校」；尹勳「上書解釋范滂、袁忠等黨議禁錮」，並無受罰。[61]「流放」一詞乃史家借用經典語言描述某人之處境，或是解作驅逐，或是解作責罰，或是解作離開原地、羈旅他鄉之意，並非具體刑罰意義的放逐遠徙。

　　「流徙」一詞，東漢並不常見，而作為將人遠逐的刑罰解，《後漢書》中僅見東漢末桓帝建和三年五月詔書一例，云「昔孝章帝愍前世禁徙，故建初之元，並蒙恩澤，流徙者使還故郡，沒入者免為庶民。」[62]《三國志》中「流徙」一詞較常出現，而作為刑罰解的例子不算寡少，

---

[56]　《漢書》，卷 26，〈天文志〉，頁 1312；卷 75，〈李尋傳〉論贊，頁 3195。

[57]　《漢書》，卷 93，〈佞幸傳〉論贊，頁 3741。

[58]　《後漢書》，卷 65，〈皇甫規傳〉，頁 2136。

[59]　《漢書》，卷 75，〈李尋傳〉，頁 3193。

[60]　《漢書》，卷 97 下，〈外戚傳〉，頁 4003-4004。

[61]　分別參見《後漢書》卷 27，〈趙典傳〉，頁 948；卷 38，〈馮緄傳〉，頁 1284；卷 67，〈黨錮尹勳傳〉，頁 2208。

[62]　《後漢書》，卷 7，〈桓帝紀〉，頁 293。

如曹魏正元二年（255）毌丘儉（?-255）上表歷數司馬師的罪狀之一為冤殺鎮北將軍許允，其辭曰：「雖云流徙，道路餓殺，天下聞之，莫不哀傷。」[63]編號 10 東吳的虞翻（164-233）以狂直忤旨遭孫權徙逐丹陽，史稱「虞翻以狂直流徙，惟（諸葛）瑾屢為之說。」[64]陸遜（183-245）外甥顧譚、顧承、姚信，因屬太子和黨人，遭孫權徙付交州，本傳皆作「徙」，而〈陸遜傳〉則作「並以親附太子，枉見流徙」。[65]兩晉南朝之世，「流徙」一詞更為常用。西晉武帝時，淮南相劉頌（?-約 300）上奏言事，提到「惟立法創制，死生之斷，除名流徙。」[66]又惠帝「八王之亂」時，趙王倫黨孫秀收捕石崇（249-300），崇原先以為「不過流徙交、廣耳」。[67]劉宋武帝永初元年（420）登基時曾放免流徙罪犯，詔云：「（永初元年）七月丁亥，原放劫賊餘口沒在臺府者，諸流徙家並聽還本土。」[68]蕭齊明帝建武元年（494）即位大赦，詔曰「劫賊餘口在臺府者，可悉原放。負釁流徙，並還本鄉。」[69]蕭梁武帝天監元年（502）即位之初，亦以「大運肇升，嘉慶惟始」，下詔「諸流徙之家，並聽還本。」[70]

　　「流」作為一種刑名，早見於《尚書·舜典》，但在兩漢，並未用「流」來稱呼將罪犯遠徙的刑罰。及至魏晉之世，才逐漸以「流徙」作為這種刑罰的名稱。此番轉變的背景應是緣於漢代經學發達，魏晉儒學

---

[63]　《三國志》，卷 28，〈魏書·毌丘儉傳〉裴注，頁 764。編號 5 的許允因黨附夏侯玄，於嘉平六年（254）遭司馬師徙樂浪郡，途中被殺，《三國志·魏書·夏侯玄傳》作「徙樂浪，道死。」

[64]　《三國志》，卷 52，〈吳書·諸葛瑾傳〉，頁 1234。《三國志·虞翻傳》則作「坐徙丹楊」。

[65]　《三國志》，卷 58，〈吳書·陸遜傳〉，頁 1354。

[66]　《晉書》，卷 46，〈劉頌傳〉，頁 1303。

[67]　《晉書》，卷 33，〈石崇傳〉，頁 1008。

[68]　《宋書》，卷 3，〈武帝紀下〉，頁 54。

[69]　〔南朝梁〕蕭子顯撰，《南齊書》（點校本）（北京：中華書局，1972），卷 6，〈明帝紀〉，頁 85。

[70]　〔唐〕姚思廉，《梁書》（點校本）（北京：中華書局，1973），卷 2，〈武帝紀中〉，頁 35。

在其基礎上繼往開來，呈現強勁的發展動力。[71]儒生信而好古，憧憬三代之德，以為行三代之政，則盛世可期。鑑於把犯人減死遠逐既是落實「流宥五刑」的恩典精神，遂將當代刑罰冠以先王經典的用字。若進一步析論，學界針對「法律儒家化」之課題，早已指出自曹魏開始，儒臣參與法律的編制和修訂，法律體制漸為儒家思想所支配。[72]西晉修律，「司馬氏以東漢末年之儒學大族創建晉室，統制中國，其所制定之刑律尤為儒家化。」[73]曹魏新律將「八議」入律，晉《泰始律》「准五服以治罪」，皆中國法律儒家化之大事。晉武帝太康元年（280）平吳大赦詔云：「其赦天下。流宥遠方者，皆原之」，[74]明顯襲用經典的「流宥五刑」。學界論法律之儒家化，或從法典編纂人員的組成分析，或從法律精神原則層面考察，較少從刑制角度論證法律儒家化現象，故略陳淺見以為補充。魏晉之世，開始將徙逐遠方之刑比附上古聖王之制，故魏晉南朝放逐遠徙的刑罰當稱作「流徙刑」為是。

第三節　流徙地的問題

漢代在徙逐罪犯時，大逆不道犯的從犯多徙往合浦、九真、日南；

---

[71] 樓勁以為魏晉之世，儒學非僅沒有衰落，反而在漢代經學的基礎上進一步發展，儒學知識呈現「常識化」的趨勢，經學發展動力強勁而著述繁盛，儒學前沿問題討論也極為活躍，且能兼綜各家之說，無疑拓展了儒學的基礎、主幹和論域。參看氏著〈魏晉南北朝儒學的發展〉，《歷史研究》，2022:3（北京，2022），頁 71-93。

[72] 瞿同祖，〈中國法律之儒家化〉，收入氏著《瞿同祖法學論著集》（北京：中國政法大學出版社，1998），頁 368-371。

[73] 陳寅恪，《隋唐制度淵源略論稿》（上海：上海古籍版社，1982），頁 100。

[74] 據〔唐〕許敬宗編；〔日本〕阿部隆一、尾崎康輯，《（影弘仁本）文館詞林》（東京：古典研究會，1969）卷 670，〈西晉武帝赦詔〉，頁 373-374。

不道犯和大不敬犯則多徙至敦煌和朔方等邊郡。[75]那麼，三國兩晉南朝時期在流逐犯人時，大多徙置到甚麼地區呢？若歸納此時 109 人次的流徙事例，其流徙地是否呈現某些傾向？

前文曾經論述，三國時代華北的曹魏王朝以遼東為主要流配的地點，司馬晉在繼承曹魏的基礎上統一天下，其流徙地的考量亦類似曹魏，大抵以遼東地區為主。至於孫吳、東晉、南朝的所謂「六朝」，基於立國江東的事實，流徙地當然不可能仿照曹魏西晉的前例。

關於六朝的流徙地，可參看以下表 2-1「六朝流徙地一覽表」。六朝流徙地大抵以交州、廣州、越州等嶺南地區的比例最高，共得 42 人次，約佔總數的 46%左右。其次為長江下游的揚州、東揚州、江州，共得 23 人次，佔 25%。再次為長江中游的荊州和湘州，共得 8 人次，約為 9% 左右。可知六朝大略以交廣等嶺南地區為主要流徙罪犯的地方。在不同時期流徙嶺南所佔該時代流徙比例，分別是：東吳 57%、東晉 31%、宋 38%、齊 57%、梁 67%。

表 2-1　六朝流徙地一覽表

地區＼時代	揚州	東揚州	江州	荊州	湘州	梁州	交州	廣州	越州	嶺南	其他	不詳	總數
東吳	7			1			9	4				2	23
東晉	3		2	4			1	4			1	1	16
宋	1	3	4		3	5	2	8	1	3		6	37
齊		1					1	2	1		1	1	7

---

[75]　大庭脩前揭〈漢の徙邊刑〉，頁195。

時代 \ 地區	揚州	東揚州	江州	荊州	湘州	梁州	交州	廣州	越州	嶺南	其他	不詳	總數
梁		2					2	3	1			1	9
總數	11	6	6	5	3	5	15	21	3	3	3	11	92

　　若進一步分析，交州、廣州、揚州等地幅員遼闊，朝廷在流徙犯人時，是否會集中於特定地區呢？筆者將六朝凡是曾經流徙犯人三人次或以上的地區，簡單統計作成表 2-2「六朝流徙集中地統計表」。

表 2-2　六朝流徙集中地統計表

郡名	番禺	龍編	新安	南鄭	臨海	建安	晉安
流徙人次	26	7	5	5	3	3	3

　　從表 2-2 可以清楚看到六朝時期的罪犯最常被流徙的地方，就是嶺南的番禺。番禺在漢末原為交州治所，吳末帝孫晧即位時，分置廣州，治番禺，交州州治則移往交趾龍編。番禺和龍編一直都是流徙的主要配所。為何朝廷在流徙罪犯時，會首選嶺南地區呢？這可能是流逐嶺南地區對社會具有相當的警嚇作用之故。

　　嶺南的交州、廣州以及後來分出的越州，在六朝仍屬落後蠻化之地，其文化經濟遠遜首都建康，自不待言，而尤讓流徙者聞之生畏的，一是這些地區瘴氣嚴重，一是這些地區蠻夷雜處，寇盜不賓。試看《南齊書・州郡志》的描述：

　　　廣州……民戶不多，而俚獠猥雜，皆樓居山險，不肯賓服。
　　　交州……外接南夷，寶貨所出，山海珍怪，莫與為比。民恃險

> 遠，數好反叛。
>
> 越州……夷獠叢居，隱伏巖障，寇盜不賓，略無編戶……土有
> 瘴氣殺人。漢世交州刺史每暑月輒避處高，今交土調和，越瘴
> 獨甚。刺史常事戎馬，唯以貶伐為務。[76]

可知瘴氣瀰漫和俚獠蠻夷的寇盜，是嶺南地區讓人聞之色變的主因。

　　嶺南的瘴氣，可以漢末公孫瓚（?-199）的例子作說明。漢末遼西郡
太守因事被徙交州日南，僚屬公孫瓚準備陪同郡守同徙，行前竟要在北
芒山祭祖，理由是「日南瘴氣，或恐不還，與先人辭於此。」[77]可見時
人對交州的懼怕。前引《南齊書·州郡志》述及交廣的瘴氣似乎在南齊
時已較緩和，唯越州的瘴氣仍盛。除了瘴氣外，交廣治安不靖，反叛屢
起，亦是讓流人惶恐不安。劉宋明帝泰始四年（468）三月，交州土人李
長仁作亂，據《宋書·徐爰傳》云：

> 值刺史張牧病卒，土人李長仁為亂，悉誅北來流寓，無或免
> 者。（頁 2312）

又《南齊書·南夷·交州傳》云：

> 宋泰始初，刺史張牧卒，交趾人李長仁殺牧北來部曲，據交州
> 叛。（頁 1017）

不管李長仁所殺的是所有北來的流寓之人，抑或只是張牧的北來部曲，

---

[76] 《南齊書》，卷 14，〈州郡志〉，頁 262、266、267。

[77] 《三國志》，卷 8，〈魏書·公孫瓚傳〉，頁 239。

這次屠殺顯示南方土著對北人的仇視。因而將犯人流徙嶺南，對社會具有極大的威嚇作用。的確，遭流徙嶺南地帶的，其犯行大多情節嚴重，不少還是謀反大罪。如東晉司馬恢之允之兄弟（編號 49、50）、毛遁（編號 51）、王誕（編號 52）。劉宋的謝靈運和家屬（編號 60、61、62）、范曄謀反案的牽運犯（編號 65、66、67）等皆是。

除了嶺南地區外，六朝時期有四分之一的罪犯遭流逐揚州、東揚州、江州等長江下游地帶。

一般而言，遭流徙揚州者，所犯大多不是謀反之類的嚴重罪行。孫吳流徙揚州的案例共有七則，似乎都不算嚴重罪行，譬如，編號 10 虞翻遭流逐丹陽，事緣翻「數犯顏諫爭，（孫）權不能悅，又性不協俗，多見謗毀。」[78]所犯明顯不重。其他如編號 26、27 的陸禕、陸式兄弟遭流徙建安；編號 31、32 的甘瓌、潘平徙置會稽，史書不載其罪名，應非謀反之類的嚴重罪行。東晉的案例也是如此，如編號 42 的殷浩和編號 53 的范泰，前者廢徙東陽，後者廢徙丹徒，都在揚州境內。二人所犯都非謀反等大罪，前者是因北伐喪師而遭桓溫驅逐，後者是遭桓玄以居喪無禮為名而廢徙。流逐二人的目的，與其說是嚴懲，毋寧是藉此將其逐出首都這個權力中樞罷了。

廢徙揚州地區者，所犯通常並非嚴重，不過，遭流逐江州地區，情況就比較不一樣。就所見流逐江州地帶的案例，如編號 41 的東晉南頓王宗家人，因南頓王宗被庾亮誣以謀反伏誅所牽連。編號 89 劉休祐諸子，是因宗室劉休仁謀反伏誅，兄弟劉休祐被連，可見流江州的罪人一般較流揚州的為重。江州包括今日福建地區，六朝時期的閩越，史稱「俗好反亂，前後太守莫能止息。」[79]晉安郡更是「郡居山海，常結聚逋逃，

78　《三國志》，卷 57，〈吳書·虞翻傳〉，頁 1320。

79　《梁書》，卷 39，〈羊侃傳〉，頁 558。

前二千石雖募討捕，而寇盜不止。」[80]顯然，是屬於治安不靖的地方。
不過，流徙江州的罪人所犯雖重，但似乎又沒有達到遠逐嶺南的程度。
如前述司馬宗的案例，本來就是遭庾亮誣陷，而且，庾亮為免失遠近之
心，也不宜對司馬宗家屬處置過苛。[81]劉休祐和劉休仁諸子的待遇亦復
如此。明帝慮諸弟強盛，太子幼弱，將來不安，乃冤殺兩弟休祐、休
仁，心中難免內疚神明。況且，休仁等既誅，諸子無足畏懼，所以，只
將他們逐離建康而已。

　　綜觀六朝的流徙，朝廷鮮少將罪犯徙逐至北疆。究其原因，應該是
這些遭流逐者皆政壇中人，雖一時犯事或政爭失利，但在朝廷仍具有相
當號召力和影響力之故。南北朝政權長期對峙時期，政爭失利者投奔敵
陣，不論是北人南逃或是南人北奔，多不勝數，較著名者如蕭齊王肅
（464-501）之投魏以及東魏侯景（503-552）之奔梁。因此，若將流徙
犯佈置於南北政權接壤的江北地帶，不管是投奔敵國，還是招誘北朝政
權南犯，都不是南朝所樂見的。

　　大體而言，六朝流徙地主要以交、廣、越等嶺南地區為首，其次則
是揚州（含東揚州）、江州等地區。嶺南地區瘴氣瀰漫，寇亂不息，使人
聞之色變，對社會應能構成一定的威嚇作用。因此，遭流徙嶺南的，往
往是謀反之類的罪犯或牽連犯。而情節較輕者，則會流徙至距離首都建
康不算太遠的江州。至於流徙揚州者，其實際所犯一般不重，常常是因
政爭失利，遭對手逐出權力中樞而已。流徙地與犯行間有著一定關連
性，與兩漢的情形頗為相仿。

---

[80]　《梁書》，卷42，〈臧厥傳〉，頁601。

[81]　對於南頓王家屬懲處不重，究其原因，當是司馬宗乃宗室近屬，司馬羕乃先帝保傅，史
　　　稱「亮一旦翦黜，由是愈失遠近之心」（《資治通鑑》卷93「晉成帝咸和元（326）年冬
　　　十月」條，頁 2942），是故對司馬宗之家屬從寬論處。不久，朝廷對其家屬「既而原
　　　之」。參看《晉書》卷59〈南頓王宗傳〉，頁1595。

第四節　　流人的境遇

　　《唐令‧獄官令》第十二云：「諸流人科斷已定，及移鄉人，皆不得棄放妻妾及私遁還鄉。」[82]可知唐代法律規定流配之人，妻妾必須同往，而且不得返回本籍。那麼，魏晉南朝時期遭流徙的罪犯，是否亦是終身遠逐？其妻妾是否必須隨行？

　　綜觀魏晉南朝的流徙案例，不論是本人抑或是家屬，皆是一經徙逐，便遠離原籍，返鄉無期的。在眾多流徙案例中，不少流人最終是客死異鄉，如曹魏杜恕在嘉平元年（249）遭徙逐章武郡，四年（252）卒於徙所。其他如晉武帝朝的司馬順、南朝劉宋的謝鳳和孟微生、蕭齊的垣惠隆和劉祥等，最終都死於徙所。（以上參看附表二）東晉南朝一百多個案例中，並無一例是罪犯遭遠逐後，經過一定的年限而准許返鄉的。然而，流徙者真的就從此返鄉無期嗎？試看西晉賈充妻子李氏的經歷，據《晉書‧賈充傳》云：

> （賈）充前妻李氏淑美有才行……父豐誅，李氏坐流徙……武帝踐阼，李以大赦得還。（頁1171）

賈充（217-282）妻李氏之父李豐（?-254），在嘉平六年（254）被指與夏侯玄等「謀迫脅至尊，擅誅冢宰，大逆無道」，為司馬懿所誅，家屬遭牽連流徙樂浪郡。[83]及至司馬炎泰始元年（265）踐阼建晉，大赦天下，「自謀反大逆不道已下……皆赦除之」，[84]李氏在流徙超過十年後方始蒙

---

[82] 〔日〕仁井田陞著；池田溫等補，《唐令拾遺補》（東京：東京大學出版社，1997），卷30，《獄官令》，頁1428。

[83] 《三國志》，卷9，〈魏書‧夏侯玄傳〉，頁299。

[84] 《（影弘仁本）文館詞林》，卷668，〈西晉武帝即位改元大赦詔〉，頁327。

恩放還。若非皇帝大赦寬宥，像李氏這類流徙犯，可真是返鄉無期的。
晉武帝另一次頒布於太康元年（284）的平吳大赦詔，更明白針對流刑犯
施恩，赦詔云：「其赦天下。流宥遠方者，皆原之。」[85]其後惠帝永寧元
年（301）八月亦曾「原徙邊者」。[86]西晉寬宥流徙犯的措施，可追溯東
漢之世。東漢遭遷徙者並無刑期，但自章帝（57-88）以降偶而可見赦歸
徙者，譬如章帝建初二年（77）、和帝（79-105）永元元年（89）、安帝
（94-125）永初四年（110）、桓帝（132-168）建和三年（149）、靈帝
（156-189）中平元年（184）等時期，都曾下詔恩准徙者還鄉。[87]

　　這類恩宥流徙者的赦令，在東漢魏晉四百多年間不算常見，但在南
朝時期則頗為頻繁。細覽劉宋流徙的史料，經常看到新君登基後會放免
流徙罪犯，此政策始自武帝之世：

　　　　（永初元年）七月丁亥，原放劫賊餘口沒在臺府者，諸流徙家
　　　　並聽還本土。[88]

孝武帝孝建二年（455）亦曾下詔云：

　　　　在朕受命之前，凡以罪徙放，悉聽還本。[89]

---

[85]　《（影弘仁本）文館詞林》卷 670，〈西晉武帝赦詔〉，頁 373-374。本詔書沒有繫年，但詔書中有
　　　「今六合同軌」之語，可知背景必在平吳統一天下之後，年份不應晚於太康元年（280）。考晉武帝
　　　太康元年以降的大赦共有三次：太康元年平吳大赦、太康五年（284）因「三辰謫見」大赦、太康
　　　十年（289）因太廟成而大赦。太康五年的赦書收錄於《文館詞林》卷 667，而〈西晉武帝赦詔〉
　　　並無提及太廟落成等語，故此詔應是太康元年平吳的赦詔。關於晉武帝大赦概況，參看拙著〈魏晉
　　　南朝恩赦制度的探討〉，頁 50-52、176。

[86]　《晉書》，卷 4，〈惠帝紀〉，頁 98。

[87]　邢義田前揭〈從安土重遷論秦漢時代的徙民與邊徙刑〉，頁 82-83。

[88]　《宋書》，卷 3，〈武帝紀下〉，頁 54。

[89]　《宋書》，卷 6，〈孝武帝紀〉，頁 117。

一些在文帝朝遭到流逐的人，如范魯連、謝緯、胡景世、胡寶世等，都因孝武登基之初的恩詔而得還。[90]大明初年孝武帝又再頒布類似恩詔。[91]前廢帝世亦曾恩免流人，史稱「流徙者並聽歸本」。孝武帝時被流徙廣州的沈懷遠得以歸還，後更官至武康令，[92]而同樣在孝武帝朝被徙逐也在前廢帝時期被召還的尚有王道琰、劉遞等。[93]宋明帝之世似乎未見此類恩詔，但後廢帝即位大赦，又再放免流徙犯，據《宋書・後廢帝紀》云：

　　自（元徽）元年以前貽罪徙放者，悉聽還本。（頁 179）

明帝朝被流徙的徐爰（394-475）、劉充明、劉伯融（458-476）兄弟、劉休祐諸子、沈勃（？-477）等人，都在此時回到首都。[94]

　　蕭齊延續劉宋的慣例，每當新君即位，多有放還流徙的詔書，譬如，齊高帝蕭道成（427-482）於建元元年（479）踐祚，即下詔「諸負釁流徙，普聽還本。」[95]廢帝鬱林王（473-494，493-494 在位）在永明十一年（493）七月即位，踰年改元隆昌，祀南郊後，下詔「宥隆昌元年以來（前）流人」。[96]明帝建武元年（494）即位大赦，詔曰「劫賊餘口在臺

---

[90] 分別參看《宋書》卷 69〈范曄傳〉、《宋書》卷 50〈胡藩傳〉。

[91] 《宋書》，卷 47，〈孟懷玉附弟龍符傳〉，頁 1409。

[92] 《宋書》，卷 82，〈沈懷文附弟懷遠傳〉，頁 2105。

[93] 《宋書》，卷 51，〈宗室・長沙景王道憐傳〉、卷 75〈王僧達傳〉。

[94] 分別參看《宋書》卷 94〈恩倖・徐爰傳〉、卷 79〈文五王・廬江王褘傳〉、卷 72〈文九王・晉平剌王休祐傳〉、卷 63〈沈演之附沈勃傳〉。

[95] 《南齊書》，卷 2，〈高帝紀〉，頁 33。

[96] 《南史》，卷 5，〈齊本紀〉，頁 134。赦詔云「宥隆昌元年以來流人」，但廢帝在正月丁未（初一）大赦改元隆昌，於辛亥（初五）祠南郊，短短五天有何流徙之人可以原宥？若以一般大赦的慣例，原宥對象應是隆昌元年「以前」而非「以來」流人，《南史》文字應誤。

府者，可悉原放。負釁流徙，並還本鄉。」[97]蕭梁武帝天監元年（502）即位之初，亦以「大運肇升，嘉慶惟始」，下詔「諸流徙之家，並聽還本」。[98]值得注意的是，梁武帝即位原宥流徙之恩詔，是南朝史上最後的一次，此後終梁武帝一生以及陳朝數十年間，都未再一見。關於這樣的轉變，將在下文進一步分析。

　　南朝政局動盪，政潮不斷，政敵間相互傾軋，或激起反亂，或以謀反罪誣陷對手，因而流徙之事，屢見不鮮。故此，新君一旦登基，往往下詔放還流徙，多少寓有寬宥政治犯，甚或平反之作用。

　　流人徙逐時，妻妾等家人是否須隨行？考晉朝律令並沒有類似前述唐《獄官令》強制妻妾必須同往的規定，但同籍親屬若想隨行則是容許的。按《晉令》云：

> 凡流徙者，同籍親近欲相隨者，聽之。[99]

又《晉書》卷三八〈宣五王‧武陵莊王澹傳〉云：

> 澹妻郭氏，賈后內妹也。初恃勢，無禮於澹母。齊王冏輔政，澹母諸葛太妃表澹不孝……由是澹與妻子徙遼東。其子禧年五歲，不肯隨去，曰：「要當為父求還，無為俱徙。」陳訴歷年，太妃薨……然後得還。（頁1122-1123）

司馬澹因不孝被徙遼東，此事已見前文。澹妻郭氏看來是一併隨行，但

---

[97] 《南齊書》，卷6，〈明帝紀〉，頁85。

[98] 《梁書》，卷2，〈武帝紀中〉，頁35。

[99] 《宋書》，卷55，〈傅隆傳〉，頁1551。

其子禧堅持留在洛陽為父陳訴，不肯同往，法律似乎沒有強制流人子女等至親必須同行。另外，東晉琅玡內史王誕遭桓玄徙逐廣州時，「親故咸離棄之」，惟有其功曹張邵「情意彌謹，流涕追送。時變亂饑饉，又餽送其妻子。」[100]其中特別提到「又餽送其妻子」，可知王誕的妻小並沒有隨行。看來六朝時期遭流逐者之家屬，並沒有必須同行之規定。甚至，有時是朝廷下旨不准家屬同往。如曹魏嘉平六年（254）許允遭徙邊，朝廷下令「妻子不得自隨」。[101]蕭齊武帝永明元年（483），謝超宗遭流徙越巂，武帝特別下詔「家人不得相隨」，[102]顯然有加重處罰的作用。

誠如前引《晉令》的規定，倘若其他人願意與流徙者同行，法律是不會禁止的。東晉殷浩因北伐敗績，遭流放東陽之信安，其外甥韓伯竟隨至徙所逾年。[103]除了親人外，亦見故吏相隨之事。漢末公孫瓚為遼西郡吏，太守因事被徙日南，瓚遂在北芒山致祭先人，準備與太守俱詣日南。[104]正如前述，遭流徙者往往犯行嚴重或是政爭失利，而流徙地又大多是蠻荒絕域。人情冷暖，親故難免嫌棄。若蒙雪中送炭，定然令人感動不已。是故殷浩送別韓伯時，情緒激動，「乃詠曹顏遠詩云：『富貴他人合，貧賤親戚離。』因而泣下。」[105]公孫瓚之義舉，史稱「時見者莫不歔欷」。[106]

罪犯遭逐離原籍，遠徙蠻荒，生活落泊潦倒，自不待言。不過，有時皇帝特別開恩，其生活可能一如往昔。梁武帝時，宗室蕭正則坐匿劫盜，在大通二年（528）遭到削爵徙鬱林，史稱「帝敕廣州日給酒肉，南

---

100 《宋書》，卷46，〈張邵傳〉，頁1393。

101 《三國志・魏書・夏侯玄傳》注引《魏略》，頁303。

102 《南史》，卷19，〈謝靈運傳〉，頁544。

103 《晉書》，卷77，〈殷浩傳〉，頁2047。

104 《三國志》，卷8，〈魏書・公孫瓚傳〉，頁239。

105 《晉書》，卷77，〈殷浩傳〉，頁2047。

106 《三國志》，卷8，〈魏書・公孫瓚傳〉，頁239。

中官司猶處以侯禮。」可見蕭正則雖遭流徙，但其待遇仍然不差。甚至，後來還有能力招誘亡命，欲寇廣州。若非蕭正則圖謀不軌，最後亦不致於兵敗被斬於南海。[107]

第五節　流徙刑地位的變化

前節所引晉武帝太康元年（280）平吳大赦詔，云：

> 其赦天下。流宥遠方者，皆原之。……又諸以凶醜，父母親戚所從及犯罪徙邊者，不從此令。[108]

從赦文可知流徙犯分作三類，第一類是「流宥遠方者」，應是所犯雖重，但皇帝予以寬宥，減死從流，徙逐遠方，此即經典「流宥五刑」之意。至於為何予以原宥，赦文雖無說明，但推測可能是其情可憫，或是身分特殊的緣故。第二類則是「凶醜」的父母親戚等從犯。所謂「凶醜」，當指謀反大逆者，此類罪犯必遭誅戮，而其父母親戚等被牽連者，往往是流放絕域。曹魏王朝所見的流徙案例，大多屬此類。第三類是「犯罪徙邊者」。所謂「犯罪徙邊者」，應是當事人本身的犯行即屬該當流徙邊地，並非減死從流。可見流徙非僅是減死寬宥的恩典，亦是作為懲處犯人罪行相應的刑罰，是犯人的本刑。眾所周知，《晉律》中的正刑主要是以死刑、徒刑、罰金所構成，[109]並沒有「流刑」的位置。但據赦文之語

---

[107] 《南史》，卷 51，〈梁宗室上‧蕭正則傳〉，頁 1283。

[108] 《（影弘仁本）文館詞林》，頁 373-374。

[109] 《唐六典》卷 6「刑部‧刑部郎中員外郎」條注所載晉律刑名，云：「棄市以上為死罪，二歲刑以上為耐罪，罰金一兩以上為贖罪。」

氣，似乎某些罪犯可以依法判處徙邊者，那麼，此時流徙之刑，是不是已經類似正刑的地位呢？可惜史籍未見更多相關資料。

劉宋明帝泰始四年（468）檢討劫罪的刑罰，流徙刑似見「類正刑化」的跡象。據《宋書》卷八〈明帝紀〉云：

> （泰始四年九月）戊辰，詔曰：「夫愆有小大，憲隨寬猛，故五刑殊用，三典異施。而降辟次網，便暨鉗撻，求之法科，差品滋遠。朕務存欽卹，每有矜貸。尋劫制科罪，輕重同之大辟，即事原情，未為詳衷。自今凡竊執官仗，拒戰邏司，或攻剽亭寺，及害吏民者，凡此諸條，悉依舊制。五人以下相逼奪者，可特賜黥刖，投畀四遠，仍用代殺，方古為優，全命長戶，施同造物。庶簡惠之化，有孚群萌，好生之德，無漏幽品。」（頁 163）

又據《南史》卷三〈宋明帝紀〉云：

> （泰始四年）秋九月戊辰，詔定黥刖之制。有司奏：「自今凡劫竊執官仗、拒戰邏司、攻剽亭寺及傷害吏人，并監司將吏自為劫，皆不限人數，悉依舊制斬刑。若遇赦，黥及兩頰『劫』字，斷去兩腳筋，徙付交、梁、寧州。五人以下止相逼奪者，亦依黥作『劫』字，斷去兩腳筋，徙付遠州。若遇赦，原斷徒猶黥面，依舊補冶士。家口應及坐，悉依舊結讁。」及上崩，其例乃寢。（頁 81）

劫罪原先不問輕重一律處斬，明帝以為並不恰當，指示將劫罪依犯行輕

重分為兩類。《宋書‧明帝紀》所載詔書應是明帝指示的修法方向,《南史‧宋明帝紀》所載為臣下根據上意所擬定的具體改良方案。《南史》云「及上崩,其例乃寢」,則明帝的新制只是及身而止,僅實施於泰始四年（468）至泰豫元年（472）的四年間,並沒延續到後世。

　　泰始四年新制是將劫罪區分為兩類:第一類是竊執官仗、拒戰邏司、攻剽亭寺、傷害吏民以及監司帶領將吏為劫者,都不限人數,維持舊制一律處斬。若是遇到大赦,改為黥面作「劫」字,斷去兩腳筋,徙付交州、寧州、梁州等地。第二類是五人以下為劫者,原先亦是科處斬刑,今減輕為黥面刖足之刑,再徙逐遠州。所謂遠州,應是廣州、越州等嶺南之地吧?此類罪犯若是遇到大赦,原來「斷徒」者仍需黥面並依舊配至礦冶服役。其中「斷徒」一詞是指判處徒刑嗎?然東晉南朝並無徒刑之名,「斷徒」疑為「斷徙」之誤。[110]南朝刑罰制度繼承晉律而來,法定正刑中依舊沒有流徙,但明帝泰始四年的新制,流徙是對應特定犯罪的刑罰,是懲治嚴重罪犯的本刑。雖仍非律典法定正刑,但相差僅一步之遙而已。第一類犯人流徙交州等地的緣由,乃死罪遇赦。徙逐遠方之刑具有遇赦減死之皇恩性質,可謂延續魏晉以來的傳統。第二類遠逐邊州者,則是犯了較輕的劫罪,直接科處流徙的刑罰。徙逐遠方之刑是犯人的本刑,乃南朝的創制。而從改革方案中亦見流徙之刑是置於死刑與苦役之間,與後世的刑罰等級相仿。

　　作為法定刑罰的流徙刑歷魏晉南朝四百年始終沒有確立,但作為一種代刑的地位卻是長期存在的。然而,在蕭梁年間,這種情況卻有所改變。據《隋書‧刑法志》云:

　　　（天監）三年（504）八月,建康女子任提女,坐誘口當死。其

---

[110] 宋朝鄭樵《通志》卷11〈宋明帝紀〉亦作「斷徙」。

子景慈對鞫，辭云「母實行此」。是時法官虞僧虬啓稱：「案
子之事親，有隱無犯，直躬證父，仲尼為非。景慈素無防閑之
道，死有明目之據，陷親極刑，傷和損俗。凡乞鞫不審，降罪
一等，豈得避五歲之刑，忽死母之命！景慈宜加罪辟。」詔流
於交州。至是復有流徒之罪。其年十月甲子，詔以金作權典，
宜在蠲息。於是除贖罪之科。[111]

此案是建康女子任提女誘拐人口，按律當死，其子景慈在審判時作供表
示母親確有犯下誘拐人口之事。法官虞僧虬指責景慈子證母罪，違反親
親相容隱的精神。按照法律，罪犯若對裁定結果不滿，可以要求重新審
理，稱為「乞鞫」（或作「乞鞫」）。[112]但任提女是死罪，依法無權乞鞫，
必須由家人提出。若乞鞫「不審」，也就是與事實不符，家人會被科刑，
而科刑原則是減罪犯一等之刑。[113]據《隋書・刑法志》所載梁初新律，
死刑之下即為五歲刑。虞僧虬責難景慈不應為了逃避乞鞫不審的五歲
刑，而忽視母親的性命。非僅沒有提出乞鞫，更供稱母親確有其事。虞
僧虬建議科處景慈刑罰，雖無明言，但從文理推論，當指死刑，最後梁
武帝將其流徙交州。[114]值得注意的是，《隋志》接著說「至是復有流徒之
罪」，此處「流徒」一語甚不可解，似應作「流徙」為是，蓋「徒」

---

[111] 《隋書》，卷25，〈刑法志〉，頁700。

[112] 參看沈家本，《漢律摭遺》，收入氏著《歷代刑法考》（北京：中華書局，1985），頁 1492-1493；〔日〕籾山明著；李力譯，《中國古代訴訟制度研究》（上海：上海古籍，2009），頁 72-75。

[113] 關於本案與「乞鞫」之制，可參看拙著〈漢唐之間的「乞鞫」〉，收入中國法制史學會編，《中國法史論衡：黃靜嘉先生九秩嵩壽祝賀文集》（臺北：中國法制史學會，2014），頁 45-58。

[114] 辻正博認為任提女以「不審」，即嫌疑而無明證，得以減死罪一等為五歲刑。最終任提女被流於交州，故據以得到南朝的「徙邊刑」即五歲刑的結論。見氏著《唐宋時代刑罰制度の研究》（京都：京都大學，2010），頁 24。筆者以為辻氏誤讀了本條史料，虞僧虬話中的「五歲刑」，是指景慈乞鞫不審的刑罰，並非任提女的刑罰。對於《隋書・刑法志》的文字，筆者與辻氏有完全不同的理解，對其南朝流徙是五歲刑之說，難以苟同。

「徙」二字形似，疑傳鈔有誤。[115]不管是「流徒」抑「流徙」，從文意來解讀，「流」這種刑必然曾經一度被廢止不用，才會在流景慈於交州後，「復」有流徒之罪。

那麼，流徙刑究竟在甚麼時候被廢止不用呢？史籍對此並無明確記載，但前引《隋志》似乎提供了一些線索。天監三年八月「復」有流徒之罪，十月便廢除贖罪之科，二者看來有某些關連。個人推測流徙刑可能是在梁初制律時廢止，廢止的原因與准許有罪納贖的規定有關。武帝登基之初的天監元年（502）夏四月，下詔曰：

> 金作贖刑，有聞自昔，入縑以免，施於中世，民悅法行，莫尚乎此。永言叔世，偷薄成風，嬰譽入罪，厥塗匪一。斷弊之書，日纏於聽覽；鉗鈇之刑，歲積於牢犴。死者不可復生，刑者無因自返，由此而望滋實，庸可致乎？……俗偽日久，禁網彌繁。漢文四百，邈焉已遠。雖省事清心，無忘日用，而委銜廢策，事未獲從。可依周、漢舊典，有罪入贖，外詳為條格，以時奏聞。[116]

不論是「偷薄成風」還是「俗偽日久」，皆指社會風俗敗壞；「禁網彌繁」則是指法律苛碎，導致身陷法網的人不在少數。一旦刑獄氾濫，不管是死刑抑或徒刑，都影響到社會的生產力。此時正值武帝踐祚之初，

---

[115] 「流徒之罪」一句武英殿本作「徒流之罪」，但百衲本、南監本作「流徒之罪」，北京中華書局點校本亦作「流徒之罪」。「徒」作為刑名要到北周武帝保定三年（563）制定《大律》才正式確立。另外，勞役刑從沒被廢，何以《隋書‧刑法志》會說「復有」呢？因此，不管是作「流徒」或「徒流」，皆不可解。史籍將「流徒」誤書為「流徙」確有其例，如《冊府元龜》卷160〈帝王部‧革弊二〉收錄唐德宗貞元三年浙西觀察使王緯奏議，其中「流徒合免」句，宋版作「流徒」但明版則誤書為「流徙」。

[116] 《梁書》，卷2，〈武帝紀中〉，頁36-37。

當是鑑於王朝草創，政局動盪，社會不安，為了紓解刑獄，也為了達到戶口「滋實」的目的，容許有罪者納贖。

天監二年（503）制定的《梁律》，便有納金贖罪的恩典。據《隋書・刑法志》所載，《梁律》刑制主要以死刑、耐刑和贖刑構成。死刑包括梟首和棄市二等，耐刑包括二歲刑至五歲刑四等，贖刑包括罰金一兩至贖死罪的金二斤等十等。《梁律》規定自死罪至二歲刑等，都可納金贖罪。[117]容許贖罪，甚至死刑都能贖，即已見君王的恩宥，流徙在這方面的角色被取代了，因此，不僅正式刑罰體系中沒有流徙刑，即使作為代刑亦一度被廢止。及後以任提女案為契機，流徙刑才被恢復。流徙既被恢復，贖刑自然需作調整，故八月復流徙刑後，十月即廢除贖刑。十月廢贖刑的詔書見《梁書・武帝紀中》，云：

> 設教因時，淳薄異政，刑以世革，輕重殊風。昔商俗未移，民散久矣，嬰網陷辟，日夜相尋。若悉加正法，則赭衣塞路；並申弘宥，則難用為國，故使有罪入贖，以全元元之命。今遐邇知禁，圜犴稍虛，率斯以往，庶幾刑措。金作權典，宜在蠲息。可除贖罪之科。[118]

於此可知准予人民納金贖罪，既寓人君寬宥之恩典，亦收懲罰的作用。經過一年的實施，遠近知禁，獄囚猥蓄的困境亦得到一定的紓解。況且政局趨於安定，《梁律》亦已頒行，遂以任提女案作為契機，廢除贖罪，恢復流徙。

史籍中確有一些天監三年以後的流徙案例，如天監四年（505），尚

[117] 《隋書》，卷25，〈刑法志〉，頁698。

[118] 《梁書》，卷2，〈武帝紀中〉，頁41。本詔《梁紀》繫於天監三年（504）冬十一月甲子。

書左丞范縝因被指黨附前尚書令王亮，被流徙廣州。[119]天監十四年
（515），王貞秀以居憂無禮，為有司所奏，徙越州，後詔留廣州。[120]大
通二年（528），宗室蕭正則坐匿劫盜，削爵徙鬱林。[121]中大通三年
（531）七月因皇太子蕭統之前亡故，武帝另立蕭綱為皇太子，大赦天
下，詔曰：「清議、流徙并被禁錮，在今年七月七日昧爽以前皆赦除
之。」[122]明確看到流徙刑的存在。大同元年（535），武帝遣北魏降將元
慶和率軍北伐，不幸喪師敗績，慶和遭徙合浦。[123]元慶和流徙合浦是目
前所見梁朝最晚一宗案例，此後直到梁末，甚至南陳數十年，竟不復再
見流徙之事。為什麼？筆者推測應當不是史料佚失所致，而是代表流徙
這種刑罰又再度被廢，被廢的原因應是贖罪之科又再度恢復。據《隋
書・刑法志》云：

　　　　（大同）十一年十月，復開贖罪之科。（頁 702）

武帝大同十一年（545）十月，武帝恢復梁律原先的贖罪恩典，筆者認為
流徙刑亦當在稍後被廢止了，是故大同十一年後不復再見流徙的案例。
　　重開贖罪之科，廢止流徙之刑，乃刑罰發展上一大要事，或與梁武
帝的施政風格有關。武帝晚年篤信佛法，大同十一年以前已兩度捨身同
泰寺為奴：第一次為普通八年（527）三月，第二次是大通三年（529）
九月。而且，武帝亦即將在大同十二年（546）三月第三度捨身。史稱

---

[119]　《梁書》，卷 16，〈王亮傳〉，頁 268-270；卷 48，〈儒林・范縝傳〉，頁 665。

[120]　《南史》，卷 55，〈王茂傳〉，頁 1353。王貞秀為江州刺史王茂之子，據《梁書・武帝紀中》可知茂
　　　死於天監十四年四月，而貞秀既以居喪無禮為人所奏，其遭流徙的時間或許就在此年。

[121]　《南史》，卷 51，〈梁宗室・蕭正則傳〉，頁 1283。

[122]　《（影弘仁本）文館詞林》，卷 666，〈（梁武帝）重立皇太子赦詔〉，頁 293。

[123]　《魏書》，卷 19，〈景穆十二王・汝陰王天賜傳〉，頁 450；《通鑑》卷 157。

「武帝年老，厭於萬機，又專精佛戒，每斷重罪，則終日弗懌。」[124]甚至，宗室臨川王宏（473-526）謀逆，居然捨之不問。武帝的慈悲導致施政廢弛，禁網漸疏，王侯更是多行不法。了解這樣的背景後，再看看大同十一年重開贖罪之科的詔書：

> 堯、舜以來，便開贖刑，中年依古，許罪身入貲，下吏因此，不無姦猾，所以一日復敕禁斷。川流難壅，人心惟危，既乖內典慈悲之義，又傷外教好生之德。書云：「與殺不辜，寧失不經。」可復開罪身皆聽入贖。[125]

武帝登基之初容許罪人入貲贖罪，但不久鑑於下吏姦猾，遂廢止贖刑。然終因人心難安，故犯罪有如河川一般難以堵塞。嚴懲罪囚，既傷佛門慈悲之義，復傷儒家好生之德，於是重開贖罪之科，准許人民納金贖罪。皇帝既心懷慈悲，難於用刑，那麼，將人遠逐遐荒的流徙刑自然亦不忍施行。[126]另方面，權貴王侯可以納金贖死罪，具有死刑代刑色彩的流徙，自然失去存在的必要了。

陳朝為何也沒有流徙刑呢？原因就是陳的律令大體承襲梁律之故。《隋書·刑法志》云：

> 陳氏承梁季喪亂，刑典疏闊。及武帝即位，思革其弊……於是稍求得梁時明法吏，令與尚書刪定郎范泉，參定律令……制律三十卷，令律四十卷。採酌前代，條流冗雜，綱目雖多，博而

---

[124] 《隋書》，卷25，〈刑法志〉，頁701。

[125] 《梁書》，卷3，〈武帝紀下〉，頁89。《梁書》原作「吏下因此」，不可解。今據《冊府元龜》卷610〈刑法部·定律令〉改。（頁7331-1）

[126] 從前引宗室蕭正則被徙鬱林，但待遇一如王侯的案例看來，流徙刑早已失去懲罰的意義了。

　　非要……其獲賊帥及士人惡逆，免死付冶，聽將妻入役，不為
　　年數。又存贖罪之律，復父母緣坐之刑。（頁702）

由於陳律大抵是「採酌前代」，所謂前代，自是蕭梁的《天監律》。而
且，又繼承了蕭梁的「贖罪之科」，所以，自必沿襲蕭梁廢除流徙刑的舊
例。職是之故，終南陳之世，流徙之事，竟未曾一見，至於皇帝放免流
徙犯的恩詔，自然是從沒頒布了。

　　綜上所述，可知晉武帝和宋明帝時期，某些犯罪者會遭到徙邊的懲
罰，也就是罪犯本身的犯行即屬該當流徙邊地。流徙既是對應特定犯罪
的刑罰，與律典中的法定正刑僅一步之差而已。作為法定刑罰的流徙刑
歷魏晉南朝四百年始終沒有確立，但作為一種代刑的地位卻是長期存在
的。然而，在梁武帝登基之初，流徙刑曾遭到廢止。及至天監三年因任
提女一案，朝廷恢復流刑之刑。直到大同十一年重開贖罪之科，流徙刑
再次遭到廢止。直至南朝覆亡，流徙刑都不復再見。

第六節　流徙刑的性質

　　流徙刑的性質究竟是甚麼？魏晉南朝的流徙刑是帝王將死罪減死徙
逐遠方，可謂秉承經典「流宥五刑」的精神，具有代刑色彩的皇恩。魏
晉南朝近四百年間，流徙刑當然是一種刑罰，是一種以「代刑」姿態出
現的刑罰。不過，正如前文所述，遭到流徙者不少是觸犯了謀反之類的
嚴重惡行，而流徙地之遠近與所犯的嚴重程度有著某種關連性，流徙刑
其實頗有「正刑」的色彩。另外，晉武帝和宋明帝時期，流徙更是對應
特定犯罪的刑罰，與律典中的法定正刑已相差無幾了。將犯人遠逐遐
荒，當然能收到懲治犯罪之效果，這是流徙刑作為一種刑罰的功用。然

而，流徙刑既是一種代刑，就不能忽略其作為皇帝恩德的性質了。正如
前文一再分析，遭到流徙者，部分是觸犯了嚴重惡行，但皇帝沒有處以
極刑而改為遠逐。此外，也有不少案例是謀反罪的主犯遭到誅戮，其家
屬受到牽連而被流徙的。不論本人所犯嚴重，抑或是遭到牽連，按律其
實都可處以死刑，如今得以免死遠徙，不啻是皇恩浩蕩。是故，流徙刑
固然是一種刑罰，亦是一種皇帝的恩典；既有法律的作用，亦具有濃厚
政治的性格。[127]由於流徙刑具有皇帝恩典的色彩，它就難免帶有一定程
度的任意性、臨時性。因此，在一百多個案例中，只能歸納習慣性的作
為，卻不容易理出一套法定的規範。

　　相對於秦漢的徙邊刑，魏晉南朝流徙的性質有何轉變？試看東漢明
帝（28-75）永平八年（65）的措施：「詔三公募郡國中都官死罪繫囚，
減罪一等，勿笞，詣度遼將軍營，屯朔方、五原之邊縣，妻子自隨，
便，占著邊縣，父母同產欲相代者，恣聽之。」[128]又桓帝建和元年
（147）十一月下詔，云：「減天下死罪一等，戍邊。」[129]學者以為秦漢
遷徙罪犯至新占領區或邊地，充實邊塞戶口，既寓有開發邊地的經濟作
用，另方面，亦解決邊地兵源不足之難題。[130]

　　綜觀魏晉南朝的流徙刑，似乎不具有秦漢徙邊刑這兩層的作用。

　　首先，正如前述，六朝流徙的地區，主要是嶺南為主，把罪犯流逐
至與北朝接壤的邊地，非常罕見，這與東漢動輒將罪犯減死徙置五原、
朔方等邊地，可謂大異其趣。另外，要達到充實邊地戶口的目的，必須
大規模的流徙罪犯。但是，魏晉南朝所見流徙案例皆屬個人性質，類似

---

[127] 前文所述，不少遭流徙者，其實是在政治鬥爭中失勢而被逐離權力中樞的首都，故其流徙地有時不
　　在蠻荒絕域，這也是流徙刑的另一種政治性格。

[128] 《後漢書》，卷2，〈明帝紀〉，頁111。

[129] 《後漢書》，卷7，〈桓帝紀〉，頁291。

[130] 邢義田氏前揭〈從安土重遷論秦漢時代的徙民與遷徙刑〉，頁81。

東漢大規模遷徙罪犯的做法，在六朝卻是非常罕見。[131]而且，六朝流徙
犯人充兵的例子似乎很少，東吳孫晧時期曾見將罪人流徙邊地充兵的例
子，據《三國志・吳書・樓玄傳》云：

> （孫）晧疾玄名聲，復徙玄及子據，付交阯將張奕，使以戰自
> 效，陰別敕奕令殺之。據到交阯，病死。玄一身隨奕討賊，持
> 刀步涉，見奕輒拜，奕未忍殺。（頁 1455）

然而，此類案例似乎並不多見。東晉王羲之（303-361）在穆帝永和
年間，曾上奏指出當時兵役和官府作坊的人力問題。兵役方面，是「自
軍興以來，征役及充運死亡叛散不反者眾」；官府作坊的問題，是「百工
醫寺，死亡絕沒，家戶空盡，差代無所」，在兵力和官方的勞動力都呈現
枯竭的情況下，王羲之建議用罪犯加以填補，云：

> 自今諸死罪原輕者及五歲刑，可以充此。其減死者，可長充兵
> 役；五歲者，可充雜工醫寺，皆令移其家以實都邑。都邑既
> 實，是政之本，又可絕其亡叛。不移其家，逃亡之患復如初
> 耳。[132]

---

[131] 當然，也並非絕無其事，《藝文類聚》卷 54〈刑法部〉收錄一篇東晉時期郭璞（276-324）的奏議，其中指出「按癸酉詔書之旨，專為邊戍（疑當作「戍」），實之裔土，濟當時一切之用，非為經遠之法。亦是中夏全平之時，威御足指控制，故可得行之矣。欲役無賴子弟，驅不逞之人，聚之於空荒四維之地，將以扞固牧圍，未見其利也。且濱接鯨猾，密邇姦藪，退未絕其丘窟之顧，進無以塞其遁逃之門。五流三居，誠古之犯刑，論之於今，事實難行。」奏議中提到「專為邊戍，實之裔土」、「五流三居」等，應是朝廷流徙罪囚於邊城充當戍卒。郭璞以為流徙罪囚於邊地不是不可行，但應是在「中夏全平之時，威御足指控制」，可見其上奏時間應是在中原喪亂，司馬睿退居江南之時。關於本次徙置罪囚的詳情不得而知，但類似的措施在東晉南朝確是非常稀罕。郭璞的奏議參看〔唐〕歐陽詢撰；汪紹楹校，《藝文類聚》（上海：上海古籍，1982），卷 54，〈刑法部〉，頁 978。

[132] 《晉書》，卷 80，〈王羲之傳〉，頁 2098。

王羲之建議將死囚減死以長充兵役；五歲徒刑者，則充雜工醫寺。王羲之的意見其實就是師法東漢故智，最終是否被採納，不得而知。然而，從他的上奏，可以推測東晉並無類似後漢將犯人減死充兵的作法。至於南朝，亦未見以流人充兵的記載。

　　將人民遷徙邊地以以充實兵力或加速開發，其先決條件當然是中原戶口充實，才會有多餘的人力移往邊地，兩晉南朝有這樣的的條件嗎？西晉承漢末三國的混戰，全國人口損耗極為嚴重，據《通典》所載晉武帝太康元年（280）統一天下時的戶口：

> 大抵編戶二百四十五萬九千八百四十，口千六百一十六萬三千八百六十三，此晉之極盛也。[133]

相較於《通典》所載東漢桓帝永壽三年（157）極盛時的戶 10,677,960，口 56,486,856，西晉戶口尚不足東漢時的四分之一！固然，確實的戶口數容或尚有爭議，但西晉戶口的嚴重損耗，應是毋庸置疑的。中原戶口嚴重不足，甚至要以胡人充當佃客，如太原一地就有「以匈奴胡人為田客，多者數千。」[134]試問在中原歷經喪亂，戶口大量損耗的環境下，還有將大量人力徙往邊地以作開發的必要嗎？

　　偏安江左的東晉南朝，官方掌控的戶口數字更是稀少。東晉南朝由於賦役繁重，造成人口大量流亡。另外，權貴豪門隱匿戶口情況嚴重，再加上吏戶、兵戶或營戶等特殊戶口不入民籍，都造成官方戶籍冊上的正戶非常少。[135]東晉的戶口數失載，但據時人的描述，竟以為「江左區

---

[133] 《通典》，卷7，〈食貨典·食貨七·歷代盛衰戶口〉，頁145。

[134] 《晉書》，卷93，〈外戚·王恂傳〉，頁2412。

[135] 關於東晉南朝戶口變化的研究，可參看唐長孺《魏晉南北朝隋唐史三論》（武漢：武漢大學出版社，1992），頁83-94。

區，戶不盈數十萬。」[136]劉宋大明八年（464）戶口數頗高，約有戶 901,769，口 5,174,074，但也不過是西晉同樣疆域的 67% 左右而已。[137] 其後隨著南朝疆域的縮小，戶口數更低，陳亡時戶數約為 50 萬到 60 萬 之間。在官方掌控正戶稀少的背景下，大量遷移人口以開發邊地，根本 是不切實際的。進一步而言，誠如前引郭璞奏議所擔憂的，在威御不足 以控制的時期，將大批無賴子弟聚集於空荒四維之地，又緊鄰眾多姦猾 之徒，既無益於邊事，更增添逃亡的疑慮。

　　職是之故，六朝的流徙刑似乎僅具有法律和政治層面的作用，卻不 像後漢的「徙邊刑」，尚具有經濟開發和解決兵源等作用。

結　語

　　本章試圖透過整理 109 宗案例，探討三國兩晉南朝的流徙刑。將罪 犯遠逐他方的刑罰，漢代稱作「遷」或「徙」，鮮少稱作「流」。但魏晉 之世，史籍中的「遷」似乎不再用在刑罰上，而通常將驅逐遐方的刑罰 稱為「徙」，偶而亦稱作「流徙」，「流」逐漸作為刑名而被使用。這應是 受儒學發展繁盛，儒生好古風氣的影響，遂將當代徙逐之刑冠以先王經 典的用字，更何況將犯人減死遠逐本身就符合「流宥五刑」的恩典精 神，此亦法律儒家化的具體現象。兩晉南朝之世，「流徙」一詞更為常 用。是故，魏晉以降，放逐性質的刑罰，應改稱「流徙刑」為妥。

　　遭流徙者往往是觸犯了嚴重惡行，其中尤以謀反罪為多。這些案例 中有部分是謀反者遭減死遠徙，但大多是謀反罪的牽連犯。另外，流徙 犯最常被流徙到交州、廣州、越州等寇盜不息、瘴氣瀰漫的嶺南地區。

---

[136] 《晉書》，卷 85，〈劉毅傳〉，頁 2208。

[137] 唐長孺前揭《魏晉南北朝隋唐史三論》，頁 84。

其次為長江下游的揚州（包括東揚州）和江州。一般而言，流徙地的選擇與犯行的嚴重性，有某種程度的關連性。遭流徙嶺南者多半犯行嚴重，相較於此，流徙揚州地區者，通常所犯較輕，其目的主要是將人逐出建康的權力中心，而非加以嚴懲。再者，犯人一經流徙，都是終身不得還鄉，不過，歷代帝王不時會下詔恩准這些負釁流徙者，悉聽還本。這類恩詔往往是新君即位時頒布，在政潮不斷的南朝時期，多少含有原宥政治犯，甚至平反冤獄的作用。魏晉南朝的「流徙刑」主要仍是一種代刑的地位，是皇帝給予死刑犯或者嚴重罪惡的牽連犯的一項恩宥。不過，晉武帝和宋明帝時期，流徙有時是對應特定犯罪的刑罰，是罪囚的本刑。雖仍非律典中的法定正刑，但看來已相差無幾了。及至蕭梁初建，「流徙刑」被廢止不用，後來雖一度恢復，但最終仍在大同十一年再度被廢，筆者以為這是緣於梁武帝篤信佛法，難於用刑，乃以贖罪之科取代流徙之刑，此後直至南朝覆亡都不復再見，實「流徙刑」的重大變革。

　　魏晉南朝的「流徙刑」與漢代的「徙邊刑」頗有相仿之處，譬如兩者都屬於代刑性質、流徙地的選擇與犯行有某種關連、犯人一經流徙都是終身不得還鄉、流徙的家屬並無強制同行等規定。然而，六朝的流徙刑似乎僅具有法律和政治層面的作用，卻不像後漢的徙邊刑，尚具有經濟開發和解決兵源等作用。學者或指「徙邊刑」的重點不在放逐，論其性質應是無期勞役刑，放逐不過是執行戍邊軍役而必然伴隨的移動而已。筆者對於漢代「徙邊刑」缺乏深入研究，沒有置喙之餘地。若謂漢代徙邊刑的重點是在勞役部分，那麼是否正好解釋漢代一直沒有把這種刑罰稱之為「流」呢？及至魏晉之世，流或流徙之稱呼逐漸常用，流放遠逐的性質漸被突顯。魏晉南朝雖有不少流徙個案，卻鮮見大規模流徙罪囚的記載，尤其是政治鬥爭的案件，失敗者遭逐出中樞徙置遠方。在在顯示魏晉南朝「流徙刑」的重點應在流徙放逐而非勞役，這與東漢的狀況有很大區別。

附表二　三國兩晉南朝流徙人表

編號	時間	人名	流徙地	理由	出處	備註
	三國曹魏之部					
1	齊王芳嘉平 1 年 249	杜恕	章武郡	擅殺	三 16/505	卒於徙所
2	齊王芳嘉平 1 年 249	夏侯霸子	樂浪郡	曹爽被誅，夏侯霸亡入蜀	三 9/272	
3	齊王芳嘉平 6 年 254	夏侯玄等親屬	樂浪郡	夏侯玄等被誅	三 9/299	
4	齊王芳嘉平 6 年 254	李豐女	樂浪郡？	李豐被誅	晉 40/1171	晉武帝踐祚大赦還
5	齊王芳嘉平 6 年 254	許允	樂浪郡	放散官物	三 9/303	減死。未到徙所追殺之。
6	元帝咸熙 1 年 264	鄧艾妻，孫	西域	鄧艾被誅	三 28/781	
	三國蜀漢之部					
7	後主建興 3 年 226	廖立	汶山郡	誹謗朝政	三 40/998	死於徙所
8	後主建興 9 年 231	李嚴	梓橦郡	延誤軍機	三 40/1000	死於徙所
9	後主建興 13 年 235	楊儀	漢嘉郡	怨望	三 40/1005	自殺
	三國孫吳之部					
10	吳大帝初	虞翻	丹陽涇縣	遭謗毀	三 57/1320	
11	吳大帝嘉禾 1 年 232	虞翻	交州	酒失	三 57/1321	
12	吳大帝赤烏 8 年 245	顧譚	交州	芍陂之役爭功、親附太子和	三 58/1354	2 年後死於交趾

編號	時間	人名	流徙地	理由	出處	備註
13	吳大帝赤烏 8 年 245	顧承	交州	芍陂之役爭功、親附太子和	三 52/1225	
14	吳大帝赤烏 8 年 245	張休	交州	芍陂之役爭功、親附太子和	三 52/1225	賜死
15	吳大帝赤烏 8 年 245	陳恂	交州	芍陂之役爭功、親附太子和	三 52/1225	
16	吳大帝赤烏 8 年 245	姚信	交州	親附太子和	三 58/1354	
17	吳大帝赤烏 13 年 250	楊穆	交州	弟楊竺黨附魯王霸	三 59/1372	
18	廢帝亮太平 1 年 256	滕牧	徙邊	滕胤族人	三 50/1202	孫休即位大赦得還
19	吳末帝元興 1 年 264	濮陽興	廣州	悔立孫晧	三 64/1452	道追殺之
20	吳末帝元興 1 年 264	張布	廣州	悔立孫晧	三 64/1452	道追殺之
21	吳末帝寶鼎 1 年 266	王蕃家屬	廣州	欺君	三 65/1454	
22	吳末帝建衡 3 年 271	薛瑩	廣州	鑿聖谿無功	三 53/1256	
23	吳末帝建衡 3 年 271	繆禕	桂陽	左遷不懼罪	三 53/1256	
24	吳末帝鳳凰 1 年 272	丁奉家屬	遠徙	觸怒孫晧	宋 33/972	
25	吳末帝鳳凰 2 年 273	韋昭家屬	零陵	韋昭不承用詔命	三 65/1464	
26	吳末帝天策 1 年 275	陸禕	建安	不詳	三 61/1410	天紀 2 年召還

編號	時間	人名	流徙地	理由	出處	備註
27	吳末帝天策 1 年 275	陸式	建安	不詳	三 61/1410	天紀 2 年召還
28	吳末帝天策 1 年 275	樓玄	交州	謗毀國事	三 65/1455	
29	吳末帝天策 1 年 275	樓據	交州	遭父樓玄所連	三 65/1455	至交趾卒
30	吳末帝天策 1 年 275	賀邵家屬	臨海	賀邵謗毀國事	三 65/1459	
31	不詳	甘壞	會稽	不詳	三 55/1295	無幾死
32	不詳	潘平	會稽	不詳	三 55/1300	
	西晉時期					
33	武帝泰始 1 年 265	司馬順	武威姑臧	不滿武帝受禪	晉 37/1114	
34	惠帝元康 1 年 291	東安王繇	帶方郡	謀欲廢后	晉 4/90	
35	惠帝元康 1 年 291	張輿	興古	父張華被誅為趙王倫所誅	梁 7/156	未至召還
36	惠帝永康 1 年 300	裴嵩	帶方	父裴頠為趙王倫所誅	晉 35/1047	
37	惠帝永康 1 年 300	裴該	帶方	父裴頠為趙王倫所誅	晉 35/1047	
38	惠帝永康 1 年 300	解育妻子	徙邊	兄解系等為趙王倫所殺	晉 60/1633	
39	惠帝永寧 1 年 301	司馬澹	遼東	不孝	晉 38/1123	
40	惠帝永寧 1 年 301	陸機	減死徙邊	趙王倫機要	晉 54/1473	遇赦止
	東晉時期					

編號	時間	人名	流徙地	理由	出處	備註
41	成帝咸和 1 年 326	司馬宗妻子	晉安	司馬宗謀反伏誅	晉 59/1595	既而原之
42	穆帝永和 10 年 354	殷浩	東陽信安	北伐無功	晉 77/2047	
43	簡文帝咸安 1 年 371	司馬晞	新安郡	謀反	晉 64/1727	
44	簡文帝咸安 1 年 371	司馬晃	衡陽	為司馬晞所連	晉 64/1727	
45	孝武帝甯康 1 年 373	桓熙	長沙	桓溫病重謀殺桓沖	晉 98/2580	
46	孝武帝甯康 1 年 373	桓濟	長沙	桓溫病重謀殺桓沖	晉 98/2580	
47	安帝元興 1 年 402	司馬道子	安成郡	酗飲不孝	晉 99/2591	減死從徙。於徙所被酖。
48	安帝元興 1 年 402	王國寶家屬	交州	王國寶亂政	晉 75/1972	
49	安帝元興 1 年 402	司馬恢之	廣州	兄尚之為桓玄所誅	晉 37/1109	被害於道
50	安帝元興 1 年 402	司馬允之	廣州	兄尚之為桓玄所誅	晉 37/1112	被害於道
51	安帝元興 1 年 402	毛遁	廣州	兄泰等為桓玄所害	晉 81/2129	義熙初還
52	安帝元興 1 年 402	王誕	廣州	司馬元顯黨	宋 46/1393	桓脩所救免死。盧循之亂北歸。
53	安帝元興 1 年 402	范泰	丹徒	居喪無禮	宋 60/1616	劉裕時起復
54	安帝元興 2 年 403	桓亮	衡陽	乘亂起兵	晉 99/2593	

編號	時間	人名	流徙地	理由	出處	備註
55	安帝義熙 1 年 405	桓胤	新安	桓玄侄。桓玄被誅。	晉 74/1953 晉 99/2603	義熙 3 年被殺
56	安帝義熙 14 年 418	周氏	遠郡	生埋子	宋 43/1330	減死遠徙
	南朝劉宋之部					
57	少帝景平 1 年 423	戴飾家屬	青州	與孫法先謀亂伏法	南齊 30/555	
58	少帝景平 2 年 424	劉義真	新安郡	潛懷異圖	宋 4/65	景平 2 年被殺
59	文帝元嘉 3 年 426	傅都	建安郡	受父傅亮所連	宋 43/1341	孝建中還
60	文帝元嘉 10 年 433	謝靈運	廣州	率眾反叛	宋 67/1777	後於廣州棄市
61	文帝元嘉 10 年 433	謝鳳	嶺南	受父謝靈運所連	南齊 36/635 南 19/542	早卒
62	文帝元嘉 10 年 433	謝超宗	嶺南	受祖父謝靈運所連	南齊 36/635	元嘉末得還
63	文帝元嘉 17 年 440	劉素	廣州	受兄劉湛所連	宋 69/1819	
64	文帝元嘉 22 年 445	范曄兄弟子父	廣州	受范曄謀反案所連	宋 69/1829	世祖即位還
65	文帝元嘉 22 年 445	范魯連	遠徙	范曄之孫	宋 69/1829	世祖即位還
66	文帝元嘉 22 年 445	謝緯	廣州	受范曄謀反案所連	宋 52/1497 宋 69/1829	世祖即位還
67	文帝元嘉 22 年 445	劉義康及家屬	安成郡	受范曄謀反案所連	宋 68/1795	

編號	時間	人名	流徙地	理由	出處	備註
68	文帝元嘉 24 年 447	胡景世	遠郡	弟胡誕世等反	宋 50/1446	世祖初還
69	文帝元嘉 24 年 447	胡寶世	遠郡	弟胡誕世等反	宋 50/1446	世祖初還
70	文帝元嘉 24 年 447	劉義康	廣州	受胡誕世等謀反所連	宋 68/1796	
71	文帝元嘉中	孟微生	廣州	不詳	宋 47/1408-9	大明初，子係祖還京師
72	文帝世	顧邁	廣州	漏泄始安王濬密事	南 15/428	
73	孝武帝孝建 1 年 454	沈懷遠	廣州	納王鸚鵡為妾	宋 82/2105 宋 19/556	前廢帝時還
74	孝武帝孝建 1 年 454	劉渾	始安郡	謀反	宋 79/2042-3	逼令自殺
75	孝武帝孝建 1 年 454	鄧琬	免死遠徙	弟鄧璩與臧質反被誅	宋 84/2129	仍停廣州後得還
76	孝武帝孝建初	檀超	梁州	不詳	南齊 52/891	板宣威府將軍
77	孝武帝大明 1 年 457	顏辟彊	交州	父顏竣因怨望被誅	宋 75/1966	於道殺之
78	孝武帝大明 2 年 458	王道琰	新安郡	父王僧達遭帝構陷謀反	宋 75/1958	前廢帝時還
79	孝武帝大明 8 年？464	垣襲祖	嶺南	不詳	南齊 28/529	孝武疾篤殺之
80	孝武帝大明初	沈睦	始興郡	引上左右訪評殿內事	宋 63/1686	
81	孝武帝世	劉遐	始安郡	疑毒害嫡母	宋 51/1469	前廢帝時得還
82	前廢帝永光 1 年 465	戴法興	遠郡	遭前廢帝疑忌	宋 94/2304	於家賜死

編號	時間	人名	流徙地	理由	出處	備註
83	明帝泰始 1 年 465	劉子房	遠郡	黨附晉安王子勛	宋 80/2061	被殺
84	明帝泰始 1 年 465	袁昂	晉安	父黨附晉安王子勛	梁 31/451	元徽中聽還
85	明帝泰始 3 年 467	徐爰	交州	事君無禮	宋 94/2311	明帝崩後得還
86	明帝泰始 5 年 469	劉充明	新安歙縣	父劉禕謀反	宋 79/2042	後廢帝時還
87	明帝泰始 7 年 471	壽寂之	越州	多納貨賄	宋 94/2316	行至豫章被殺
88	明帝泰始 7 年 471	劉休祐諸子	晉平郡	休祐為明帝所殺	宋 72/1881	後廢帝元徽元年還
89	明帝泰始 7 年 471	劉伯融、劉伯猷兄弟	丹楊縣	父始安王休仁為明帝所殺	宋 72/1875 宋 72/1878	明帝末停流徙。後廢帝元徽元年還
90	明帝泰始中	沈勃	梁州	多受貨賄	宋 63/1687	後廢帝元徽初還
91	後廢帝元徽 3 年 475	王季符	梁州	誣建平王景素反	宋 72/1861	
92	後廢帝元徽 4 年 476	殷灜	梁州	劉景素反	宋 72/1863	
93	後廢帝元徽 4 年 476	蔡履	梁州	劉景素反	宋 72/1863	
	南朝蕭齊之部					
94	齊太祖建元初	王遜	永嘉郡	有怨言	南齊 23/438	道伏誅
95	齊太祖世	檀超	交州	與物多忤。史功未就	南 72/1766	於路見殺
96	武帝永明 1 年 483	垣惠隆	番禺	父垣崇祖因反伏誅	南齊 25/464	卒於番禺

編號	時間	人名	流徙地	理由	出處	備註
97	武帝永明 1 年 483	謝超宗	越州	訕謗朝政	南齊 36/639	行至豫章賜死
98	武帝永明中	劉祥	廣州	訕謗朝政	南齊 36/643	不得意少時卒
99	武帝永明中	任遐	遠郡	不詳	南 59/1452	後獲免
100	不詳	卞鑠	巴州	詩賦多譏刺世人	南 72/1771	
	南朝蕭梁之部					
101	武帝天監 3 年 504	景慈	交州	證母任提女誘口	隋 25/700	
102	武帝天監 4 年 505	范縝	廣州	坐尚書令王亮事	梁 48/664-5	在南累年追還。
103	武帝天監 14 年？515	王貞秀	越州	居喪無禮	梁 9/177	詔留廣州,後欲襲都城被誅。
104	武帝普通 5 年 524	蕭昱	臨海郡	宅內鑄錢	梁 24/372	行至上虞追還
105	武帝普通 6 年 525	蕭正德	臨海郡	北伐輒棄軍委走	南 51/1280	未至徙所被赦
106	武帝大通 2 年 528	蕭正則	鬱林	匿劫盜	南 51/1283	欲寇廣州被誅。
107	武帝大同 1 年 535	元慶和	合浦	北伐慘敗	魏 19 上 /450	
108	武帝世	周弘正	不詳	不詳	南 34/898	敕以賜干陁利國,後原
109	不詳	庾景休	廣州	不詳	南 51/1271	

第三章　北朝流刑的成立與確立

前　言

　　自漢文帝十三年廢肉刑後，死刑和徒刑一直是懲治嚴重犯罪的主要手段，及至北朝後期，在死刑和徒刑之間，增加了一種新的刑罰——流刑。流刑的成立標誌著刑罰制度的重整，歷經六、七百年摸索的重大成果。從中國刑罰制度發展史的角度考察，秦漢時期最引人矚目的，顯然是徒刑的興起與肉刑的廢止。相對於此，隋唐時期最值得注意的，毋寧是流刑的成熟，進而促成笞、杖、徒、流、死的新五刑體系趨於完備。隋唐關於流刑的規定以及新五刑架構，一直為宋元明清所承襲，影響垂千年之久。是故，流刑之誕生與確立，影響既深且鉅，實不可等閒視之。北朝正是流刑創制入律的關鍵時刻，牽涉隋唐流刑淵源的探討。流刑得以成立的條件是甚麼？它是如何發展而成的？北朝刑律殘佚不全，是否能在現存史料中重建北朝流刑的法定規範，進而釐清隋唐流刑的淵源呢？流刑最終在北朝而非南朝發展形成，又應如何理解呢？這些都是本章試圖解答的問題。為了討論方便，製成附表三〈北朝流人表〉置於本章之末。

第一節　北魏流刑的成立

一、流刑入律的時間

　　將罪犯遠逐遐荒的刑罰，秦漢稱作「徙邊刑」，發展至三國兩晉南朝而名為「流徙刑」。不管徙邊刑抑或流徙刑，皆非刑罰之正刑，而是死刑的代刑的角色，屬於皇帝臨時恩典的性質。然而，試看北魏末宣武帝（483-515，499-515 在位）延昌三年（514）高陽王雍（？-528）議「費羊皮賣女案」時，指出：

> 案〈賊律〉云：「謀殺人而發覺者流，從者五歲刑；已傷及殺而還蘇者死，從者流；已殺者斬，從而加功者死，不加者流。」[1]

據律文可知謀殺未遂的主犯要科處「流刑」，從犯則處以五年「徒刑」；謀殺已傷的主犯科處死刑，從犯處以流刑；謀殺既遂的科處死罪之重者──斬刑，從犯又協助謀殺的處死，從犯而未協助的處以流刑。於此，可見法律中明文規定犯了某些嚴重犯罪，按律科處該當的刑罰──流刑，流刑明顯是刑罰體系中的正刑，北魏確有流刑之制。又孝明帝（510-528，515-528 在位）熙平年間（516-518）司州主簿李瑒的奏議，云：

> 案〈法例律〉：「諸犯死罪，若祖父母、父母年七十已上，無

---

[1]　〔北齊〕魏收撰，《魏書》（點校本）（北京：中華書局，1974），卷111，〈刑罰志〉，頁2882。

> 成人子孫，旁無期親者，具狀上請。流者鞭笞，留養其親，終
> 則從流。不在原赦之例。」[2]

對於犯死罪和流罪者，基於家中年邁尊親乏人照顧，特許「權留養親」
（或作「存留養親」）的規定。律文明白提到犯流刑的人在鞭笞後可以留
養其親，但在親人去世後仍需執行流刑。流刑顯然是一種正刑而非君主
臨時的恩典。又孝莊帝（507-530，528-530 在位）永安二年（529）四
月，曲赦畿內，云：

> 死罪至流，人減一等，刑以下悉免。[3]

「刑」罪或作歲刑，即後世的徒刑。從赦文中清晰可見流刑是輕於死刑
而重於徒刑的一種刑罰。

　　那麼，作為具有正刑意義的流刑，究竟在甚麼時候確立呢？流刑創
制入律而成為正刑應屬刑罰制度之大事，意義深遠，可惜《魏書・刑罰
志》竟然失載。程樹德（1877-1944）《九朝律考》一書乃中國法制史經
典名著，歷九十多年而不衰。[4]程氏考訂北魏《正始律》二十篇篇名，至
今仍大致為學界接受。另外，程氏考訂北魏刑名，云「按後魏刑名，《魏

2　《魏書》，卷 111，〈刑罰志〉，頁 2885。

3　《冊府元龜》，卷 83，〈帝王部・赦宥二〉，頁 976-1。

4　據日本學者七野敏光氏考訂，《九朝律考》共有四個版本：即上海商務印書館的「一九二七年版」、
　　上海商務印書館的「一九三四年版」（或作「大學叢書本」）、上海商務印書館的「一九五五年版」、
　　北京中華書局的「一九六三年版」。按《九朝律考》一書原來並無標點，「一九五五年版」才加上新
　　式標點，書首雖有一頁出版說明，但沒有附上標點者資料。一九六三年，北京中華書局以「一九五
　　五年版」為底本，修訂了若干錯誤，再度重印。參見氏著〈九朝律考および漢唐間正史刑法志〉，
　　收入滋賀秀三編《中國法制史──基本資料の研究》（東京：東京大學，1993）。另外，一九六五
　　年，臺灣商務印書館曾據「一九三四年版」在臺灣重印發行，早年在臺灣較普遍的就是這個本子。
　　目前學界應以中華書局「一九六三年版」這個標點本較為通行。

書‧刑罰志》不載，惟《志》於世祖高祖定律，屢稱五刑若干，是後魏刑名，原分五等。……則後魏刑名為死流徒鞭杖之五，益無可疑云。」[5]以程氏之意，則北魏流刑之制，最早當始於世祖太武帝時期。然而，細察史料，北魏是否有五刑體系，不無疑慮；至於以流刑始自太武帝（408-452，423-452 在位），更是未敢苟同。

　　關於北魏律的刑名，據《魏書‧刑罰志》所載太武帝朝的修律，云：

> 世祖即位，以刑禁重，神䴥中，詔司徒崔浩定律令。除五歲、四歲刑，增一年刑。分大辟為二科死，斬死，入絞。大逆不道腰斬，誅其同籍，年十四已下腐刑，女子沒縣官。（頁 2874）

又據《魏書‧世祖紀上》，可知修律時間是神䴥四年（431）十月。[6]文中「誅其同籍」，即緣坐，亦後來所謂的「門房之誅」。從《魏書‧刑罰志》的描述，崔浩（381-450）所制《神䴥律》的主刑包括（一）死刑：斬、絞；（二）勞役刑：稱歲刑，亦即後世的徒刑，分一歲、二歲、三歲共三等；（三）「門房之誅」。這樣的刑罰制度似乎一直沿襲到孝文帝太和中。據《魏書‧刑罰志》載太武帝太平真君六年（445）又命游雅（404-461）與胡方回等再度改訂律令，云：

> 盜律復舊，加故縱、通情、止舍之法及他罪，凡三百九十一條。門誅四，大辟一百四十五，刑二百二十一條。（頁 2875）

5　程樹德，《九朝律考》（北京：中華書局，1963），頁 346。
6　《魏書》，卷 4 上，〈世祖紀上〉，頁 79。

所謂「刑二百二十一條」中的「刑」，即「刑罪」，也就是前述的歲刑。
此時的刑罰仍是包含門房之誅、大辟、刑罪（歲刑）等三類。及至高宗
朝改律，《魏書‧刑罰志》云：

> 又增律七十九章，門房之誅十有三，大辟三十五，刑六十二。
> （頁 2875）

其刑制仍與世祖朝無異。又孝文帝（467-499，471-499 在位）太和五年
（481）改律，《魏書‧刑罰志》云：

> 凡八百三十二章，門房之誅十有六，大辟之罪二百三十五，刑
> 三百七十七。（頁 2877）

可知一直到孝文帝朝，北魏的刑罰體系仍維持門房之誅、大辟罪、刑罪
三類，並沒有所謂的「五刑」，更沒有流刑。程氏所云「世祖高祖定律，
屢稱五刑若干」，其實是世祖、高祖定律之時，大辟罪的尾數恰巧是
「五」，程氏將五與後面的「刑」罪連讀，遂訛讀為「五刑」。[7]程氏的誤
讀或許是受《唐六典》的影響。按《唐六典》卷六〈尚書刑部‧刑部郎
中員外郎〉條注所記北魏太武帝朝刑律條數，云：

> 凡三百九十條，門房誅四條，大辟一百四十條，五刑二百三十

---

[7]　《九朝律考》，頁 346。《九朝律考》加上新式標點後固然嘉惠士林，但難免有歪曲程氏原意之處。
關於北魏太武帝、文成帝朝的律文條數，據卷五〈後魏律考上〉「魏數次改定律令」條，《九朝律
考》標點本的斷句都同於北京中華書局校本《魏書‧刑罰志》，是合理與正確的。但從程氏「惟
《志》於世祖高祖定律，屢稱五刑若干」云云，可知《九朝律考》標點本的斷句明顯不是程氏的原
意。

一條。（頁 182）

　　《唐六典》所載應是根據《魏書·刑罰志》，但卻將大辟罪尾數的「五」
與下面的「刑」連讀，連讀後又在每項刑罰數字之下加上「條」字。如
此，遂讓人誤會北魏即有五刑之制。

　　崔浩神䴥年間修律，應是將當時行用的《晉律》加以變革而來。按
《晉律》的死刑包括梟、斬、棄市等；勞役刑包括髡鉗五歲刑笞二百、
四歲刑、三歲刑、二歲刑等四等。[8]崔浩將《晉律》的死刑從三等減為
斬、絞二等；將《晉律》中五歲刑和四歲刑廢除，新增了一歲刑。如
此，勞役刑就變成一歲、二歲和三歲共三等。又據《魏書·刑罰志》載
孝文帝太和十一年（487）秋八月詔，云：

> 律文刑限三年，便入極默。坐無太半之校，罪有死生之殊。可
> 詳案律條，諸有此類，更一刊定。（頁 2878）

詔書中「極默」的「默」，即「墨」字異寫，引申為刑法之意。「極默」
即極刑、極法之意。[9]從孝文帝的詔書可知直至太和十一年時，刑罪三年
以上即是死刑，明顯看出二者之間仍未有流刑。簡而言之，在太和十一
年以前，北魏的刑罰體系中應無流刑。流刑的正式確立，必在太和十一
年以後。[10]

8　《唐六典》卷 6〈尚書省·刑部郎中〉職掌條注，頁 181。關於魏晉刑名，可參看前揭張建國〈魏
　　晉五刑制度略論〉，收入氏著《帝國時代的中國法》（北京：法律出版社，1999），頁 242-263。

9　《魏書》，卷 111，〈刑罰志〉校勘記，頁 2889。

10　鄧奕琦認為孝文帝在此時審改有關死刑律條，大批死罪降減為流。「當時『全命徙邊，歲以千計。
　　京師決死獄，歲竟不過五六，州鎮亦簡。』」參看氏著《北朝法制研究》（北京：中華書局，
　　2005），頁 81-82。然而史料中並沒有看到太和十一年有「大批死罪降減為流」的記載，而「全命徙
　　邊，歲以千計」云云，據《魏書·刑罰志》可知乃太和八年之事，非太和十一年的新措施。

　　北魏在太和十一年以前正刑中雖無流刑，但魏初究竟有沒有將罪犯徙逐邊地的措施呢？答案應是肯定的，太武帝朝便見其例。太武帝時，宗室拓跋渾（？-487）坐事徙長社（編號 3），和歸以罪徙配涼州為民（編號 4），皮豹子（？-464）坐盜官財徙統萬（編號 6）等。考涼州、統萬，都是在北魏征服北涼、夏後所建立的軍鎮；[11]長社亦為軍鎮。[12]拓跋渾、和歸、皮豹子等徙置該處，應是充作軍戶、鎮戶，負責征防或其他有關軍事的雜役。[13]獻文帝朝的常英（？-476）徙置敦煌（編號 10），呂文祖徙置武川鎮（編號 11）；孝文帝朝的崔僧淵徙置薄骨律鎮（編號 13），應當也是配作兵戶。除了這些徙逐的個別案例外，北魏另有將罪犯集體流徙邊地的措施。史稱世祖太武帝太平真君五年（444），命太子晃（428-451）擔任監國，太子少傅游雅上疏曰：

> 「漢武時，始啟河右四郡，議諸疑罪而謫徙之。十數年後，邊
> 郡充實，並修農戍，孝宣因之，以服北方。此近世之事也。帝
> 王之於罪人，非怒而誅之，欲其徙善而懲惡。謫徙之苦，其懲
> 亦深。自非大逆正刑，皆可從徙，雖舉家投遠，忻喜赴路，力
> 役終身，不敢言苦。且遠流分離，心或思善。如此，姦邪可

11　嚴耕望，《中國地方行政制度史──上編》（臺北：中央研究院，1974），頁 738、721。

12　年發松，〈北魏軍鎮考補〉，收入武漢大學歷史系魏晉南北朝隋唐史研究室編，《魏晉南北朝隋唐史資料》（武漢：武漢大學，1985），頁 73。

13　《魏書》云和歸被徙涼州為「民」，但涼州為軍鎮，和歸當是鎮民。北朝史書常見「城民（人）」的稱呼，「城民（人）」並非泛指城市居民，而是專指軍戶、鎮戶。城民（人）主要負責征防或其他有關軍事的雜役。有關「城民（人）」身分的研究，論者頗多，可參看唐長孺，〈魏周府兵制度辨疑〉，收入氏著《魏晉南北朝史論叢》（北京：三聯，1955）；谷霽光，《府兵制度考釋》（上海：上海人民，1962）附論〈城民與世兵〉；何茲全，〈府兵制前的北朝兵制〉，收入氏著《讀史集》（上海：上海人民，1982）；谷川道雄，〈北魏末の內亂と城民〉，收入氏著《隋唐帝國形成史論》（東京：筑摩書房，1971）。

息，邊垂足備。」恭宗善其言，然未之行。[14]

游雅建議效法漢代遷徙罪人實邊的舊法，將大逆死刑以外的死刑犯，舉家遷往邊地。游雅的建議沒有被採納，但到文成帝太安二年（456），征南將軍、冀州刺史源賀（403-479）又重提類似的建議，史稱：

> （源）賀上書曰：「臣聞：人之所寶，莫寶於生全；德之厚者，莫厚於宥死。然犯死之罪，難以盡恕，權其輕重，有可矜恤。今勁寇遊魂於北，狡賊負險于南，其在疆場，猶須防戍。臣愚以為自非大逆、赤手殺人之罪，其坐贓及盜與過誤之愆應入死者，皆可原命，謫守邊境。是則已斷之體，更受全生之恩；徭役之家，漸蒙休息之惠。刑措之化，庶幾在茲。虞書曰『流宥五刑』，此其義也。臣受恩深重，無以仰答，將違闕庭，豫增係戀，敢上瞽言，唯加裁察。」高宗納之。已後入死者，皆恕死徙邊。[15]

源賀之意是將大逆、赤手殺人以外的死罪，包括犯了贓罪、盜罪以及因過、誤造成的死罪，一律恕死徙邊，以充緣邊諸戍之兵。如此，每年既活人不少，復可充實邊戍，減輕其他人的負擔。

　　源賀所論，固然是遠師漢人徙邊遺意，近取廣平游雅奏疏。但除此以外，或許與當時實際需要有關。北魏由於連年征戰，兵役繁重，各鎮戍兵因長期不得更代，生活艱困，思家情切，文成帝（440-465，452-

---

[14]　《魏書》，卷 111，〈刑罰志〉，頁 2874-2875。

[15]　參看《魏書》卷 41〈源賀傳〉。《魏書》不載源賀上書時間，但《資治通鑑》卷 128 將此事繫於宋孝武帝孝建三年（456）十一月，亦即北魏文成帝太安二年，今從之。

465 在位）興安二年（453），坐鎮仇池的皮豹子上表曰：

> 其統萬、安定二鎮之眾，從戎以來，經三四歲，長安之兵，役
> 過期月，未有代期，衣糧俱盡，形顏枯悴，窘切戀家，逃亡不
> 已，既臨寇難，不任攻戰。[16]

由於鎮戍之兵逾期不得番代，影響軍心，嚴重損害戰鬥力。源賀建議恕
死徙邊，正好可以解決當前兵源補給的難題。史載高宗文成帝採納了他
的建議，後來並對恕死徙邊的成效，大加讚賞，云：

> 高宗謂群臣曰：「源賀勸朕宥諸死刑，徙充北番諸戍，自爾至
> 今，一歲所活殊爲不少，生濟之理既多，邊戍之兵有益。」[17]

文成帝恕死徙邊的措施，一直到孝文帝朝依舊沿用。太和八年（484），
孝文帝「哀矜庶獄，至於奏讞，率從降恕，全命徙邊，歲以千計。京師
決死獄，歲竟不過五六，州鎮亦簡。」[18]自文成帝以來，北魏確有罪犯
集體流徙之事，但論其性質都是將可矜可恕的死罪，免死徙邊以充兵，
仍然屬於皇帝臨時性降恕赦宥的恩德，只是死刑的代刑，而非刑律中的
正刑。

具有正刑意義的流刑，究竟在甚麼時候成立呢？筆者以為最早應在
孝文帝太和十六年（492）。據《魏書·高祖紀下》云：

---

[16]　《魏書》，卷 51，〈皮豹子傳〉，頁 1131。

[17]　《魏書》，卷 41，〈源賀傳〉，頁 921。

[18]　《魏書》，卷 111，〈刑罰志〉，頁 2877。

> （太和十五年）五月己亥，議改律令，上於東明觀折疑
> 獄。……（太和十六年）四月丁亥朔，班新律令，大赦天
> 下。……五月癸未，詔群臣於皇信堂更定律條，流徒限制，帝
> 親臨決之。（頁 168-169）

孝文親自斷決「流徒限制」，可謂目前所見具有正刑意義的流刑最早的記
載。孝文帝朝修律前後二次，第一次是太和元年（477）之時，史稱「詔
群臣定律令於太華殿」，[19]律令在太和五年（481）制訂，其刑罰體系正
如前引《魏書・刑罰志》所述，一仍世祖之舊，是由門房之誅、死刑、
徒刑所構成。第二次修律是在太和十五年（491）開始，時值秉政多年的
文明太后馮氏（441-490）在太和十四年（490）九月去世，孝文帝正式
親政。可能為了彰顯自身統治時代的展開，於是在十五年五月議改律
令，《太和新律》在太和十六年（492）四月頒定。就上引〈高祖紀〉所
云，孝文帝在四月頒定新律後，又在五月與群臣更定律條，針對「流徒
限制」，親自裁決。「流徒」一詞，或解作流刑和徒刑，但徒刑之名要到
北周保定三年（563）制定《大律》時才訂定，這裡的徒應不是徒刑之
意。筆者懷疑這裡的「徒」應是「徙」，因二字形似而致誤。「流徙限
制」即關於流刑的細則規定等，由孝文帝親自裁決。顯然，太和十六年
的新律中有流徙之刑，流刑是刑律中的正刑。[20]孝文帝之後，北魏最後
一次修律是在宣武帝正始元年（504），據《魏書・世宗紀》云：

> （正始元年十二月）己卯，詔群臣議定律令。（頁 198）

---

[19]　《魏書》，卷7上，〈高祖紀上〉，頁144。

[20]　鄧奕琦也指出北魏流刑當始於太和十六年，不過並沒有就此加以論證。見前揭氏著《北朝法制研
究》，頁83。

前引《魏書‧刑罰志》的〈法例律〉和〈賊律〉正是此次《正始律》的
篇名。但其實在正始修律之前的景明年間（500-503），北魏已有明確流
刑的記載：

> 景明二年（501），徵（源懷）為尚書左僕射，加特進。時有
> 詔，以姦吏犯罪，每多逃遁，因眚乃出，並皆釋然。自今已
> 後，犯罪不問輕重而藏竄者，悉遠流。若永避不出，兄弟代
> 徙。懷乃奏曰：「謹按條制：逃吏不在赦限。竊惟聖朝之恩，
> 事異前宥，諸流徙在路，尚蒙旋反，況有未發而仍遣邊戍？」[21]

姦吏犯罪，往往逃匿不出，等候皇帝恩赦。朝廷為杜絕歪風，下詔凡姦
吏犯罪者，倘若藏匿，若被擒獲，一律遠流；永避不出者，兄弟代徙。
這裡的「流」，當然不是皇帝恕死恩宥的代刑，而是律典中的正刑了。流
刑的成立不會早在太和五年的修律，也不會晚到宣武帝正始年間，當在
太和十六年頒定的。

　　綜合而言，北魏自太武帝以降，即有將個別罪犯徙逐邊鎮的懲罰，
及至文成帝朝，更有將罪犯集體徙逐邊地的措施，但究其性質，仍是皇
帝矜死赦宥的恩德，屬於死刑的代刑而非刑律中的正刑。直到孝文帝太
和十六年以前，北魏的刑罰體系，主要是以門房之誅、死刑、刑罪三者
構成，並無流刑的位置。太和十五年議定新律，遂將流徙之事法定化。
太和十六年頒定的新律中，流刑才正式成為法定的正刑。

21　《魏書》，卷 41，〈源賀附子源懷傳〉，頁 923。

二、北魏流人的境遇

　　正如前述，北魏恕死徙邊的措施，既寓人君矜恤民命之美意，復有充實邊戍之作用。流刑既在這樣基礎之上發展而來，那麼，流徙邊地和配充兵戶兩項要件，似乎沒有消失。從孝文帝朝以降的流刑案例看來，配充兵戶者屢見不鮮。宣武帝朝的恩倖趙脩（編號 31），遭人摘發歷來愆咎，宣武帝遂下詔嚴懲，云：「極辟之奏，欲加未忍。可鞭之一百，徙敦煌為兵。」[22]趙脩黨徐紇（?-528）亦被徙枹罕充兵（編號 32）。同是宣武帝朝的楊大眼（?-518）因鍾離兵敗，坐徙為營州兵（編號 34）；孝明帝神龜中，張智壽妹容妃、陳慶和妹慧猛因與蘭陵公主駙馬劉輝（?-521）姦亂，後劉輝毆主傷胎，智壽等二家「配敦煌為兵」（編號 36）。有時雖不明言配充兵戶，但流徙地乃是軍鎮，則可知仍是配置為兵，如太和二十一年（497）宗室元隆、元超等因擁太子恂（483-497）謀逆伏誅，諸弟皆徙敦煌（編號 18），[23]敦煌作為軍鎮始置於太武帝時，遲至魏末尚存。[24]有時雖非軍鎮，但流徙地卻是邊地州郡，如同是太和二十一年謀逆案的共犯陸叡（?-497），其子陸希道（?-523）便因牽連而徙於遼西（編號 19）。孝文帝朝被徙於遼西的，尚有太和二十二年（498）因兵敗被流的高聰（451-520）（編號 20）和劉藻（434-500）（編號 21）。有時雖不知徙置的州郡，但卻明載是「徙邊」，如宣武帝朝的李季凱（477-531）（編號 29）、鄭思明（編號 30）；孝明帝朝的胡僧敬（編號 37）等。顯然，北魏的流刑並沒有後世的「道里之差」，而是一律徙配邊地。

　　宣武帝永平元年（508）針對獄囚刑具訂定標準：「諸犯年刑已上枷

---

[22]　《魏書》，卷 93，〈恩倖・趙脩傳〉，頁 1999。

[23]　《魏書》，卷 14，〈神元平文諸帝子孫傳〉，頁 361。

[24]　嚴耕望，《中國地方行政制度史——上編》（臺北：中央研究院歷史語言研究所，1974），頁 739。

鎖，流徙已上，增以杻械。……杻械以掌流刑已上。」[25]杻即手銬，械即桎梏，[26]杻械當指手銬腳鐐之意。獄中流罪犯人需戴枷、鎖、手銬、腳鐐等刑具。此外，從前引趙脩的例子可見被流放之前尚會附加鞭刑一百，而據劉輝案中的張智壽兄弟亦是「兄弟皆坐鞭刑，徙配敦煌為兵。」[27]又前引〈法例律〉條文：「流者鞭笞，留養其親，終則從流」，清楚看到流刑犯人若「存留養親」亦有附加鞭笞刑的。流人既是終身遠逐，其本籍名下的田土或因而荒棄。孝文帝太和九年（485）行均田制，規定「諸遠流配讁、無子孫、及戶絕者，墟宅、桑榆盡爲公田，以供授受。」[28]朝廷將遭遠流配讁者的田地和園宅，一律充為公田，以供授受。太和十六年制訂流刑以後，遠流配讁者的田宅應當也是如此安排的。

流刑犯多是配徙邊鎮為兵，考北魏的兵，主要有兵戶和番兵兩種來源。兵戶是終身為兵，世代為兵；番兵是定期服兵役的兵。兵戶與民戶是分開的，兵戶有兵籍，民有民籍。[29]那麼，流人一旦配充為兵，就從民籍改編入兵籍之中。因此，不僅徙邊這樣的刑罰讓人恐懼，更重要的是，一旦淪為兵戶，終身以及世代都受害。是故，流人逃亡的情形嚴重。朝廷為了遏止流人逃越以及保證兵源不致匱乏，遂訂下嚴厲的規定：

25　《魏書》，卷111，〈刑罰志〉，頁2879。

26　《漢書》卷43〈劉敬傳〉「械繫（劉）敬廣武」句，顏師古注曰：「械謂桎梏也」。（頁2121）

27　《魏書》，卷59，〈劉昶附劉輝傳〉，頁1312。

28　《魏書》，卷110，〈食貨志〉，頁2855。

29　何茲全，〈府兵制前的北朝兵制〉，收入氏著《讀史集》（上海：上海人民，1982），頁336。關於北魏兵制的討論，尚可參看谷霽光，〈補魏書兵志〉，收入氏著《谷霽光史學文集》第一卷（南昌：江西人民，1996）；高敏，《魏晉南北朝兵制研究》（鄭州：大象出版社，1998）第十四章〈北魏的兵戶制及其演變〉。

時以犯罪配邊者多有逃越，遂立重制，一人犯罪逋亡，合門充
役。（崔）挺上書，以為《周書》父子罪不相及。天下善人
少，惡人多，以一人犯罪，延及合門。司馬牛受桓魋之罰，柳
下惠嬰盜蹠之誅，豈不哀哉！辭甚雅切，高祖納之。[30]

倘若配邊者逃亡，則全家受到牽連，淪為兵戶。崔挺（445-503）上書痛
陳這樣緣坐的不當，史稱「高祖納之」。但從後來的事例看來，流人逃
亡，家人受累的情況似乎沒有改變。孝明帝延昌時，李崇（454-525）為
都督江西諸軍事、揚州刺史，揚州境內就發生了流人逃亡的案件。據
《魏書》卷六六〈李崇傳〉所載：

定州流人解慶賓兄弟，坐事俱徙揚州。弟思安背役亡歸，慶賓
懼後役追責，規絕名貫，乃認城外死尸，詐稱其弟為人所殺，
迎歸殯葬……慶賓又誣疑同軍兵蘇顯甫、李蓋等所殺，經州訟
之，二人不勝楚毒，各自款引。獄將決竟，崇疑而停之。密遣
二人非州內所識者，為從外來，詣慶賓告曰：「僕住在此州，
去此三百。比有一人見過寄宿，夜中共語，疑其有異，便即詰
問，迹其由緒。乃云是流兵背役逃走，姓解字思安。」……慶
賓伏引。更問蓋等，乃云自誣。數日之間，思安亦為人縛送。
（頁 1468）

解慶賓、解慶安兄弟因犯事配徙揚州，從「流兵背役」一語以及誣同軍
兵所殺一事看來，解慶安確有兵役無疑。慶安背役逃亡，其兄慶賓擔心

---

[30] 《魏書》，卷57，〈崔挺傳〉，頁1265。

受其兵役牽連，遂詭稱慶安為人所殺，以絕其兵籍。據此可知不管徙邊
者原來是甚麼身分，一旦到了邊鎮就成了鎮民，就得建立名籍，成為鎮
戶。鎮戶皆需負擔兵役，自然就成了兵戶。[31]流人背役逃亡，家人還是
受到牽連。

　　流刑犯配邊地為兵，其家人是否必須同往？前述太和五年因法秀謀
反案而被牽連的崔僧淵，與原配房氏不睦，更納平原杜氏，史稱：「僧淵
之徙也，與杜俱去，生四子……得還之後，棄絕房氏。」[32]似乎崔僧淵
只跟杜氏同徙，其妻房氏一直留在故里。及至僧淵放還，遂與房氏離
異。孝文帝太和十二年（488）十一月，梁州刺史、臨淮王拓跋提（?-
494）坐貪縱，徙配北鎮，史稱：「（提）以貪縱削除，加罰，徙配北鎮。
久之，提子員外郎穎免冠請解所居官，代父邊戍，高祖不許。」[33]拓跋
提遭徙配北鎮，其子穎依舊在朝為官，並沒同行。太和十八年（494），
孝文帝針對各鎮徙配之人，矜恤寬宥，下詔曰：

> 諸北城人，年滿七十以上及廢疾之徒，校其元犯，以準新律。
> 事當從坐者，聽一身還鄉，又令一子扶養，終命之後，乃遣歸
> 邊。自餘之處，如此之犯，年八十以上，皆聽還。[34]

孝文帝在太和十六年（492）頒定新律，十八年之詔書是對流配北鎮年滿
七十和廢疾之徒，得以新律檢核其原來犯行，若屬從犯而遭流徙者，准
其本人還鄉，並令一子扶養，俟其亡故，兒子仍須歸邊。北鎮以外軍鎮
而同樣情形的罪犯，若年八十以上則一律放還。詔書中「又令一子扶

---

[31]　高敏前揭《魏晉南北朝兵制研究》，頁 312-313。

[32]　《魏書》，卷 24，〈崔玄伯傳〉，頁 633。

[33]　《魏書》，卷 18，〈臨淮王提傳〉，頁 419。

[34]　《魏書》，卷 7 下，〈高祖紀下〉，頁 174-175。

養，終命之後，乃遣歸邊」一句，可見流人是家屬同往的。另外，上引宣武朝趙脩之案例，史稱趙脩鞭訖發遣，「其母妻追隨，不得與語」，似乎流刑犯的家屬是一併同行的。孝明帝之世，任城王澄（467-519）曾對流人的生活有所奏請，云：

> 又以流人初至遠鎮，衣食無資，多有死者，奏并其妻子給糧一歲，從之。[35]

可見流人配送軍鎮，其妻小是一併跟隨。流刑犯家屬強制同行，可能是孝文太和十六年訂律以後的規定。

　　流人雖是終身遠逐，但還是有放免的機會。北魏皇帝恩赦頻繁，前後恩赦了 131 次，其中大赦就有 84 次之多。[36]大赦對於流刑犯會起甚麼作用？據前引宣武帝朝為重懲姦吏犯罪藏匿，乃下詔凡藏匿者不在赦限，一律遠流；若永遠不出，則兄弟代徙。源懷上奏云「謹按條制：逃吏不在赦限。竊惟聖朝之恩，事異前宥，諸流徙在路，尚蒙旋反，況有未發而仍遣邊戍？」[37]可知流徙在路遇赦，一律是免刑放還。北魏赦詔百不存一，在僅存的赦詔中的確清楚看到流徙在道遇赦放還的恩典，譬如孝莊帝永安三年（530）皇子生，大赦天下，赦詔云：「流配未至前所

---

[35] 《魏書》，卷 19 中，〈任城王澄傳〉，頁 476。

[36] 參看拙作《皇恩浩蕩——皇帝統治的另一面》（臺北：五南圖書，2005）第一章〈恩赦的頒布與北朝隋唐的政治〉，頁 25-39。

[37] 《魏書》，卷 41，〈源賀附子源懷傳〉，頁 923。關於宣武帝朝針對姦吏犯罪藏匿的處置，除了尚書左僕射源懷之外，吏部尚書郭祚亦曾就此上奏，其事見於《北史》卷 43〈郭祚傳〉，云「吏以姦吏逃竄，徙其兄弟，罪人妻子，復應徙之，此則一人之罪，禍傾二室。愚謂罪人既逃，止徙妻子，走者之身，縣名永配，於畫不免，姦途自塞。」郭祚反對姦吏逃亡株連兄弟，以為止徙妻子即可，而「於畫不免」，意即逃亡者遇赦不免。史稱「詔從之」，宣武帝參酌郭祚的意見將新制作了些修訂。再看源懷的上奏，云「謀逆滔天，經恩尚免，吏犯微罪，獨不蒙赦，使大宥之經不通，開生之路致壅。」意指姦吏藏匿遇赦，亦應蒙恩放免，史稱「書奏，世宗納之。」宣武懲治姦吏的新制再作了修訂。

者，一以原免。」[38]東魏孝靜帝（524-552，534-550 在位）武定三年
（545）五月，因風雨和洽，大赦，赦詔云：「流配邊方未達前所者，悉
原免。」[39]又武定七年（549）八月立太子，大赦，赦詔云：「流配邊方
未至配所，亦皆聽免。」[40]可知皇帝大赦時，有時會特別聲明放免尚在
途中的流刑犯。不過，倘若赦書沒有特別聲明，在途流人應當不在原免
之列。那麼，已至配所的流人呢？皇帝大赦對他們會有影響嗎？正如前
述，北魏將罪犯流徙邊鎮配充兵戶，自然是為了保障兵源不致匱乏，因
此除非赦詔特別聲明，否則已充兵戶的流刑犯應不會因一般大赦而放
免。北魏流人遇赦放免的例子有前述宣武帝朝的李季凱和鄭思明，鄭思
明是「坐弟思和同元禧逆徙邊。會赦，卒於家。」[41]可能是在解送前遇
赦。至於李季凱則是「與母弟俱徙邊。久之，會赦免。」[42]看來不像是
在途遇赦，或許是皇帝大赦時針對流徙者特旨放免也說不定。

除了大赦這樣非常之恩外，有時皇帝會針對特定身分的流人給予寬
宥。孝文帝太和十二年（488），下詔曰：

> 鎮戍流徙之人，年滿七十，孤單窮獨，雖有妻妾而無子孫，諸
> 如此等，聽解名還本。[43]

流人年滿七十而且沒有子孫，才可以放免還鄉，條件相當嚴格。又據前
引孝文帝太和十八年（494）放免北城老疾的詔書，可知孝文帝恩准流配

---

[38] 《（影弘仁本）文館詞林》，卷 666，〈後魏孝莊帝誕皇太子大赦詔〉，頁 295。

[39] 《（影弘仁本）文館詞林》，卷 667，〈後魏孝靜帝膏雨大赦詔〉，頁 309。

[40] 《（影弘仁本）文館詞林》，卷 666，〈後魏孝靜帝立皇太子大赦詔〉，頁 292。

[41] 《魏書》，卷 56，〈鄭羲傳〉，頁 1247。

[42] 《魏書》，卷 39，〈李寶傳〉，頁 893。

[43] 《魏書》，卷 7 下，〈高祖紀下〉，頁 163。

北鎮年滿七十和廢疾之徒還鄉，並令一子扶養，但俟本人亡故，兒子仍須歸邊。北鎮以外軍鎮而同樣情形的罪犯，若年八十以上則一律放還。父親亡故，兒子仍須歸邊，如此方可保障兵源不虞匱乏。看來，北魏赦放鎮戍流人的條件，相當嚴格。

其實北魏一直以來都將罪犯減死徙置軍鎮充作軍戶、鎮戶，負責征防或其他有關軍事的雜役，這些人是屬於正規的武裝力量，有好些案例都是因為軍事行動需要而被召回或是從征的，例如，太武帝的皮豹子被徙統萬，太平真君三年（442）因劉宋入侵，豹子遂被征還；和歸被徙涼州，太平真君六年（445）因關中「蓋吳之亂」，和歸被拜為龍驤將軍往討之；孝文帝太和十七年（493）因征宛鄧，被徙瀛洲的李佐遂被起復。除了皇帝施恩外，流人若能戴罪立功，亦可放免。據《北齊書·平秦王歸彥傳》云：

> 父徽，魏末坐事當徙涼州，行至河、渭間，遇賊，以軍功得免流。（頁 186）

可見魏末高徽在流放途中捕賊，以軍功抵罪免流。

除了捕賊立功外，亦有捕逃兵立功的例子，據前引《魏書·恩倖徐紇傳》云：

> 世宗初，除中書舍人。諂附趙脩，遷通直散騎侍郎。及脩誅，坐黨徙枹罕。雖在徒役，志氣不撓。故事，捉逃役流兵五人，流者聽免，紇以此得還。（頁 2007）

流人若能捕獲五名逃役的「流兵」，即可放免返鄉，徐紇因此得還。「流兵」一詞，《魏書》數見，前引《魏書·李崇傳》中的解慶安便是「流兵

背役逃走」。所謂「流兵」，應是犯事流徙邊鎮為兵者。魏末廣陽王淵
（485-526）析論六鎮鎮兵地位低下的困境時，云「在鎮者便為清途所
隔，或投彼有北，以御魑魅，多復逃胡鄉。乃峻邊兵之格，鎮人浮遊在
外，皆聽流兵捉之。」[44]這裡「鎮人（民）」與「流兵」對舉，屬於北鎮
兵力的兩種不同構成分子，據《魏書·廣陽王元淵傳》所記，鎮民當為
魏初以來留戍的鮮卑貴族子弟，中期以後因沒有前途而逃亡，朝廷乃以
「流兵」抓拿這些逃亡鎮民。關於元淵的議論，將於下文進一步分析。

　　綜而言之，北魏流刑既在恕死徙邊、充實鎮戍這樣基礎之上發展而
來，那麼，流徙邊地和配充兵戶兩項要件，似乎沒有消失。流刑犯既是
一律流徙沿邊軍鎮，配充兵戶，則流刑自然就沒有「道里之差」的必
要。而且，流放前會附加鞭笞的刑罰。另外，太和制訂流刑時，可能規
定流人妻小強制隨行。流人配充兵戶無非是為了保障兵源，所以除非特
別情況，流人一般是終身流放。特別情況除了是皇帝大赦施恩以外，流
人不時藉由出征或捕賊等事戴罪立功從而放歸。

第二節　流刑在北朝成立的因素

　　流刑可遠溯至上古「流宥五刑」，近承漢代「徙邊刑」，發展到魏晉
而有「流徙刑」，最後，北魏孝文帝朝正式創制入律，成為法定正刑，影
響後世深遠。讓人好奇的是，南北朝都有將罪犯遠逐遐方的刑罰，但南
朝流徙之刑即便是罪犯的本刑，卻始終沒有成為律令的正刑。為甚麼作
為律令正刑的流刑最終在北朝而非南朝成立呢？筆者以為這既牽涉到南
北政權採用了不同的手段來解決肉刑廢除後的刑罰漏洞，也牽涉到北朝
獨特的兵制。前者是必要條件，後者為充分條件，二者適時配合，終使

---

[44]　《魏書》，卷18，〈廣陽王淵傳〉，頁430。

流刑在北朝正式誕生。

　　從刑罰發展的脈絡來看，自漢文帝廢肉刑後，刑罰制度明顯呈現輕重失衡的困境。對於嚴重犯罪，漢代大體以死刑和勞役刑懲處。勞役刑最重一級是髡鉗城旦舂，即五歲刑，五歲刑之上就是死刑，刑罰長期被詬病「死刑太重，生刑太輕」，缺乏「中刑」以治「中罪」。要如何克服刑罰失衡的難題？兩漢魏晉之世嘗試了三種解決手段：其一，將五歲刑不足以懲處的犯罪科處死刑，皇帝再將其中情節不算嚴重的減死寬宥，改科以其他處罰，從而解決「死刑太重」之弊。其二，將勞役刑的刑期延長或加重其苦役內容，從而解決「生刑過輕」問題。其三，恢復肉刑，將此輕重相當的中刑置回正刑之中。東漢主要採取第一種方法，而魏晉嘗試了第二種途徑，至於恢復肉刑的主張則歷漢末魏晉數百年而未曾間斷。

　　漢末魏晉數百年間，要求恢復肉刑的主張不絕於史，而恢復論者的重要理由，就是肉刑廢後刑罰「輕重無品」，[45]認為「今死刑重，故非命者眾；生刑輕，故罪不禁姦。所以然者，肉刑不用之所致也。」[46]希望恢復肉刑這樣的中刑以治中罪。誠如前章所述，漢末仲長統、西晉劉頌、東晉初年的王導、賀循等人，都有類似觀點。然而，縱使官人學者前仆後繼的倡議，肉刑始終沒有恢復過來。

　　據班固《漢書‧刑法志》記載，西漢自廢肉刑後，由於刑罰輕重失衡，每年判處死刑的罪犯，竟達萬人之多！東漢中葉以降，減死徙邊成漸成為解決「死刑太重」最主要的手段。東漢大規模遷徙罪犯的措施，固然有開發與補充兵力的作用，但究其根本目的，毋寧是為了解決肉刑廢除後，刑罰失衡的困境。然而漢末中原歷經喪亂，戶口大量損耗的環境下，將大批罪犯減死徙邊此一行之有年的措施，因客觀條件的丕變而

45　《後漢書》，卷49，〈仲長統傳〉，頁1652。

46　語見西晉劉頌請復肉刑疏，參看《晉書》卷30〈刑法志〉，頁931。

不得不放棄。

當漢末減死徙邊戍的措施無法推動時，魏晉時期恢復肉刑的建議遂響徹雲霄。時人在肉刑的議論中吸取了靈感，嘗試以新的手段填補刑罰漏洞，那就是加強勞役刑的內容與刑期以解決「生刑太輕」的問題。魏晉加重生刑懲罰力道，藉由法律手段修補法律的漏洞，較諸東漢以皇帝恩典的政治手段，無疑是一種進步。然而，勞役刑的革新亦造成刑徒的隊伍日趨龐大，造成繫囚猥畜、罪積獄繁等弊端，朝廷不得不經常頒布恩赦以作紓解。結果，頻繁的恩赦挫損法律的威信，人民更是輕於犯法，所謂「赦愈數而獄愈塞」。魏晉嘗試以加重生刑的手段來克服刑罰失衡的困境其實並不成功，否則倡議恢復肉刑的言論就不會此起彼落了。然而，魏晉的新手段畢竟不致於發生類似漢朝因死罪眾多，而必須採取減死徙邊戍之類的補救措施。

南朝法律主要承襲《晉律》而來，直至齊武帝永明年間，史稱「江左承用晉時張、杜律二十卷。」[47]張指張斐，杜指杜預，二人所注晉律一直被後世奉為圭臬。永明年間武帝曾令尚書刪定郎王植據此制定《永明律》，但《永明律》始終沒有頒行，可知宋齊一直是行用《晉律》。蕭梁雖有蔡法度制定《梁律》，南陳亦有范泉制定《陳律》，但蔡法度所據乃王植之舊本，而《陳律》各篇亦與《梁律》相同。兩朝之於《晉律》，其損益僅在文句之間，[48]故南朝百多年間並未擺脫《晉律》的框架。

南朝法律既本於《晉律》，勞役刑的實施狀況當同於兩晉，《梁律》的勞役刑亦是分為：髡鉗五歲刑笞二百、四歲刑、三歲刑、二歲刑，完全承襲晉制。南朝既同樣以加重勞役刑以解決刑罰失衡的困境，則刑徒數量定必不在少數，史稱梁朝「大率二歲刑已上，歲至五千人。」[49]刑

---

[47] 《南史》，卷49，〈孔珪傳〉，頁1215。

[48] 程樹德，《九朝律考》，頁311。

[49] 《隋書》，卷25，〈刑法志〉，頁701。

徒隊伍龐大固然會造成刑獄管理的負擔，但東晉南朝戶口逃亡嚴重，而
門閥世族又隱沒大量民力，於是每年數以千計的刑徒，正好為朝廷提供
龐大的無償勞動力。相對的，坑冶、尚方諸署等官府作坊也就愈益仰賴
刑徒作為主要勞力來源。[50]據《隋書・刑法志》所載蕭梁的法制，云：
「刑二歲已上為耐罪，言各隨伎能而任使之也。」[51]對於二歲以上的勞
役刑皆按照其技能而役使，可見朝廷是設法有效的利用這些人力。又
云：

> 劫身皆斬，妻子補兵。遇赦降死者，黥面為劫字，髡鉗，補冶
> 鎖士終身。其下又謫運配材官冶士、尚方鎖士，皆以輕重差其
> 年數。其重者或終身。[52]

「鎖士」應是戴著枷鎖服役的罪犯，「冶士」則是在礦冶服役的罪犯。
「材官」屬少府卿，主工匠、土木之事；[53]「尚方」諸署亦屬少府卿，
主要生產宮廷器物之處。劫盜遇赦免死配置冶坑戴著枷鎖終身服役，其
下還有至材官為冶士、尚方諸署為鎖士等，皆有一定的服役年限，嚴重
的可處以終身服役。朝廷對於嚴重犯罪，都以配送官方作坊礦冶等苦役
加以懲罰。又大同中，昭明太子（501-531）上疏梁武帝（464-549，502-
549 在位），曰：

---

[50] 唐長孺，〈魏、晉至唐官府作場及官府工程的工匠〉，收入氏著《魏晉南北朝史論叢續編》（北京：三聯書店，1959）頁 56-58。陳明光、邱敏著，《六朝經濟》（南京：南京出版社，2010），頁 286-288。

[51] 《隋書》，卷 25，〈刑法志〉，頁 699。

[52] 《隋書》，卷 25，〈刑法志〉，頁 699-700。其中「謫運」一詞胡三省釋云「以謫發之轉運」，見《資治通鑑》卷 159，頁 4939。

[53] 《資治通鑑》，卷 111，〈晉紀三十三〉「東晉安帝隆安四年正月」條胡三省注，頁 3506。《隋書》，卷 26，〈百官志〉，頁 725。

切見南北郊壇、材官、車府、太官下省、左裝等處上啟，並請
四五歲已下輕囚，助充使役。[54]

武帝也說「頃年已來，處處之役，唯資徒讁，逐急充配。」顯見官寺作坊的勞務，越來越仰賴這些刑徒。

東晉晚期開始出現「長徒」一詞，如東晉安帝義熙元年（405）〈平桓玄改元大赦詔〉云：「謀反大逆手殺人以下及長徒，皆赦除之。」[55]及至南朝，更經常看到帝王大赦「長徒」之事，如宋武帝永初元年（420）踐祚大赦，云：「長徒之身，特皆原遣。」[56]嗣後的孝武帝、明帝都先後針對「長徒」作出原遣或是降宥。[57]不僅劉宋，其後的齊、梁、陳都有類似的恩典，而且通常在王朝開創之初，如齊高帝、梁武帝、陳武帝都在開國的登基大赦中原免「長徒敕繫」。[58]看來「長徒」一般不易得赦，才會在「寶業初建，皇祚惟新」之時，頒賜非常之恩。在帝王恩詔中，「長徒」有時與「鎖士」並列，如梁武帝〈新移南郊親祠赦詔〉：「長徒鎖士有篤老癃殘不能為物患者，悉聽放散。」[59]又〈梁武帝南郊恩降詔〉云：「鎖士未配營居者，改為卅年徒。其長徒並刑讁已結正者，量所優降。」[60]此處「鎖士」應為終身刑罰，所以梁武帝將鎖士改為三十年徒刑，不失皇恩浩蕩。若據前引《隋書‧刑法志》「補冶鎖士終身」，《晉律》法定勞役刑最重為五年，卻可累加至十一年。六年以上的苦役因為

---

[54] 《隋書》，卷 25，〈刑法志〉，頁 701。

[55] 《（影弘仁本）文館詞林》，卷 669，頁 350。

[56] 《宋書》，卷 3，〈武帝紀下〉，頁 52。

[57] 《宋書》，卷 6，〈孝武帝紀〉，頁 110、123、134；卷 8，〈明帝紀〉，頁 154。

[58] 《南齊書》，卷 2，〈高帝紀〉，頁 32；《（影弘仁本）文館詞林》，卷 668，頁 342；《陳書》，卷 2，〈武帝紀〉，頁 32。

[59] 《（影弘仁本）文館詞林》，卷 665，頁 271。

[60] 《（影弘仁本）文館詞林》，卷 665，頁 272。

比法定刑期長，故稱作「長徒」。其實東晉南朝「長徒」縱使有年期，但「其重者或終身」，可知嚴重的尚有終身之徒。

兩晉南朝既以苦役刑徒來懲治重罪，以加重生刑的方式解決刑罰的失衡，而現實上亦有仰賴刑徒無償勞動力的必要性，故此，不致出現類似漢代因死罪眾多而必須減死徙邊的狀況，流刑就無從發展出來了。

反觀北魏的狀況，據前引《魏書‧刑罰志》所云，世祖太武帝神麚律四（431）年十月首度修律，「以刑禁重」，故刪除五歲、四歲刑，增一年刑。勞役刑變成是一歲、二歲、三歲共三等，三歲刑之上便是死刑。如此，刑罰輕重失衡的情形較諸兩漢更為嚴重。這種畸型現象延續到孝文帝朝，難怪孝文帝慨嘆「律文刑限三年，便入極默。坐無太半之校，罪有死生之殊。」彼此所犯也許並沒有相差太大，但判刑卻可能有死生之殊。當初是鑑於刑禁過重，才刪除四歲五歲刑，但結果卻是適得其反，每年判決死刑的犯人，勢必有增無減。十數年後，刑制的乖謬所造成問題乃逐漸浮現。

細閱前述太武帝太平真君五年（444）太子少傅游雅的奏疏，除了提到可以充實邊郡之外，主要訴求仍在強調刑罰的恰當性。君主不應動不動以殺戮對付罪人，而應設法使其改過遷善。將死罪遠徙邊郡，力役終身，懲罰已經夠重，或許還會使他們改過遷善。游雅的建議與其說是為了解決邊郡空虛，不如說是刑罰嚴重失衡的背景下，提出解決死刑眾多的難題。在死刑眾多的背景下，文成帝終於仿傚東漢的舊例，恕死徙邊。北魏面臨比兩漢更嚴重的刑罰失衡難題，採取了東漢一貫的解決之道，在朝廷頻頻恕死徙邊的背景下，將罪犯遠逐遐方的流刑，方始有成立的可能。

刑罰失衡造成死刑眾多，持續恕死徙邊固然是流刑成立的必要條件，唯仍需北魏獨特兵制此一充分條件，流徙措施的法制化方始水到渠成。

前文曾經提及，北魏的兵制既非徵兵亦非募兵，乃獨特的世兵制，

也就是兵源來自特定的兵戶。因此，隨著戰爭和自然的老死，兵源會不斷的損耗減少。為了確保兵力足夠，朝廷必須不斷補充兵戶的數量。尤其北魏初期，為了防禦北方柔然的北邊鎮戍，攸關國家安危，其兵源補充更是不能輕忽。文成帝採納源賀的建議，宥死罪以徒北邊諸戍，效果良好，史稱「生濟之理既多，邊戍之兵有益」，既能解決刑罰失衡的困境，復對邊戍有益。自此以後，恕死徒邊以充兵戶，漸成為北魏補充兵源的常見措施。[61]但是，以罪犯徒充兵戶固然有助於軍士的數量，卻必然損害到軍士的地位。關於北魏鎮戶地位的變化，可以《北齊書·魏蘭根傳》和《魏書·廣陽王元淵傳》作進一步說明。

據《北齊書·魏蘭根傳》云：

> 緣邊諸鎮，控攝長遠。昔時初置，地廣人稀，或征發中原強宗子弟，或國之肺腑，寄以爪牙。中年以來，有司乖實，號曰府戶，役同廝養。官婚班齒，致失清流。（頁 329-330）

又《魏書·廣陽王元淵傳》，云：

> 昔皇始以移防為重，盛簡親賢，擁麾作鎮，配以高門子弟，以死防過，不但不廢仕宦，至乃偏得復除。當時人物，忻慕為之。及太和在歷，僕射李沖當官任事，涼州土人，悉免廝役，豐沛舊門，仍防邊戍。自非得罪當世，莫肯與之為伍。征鎮驅使，但為虞候白直，一生推遷，不過軍主。然其往世房分留居京者得上品通官，在鎮者便為清途所隔。或投彼有北，以御魑魅，多復逃胡鄉。乃峻邊兵之格，鎮人浮遊在外，皆聽流兵捉

61　薛菁，《魏晉南北朝刑法體制研究》（福州：福建人民，2006），頁 218-219。

之。於是少年不得從師，長者不得遊宦，獨為匪人，言者流
涕。自定鼎伊洛，邊任益輕，唯底滯凡才，出為鎮將，轉相模
習，專事聚斂。或有諸方姦吏，犯罪配邊，為之指蹤，過弄官
府，政以賄立，莫能自改。咸言姦吏為此，無不切齒憎怒。
（頁 429-430）

北魏初年，朝廷重視緣邊諸鎮，出任鎮將者，或是國之肺腑、或是親
賢，皆宗室貴族，而麾下鎮戶也是高門子弟，不僅免除賦役，升遷任官
也完全不受歧視。戍守邊鎮，原是一種榮譽，大家當然「忻慕為之」。然
而，自文成帝以罪犯徙置邊戍後，鎮民與罪囚為伍，其地位想必隨之降
低。在孝文帝太和年間，北鎮的地位已頗為淪落，史稱「自非得罪當
世，莫肯與之為伍」，若非罪犯，幾乎找不到自願鎮戍者。及至孝文帝遷
都洛陽後，北鎮的地位更是進一步下降，朝廷愈益輕忽邊將人選，為鎮
將者皆凡庸之輩。此外，孝文帝為了調和胡漢高層的隔閡，鞏固北魏的
統治，乃以當代官爵為標準，重定姓族，將粗鄙的鮮卑勛貴門閥化，進
而與漢人士族揉合在一起，建立新的門閥序列。孝文帝的改革，難免造
成重文輕武，文武分途。文武分途意味著士庶分別，清濁殊途。[62]結
果，留在北鎮的貴族遂為「清途所隔」，一生升遷，不過軍主之類，但在
京師同族任官者卻各各榮顯。鎮戶地位低落，從原先的榮譽下降為賤
途，當初不廢仕宦，至此為「清途所隔」。鎮民沒有前途，自然紛紛逃
亡。[63]所以，將中原罪犯徙置邊鎮以充兵卒，不失為補充兵力的有效辦

---

[62] 參看唐長孺，〈論北魏孝文帝定姓族〉，收入氏著《魏晉南北朝史論拾遺》（北京：中華書局，
1983），又氏著《魏晉南北朝隋唐史三論》（武漢：武漢大學，1992），頁 159-212。

[63] 關於北鎮鎮民地位的低落，論者甚多，可參看前揭何茲全，〈府兵制前的北朝兵制〉；高敏，《魏晉
南北朝兵制研究》第十四章〈北魏的兵戶制及其演變〉；朱大渭，〈北魏末軍戶制的衰落〉，收入氏
著《六朝史論》（北京：中華書局，1998）。

法。在鎮民地位低落，族人皆視鎮戍為賤途的背景下，孝文帝為了確保
兵力穩定的實際需要，將文成帝以來恕死徙邊的政策加以法制化，應是
勢所必然。於是流刑正式入律，流刑犯皆徙置邊鎮為兵。

　　流徙之刑長期以代刑角色存在，而在孝文帝太和十六年正式創制成
為律令正刑，然而此一正刑為何定名為「流」？「流」刑之名無疑是源
自《尚書》「流宥五刑」，出自儒家經典。孝文帝勵行漢化政策，標榜繼
承中華文化正統之姿，太和十五、六年正值漢化運動高峰時期，以
「流」作為刑名自然是揭示繼承儒家經典所載上古聖王之制。不過，襲
用儒家經典之「流」名，並非始自孝文帝。前述源賀向文成帝建議將死
罪徙逐邊塞時，即申明「虞書曰『流宥五刑』，此其義也。」源賀所論應
是參考游雅奏疏，遠師漢人徙邊遺意，但與游雅不同的是，源賀將減死
徙邊之刑再緣飾以儒家經典精神，故不宜忽略源賀在北魏「減死徙邊」
措施的推動以及最終以「流」之名入律上的角色。孝文的創制只是這股
漢化浪潮逐步推高的背景下，順勢而為。

　　若再深入追溯，將徙逐遠方之刑名為「流」以比附上古聖王之制是
否為北魏獨創？誠如前章所述，魏晉之世放逐遠方之刑稱作「徙」或
「流徙」，作為刑罰的「流徙」一名逐漸常見。將徙逐遠方之刑冠以
「流」字，自然是比附儒家經典中的聖王古制。前引晉武帝太康元年
（280）平吳大赦詔，云：「其赦天下。流宥遠方者，皆原之。」[64]「流
宥遠方者」明顯是借用「流宥五刑」之意。因此，將徙逐遠方之刑比附
上古聖王之制，實肇始於魏晉之世。永嘉之亂後，南北政權其實都同時
繼承這樣的傳統，南朝政權一直都有「流徙」之刑，而北朝政權亦是，
如前引孝文帝太和十二年正月詔就針對「鎮戍流徙之人」施恩。是故，
「流」刑入律，即將徙逐遠方的刑罰訂入正刑之中以及以「流」作為其
刑名，固然與北魏孝文帝追慕漢化，取法儒家經典聖人之制有關，但不

---

[64]　《（影弘仁本）文館詞林》，卷 670，〈西晉武帝赦詔〉，頁 373-374。

能忽略自魏晉以來，「流」已經逐漸成為放逐刑的名稱而使用了。孝文的創制可謂「法律儒家化」此一重大工程，在刑制中的具體成果。

　　綜合而言，魏晉南朝克服刑罰輕重失衡的手段，著眼在「生刑太輕」，於是以加重勞役刑來填補漏洞；北朝克服刑罰輕重失衡的手段，則是著眼於「死刑太重」，於是將成千上萬的死罪，減死徙邊。南北朝都沒有忽視罪犯的勞動力，皆以不同形式加以善用，南朝將大批刑徒配送至官府作坊，北朝則是將減死者流徙邊鎮充當國家武力。若非魏晉南北朝獨特的世兵制度，統治者為了確保兵源的穩定，也未必需要將減死徙邊戍的皇恩法制化和常態化，流刑未必會成為正刑。至於東晉南朝雖亦行世兵制，但其克服刑罰輕重失衡的手段與北朝迥異，所以不會產生大規模減死一等、流徙邊戍的現象，作為正刑的流刑就無由誕生，甚至作為代刑的流徙刑，在梁陳時期還遭到廢止。

　　近年來有學者從鮮卑舊俗，乃至內亞草原民族的流放傳統解釋流刑最終會在北魏成立的原因。[65]相關證據主要是根據《三國志》裴松之注引王沈《魏書》所載東胡烏丸的風俗法制，云：

> 其亡叛為大人所捕者，諸邑落不肯受，皆逐使至雍狂地。地無山，有沙漠、流水、草木，多蝮蛇，在丁令之西南，烏孫之東北，以窮困之。[66]

罪犯被放逐至丁令與烏孫之間環境惡劣的「雍狂地」以「窮困之」。鄧奕琦根據王沈《魏書》關於東胡的記載，以為鮮卑法「本有將部落重罪成員放逐荒僻遠地致死之慣例」，北魏「改變了歷朝以流（徙）為輔刑的傳

---

[65]　鄧奕琦，《北朝法制研究》，頁 149-152；黃楨，〈再論流刑在北魏的成立——北族因素與經典比附〉，《中華文史論叢》，128（上海，2017），頁 71-99。

[66]　《三國志》，卷 30，〈魏書·烏丸鮮卑東夷傳〉，頁 833。

統，將鮮卑法慣用的流刑升格為主刑，置之於死刑之後，徒刑之前。」
[67]最近黃楨進一步發揮此說，指出流放是內亞草原上一種古老刑罰，歷
史上的匈奴、烏桓、鮮卑、突厥、契丹、蒙古等民族都有流放之刑。北
魏「流刑實為北族習慣法與儒學觀念表裏結合的產物。……北魏前期推
行的流徒之刑，就是由拓跋鮮卑帶入中原的北族習俗。……在太和年間
以律為治的法制改革中，廣泛運用且被認為與經典相符的流徒，始以
『流刑』的面目被列為法定正刑。」[68]鄧、黃的新說拓展了流放刑的研
究視野，將觀察對象自中原王朝延伸到北亞民族，確是饒富新意，值得
進一步思考。

　　眾多民族在社會發展的歷程中，或許都曾出現「將惡人驅逐出社
會」的刑罰，但北魏的流刑是否源出鮮卑舊俗，則是另一個問題。北朝
典籍中有相關史料嗎？《魏書‧刑罰志》所記拓跋魏早期的法制狀況，
確有北亞草原民族的殘餘痕跡，如昭成帝時「民相殺者，聽與死家馬牛
四十九頭。」或是太武帝朝「巫蠱者，負殺羊抱犬沉諸淵。」但卻不見
北族舊俗色彩的流放刑罰。至於流徒之刑的議論，不管是游雅還是源賀
的奏議，抑或帝王的詔令，都沒有看到絲毫北族的痕跡。[69]或云太武帝
朝陰世隆、皮豹子等人均非「減死徒邊」，「也就是說北魏的流徒沒有像
漢代的徒邊一樣，被用作懲處死罪的替代手段，而是呈現出固有性、常
規性，這正是北族流放刑的特色。」[70]陰世隆的罪名不詳，而皮豹子則
是「坐盜官財」，由於史料寡少，二人犯罪情節的嚴重性不得而知。即便
他們徒邊並非減死寬宥的替代手段，而是常規性作為懲處犯人罪行相應

---

[67]　鄧奕琦，《北朝法制研究》，頁 149-152。

[68]　黃楨前揭〈再論流刑在北魏的成立——北族因素與經典比附〉，頁 71。

[69]　相關史料付諸闕如，其實黃楨亦是了然於胸的，不然就不會說「為營造取法聖人之制的形象，北朝
　　　隋唐歷次修律都將流刑包裝成上古之『流』的繼承者，其內亞淵源遂被掩蓋和遺忘。」其意就是文
　　　獻中找不到絲毫痕跡。黃楨前揭〈再論流刑在北魏的成立——北族因素與經典比附〉，頁 71。

[70]　黃楨前揭〈再論流刑在北魏的成立——北族因素與經典比附〉，頁 86。

的刑罰,是犯人的本刑,這樣就足以證明皮豹子等徙邊是北族舊俗嗎?
前引晉武帝太康元年(280)平吳大赦詔:「流宥遠方者,皆原之。……
又諸以凶醜,父母親戚所從及犯罪徙邊者,不從此令。」其中「犯罪徙
邊者」,應是當事人本身的犯行即屬該當流徙邊地,並非減死從流。前述
宋明帝泰始四年懲治劫罪的新法,流徙亦是對應特定犯罪的刑罰,是懲
治嚴重罪犯的本刑。可見作為「本刑」的流徙處罰不必等到第五世紀的
北魏時期,兩晉南朝亦見其例,是故北朝有其例不足證明流放刑是源自
鮮卑舊俗。

　　針對北魏流刑與北亞草原民族習慣法之關係,筆者仍是維持一貫的
觀點:將重罪犯人流徙邊地的做法,中原既古已有之,在魏晉南北朝時
不論南北政權也從沒間斷過,流刑創制入律實在不必強調鮮卑「慣例」
之必要。

第三節　北朝流刑的確立

　　流刑在北魏太和年間創制,具有將罪犯流徙邊地和配充兵戶兩項要
件,故既無「道里之差」,流人亦無苦役刑期,與隋唐流刑迥異。及至北
魏分裂為東西政權,流刑在高齊和宇文周統治下各有不同的發展,其情
況到底如何?隋唐的流刑是如何發展形成的?

一、北齊對魏制的繼承

　　據《隋書・刑法志》所載北齊河清三年(564)新律,北齊刑名一
曰死、二曰流刑、三曰刑罪、四曰鞭、五曰杖,可知北魏制定的流刑為
北齊所繼承。關於流刑的規定,〈刑法志〉有簡要說明,云:

謂論犯可死，原情可降，鞭笞各一百，髡之，投於邊裔，以為
兵卒。未有道里之差。其不合遠配者，男子長徒，女子配舂，
並六年。（頁705）

其意是把本來該處死刑者，以其情可憫，遂降為流刑，落實經典「流宥
五刑」之遺意。值得注意的是，北齊流刑雖是正刑，但服流刑者的條件
是「論犯可死，原情可降」，也帶有死刑替代刑的性質。另外，既是投於
邊地為兵卒，自然是考慮設有軍鎮的地區，那麼就更不可能有明白和標
準的「道里之差」了。[71]北齊定都鄴城，就流刑個案分析，流刑犯大抵
皆徙逐邊遠州郡。流放地分佈在北邊、東邊、東南等，卻未見流放西邊
的個案。流放北邊的，有司馬膺之及諸弟（編號44）；[72]也有清楚記載流
徙地的，如崔暹（?-559）、崔季舒（?-573）流馬城（編號45、46）；[73]李
蔚流平州（編號58）；[74]王昕流幽州（編號55）；元坦配北營州（編號
50）。流放東邊的，有祖珽（550-577）（編號60）、段孝言（編號64）流
光州。流東南邊的，有杜蕤、杜光兄弟（編號52、53）、[75]李若（編號

---

[71] 《隋書》十志成於唐高宗顯慶元年（656），至於〈刑法志〉可能早在貞觀中後期業已完成，其時流
　　刑早有三等之差，因此〈刑法志〉的作者會認為北齊的流刑沒有「道里之差」是一項值得注意的特
　　徵。反而《魏書》的作者魏收因身處北齊，北齊流刑同於北魏，皆無道里之差，因此《魏書》不會
　　認為無道里之差是值得注明的事項。《隋書》十志完成時間，可參看拙著，〈漢唐正史〈刑法志〉的
　　形成與變遷〉，《臺灣師大歷史學報》，43（台北，2010），頁28-30。

[72] 《北齊書》卷18〈司馬子如傳〉云：「世宗（高澄）猶以子如恩舊，免其（司馬世雲）諸弟死罪，
　　徙於北邊。」（頁241）

[73] 《北史》卷32〈崔挺附崔季舒傳〉云：「時勳貴多不法，文襄無所縱捨，外議以季舒及崔暹等所
　　為，甚被怨嫉。及文襄遇難，……司馬子如緣宿憾，及尚食典御陳山提等共列其過狀，由是季舒及
　　暹各鞭二百，徙北邊。」（頁1185）。本傳僅云徙於北邊，但據同卷〈崔暹傳〉，清楚記載崔暹被流
　　至東北平州的馬城，料想崔季舒應該也是。

[74] 《北史》，卷43，〈李崇附李蔚傳〉，頁1606。本傳云「後還」，疑與弟李若皆在乾明初追還。

[75] 《北齊書》卷24〈杜弼傳〉云「長子蕤、第四子光，遠徙臨海鎮。次子臺卿，先徙東豫州。乾明
　　初，並得還鄴。」（頁353）乾明初即廢帝高殷朝，杜氏兄弟或是因即位大赦而歸。

59）等流臨海鎮；杜臺卿（編號 54）徙東豫州。

　　從東魏北齊所見案例來看，的確有一些是身犯重罪，後蒙朝廷開恩原宥，減死徙邊。譬如東魏末侯景（503-552）反，潁州刺史司馬世雲舉州附之，史稱：

> 期親皆應誅。（司馬）膺之及諸弟並有人才，爲朝廷所惜，文襄特減死徙近鎮。文宣嗣業，得還。[76]

又北齊文宣帝（526-559，550-559 在位）天保二年（551）正月，

> 前黃門侍郎元世寶、通直散騎侍郎彭貴平謀逆，免死配邊。[77]

元世寶、彭貴平皆身罹重罪，免死徙邊。另外，也有一些是罪犯家屬受到牽連而遭遠徙者，如前述元世寶謀逆一案，其父元坦受到牽連流配北營州，後死於配所。北齊末年，朝臣崔季舒等諫阻後主（556-577，565-577 在位）幸晉陽，後主納韓長鸞之議於殿廷斬季舒等，季舒家屬男子徙北邊。[78]

　　據《隋書・刑法志》載，北齊流刑「謂論犯可死，原情可降」，既是降死從流，故處罰仍重，犯者須鞭、笞、髠，然後流於邊地為兵卒，一人同時服鞭、笞、髠、流、徒五刑，其罰不可謂不重。流人配役前，先加以鞭刑，其制當源出北魏。前述北魏末年宣武朝的趙脩、孝明帝朝的張智壽和陳慶和二家，流配敦煌以前，皆先坐鞭刑。北齊文宣帝高洋

---

[76]　《北史》，卷 54，〈司馬子如附司馬膺之傳〉，頁 1950。

[77]　《北齊書》，卷 4，〈文宣帝紀〉，頁 54。

[78]　《北史》，卷 32，〈崔挺附崔季舒傳〉，頁 1186。

即位之初，將崔季舒、崔暹徙北邊，流配之前皆各鞭二百。[79]武成帝高湛（537-569，561-565 在位）以祖珽誹謗，先將珽鞭二百，後徙於光州。[80]鞭二百或即〈刑法志〉「鞭笞各一百」的略稱。又北魏流刑犯人需戴杻械，即手銬腳鐐等刑具，北齊亦有同樣規定。[81]簡而言之，北魏的流刑是從恕死徙邊的措施發展而來，而其流刑亦未見「道里之差」，流放者皆配軍鎮為兵卒，北齊流刑之制看來完全因襲北魏。此外，對於「不合遠配者」，即不應往邊遠地方發配的罪犯，男的充當「長徒」，女的則從事舂米，一律勞役六年。[82]「不合遠配」的原因，疑即婦人或是老、小、殘疾等。

北魏流人在流放途中遇赦，往往得以蒙恩返鄉。及至北齊，仍時見其例。北齊孝昭帝（535-561，560-561 在位）皇建元年（560）即位，大赦天下，詔書云：

> 繫囚見徒，長徒之身，一切原免。流徙邊方未至前所，悉亦聽還。[83]

又武成帝高湛大寧二年（562）亦有類似恩詔，云：

> 繫囚見徒及長徒之身，悉從原免。流徙邊方未至前所者，並亦

---

[79]　《北史》，卷 32，〈崔挺附崔季舒傳〉，頁 1185。

[80]　《北史》，卷 47，〈祖珽傳〉，頁 1741。

[81]　《隋書》，卷 25，〈刑法志〉，頁 706。

[82]　據《隋書·刑法志》，北齊具有勞役刑意義的刑罰稱作「刑罪」，或稱耐罪，最長是苦役五年，刑徒戴枷鎖送往名為「左校」的官署服役。不合遠配者需苦役六年，長於一般勞役刑的年期，也許因此而名為「長徒」。「長徒」一詞屢見於南朝，《河清律》或是受南朝影響，借用了「長徒」一詞，並將刑期固定為六年。

[83]　《（影弘仁本）文館詞林》，卷 668，〈北齊孝昭帝即位大赦詔〉，頁 345。

聽還。[84]

又後主高緯天統三年（567）十一月以晉陽大明宮成，大赦天下，赦詔云：

> 流徙邊方未至前所者，亦宜聽還。[85]

天統四年（568）十二月辛未（十日），太上皇帝高湛崩，後主大赦天下，赦詔云：

> 繫囚見徒，長徒之身，一切原免。流徙邊方未至前所，悉亦聽還。[86]

這些都是北齊君主大赦時，對流徙在道的恩宥。對於「不合遠配」而改科「長徒」的犯人，一律原免。至於流徙已至配所者，筆者以為應同於北魏時期，除非皇帝赦書特別聲明放免，否則皆不得寬宥。前引北齊流放的個案中，有幾人後來遭到放還的，他們是杜蕤、杜光和杜臺卿兄弟，以及李若、李蔚兄弟。史載他們都是廢帝高殷（545-561）乾明初放還，高殷繼位僅一年而被廢，可能登基之初曾下詔徵還若干流人，但史文失載，不知其詳。值得注意的是，在後主天統四年十二月庚寅（二十九日），下詔曰：

84　《（影弘仁本）文館詞林》，卷670，〈北齊武成帝大赦詔〉，頁387。

85　《（影弘仁本）文館詞林》，卷666，〈北齊後主幸大明宮大赦詔〉，頁302。

86　《（影弘仁本）文館詞林》，卷670，〈北齊後主大赦詔〉，頁388。

　　詔天保七年已來諸家緣坐配流者，所在令還。[87]

這是北齊唯一次放免流刑犯的恩詔，放免條件是文宣帝天保七年（556）
以來的流人，而且是遭緣坐配流者。一般而言，這類多半屬於政治案
件，皇帝下詔對其放免，多少寓有平反昭雪的含意。這類恩詔屢見於南
朝，但在北朝卻是首見。

　　綜合而言，北齊流刑承襲《魏律》而來，屬於刑律的正刑，但服流
刑者的條件是「論犯可死，原情可降」，也帶有死刑替代刑的性質。犯人
既是投於邊地為兵卒，自然也是如同北魏一樣，流刑不必也不可能有明
白和標準的道里之差了。既是降死從流，故處罰仍重，犯者須鞭、笞、
髡，然後流於邊地為兵卒，一人同時服五刑。流人應該也是終身遠逐
的，倘若在途中逢大赦，可以聽還，但已至配所，除非皇帝特別寬免，
否則都是返鄉無期的。

二、北周流刑的變革

　　據《隋書‧刑法志》所載北周武帝（543-578，560-578 在位）保定
三年（563）制定的《大律》，北周刑名一曰杖刑、二曰鞭刑、三曰徒
刑、四曰流刑、五曰死刑，可知北周亦繼承北魏流刑。其流刑之制，據
《隋書‧刑法志》云：

　　流刑五，流衛服，去皇畿二千五百里者，鞭一百，笞六十。流
　　要服，去皇畿三千里者，鞭一百，笞七十。流荒服，去皇畿三
　　千五百里者，鞭一百，笞八十。流鎮服，去皇畿四千里者，鞭

---

[87] 《北齊書》，卷8，〈後主紀〉，頁102。

一百，笞九十。流蕃服，去皇畿四千五百里者，鞭一百，笞一
百。（頁 707～708）

北周流刑最重要的特徵，也可說與北魏和北齊流刑最大的區別，就是將
流刑分作衛服、要服、荒服、鎮服、蕃服共五個等級。每一等級是以距
皇畿遠近，分作二千五百里、三千里、三千五百里、四千里、四千五百
里共五等，此即所謂「道里之差」。北周「五流」是模倣《周禮》「九
服」而來，按《周禮‧夏官司馬‧職方氏》云：

乃辨九服之邦國：方千里曰王畿，其外方五百里曰侯服，又其
外方五百里曰甸服，又其外方五百里曰男服，又其外方五百里
曰采服，又其外方五百里曰衛服，又其外方五百里曰蠻服，又
其外方五百里曰夷服，又其外方五百里曰鎮服，又其外方五百
里曰藩服。[88]

以王畿為核心，將邦國分作侯服等九等。北周「五流」的名稱和距離與
《周禮》相仿，距離王畿二千五百里的都稱「衛服」，四千里的都稱「鎮
服」，四千五百里的都稱「藩服」。稍有不同的是距王畿三千里的，《周
禮》稱作「蠻服」，北周作「要服」；距離三千五百里的，《周禮》稱作
「夷服」，北周作「荒服」。北周將《周禮》的「蠻服」、「夷服」改作
「要服」、「荒服」，或許是北周君主宇文氏源自塞外胡種，故諱言蠻夷之
故。[89]

---

[88]　〔東漢〕鄭玄注；〔唐〕賈公彥疏；趙伯雄整理，《周禮注疏》（《十三經注疏》整理本）（北京：北
　　京大學出版社，2000）卷 33，頁 1030。

[89]　宇文氏之先世，目前學界大略有三說：（一）出自匈奴南單于後裔，（二）出自鮮卑族，（三）出自
　　匈奴、鮮卑雜種。關於出自匈奴南單于後裔的說法，可參看周一良，〈論宇文周之種族〉，《歷史語

北周流刑除了道里之差外，尚有附加刑的鞭與笞。五等流刑皆鞭一百，與北齊流刑相同。但笞刑之數，北齊是一律笞一百，北周是自六十至一百不等。據《隋書・刑法志》：「鞭者以一百為限。加笞者，合二百止。應加鞭笞者，皆先笞後鞭。」北齊將流刑犯徙逐邊鎮充當兵卒，北周的流刑有沒有類似強制苦役呢？《隋書・刑法志》在敘述北周流刑之制時沒有提及，但在討論贖刑時卻是這樣記載：

> 其贖杖刑五，金一兩至五兩。贖鞭刑五，金六兩至十兩。贖徒刑五，一年金十二兩，二年十五兩，三年一斤二兩，四年一斤五兩，五年一斤八兩。贖流刑，一斤十二兩，俱役六年，不以遠近為差等。贖死罪，金二斤。[90]

值得注意的是「俱役六年」一句，筆者以為當解作流刑皆需苦役六年之意。有學者認為這段資料應當理解為贖流刑者，除了需要金一斤十二兩外，另需服勞役六年，[91]但筆者以為這樣解釋是不妥當的。細閱這段資

言研究所集刊》7-4（南京：1938），後收入氏著《魏晉南北朝史論集》（北京：中華書局，1963；1997 年重印本），頁 239-255。姚薇元，《北朝胡姓考》（北京：中華書局，1962 初版；2007 年修訂版），頁 181-184。內田吟風，〈南匈奴に関する研究〉，收入氏著《北アジア史研究・匈奴編》（京都：同朋舍，1975），頁 358。關於出自鮮卑族的說法，可參看王仲犖《北周六典》（北京：中華書局，1979），頁 39-40；〈鮮卑姓氏考〉，收入氏著《𪩘華山館叢稿續編》（濟南：山東人民，1995），頁 44。關於匈奴鮮卑雜種說，可參看呂思勉，《呂思勉讀史札記》（上海：上海古籍，2005），頁 921-922。不管如何，宇文氏出自塞北胡種，當無可疑。

90 《隋書》，卷 25，〈刑法志〉，頁 708。其中「贖死罪」與文中的「贖流刑」、「贖徒刑」用字並不一致。葉煒以為「贖死罪」與「贖某刑」是有區別的，「前者本身就是一種刑名，而後者則具有收贖以替換正刑的性質。」參看氏著〈北周《大律》新探〉，《文史》54（北京：2001），頁 135。不過，「贖死罪」在《通典》卷 164〈刑法典・刑法二〉與《冊府元龜》卷 611〈刑法部・定律令三〉皆作「贖死刑」。所以，《隋書・刑法志》的用字是別有深意還是純粹筆誤，不無商榷之餘地。

91 內田智雄編，《譯注續中國歷代刑法志・譯注隋書刑法志》（東京：創文社，1970），頁 71。中國政法大學法律古籍整理研究所編，《中國歷代刑法志注譯・隋書刑法志注譯》（長春：吉林人民出版社，1994），頁 217。

料，贖五刑是將五刑分作三大類：贖杖、贖鞭是一類；贖徒是一類；贖
流、贖死是一類。杖刑與鞭刑基本性質接近，贖杖與贖鞭皆以金一兩為
等差，而贖杖到贖鞭是自一等跳到更高一等，仍是一兩之差。可是，自
贖鞭刑跨到贖徒刑一類，其差距是倍數之差，即二兩。所以，贖鞭一百
是金十兩，而贖徒一年是金十二兩。贖徒之間的等差是三兩，但從贖徒
一類跨到贖流一類，其差距仿如贖鞭刑跨到贖徒刑般，是倍數之差，即
四兩。所以，贖徒五年是一斤八兩，贖流則是一斤十二兩。從贖流跨到
贖死，其差距仍是四兩，所以，贖死是金二斤。倘若把贖流刑理解為除
了納金一斤十二兩外，尚需勞役六年，那麼，贖死不過多納金四兩，卻
不用苦役六年，贖流與贖死之間，差距之大有違常理。因此，「俱役六
年，不以遠近為差等」一句，應當理解為由於流刑本身都是勞役六年，
所以，不分遠近一律納金一斤十二兩贖罪。北齊流刑並無勞役年限，但
北周則規定為六年，這是北周流刑的一大特徵，不可輕易錯過。

　　北周流刑在具體執行上，是否符合《大律》的規定，呈現五等流刑
呢？《大律》制定時，高齊仍在，北周國土呈東西狹南北長。西北最遠
的瓜州，即今敦煌，距長安 3310 里；西南端較遠的益寧，即今日雲南昆
明市，距長安 5370 里；南寧州，即今日雲南曲靖，距長安 5670 里。[92]
惜乎北周史料殘缺，流刑案例只蒐集到零星幾宗，難以檢驗刑律的有效
性。粗略看來，蜀郡似乎是官人重要流放地，如獨孤陁、元矩、高仁英
兄弟都曾被徙逐蜀郡（編號 66、67、68）。蜀郡在長安西南，距京約
2379 里。宇文周長期與高齊、南陳鼎足而立，流刑犯人未見徙逐東方與
南方的例子。然而，畢竟案例過少，不宜作過多的推論。北魏流人要戴
上杻械，北齊亦有同樣規定，北周的則是規定「流罪枷而梏」，[93]即戴上

---

[92]　分別見〔後晉〕劉昫，《舊唐書（點校本）》（北京：中華書局，1975）卷 40〈地理志三〉，頁
　　　1642；卷 41〈地理志四〉，頁 1694。

[93]　《隋書》，卷 25，〈刑法志〉，頁 708。

盤枷、手銬。

魏齊君主大赦時，對於流放途中的犯人，經常予以放免，北周是否也有這種恩詔？西元五五九年周天王宇文毓（534-560，557-560 在位）即皇帝位，大赦天下，赦詔云：

> 其流徙邊方，未至所在者，亦皆原免。[94]

武帝建德元年（572）三月誅宇文護（513-572），大赦，詔曰：

> 其流徙邊方未達前所，亦皆原免。[95]

與魏齊的情況相仿，亦是放免未至徙所的流人。前述北齊流放案例中的杜光兄弟、李若兄弟等，都在廢帝高殷乾明初放還；後主高緯亦曾下詔放還「天保七年已來諸家緣坐配流者」，北周明帝朝即位之初亦見類似恩詔，如當年十一月丁巳（22 日），詔曰：

> 魏政諸有輕犯未至重罪、及諸村民一家有犯乃及數家而被遠配者，並宜放還。[96]

不過，對於流人至關重要的，莫過於流刑刑期的出現，這是北周流刑的另一大特徵。

關於流刑的刑期，《隋書·刑法志》在敘述北周流刑時並無提及，

94　《（影弘仁本）文館詞林》，卷 668，〈後周明帝即位改元大赦詔〉，頁 346。

95　《（影弘仁本）文館詞林》，卷 669，〈後周武帝誅宇文護大赦詔一首〉，頁 370。「前」字以下原缺，「所亦皆原免」五字據文意補。

96　《周書》，卷 4，〈明帝紀〉，頁 54。

但《唐六典》卷六〈刑部郎中員外郎〉條注所載北周流刑時則云：

> 流二千五百里者鞭一百、笞六十，以五百里為差，鞭、笞皆加
> 十，至流四千五百里者，鞭、笞各一百，以六年為限。（頁
> 183）

「以六年為限」一詞亦見於《唐六典》同卷所載北齊流刑之制，云「二
曰流刑，鞭、笞各一百，髠之，投邊裔，未有道里之差，以六年為
限。」（頁182）此處「以六年為限」或即前述不合遠配者給予苦役六年
的替代刑罰。然而，即便《唐六典》所載齊制的「六年為限」可作如此
解釋，周制卻未見類似「留住法」的規定，「六年為限」不宜理解為不合
遠配者以苦役六年作為替代刑罰的意思。況且，北周流刑不分遠近本來
就規定一律苦役六年，所以不合遠配者僅代之以六年苦役是不合理的。
那麼，《唐六典》談到北周流刑時的「以六年為限」，是指前述流刑苦役
的六年？也就是流刑犯人除了遠逐之外也要苦役，苦役不論遠近都以六
年為限的意思嗎？這樣的解釋驟看是說得通的，日本學者辻正博也以為
《唐六典》中「以六年為限」應是前述《隋書‧刑法志》贖刑規定中
「俱役六年」的錯記。[97]可是，「以六年為限」一句的前面完全沒有提及
苦役，所以「以六年為限」真的是苦役年限嗎？倘若排除《唐六典》文
字有誤，筆者以為「以六年為限」一句當理解為流刑犯在鞭笞後徙逐遠
方，徙逐的刑期是「以六年為限」。也就是遠逐苦役六年之後，犯人可以
返歸故鄉。倘若「以六年為限」作如是解釋，那麼，前述《隋書‧刑法
志》提到的「俱役六年」，除了是勞役年限外，亦是流放的年限了。或許
正因為《大律》流刑有六年的刑期，所以武帝朝以後未見君王赦放已達
配所之流人。

---

[97] 參看〔日〕辻正博著，《唐宋時代刑罰制度の研究》（京都：京都大學，2010），頁47。

　　簡而言之，北周流刑固然是繼承《魏律》而來，屬於刑律中的正刑，但是，北周流刑與魏齊差異頗大。北周流刑自二千五百里至四千五百里，共分五等，即有所謂「道里之差」。除了道里之差外，流刑犯強制苦役六年，俟苦役期滿，犯人可以放免返鄉。道里之差、苦役年期、流放年限等，皆北周迥異於魏齊之制。此外，罪犯流放以前尚有鞭與笞，此點與魏齊之制相仿。北周流刑根據道里遠近共分五等，罪行輕重與道里等級連動，而流刑犯亦有固定的勞役年期，後世意義的流刑乃正式登場。魏齊流刑是一種具有強烈終身兵役色彩的刑罰，但北周制定放逐的里程以及勞役年期，流刑不再是變相的兵役，其性質為之一變。此外，北魏流刑並無道里之差，亦即沒有等級之分。北齊也是同樣的狀況，五刑中的杖、鞭、徒各分五等，而死刑分為四等，唯獨流刑卻沒有等級之差，與其他四刑顯得格格不入。北周的流刑制定道里之差，共分五等，與正刑中各分五等的杖、鞭、徒、死等四刑，齊整劃一。其後隋律將流刑減為三等、死刑減為二等，五刑共二十等，一直沿用到清末。流刑制定道里之差，自此與其他四刑一致，五刑輕重序列化，自輕到重等級明確，有利於刑等的計算、加減、替換等。周制直接影響隋唐，下啟後世一千多年流刑的格局，其關鍵轉捩角色不可謂不重要。附帶一提的是，北周流刑需苦役六年，而北齊《河清律》對於「不合遠配者」，男女也是俱役六年，這是巧合抑或是齊律受周律的影響？

第四節　隋朝流刑的發展

　　隋朝律令的淵源，學界長期以來受程樹德和陳寅恪的影響，[98]以為

---

[98] 程樹德認為「隋文帝代周有天下，其制定律令，獨採北齊而不襲周制。」「(周律)今古雜猱，禮律凌亂，無足道者。」見氏著《九朝律考》《後周律考・序》。陳寅恪亦認為「北周刑律，強摹周禮，

主要承自北齊《河清律》，「而與北周律無涉也」。[99]但近年學界逐漸注意北周刑律對隋律的影響，以為隋開皇元年（581）先以北周《大律》作基礎，制定第一部刑律——《開皇律》；開皇三年（583），再吸收北齊《河清律》，制訂了第二部刑律——《開皇新律》。隋律是北周、北齊律學成就的綜合，是兼二家之長而非獨取其一。[100]那麼，隋朝流刑與周齊之制有何淵源關係？是兼採二家還是獨承一系呢？

據《隋書‧刑法志》所載《開皇律》的刑名，云：

> 一曰死刑二，有絞，有斬。二曰流刑三，有一千里、千五百里、二千里。應配者，一千里居作二年，一千五百里居作二年半，二千里居作三年。應住居作者，三流俱役三年。近流加杖一百，一等加三十。三曰徒刑五，有一年、一年半、二年、二年半、三年。四曰杖刑五，自六十至于百。五曰笞刑五，自十至于五十。而蠲除前代鞭刑及梟首轘裂之法。其流徒之罪皆減從輕。[101]

可知隋朝刑名一曰死、二曰流、三曰徒、四曰杖、五曰笞，其五刑體系與北周的五刑體系比較接近。[102]關於流刑的規定，分為一千里、一千五

非驢非馬……故隋受周禪，其刑律亦與禮儀、職官等皆不襲周而因齊，蓋周律之矯揉造作，經歷數十年而天然淘汰盡矣。」見氏著《隋唐制度淵源略論稿》（上海：上海古籍，1981），頁112。

[99] 陳寅恪，《隋唐制度淵源略論稿》，頁115。

[100] 葉煒，〈北周《大律》新探〉，頁128-130。

[101] 《隋書》，卷25，〈刑法志〉，頁710-711。關於杖刑的規定，原作「自五十至于百」，但據《通典》卷164、《冊府元龜》卷611皆作「自六十至于百」，而且從文脈理解，亦當作「自六十至于百」為是。

[102] 葉煒，〈北周《大律》新探〉，頁130。

百里、二千里共三等。流刑分作三等無疑是源自《尚書·舜典》「五宅三居」，分為近、中、遠三等流放之意。而流刑以一千里為始，更是明顯比附《尚書·舜典》孔傳「大罪四裔，次九州之外，次千里之外」的說法。[103]流配者需在流放地分別服勞役二年、二年半、三年。流刑居作最重的三年，相當於徒刑最重的一等。「應住居作者」指判處流刑但不必流配而是在原地服役者，一律服勞役三年。這種因特殊狀況不能流配而代之以原地服役的規定，唐律稱為「留住法」。[104]又云「近流加杖一百」，「近流」何指？《隋書·刑法志》沒有清楚交代。但據《唐律》，可知「近流」是一個相對性的概念，此處應指流一千里。[105]從《隋書·刑法志》文意與《唐律》「留住法」的規定，可以推斷「近流加杖」當是針對「應住居作者」。「應住居作者」除了苦役三年以外，尚需加杖，流一千里加杖一百、流一千五百里加杖一百三十、流二千里加杖一百六十。歸納起來，隋朝流刑的要素是：一、流刑有道里之差；二、流刑有居作，即苦役，而居作有年期，這些要素明顯是因襲周制而來。

除此以外，北周的流刑是有刑期的，隋朝也有嗎？《隋書·刑法志》在敘述隋朝流刑時並沒有提及。不過，開皇元年刑律制訂後，文帝下詔頒行，詔書中提到新律的刑罰輕於周律之處甚多，云：

---

[103] 《尚書注疏》（《十三經注疏》整理本），卷3，頁90。辻正博前揭《唐宋時代刑罰制度の研究》，頁34-35。

[104] 《唐律疏議》卷3〈名例律〉「工樂雜戶及婦人犯流決杖」條（總28條）云：「其婦人犯流者，亦留住；流二千里決杖六十，一等加二十，俱役三年。」《疏》議曰：「婦人之法，例不獨流，故犯流不配，留住，決杖、居作。」（頁75-76）

[105] 「近流」一詞，唐律兩見，分別在〈斷獄律〉「官司出入人罪」條（總487條）和「赦前斷罪不當」條（總488條）。根據律文的表述，「近流」是相對「遠流」的概念。唐律流刑分為二千里、二千五百里、三千里三等，流二千里相對二千五百里、三千里就是近流，流二千五百里相對於三千里亦是近流。若以〈刑法志〉所載，流一千里相對於一千五百里、二千里，就是「近流」。內田智雄亦以為「近流」是指流一千里，見氏編，《譯注續中國歷代刑法志》（東京：創文社，1970），頁87。

夫絞以致斃，斬則殊刑，除惡之體，於是已極。梟首轘身，義
無所取。……鞭之為用，殘剝膚體，徹骨侵肌，酷均臠切。雖
云遠古之式，事乖仁者之刑，梟轘及鞭，並令去也。……流役
六年，改為五載，刑徒五歲，變從三祀。[106]

死刑刪除梟首和轘身（即車裂），只保留絞和斬兩種死刑，而鞭刑也因不
符仁道而被廢棄。對於徒刑的改革，云「刑徒五歲，變從三祀」，意指北
周徒刑最高原為五歲刑，但《開皇律》減為三年。流刑方面，云「流役
六年，改為五載」。隋代流刑居作年期最長不過三年，詔書所謂「改為五
載」，肯定不是指居作的時間。那麼，「六年」和「五載」各指什麼？

　　沈家本以為「考北周贖流刑，俱六年，此文之『五載』，當亦指贖
流刑言也。」[107]筆者以為非是。誠如前文所論，北周贖流刑一律是金一
斤十二兩，「俱役六年，不以遠近為等差」之意，是流刑不分流二千五百
里抑或流四千五百里，皆需苦役六年，因此贖流刑時不管流放遠近，一
律以苦役六年為基礎科處贖金。相對於贖徒刑五年的贖金是一斤八兩，
贖流刑乃加一級為一斤十二兩。北周贖流刑之「俱役六年」既指流刑的
苦役年限，而隋《開皇律》的苦役年限一律為三年，所謂「五載」顯然
與此不合。至於隋律中的贖流刑，明確規定是「流一千里，贖銅八十
斤，每等則加銅十斤，二千里則百斤矣。」[108]贖銅數額是根據流放里程
而非以苦役年限來計算，異於周律。沈氏將「六年」、「五載」解作贖流
刑之內容，並不正確。日本學者辻正博則認為「流役六年，改為五載」
應指北周大律中有類似北齊和唐律中的「留住法」，即不合遠配者一律徒

---

[106] 《隋書》，卷25，〈刑法志〉，頁711。

[107] 沈家本，《歷代刑法考・刑法分考十》，頁271。

[108] 《隋書》，卷25，〈刑法志〉，頁711。

役六年，開皇初則改為徒役五年。[109]然而，周制未見類似「留住法」的
規定，而《開皇律》對於不合流配者，亦清楚規定一律代之以三年苦
役，故對辻氏的解釋，筆者亦無法苟同。

　　細檢《通典》卷一六四〈刑法典・刑法二〉、《冊府元龜》卷六一一
〈刑法部・定律令三〉、《通鑑》卷一七五「陳宣帝太建十三年」條等文
獻，與《隋書・刑法志》記載相同，關鍵文字並無歧異。當然，不排除
《隋書》當初傳鈔就有訛誤，《通典》等文獻不過陳陳相因罷了。但倘若
《隋書》記載沒有舛錯，純從文句推敲，「流役六年，改為五載」能否解
得開呢？誠如前述，北周流刑犯需苦役六年，六年期滿可以放免返鄉，
六年既指流刑的役期，復指流刑的刑期。隋朝流刑的苦役最長不過三
年，詔書所謂「改為五載」，肯定不是指苦役的時間，而只能是流刑的刑
期。「流役六年，改為五載」，意指隋朝將北周流刑刑期從六年縮短為五
年。

　　《隋書・刑法志》云「其流徒之罪皆減從輕」，的確，隋朝的流刑
比北周減輕多了：就里程言，北周流刑的里數是從二千五百里至四千五
百里共五等，隋則是從一千里到二千里共三等，里程數大幅縮短；就居
作年限言，北周是一律居作六年，隋是從二年至三年不等；就流刑刑期
言，北周是六年放免，隋代縮短為五年放免。至於北周有附鞭笞之刑，
但隋朝除了「應住居作者」這種特殊情況外，基本上予以廢除。簡而言
之，隋朝流刑的三項要素：（一）流刑道里之差；（二）流刑有居作，而
居作有年期；（三）流刑刑期，都明顯沿襲周制而來，這是討論隋律淵源
者所經常忽略的。學者指出開皇三年的新律頗受北齊律之影響，但若單
以流刑而論，其制似乎無甚改變，仍是北周的規模。

　　周隋流刑為何會發展出刑期？筆者以為主要與流刑目的改變有關。
北魏創制流刑的原因，既有解決漢文帝廢除肉刑以來刑罰失衡的考量，

---

[109] 辻正博，《唐宋時代刑罰制度の研究》，頁47。

也有確保兵源穩定供應的用意。隨著北魏洛陽朝廷的漢化日深，北鎮的地位日漸淪落，人們皆視鎮戍為賤途的背景下，孝文帝為了確保兵力穩定供應的實際需要，遂將文成帝以來恕死徙邊的政策加以法制化。流刑正式入律，流刑犯從此皆徙置邊鎮為兵。既是徙置邊鎮充兵，就無所謂道里之差；既為確保邊鎮兵源不致枯竭，在世兵制的傳統下，流人自是沒有刑期可言。至於北周，眾所周知實行「府兵制」，府兵乃一支以職業軍人組成、兵農分離、具有中央軍色彩的新勁旅。而且歷經「六鎮之亂」後，西魏北周更刻意提升軍人的地位。職是之故，既不需亦不會將罪犯徙置邊鎮充兵。流刑的目的不再是補充兵源，而是單純作為懲治罪犯的刑罰，流刑方始有必要設計道里之差，也才有可能訂定苦役年限乃至流放的刑期。

　　刑期之有無既與兵制相關，隋朝原來是繼承北周的府兵制，流刑亦繼承北周舊制而有刑期。及至隋朝兵制變革，流刑刑期亦隨之受到影響。開皇十年（590）五月，正值平定陳國、統一天下之翌年，文帝下詔：

> 凡是軍人，可悉屬州縣，墾田籍帳，一與民同。軍府統領，宜依舊式。罷山東河南及北方緣邊之地新置軍府。[110]

一方面裁撤山東河南及北方緣邊之地新置軍府，另一方面將府兵改歸民籍，其「墾田籍帳，一與民同」，府兵不再是人民中一種特殊身分，而是賦役項目之一。隨著兵制的變革，流刑是否發生變化？據《隋書・刑法志》云：

---

[110] 《隋書》，卷2，〈文帝紀〉，頁35。

（開皇）十三年，改徒及流並為配防。[111]

配防指「配隸軍伍，使之防守。」[112]流刑犯人又再次與軍事防務連上關係。另據《北史‧隋本紀上》：

（開皇）十三年春二月……己丑，制坐事去官者，配防一年。
[113]

頗疑《北史》本條與前述《隋書‧刑法志》應是同一次改革的內容。流刑改作配防之後，刑期會不會有所變化？試看隋煬帝大業五年（609）六月戊午的赦書，曰：

開皇已來流配，悉放還鄉。晉陽逆黨，不用此例。[114]

詔書中的「流」當指流刑，「配」當為配防。煬帝大業五年放還開皇以來的流配罪犯，則流配時間可能已經超過十年以上了，顯然此時流刑是沒有刑期的。刑期的變化與兵制的變化是連動相關的。

關於隋朝流放案例不多，文帝朝有兩例流徙瓜州（編號 69、71），但瓜州距長安 3310 里，遠超法定最遠的 2000 里，未知何故。自開皇九年（589）平陳後，嶺南就成為流配罪囚新的選擇。開皇十七年（597），大理掌固來曠告少卿趙綽濫免徒囚，文帝案驗並無阿曲，盛怒下欲斬來曠，幸得趙綽力諫方得免死配徙廣州（編號 70）。煬帝朝流徙案例較

---

[111] 《隋書》，卷 25，〈刑法志〉，頁 714。

[112] 《通鑑》，卷 178，〈隋紀二〉，「隋文帝開皇十九年」條胡三省注，頁 5562。

[113] 《北史》，卷 11，〈隋本紀上〉，頁 418。但據《隋書》卷 2〈高祖本紀〉「配防」作「配流」。

[114] 《隋書》，卷 3，〈煬帝紀〉，頁 73。

多，這應與煬帝對「諸侯王恩禮漸薄，猜防日甚」有關。[115]大業元年
（605）以厭蠱惡逆之罪名將滕王綸徙始安，其弟徙長沙、衡山、零陵等
長江流域地區，看來目的僅是將宗室逐出京師，並非驅趕至邊荒蠻域。
煬帝朝徙逐嶺南的案例亦有數宗，如侯莫陳芮因罪徙嶺南（編號 91），
前述的滕王綸後來被徙至朱崖（編號 75）。另外，楊勇（568-604）諸子
和李渾親屬都遭連坐而徙嶺外（編號 84、90）。特別值得注意的是，自
大業五年（609）以後有幾例徙且末的案例，分別是編號 85 薛道衡妻
子，編號 86 郎茂、郎楚之兄弟和編號 88 的虞綽。大業四年宇文述大破
吐谷渾，次年六月伊吾吐屯設等獻西域數千里之地，煬帝遂置西海、河
源、鄯善、且末等四郡。[116]且末郡屬雍州，治古且末城，即今新疆且末
縣西南，可謂帝國西陲之極。史稱國家「東南皆至於海，西至且末，北
至五原，隋氏之盛，極於此也。」[117]煬帝將罪犯遠逐且末如此絕域固然
可收嚴懲之效，但此舉似乎亦有彰顯帝國規模的意圖。

　　《隋書・循吏傳》有一段關於流人境遇的記載，云：

> 王伽，河間章武人也。開皇末，為齊州行參軍，初無足稱。後
> 被州使送流囚李參等七十餘人詣京師。時制，流人並枷鎖傳
> 送。伽行次滎陽，哀其辛苦，悉呼而謂之曰：「卿輩既犯國
> 刑，虧損名教，身嬰縲紲，此其職也。今復重勞援卒，豈獨不
> 愧於心哉！」參等辭謝。伽曰：「汝等雖犯憲法，枷鎖亦大辛
> 苦。吾欲與汝等脫去，行至京師總集，能不違期不？」皆拜謝
> 曰：「必不敢違。」伽於是悉脫其枷，停援卒，與期日：「某

115　《隋書》，卷 44，〈衡王集傳〉，頁 1224。

116　《隋書》，卷 3，〈煬帝紀〉，頁 73。

117　《隋書》，卷 29，〈地理志〉，頁 808。

日當至京師，如致前却，吾當為汝受死。」舍之而去。流人咸
悅，依期而至，一無離叛。上聞而驚異之，召見與語，稱善久
之。於是悉召流人，并令攜負妻子俱入，賜宴於殿庭而赦之。
（頁 1686）

其中提到「枷鎖」傳送，即戴上盤枷和鎖，與北周的「流罪枷而桎」類
似，應是沿襲周制。王伽時任參軍，則各州押解流人之任務或許就是由
參軍負責，而沿途州縣支援護送的人力，稱作「援人」。王伽脫去流人枷
鎖並與其約定在京師會合，流人都感念王伽恩德，最終無人叛離。史稱
文帝「悉召流人，并令攜負妻子俱入，賜宴於殿庭而赦之。」看來流人
妻子應是隨同一起流配的。

　　至於配防之事，由於史料寡少，詳情亦復不明，但應始自隋初。史
稱孫萬壽博涉經史，善屬文，「高祖受禪，滕穆王引為文學，坐衣冠不
整，配防江南。行軍總管宇文述召典軍書。萬壽本自書生，從容文雅，
一旦從軍，鬱鬱不得志。……後歸鄉里，十餘年不得調。仁壽初，徵拜
豫章王長史。」[118]滕穆王瓚，《隋書》、《北史》有傳，開皇十一年「從幸
栗園，暴薨，時年四十二。」[119]故孫萬壽配防江南之事，不會晚於開皇
十一年。另外，在宇文述軍中任職時間雖然不詳，但即使時間短促就放
歸鄉里，歷「十餘年不得調」而在仁壽初年拜長史，則回推其配防時間
可能早在開皇初年。孫萬壽文化水準很高，配防的工作是主掌軍中文書
工作。配防之事既早見於開皇初年，開皇十三年只是將徒刑與流刑都改
處配防。徒刑與流刑都有居作苦役的處罰，開皇十三年的做法是將二者
苦役的型態同樣改為「配隸軍伍，使之防守」，而從現存案例看來，苦役

[118] 《隋書》，卷76，〈文學‧孫萬壽傳〉，頁1735-1736。
[119] 《隋書》，卷44，〈滕穆王瓚傳〉，頁1222。

的地點主要集中在嶺南。譬如文帝朝的海州刺史房恭懿、吏部侍郎薛道
衡（540-609），煬帝朝的工部侍郎李哲都因犯事被配防嶺南。[120]甚至有
具體明言配防嶺南某處的，如大業九年（613）楊玄感反，盧龍道軍副梁
文謙（558-613）因沒有發覺玄感兄玄縱逃走，遭到配防桂林。[121]此外，
不論流徙還是配防，都有數例宗室或官員同時遭到「除名」的，如柳述
（570-608）（編號 72）、元巖（531-593）（編號 73）、衛王集（編號
74）、滕王綸（編號 75）、郎茂（541-615）（編號 86）、李哲等。[122]

結　語

　　北魏自文成帝以來固有將罪犯集體徙逐邊地的措施，但究其性質，
仍是皇帝矜死赦宥的恩德，屬於死刑的代刑而非刑律中的正刑。直到孝
文帝太和十六年以前，北魏的刑罰體系主要是以門房之誅、死刑、刑罪
三者構成，並無流刑的位置。太和十五年議定新律，遂將流徙之事法制
化。太和十六年頒定新律，流刑才正式成為法定的正刑。流刑歷經漫長
的發展，終於成為刑罰制度中的正刑。北魏流刑既在恕死徙邊、充實鎮
戍這樣基礎之上發展而來，那麼，流徙邊地和配充兵戶兩項要件，一直
都沒有消失。流刑犯既是一律流徙沿邊軍鎮，配充兵戶，則流刑自然就
沒有道里之差的必要。另外，太和制訂流刑時，可能規定流人舉家強制

---

[120] 分別參看《隋書》卷 73〈循吏・房恭懿傳〉、卷 57〈薛道衡傳〉、《北史》卷 75〈李安傳〉（「李
哲」，《隋書》卷 50〈李安傳〉作「李愁」）。

[121] 《隋書》，卷 73，〈循吏・梁彥光傳〉，頁 1676。

[122] 辻正博彙整隋朝配防之案例並製成表格，方便檢閱。參見氏著《唐宋時代刑罰制度の研究》，頁
36。惟表格中有若干可商榷之處，如李哲的配防時間，根據本傳當在大業年間而非開皇初。至於大
理掌固來曠的刑罰，本傳作「配徒」；持節巡省太原道十九州的柳彧、檢校燕郡事的柳謇之的刑
罰，都作「配戍」，而非「配防」。

隨行。流人配充兵戶無非是為了保障兵源，所以流人在配徙途中逢皇帝大赦，可以蒙恩放免，但一旦抵達鎮戍充兵，除非特別情況——或是皇帝恩詔寬免，或是戴罪立功，否則流人是終身流放，返鄉無期的。

流刑最後是在北朝而不是南朝發展成立，究其原因，筆者以為這既牽涉到南北政權採用了不同的手段來解決肉刑廢除後的刑罰漏洞，也牽涉到北朝獨特的兵制。前者是必要條件，後者為充分條件，二者適時配合，終使流刑正式誕生。兩晉南朝既以徒刑來解決刑罰的失衡，因而不致於出現類似漢代因死罪眾多而必須減死徙邊的狀況，流刑就無從發展出來了。北魏刑罰失衡情況遠較南朝嚴重，乃師法東漢故智，恕死徙邊以作補救，這為流刑成立提供了必要的條件。再加上流人是兵戶的重要來源，在鎮民地位低落，族人皆視鎮戍為賤途的背景下，孝文帝為了確保兵力穩定，將文成帝以來恕死徙邊的政策加以法制化。在這兩項條件的配合下，流刑才會成為正刑。孝文帝的貢獻是將長期以來作為代刑姿態存在的遠逐之刑賦予正刑的身分，並將此一刑罰定名曰「流」，此二者影響後世深遠。孝文帝勵行漢化政策，標榜繼承中華文化正統之姿，太和十五、六年正值漢化運動高峰時期，以「流」作為刑名自然是揭示繼承儒家經典所載上古聖王之制。但不能忽視自魏晉以來，「流」已經逐漸成為放逐刑的名稱而使用了。

當恕死徙邊措施法制化之後，罪犯徙邊充兵成為常態。隨著鎮戶的來源逐漸是罪犯，甚至是元凶極惡者，鎮戶的地位當然不斷下滑。難怪元淵說「自非得罪當世，莫肯與之為伍。」鎮戶地位低落，造成逃亡者眾。朝廷為了遏阻，「乃峻邊兵之格，鎮人浮遊在外，皆聽流兵捉之。」所謂「流兵」，據前引《魏書‧李崇傳》和《魏書‧恩倖徐紇傳》，可知就是流人徙邊戍者。原先地位崇高的鎮戶，反為來自罪犯的流兵所追捕；昔日維繫統治秩序者，今為破壞秩序者所管理。國家體制的紊亂，最終乃爆發「六鎮之亂」，北魏的統治遂告瓦解。或以北鎮地位的低落，歸咎於孝文帝的漢化和遷都，其實，鎮戶地位的低落其來有自，孝文帝

所負的責任是將恕死徙邊措施的法制化，使罪犯徙邊成為常態，兵戶地位的低落，遂一發不可收拾。[123]學界論「六鎮之亂」少從刑罰制度的變革思考，故略作闡釋。

　　北齊流刑承襲《魏律》而來，屬於刑律的正刑，但服流刑者的條件是「論犯可死，原情可降」，也帶有死刑替代刑的性質。犯人既是投於邊地為兵卒，自然也是如同北魏一樣，流刑不必也不可能有明白和標準的道里之差了。既是降死從流，故處罰仍重，犯者須鞭、笞、髡，然後流於邊地為兵卒，終身不得返鄉。相對而言，北周流刑最大特色是有所謂「道里之差」，即以首都為中心，分為流二千五百里、三千里、三千五百里、四千里、四千五百里，共五等。除了「道里之差」外，流刑犯須強制苦役六年，俟苦役期滿，犯人可以放免返鄉。「道里之差」、苦役年期、流放刑期等，皆北周迥異於魏齊之處。此外，罪犯流放以前尚有附加鞭笞之刑，此點與魏齊相仿。隋朝流刑明顯繼承周制「道里之差」、強制苦役、流放刑期等要素，但隋制輕於周制：就里程言，隋是從一千里到二千里共三等；就居作年限言，隋是從二年至三年不等；就流刑刑期言，隋朝縮短為五年。隋開皇三年的新律固然頗受北齊律之影響，但若單以流刑而論，仍是北周的規模。概而言之，流刑的發展脈絡是：

　　北魏既面臨類似漢朝的刑罰困境，復為了保證邊鎮兵源供應不虞匱乏，遂效法漢人故智將犯人恕死徙邊鎮為兵，若謂漢代「徙邊刑」的性質是無期勞役刑，放逐不過是執行戍邊軍役而必然伴隨的移動。那麼，

[123] 鄧奕琦亦指出流刑列入主刑體系的負作用在於使昔日國之肺腑與罪囚為伍，軍隊成分改變，軍人的地位降低，加劇邊鎮北族的賤民化，埋下了日後反叛亡國的火種。見前揭氏著《北朝法制研究》，頁83。

充當兵戶可說是北魏流刑的目的，遠徙不過是執行防邊軍役的移動而已。北魏北齊的流刑是一種具有強烈終身兵役色彩的刑罰，論其性質與東漢的「徙邊刑」頗為相似。及至北周制定放逐的里程以及勞役年期，罪刑輕重與道里等級連動，流刑不再是變相的兵役，後世意義的流刑乃正式登場。北周模倣《周禮》而制定「道里之差」，自此與其他四刑一致，五刑輕重序列化，自輕到重等級明確，有利於刑等的計算、加減、替換等。若論流刑的精神，不管是根據《尚書》還是《周禮》，流刑當然是以國都為中心，將犯人放逐到一定距離以外的地方。北周五等流刑一律都是苦役六年，流刑的差別無疑在於流放的里程了。放逐距離與犯罪嚴重程度存在內在的關連性，亦即所犯愈重，流放距離愈遠，放逐遠徙漸而成為刑罰的核心元素。

自流刑正式成為死刑和徒刑之間的「中刑」後，「死刑太重，生刑太輕」的窘境得到相當程度的解決，那麼一直以來嘗試解決刑罰失衡的諸多手段，勢必受到檢討與衝擊，最明顯的就是倡議恢復肉刑者遂愈益稀罕。同時，流刑被置於死刑與徒刑之間，對這兩種刑罰勢必產生擠壓效果。關於流刑創制與確立在刑罰史上的意義，將在後章進一步析論。

犯罪與刑罰相比，犯罪觀念的變化往往較刑罰觀念的變化來得快速。何種行為被視為犯罪乃至嚴重的犯罪，快者經過數十年，慢者經過數百年可能就發生變化。今日視為罪不可恕的犯行，難保在百年以後視為輕罪甚至除罪。可是，懲罰犯罪尤其是嚴重犯罪的手段，變化相對緩慢得多。今天所謂的嚴重犯罪或許迥異於四、五十年前，但是懲罰嚴重犯罪的手段依舊是古老的死刑。處死的手法或有不同，但剝奪其生命使其永遠與社會隔絕的目的則沒有改變。嚴重犯罪的定義或許已改，可是人們對特定懲罰的方式卻有很強的惰性，一時難以撼動。職是之故，漢唐之際刑罰制度的變革，竟歷時七百多年方才完成。

附表三　北朝流人表

編號	時間	人名	流徙地	理由	出處	備註
	北魏時期					
1	北魏初年	高謐	懷朔	不詳	北齊 1/1	
2	太武帝初	奚拔	徙邊	不詳	魏 29/701	徵為散騎常侍，從征蠕蠕，戰沒。
3	太武帝世	拓跋渾	長社	驕縱坐事	魏 15/384	為人所害
4	太武帝世	和歸	涼州	不詳	魏 28/682	太平真君六年 445 蓋吳作亂於關中，復拜歸龍驤將軍往討之
5	太武帝世	奚兜	龍城	不詳	魏 29/702	尋徵為知臣監，出為薄骨律鎮將。
6	太武帝世	皮豹子	統萬	坐盜官財	魏 51/1129	太平真君 3 年劉宋入侵，世祖徵豹子，復其爵位。
7	太武帝世	陰世隆	和龍	不詳	魏 52/1163	留上谷困不前達，土人徐能抑掠為奴。友索敞為之訴理，得免。
8	文成帝興安 1 年 452	屠各王景文餘黨	趙魏	屠各王景文叛	魏 31/737	
9	文成帝世	穆顗	徙邊	擊賊不進	魏 27/675	後以顗著勳前朝，征為內都大官。
10	獻文帝天安中	常英	敦煌	黷貨	魏 83/1817	承明元年，徵英復官

編號	時間	人名	流徙地	理由	出處	備註
11	獻文帝世	呂文祖	武川	牧產不滋	魏 30/732	後文祖以舊語譯注皇誥，辭義通辯，超授陽平太守
12	孝文帝太和 4 年 480	拓跋韓頹	徙邊	不詳	魏 7/148	
13	孝文帝太和 5 年 481	崔僧淵	薄骨律	兄崔僧祐與沙門法秀謀反	北 44/1640	太和初得還
14	孝文帝太和 12 年 488	拓跋提	北鎮	貪縱	魏 7/164	
15	孝文帝太和 19 年 495	李佐	瀛洲	攻赭陽戰敗	魏 39/894	車駕征宛鄧，復起佐
16	孝文帝太和 19 年 495	董巒	朔州	謀欲南叛	魏 61/1375	車駕南討漢陽，召巒從軍
17	孝文帝太和 20 年 496	穆士儒	涼州	其父穆泰反伏誅	魏 27/664	後得還
18	孝文帝太和 21 年 497	元超、元隆母弟與庶兄弟	敦煌	元超、元隆謀逆所連	魏 14/361	
19	孝文帝太和 21 年 497	陸叡家屬	遼西	受陸叡謀反所連	魏 40/914	子陸希道後得還，從征自效
20	孝文帝太和 22 年 498	高聰	平州	渦陽戰敗	魏 68/1521	世宗初復竊還京師
21	孝文帝太和 22 年 498	劉藻	平州	渦陽戰敗	魏 70/1550	景明初，世宗追錄舊功，以藻為太尉司馬
22	孝文帝太和初	陳提	徙邊	贓罪	魏 31/737	
23	孝文帝太和中	劉文曄	北邊	受從兄劉聞慰南叛所連	魏 43/966	

編號	時間	人名	流徙地	理由	出處	備註
24	孝文帝太和中	劉文顥	北邊	受從兄劉聞慰南叛所連	魏 43/966	
25	孝文帝太和中	劉季友	北邊	受從兄劉聞慰南叛所連	魏 43/966	
26	孝文帝太和中	張仲繼	西裔	不詳	魏 84/1844	道死
27	孝文帝世	房伯玉	北邊	坐弟房叔玉南奔	魏 43/973	後亦南叛
28	孝文帝世	羊祉	未知	侵盜公資，私營居宅	魏 89/1923	後還
29	宣武帝景明 2 年 501	李季凱	徙邊	兄李伯尚與咸陽王禧謀反	魏 39/893	會赦免
30	宣武帝景明 2 年 501	鄭思明	徙邊	坐弟思和同元禧逆	魏 56/1247	會赦，卒於家
31	宣武帝景明 4 年 503	趙脩	敦煌	葬父時路中淫亂	魏 93/1999	減死遠徙
32	宣武帝景明 4 年 503	徐紇	枹罕	坐趙脩事。	魏 93/2007	後還
33	宣武帝正始 4 年 507	崔遊	秦州	戰敗	魏 57/1276	後還
34	宣武帝正始 4 年 507	楊大眼	營州	戰敗	魏 73/1635	
35	宣武帝世	高徽	涼州	不詳	北齊 14/186	行至河、渭間，遇賊，以軍功得免流。
36	孝明帝神龜中	張容妃、陳慧猛二家兄弟	敦煌	坐劉輝私淫傷胎事	魏 111/2886	魏書 59 作正光初
37	孝明帝正光 1 年 520	胡僧敬	徙邊	謀殺元叉	魏 13/339	

編號	時間	人名	流徙地	理由	出處	備註
38	孝明帝正光 1 年 520	元叔仁	朔州	兄元熙欲誅元叉、劉騰被殺	魏 19/505	孝昌初，靈太后詔叔仁歸京師。
39	孝明帝正光 2 年 521	奚難	安州	父奚康生殺元叉不果。	魏 73/1633	難為元叉妹夫之婿，恕死從流。叉使行臺盧同殺之
40	孝明帝正光 4 年 523 年	元孚	流罪	出使辱命	魏 18/426	後拜冀州刺史
41	孝明帝正光末	劉騰養子	北裔	劉騰所養一子叛入蕭衍，餘養連坐	魏 94/2028	靈太后遣密使追殺之於汲郡
42	孝明帝世	王顯	朔州	朝宰託以侍療無效。	北史 90/2975	未徙即死
43	孝莊帝永安 1 年 528	邸珍	并州	葛榮軍，為介朱榮所破	北史 87/2899	從高歡出山東
	東魏北齊時期					
44	東魏孝靜帝武定 4 年 547	司馬膺之及諸弟	徙於北邊	兄司馬世雲從侯景反	北 54/1950	高澄惜其才，特減死徙近鎮。高洋建齊，得還。
45	東魏孝靜帝武定 7 年 549	崔暹	馬城	得罪鮮卑權貴	北 32/1190	鞭二百。天保初召還。晝則負土供役，夜則置諸地牢。
46	東魏孝靜帝武定 7 年 549	崔季舒	馬城	得罪鮮卑權貴	魏 39/512	鞭二百。天保初召還。大好醫術，天保中，於徙所無事，更銳意研精，遂為名手，多所全濟。

編號	時間	人名	流徙地	理由	出處	備註
47	東魏孝靜帝興和初	茹懷朗子偃	徙邊	茹懷朗以罪賜死	魏93/2002	
48	北齊文宣帝天保2年551	彭貴平	配邊	酒醉誹謗，妄說圖讖	齊4/54齊28/384	免死配邊
49	文宣帝天保2年551	元世寶	配邊	酒醉誹謗，妄說圖讖	齊4/54齊28/384	免死配邊
50	文宣帝天保2年551	元坦	配北營州	子世寶謀逆	齊28/384	死配所
51	文宣帝天保4年554	杜弼	臨海鎮	子廷尉監杜臺卿斷獄稽遲	齊24/353	東方白額謀反，弼守城有功，文宣帝嘉之，敕行海州事。
52	文宣帝天保10年560	杜蕤	臨海鎮	受父親杜弼牽連	齊24/353	乾明初徵還。
53	文宣帝天保10年560	杜光	臨海鎮	受父親杜弼牽連	齊24/353	乾明初徵還。
54	文宣帝天保10年560	杜臺卿	東豫州	受父親杜弼牽連	齊24/353	乾明初徵還。
55	文宣帝天保中	王昕	幽州	威福在己，譏諷朝政	北24/884	未幾，徵還。
56	文宣帝天保中	元景皓家屬	彭城	反對改姓高氏	齊41/544	
57	文宣帝天保中	和士開	馬城	與長廣王戲狎過度	北92/3043	乾明元年追還
58	文宣帝世	李蔚	平州	兄李庶得罪楊愔	北43/1606	後得還
59	文宣帝世	李若	臨海	兄李庶得罪楊愔	北43/1606	乾明初追還
60	後主天統3年567	祖珽	光州	得罪上皇	北47/1741	天統5年召還
61	後主武平4年573	崔長君	遠惡	遭父崔季舒所連	齊39/513	

編號	時間	人名	流徙地	理由	出處	備註
62	後主武平 4 年 573	崔鏡玄	遠惡	遭父崔季舒所連	齊 39/513	
63	後主武平 4 年 573	張德冲	北邊	遭父張雕所連	齊 44/595	
64	後主武平 4 年 573	段孝言	光州	內外不和	齊 16/216	隆化敗後，有勅追還
	西魏北周時期					
65	西魏廢帝 2 年 553	王悅	配流遠防	其子康非理凌辱軍人。	周 33/580	除名。及于謹伐江陵，悅從軍展効，因留鎮之。
66	北周閔帝元年 557	獨孤陁	徙蜀	被父獨孤信所連。	北 61/2172	宇文護誅，始歸。
67	北周武帝建德元年 572	元矩	徙蜀	宇文護姻親，護誅被連。	北 17/642 隋 50/1317	數載，徵還京師，拜益州總管司馬。
68	北周武帝世	高仁英	徙蜀	高齊宗室，齊亡被徙	北 52/1893	隋開皇中追還。
	隋朝時期					
69	文帝開皇 6 年 586	梁剛	瓜州	其父梁士彥伏誅，以諫父獲免。	周 31/548	
70	文帝開皇十七年 597	來曠	廣州	告大理少卿縱囚	鑑 178/5554	免死。
71	文帝開皇中	元行恭	瓜州	不詳	北 55/2006	卒於徙所
72	文帝仁壽 4 年 604	柳述	龍川	太子廣矯詔	隋 47/1273	除名。復徙寧越，遇瘴癘而死
73	文帝仁壽 4 年 604	元巖	南海	太子廣矯詔	隋 80/1800	除名。後會赦還長安。有人

編號	時間	人名	流徙地	理由	出處	備註
						譖巖逃歸，收而殺之。
74	煬帝大業 1 年 605	衛王楊集	徙邊	厭蠱惡逆	隋 3/64 隋 44/1225	除名
75	煬帝大業 1 年 605	滕王楊綸	始安	厭蠱惡逆	隋 3/64 隋 44/1223	除名。大業七年復徙朱崖
76	煬帝大業 1 年 605	竟陵郡公楊坦	長沙	坐兄滕王綸事	隋 44/1223	
77	煬帝大業 1 年 605	楊猛	衡山	坐兄滕王綸事	隋 44/1223	
78	煬帝大業 1 年 605	楊溫	零陵	坐兄滕王綸事	隋 44/1223	作零陵賦觸怒煬帝，轉徙南海。
79	煬帝大業 1 年 605	楊詵	零陵	坐兄滕王綸事	隋 44/1223	後襲封滕王
80	煬帝大業 3 年 607	高盛道	柳城	父高熲被誅	隋 41/1184	
81	煬帝大業 3 年 607	高弘德	蜀郡	父高熲被誅	隋 41/1184	
82	煬帝大業 3 年 607	高表仁	蜀郡	父高熲被誅	隋 41/1184	
83	煬帝大業 3 年 607	賀若弼群從	徙邊	賀若弼被誅	隋 52/1346	
84	煬帝大業 3 年 607	楊勇諸子	徙嶺外		隋 45/1239 鑑 180/5628	皆敕殺之
85	煬帝大業 5 年 609	薛道衡妻子	且末	薛道衡被誅	隋 57/1413	

編號	時間	人名	流徙地	理由	出處	備註
86	煬帝大業 8 年 612	郎茂	且末	附下罔上	隋 57/1413	除名。十年，追還京兆
87	煬帝大業 8 年 612	郎楚之	且末	遭兄郎茂所連	隋 57/1413	
88	煬帝大業 9 年 613	虞綽	且末	楊玄感黨羽	隋 76/1740	至長安而逃亡
89	煬帝大業 9 年 613	王冑	徙邊	楊玄感黨羽	隋 76/1742	亡匿，潛還江左
90	煬帝大業 11 年 615	李渾、李敏親屬	徙嶺表	李渾等被誣謀反	隋 37/1121	
91	煬帝大業初	侯莫陳芮	嶺南	不詳	北 60/2148	
92	煬帝大業初	襄城王恪	徙邊	不詳	隋 80/1799	

第四章　律令中的流刑
——唐代流刑的表相

前　言

　　西元第七世紀編纂而成的《唐律疏議》，內容充實周備，邏輯謹嚴，文字精煉，立法技術高度成熟，影響後世和周邊國家垂千年之久，其法學上的地位儼然「東方的羅馬法」，堪稱中華法典之瑰寶。除了律典外，唐代的令、格、式等典章制度亦復粲然大備，不僅從王公貴族到奴婢賤民的定罪科刑，都律有明文；甚至上自皇帝祭祀，下及庶民的婚姻求學，都有相關規範章程。從政治機構到社會活動，一切都明文規範，井然有序。學界以為唐代律令格式趨於成熟，進而以「律令制的時代」稱頌唐代法制的高度成就。唐代律令法典之成熟固然毋庸置疑，但筆者比較感到興趣的是，律令編纂的成熟是一回事，律令的落實又是另一回事。究竟在律令制的唐代，其律令落實的程度如何？紙上的法律與實踐下的法律之間，其落差到底有多大？

　　從中國刑罰制度發展史的角度考察，秦漢時期最引人矚目的，顯然是徒刑的興起與肉刑的廢止。相對於此，隋唐時期最值得注意的，毋寧是流刑的成熟，進而促成笞、杖、徒、流、死的新五刑體系趨於完備。流刑的創制與確立標誌著「古典刑罰」的幽靈終於煙消雲散，「傳統刑罰」的架構邁向成熟，刑罰制度的重整於焉告一段落。流刑發展至唐代，法定規範堪稱完備，而相關規定為宋元明清所承襲，歷千年而不替，是故唐制的探討對於理解嗣後一千多年流刑的法定規範有著深刻的

意義。唐代史籍所見官人遭流放遠逐的案例，俯拾可得，顯見流刑的普遍施用。筆者將根據律令詔敕奏議以及實際案例，探討流刑的法定規範、具體執行以及隨著時代而作出的調整，藉此一窺紙上的法律與實踐下的法律，表相與實相之間落差究竟有多大？為免篇幅過於冗長，本章將先處理律令的相關規定，至於流刑的具體執行以及隨著時代而作出的調整，將於下一章析論。

　　關於唐代流刑的概況，學界已有一些討論。較早有齊濤〈論唐代流放制度〉，分從流放種類、應用、執行等方向展開討論，並歸納唐代流刑有以下特點：針對政治色彩嚴重的犯罪、預防與懲戒並重、常運用於政治鬥爭中、名重實輕、流放地集中於南方邊郡。[1]齊文有其開創之功，但對於唐代流刑的理解頗有訛誤。李毅〈論唐代的流刑及其執行情況〉，指出唐代流刑執行時經常是有法不依。[2]郝黎〈唐代流刑新辨〉澄清了唐代流刑的一些錯誤印象，譬如流刑執行前並非必須加杖、流人並非都要枷鎖傳遞、流刑並非名重實輕、流刑懲治各種犯罪而非僅針對政治犯。郝文釐清了一些流刑認識的錯誤，但以為唐代流刑一直有所謂六年之刑期，恐怕非是。[3]趙立新和高京平的〈唐宋流刑之變遷〉指出唐宋流刑幾項重要變遷：流刑自無期變為有期、折杖法的運用、「減死配流」的普遍化等。[4]

　　王雪玲〈兩《唐書》所見流人的地域分布及其特徵〉，統計兩《唐書》流人資料，初步推論出唐代以懲戒為目的的流人主要分佈在嶺南、安南、黔中、劍南、越嶲、江南六大地區，而以實邊為目的的流人則主要分布在西州、庭州、天德邊城重鎮。王文從經濟開發與政治因素解釋

---

[1]　齊濤，〈論唐代流放制度〉，《人文雜志》1990:3（西安，1990）。

[2]　李毅，〈論唐代的流刑及其執行情況〉，《西安外國語學院學報》15（西安，1999）。

[3]　郝黎，〈唐代流刑新辨〉，《廈門大學學報》163（廈門，2004）。

[4]　趙立新、高京平，〈唐宋流刑之變遷〉，《山西師大學報》34:3（臨汾，2007）。

流人分佈及其變化，並指出流人戍邊的作用不大，但可增加邊境人口及
促進經濟、文化發展。[5]戴建國〈唐代流刑的演變〉一文，討論流刑犯的
復敘和放還、流配地區的變化以及其後發展出來的長流、附加杖刑等。
戴氏指出唐代將流人遠配邊州既有實邊之目的，亦有意減輕內地人口與
土地失衡之社會矛盾。[6]近年張春海對於唐代流刑發表多篇作品，除了探
討唐代流刑之外，亦注意到與流刑性質相近的其他刑罰，如安置、罰
鎮、効力、配隸等刑，另外也把觸角延伸到高麗王朝對唐代流刑的改
變，可謂拓寬了流刑研究的視野。[7]陳璽針對「加役流」與「長流」等特
殊流刑都有專門研究，在刑罰的成立時間、適用、施行程序、變遷等都
作了詳盡考察。[8]

　　眾多研究中以日本學者辻正博的成果最堪矚目。辻氏在二十世紀九
十年代即先後發表多篇唐宋流刑的重要文章，[9]其後，辻氏增補訂正諸篇
舊著而成《唐宋時代刑罰制度の研究》一書。[10]全書除了序論和結論以

5　王雪玲，〈兩《唐書》所見流人的地域分布及其特徵〉，《中國歷史地理論叢》17:4（西安，2002）。

6　戴建國，〈唐代流刑的演變〉，《法史學刊》1（北京，2006），後收入氏著《唐宋變革時期的法律與
　　社會》（上海：上海古籍，2010）。

7　張春海，〈論高麗王朝對唐代流刑的變通〉，《南京農業大學學報（社會科學版）》，2008:1（南京，
　　2008）；〈試論唐代流刑與國家政策、社會分層之關係〉，《復旦學報（社會科學版）》，2008:2（上
　　海，2008）；〈論唐代的配隸刑〉，《史學月刊》，2010:8（開封，2010）；〈論唐代的安置刑〉，《史學
　　集刊》，2011:4（長春，2011）；〈論唐代的効力與罰鎮刑〉，《東北師大學報（哲學社會科學版）》，
　　2011:3（長春，2011）；〈論隋唐時期的發罪人為兵之刑〉，《史學月刊》，2013:6（開封，2013）。

8　陳璽，《唐代刑事訴訟慣例研究》（北京：科學出版社，2017），第十六章〈加役流〉、第十七章〈長
　　流〉，頁398-455。

9　〔日〕辻正博，〈唐代流刑考〉，收入梅原郁主編，《中國近世の法制と社會》（京都：京都大學人文
　　科學研究所，1993）。〈流刑とは何か——唐律の流刑再考——〉，《滋賀醫科大學基礎學研究》，10
　　（滋賀，1999）。〈流刑に見える唐律の理念と現實〉，收入辻正博編，《唐宋變革期における刑罰制
　　度の總合的研究》（科學研究費成果報告書，2003）。〈邊刑・「徙邊刑」・流刑——〈唐代流刑考〉
　　補論〉，收入冨谷至編，《江陵張家山二四七號墓出土漢律令の研究（論考編）》（東京：朋友書店，
　　2006）。

10　〔日〕辻正博，《唐宋時代刑罰制度の研究》，京都：京都大學學術出版會，2010。

外，分前篇〈唐代流刑考〉（共三章）、後篇〈宋代編配考〉（共四章）、附篇。前篇〈唐代流刑考〉部分，第一章〈流刑的淵源與理念〉，除了縷述儒家經典對於流放的記載以外，主要篇幅在於論述秦漢六朝流放制度的發展。第二章〈唐律的流刑制度〉，透過唐代律令整理流刑的法律規定。另外，作者藉《隋書・王伽傳》的分析，申明流刑三等之起點當為京師而非流人之鄉里。流刑是根據儒家經典而創制的刑罰，難免過於理想性，在實際執行時困難重重，必須與現實妥協。第三章〈流刑的理念與現實〉，指出唐初流刑在執行時即不依三等之制，而是量配邊要之州；中期發展出新的「配流刑」；晚期產生六年刑期。流刑種種變化緣於唐王朝對百姓控制力的下降，徒刑和流刑等需要國家長期監控的刑罰在晚唐五代愈難運作，遂有宋初「折杖法」的誕生。作者針對漫長的流刑發展史，歸納兩點觀察：其一是流刑是依據經典理想而創制的刑罰，與現實有一定落差，最終難以執行。其二是作為「減死一等之刑」，君主受到經典「流宥五刑」觀念的影響，腦中浮現的仍是流刑，因此產生不同類型的流放刑，可知流刑是五刑中與經典關涉最為密切。

　　筆者早年研究中國古代恩赦制度，將罪犯遠逐遐方，不論是古典的「流宥五刑」抑或漢魏六朝的減死徙邊，一直都是落實浩蕩皇恩的常見手段。因此，在魏晉六朝隋唐恩赦制度研究告一段落後，乃致力考察流刑的成立、發展、變遷等課題。研究過程中頗受辻正博、戴建國等學者的啟發，但針對某些問題自忖尚有發揮之空間，對於若干觀點仍覺還有商榷之餘地。

　　唐代流刑的法定規範最主要見於《唐律》與《唐令》。《唐律疏議・名例律》對流刑的內容有原則性的規定，相對於此，《唐令・獄官令》則對流刑的具體運作詳訂相關細則。《唐律疏議》至今仍完整保存下來，但唐代令典卻已亡佚。關於唐律條文的分析，中文論著之犖犖大者，早年

有戴炎輝《唐律通論》和《唐律各論》，[11]上世紀九十年代有劉俊文《唐律疏議箋解》，[12]二十一世紀則有錢大群《唐律疏義新注》。[13]戴氏和錢氏為法律學者，著重以現代法學分析中國舊律，尤其錢氏對《唐律疏議》全文白話語譯，功力深厚。劉氏則為歷史學者，偏重史學理路考察律文源流與變化。日本學界方面，上世紀七十年代由滋賀秀三領銜譯註的《唐律疏議譯註》，學術水準甚高，尤其不時引述日本律令以作參照，對於研究大有裨益。

　　唐代令典的復原工作，在日本持續進行近一個世紀。仁井田陞據《唐六典》、《養老令》等中日典籍，復原唐令 715 條，與《唐六典》記載《開元令》1546 條相較，所得幾近半數。[14]其後東京大學池田溫領導編集《唐令拾遺補》，除了訂正部分文字訛誤缺漏，亦補充新發現唐令遺文。[15]近年發現的天一閣藏明鈔本北宋仁宗朝《天聖令》殘本十卷，為目前唯一傳世的唐宋令典，共計保存宋令 293 條，不行用的唐令 221 條，兩者合計共有令文 514 條。其中不行用的令文，推測即為唐《開元二十五年令》原文。[16]另外，行用的宋令是「並因舊文，以新制參定」，故據《天聖令》行用的條文，參酌唐日典籍，亦可復原唐令的「舊文」，是故《天聖令》的發現將唐令復原工作推至嶄新的境界。[17]《唐令拾

---

[11]　戴炎輝編著，《唐律通論》，台北：正中書局，1977。2010 年本書重新發行：戴東雄、黃源盛校訂，《唐律通論》，台北：元照出版社，2010。戴炎輝著，《唐律各論》，台北：成文出版社，1988。

[12]　劉俊文，《唐律疏議箋解》，北京：中華書局，1990。

[13]　錢大群，《唐律疏義新注》，南京：南京師範大學出版社，2007。

[14]　〔日〕仁井田陞著，《唐令拾遺》，東京：東方文化學院東京研究所，1933。

[15]　〔日〕仁井田陞著；池田溫等補，《唐令拾遺補》，東京：東京大學，1997。

[16]　戴建國前揭《唐宋變革期的法律與社會》，頁 185-200。

[17]　關於《天聖令》的整理與唐令進一步復原成果，參看天一閣博物館、中國社會科學院歷史研究所天聖令整理課題組校證，《天一閣藏明鈔本天聖令校證（附唐令復原研究）》（以下簡稱《天聖令校證》）（北京：中華書局，2006）。又本文凡引《天聖令》令文，依宋第幾條、唐第幾條及復原唐令第幾條標示。

遺》復原了〈獄官令〉44 條,《唐令拾遺補》又補充復原了 8 條。《天聖令》第二十七卷〈獄官令〉保留行用的宋令 59 條,不行用的令文 12條。雷聞以《天聖‧獄官令》為本,參考日本《養老令》,並吸收《唐令拾遺》、《唐令拾遺補》等成果,再補充復原令文十多條,目前共復原唐開元〈獄官令〉68 條。[18]《天聖‧獄官令》的發現提供了更豐富、更可信的史料以進一步探討唐代刑獄的法定規範,而有關流刑執行的令文不下十條,大大豐富了世人對於流刑運作上的認識。

本章將先概述初唐三等流刑的制定,然後再根據律令相關條文,分從流刑的斷決、流人的押送、流人至配所等三方面,詳細描繪唐代流刑的內容。

第一節 唐律「三流」的制定

關於唐代的刑罰制度,據《舊唐書‧刑法志》云:

> 有笞、杖、徒、流、死,為五刑。笞刑五條,自笞十至五十;杖刑五條,自杖六十至杖一百;徒刑五條,自徒一年,遞加半年,至三年;流刑三條,自流二千里,遞加五百里,至三千里;死刑二條:絞、斬。大凡二十等。(頁 2137)

可知唐朝繼承隋朝笞、杖、徒、流、死的五刑,惟流刑部分略有修訂。唐律流刑的規定,主要見於〈名例律〉「流刑三」條(總 4 條)、「犯流應配」條(總 24 條)與「流配人在道會赦」條(總 25 條),尤以前兩條最

---

[18] 雷聞,〈唐開元獄官令復原研究〉,收入《天聖令校證》,頁 603-649。

為基本。據「流刑三」條云：

流刑三：二千里。二千五百里。三千里。[19]

又「犯流應配」條云：

諸犯流應配者，三流俱役一年。本條稱加役流者，流三千里，役
三年。役滿及會赦免役者，即於配處從戶口例。妻妾從之。父祖
子孫欲隨者，聽之。移鄉人家口，亦準此。若流、移人身喪，
家口雖經附籍，三年內願還者，放還；即造畜蠱毒家口，不在
聽還之例。下條準此。[20]

簡而言之，唐代流刑為五刑中僅次於死刑的刑罰，有「道里之差」，即分
為流二千里、二千五百里、三千里等三等，謂之「三流」，流人至配所皆
強制服勞役一年（「加役流」則是三年），妻妾必須跟隨，父祖子孫則聽
其自便。流人役滿後在配所附籍，終身不得返鄉；流人死後，家屬則可
予以放還。

　　唐制的「道里之差」，明顯是承襲周隋舊制，只是流放的里程略
異。流人有勞役年期亦是承襲周隋舊制，但年限大為縮減至一年，較周
的六年和隋的二至三年為輕。而流人終身放逐方面，誠如前章所論，隋
朝流刑原來承襲周制有固定刑期，但自開皇中期以降，流刑自有期刑轉
變為無期刑，唐制應是沿襲隋制而來。至於妻妾強制隨流的處置，若據
前章所引《隋書‧循吏王伽傳》云隋文帝「悉召流人，并令攜負妻子俱

---

[19]　《唐律疏議》，卷1，頁5。

[20]　《唐律疏議》，卷3，頁66-68。

入，賜宴於殿庭而赦之。」流人妻子應是隨同流配的。唐制妻妾強制隨流的規定，應當亦是繼承隋制而來。

唐制可能在唐高祖（566-635，618-626 在位）武德元年（618）即已建立，據《唐會要》卷三九〈定格令〉：

> 武德元年六月一日，詔劉文靜與當朝通識之士，因隋開皇律令而損益之，遂制為五十三條，務從寬簡，取便于時，其年十一月四日，頒下。[21]

武德元年六月一日命劉文靜（568-619）等損益開皇律令，制定新格五十三條，十一月四日頒行，以約法緩刑。[22]同時又命裴寂（570-629）等十五人更撰律令，至武德七年（624）頒定新律。據《舊唐書‧刑法志》云：

> 大略以開皇為準。于時諸事始定，邊方尚梗，救時之弊，有所未暇，惟正五十三條格，入於新律，餘無所改。（頁 2134）

又據《唐六典》卷六「刑部郎中員外郎」條注云：

> 皇朝武德中，命裴寂、殷開山等定律令，其篇目一准隋開皇之律，刑名之制又亦略同，唯三流皆加一千里，居作三年、二年

---

[21] 〔宋〕王溥撰；上海社科院歷史所古代史研究室點校，《唐會要》（上海：上海古籍出版社，1991），卷39，〈定律令〉，頁819。

[22] 《舊唐書》，卷1，〈高祖紀〉，頁8。《新唐書》卷56〈刑法志〉作武德二年，恐誤。另參劉俊文，〈《新唐書‧刑法志》證誤〉，收入氏著《唐代法制研究》（台北：文津出版社，1999），頁282-284。

半、二年皆為一年，以此為異；又除苛細五十三條。[23]

《武德律》大略以《開皇律》為藍本，刑名之制並無重大更作，惟流刑有所變改，前述唐律「三流」的規定即確立於此時。不過，《舊志》既云「惟正五十三條格，入於新律，餘無所改」，可知《武德律》僅將五十三條新格附在律文之末，[24]其他並無更動，則唐代流刑新制或許在武德元年制定新格時即已建立。

此外，「流刑三」條《疏》文曰：

《書》云：「流宥五刑。」謂不忍刑殺，宥之于遠也。又曰：「五流有宅，五宅三居。」大罪投之四裔或流之于海外，次九州之外，次中國之外。蓋始於唐虞。今之三流，即其義也。[25]

所引「流宥五刑」、「五刑有宅，五宅三居」乃出自《尚書·舜典》，但關於「三居」的解釋，孔傳云「大罪四裔，次九州之外，次千里之外。」與《律疏》所云「四裔、九州、中國」不同。《律疏》「大罪投之四裔」云云，乃出自《尚書·立政》孔傳：「大罪宥之四裔，次九州之外，次中國之外。」孔穎達疏云：「三居者，『大罪宥之四裔，次九州之外，次中國之外』。『四裔』者，四海之表最遠者也。『次九州之外』者，四海之內，要服之外。『次中國之外』者，謂罪人所居之國外也，猶若衛人居於晉，去本國千里。故孔注《舜典》云：『次千里之外是也。』」[26]隋制

23　《唐六典》，卷6，〈尚書刑部〉，頁182。

24　參看高明士，《律令法與天下法》（上海：上海古籍，2013），第二章〈唐代武德到貞觀律令的制度〉，頁93-95。劉俊文則以為是將「《武德新格》五十三條正為律文補入」，參看氏著《唐代法制研究》第一章〈唐代立法研究〉，頁25。

25　《唐律疏議》，卷1，頁5。

26　參看《尚書正義》，卷17，頁554。關於「四裔、九州、中國」的「三居」說，早見於東漢馬融，

「三流」以一千里為始是比附《尚書·舜典》孔傳的「三居」，唐制將「三流」變改為以二千里為始，其經典依據便不宜因循〈舜典〉，遂易以〈立政〉篇之說。

　　流刑的里程到底以何處為起點計算？是罪人居住的鄉里，還是京師呢？日本學界就此頗有爭論，主張「鄉里說」的有桑原隲藏、滋賀秀三、奧村郁三等，[27]其中以滋賀氏最具代表性；主張「京師說」的則以辻正博為代表。

　　「鄉里說」主張流刑的里程是以罪人的居住地為起點計算，往外流二千里至三千里不等。《尚書》罪人「三居」是將罪人按罪行輕重流於中國、九州、海外，其遠近無疑是以國都為中心計算的。然而，滋賀氏指出上古的「放」與「流」，是依據盟的形式把受到眾人一致非難的為害者予以絕交，並驅逐到共同體之外。至於後世的流刑則是支配天下的專制君主將版圖內人民中的犯罪者，強制遣送遷移到同一版圖中的另一指定地點居住。《尚書》中的「流」、「放」與後世的流刑具有根本上的差別。[28]滋賀氏以為「鄉里說」雖缺乏積極證據，但唐代經常「流移」並稱，流即流刑，移即移鄉，「移鄉」之制，乃指「殺人應死，會赦免罪，而死家有期以上親者，移鄉千里外為戶。」[29]即是以死者家屬鄉里為準，將業經赦免的兇手強制移置千里之外。是故，流刑應當也是同樣以罪人鄉里為起點。[30]

參看〔西漢〕司馬遷，《史記》（北京：中華書局，1972），卷1，〈五帝本紀·帝舜〉「集解」，頁39。

[27]　〔日〕桑原隲藏，〈支那の古代法律〉，收入氏著《桑原隲藏全集》第三冊（東京：岩波書店，1968），頁156。

[28]　參看〔日〕滋賀秀三前揭〈中國上代の刑罰についての一考察〉，收入氏著，《中國法制史論集──法典と刑罰》，頁531。

[29]　《唐律疏議》，卷18，〈賊盜律〉，「殺人移鄉」條（總265條），頁342。

[30]　律令研究會編，《譯註日本律令（五）·唐律疏議譯註一·名例律》（東京：東京堂，1979），頁145；〈刑罰の歷史〉，收入氏著《中國法制史論集──法典と刑罰》（東京：創文社，2003），頁

　　辻正博同意滋賀氏所論遠古的流放與後世流刑存在著根本性差異此一觀點，但唐人論及流刑時仍是自然而然引述《尚書‧舜典》「流共工于幽洲」、「竄三苗于三危」。而前引「流刑三」條《律疏》云「今之三流，即其義也」，可見唐人強調流刑是秉承經典的精神，即流刑三等是仿效古制而以國都為起點。隋唐流刑源自北周，北周的流刑就是比附《周禮》以皇畿為起點分為五等的。流刑與「移鄉」固然有其共通點，但二者差別更大，舉凡遷移的里數不同，再敘任的條件有異。流人後來遇赦得以放還，甚至在憲宗朝更產生了刑期，相對而言移鄉人並沒有放還的規定。此外，唐代流人經赦可以「量移」，即移近京師若干里，顯見流放時是以首都為起點向外移徙的。[31]

　　流刑與「移鄉」確實存在著相當歧異，但若純從論理而言，即便兩者有著諸多差異，仍不能據此支持或否定流放起點為居住地的說法。其理如同唐代經常「流貶」並稱，左降官與流人二者其實亦存在不少差異，但卻無妨都是自首都往外貶降流放的事實。總之，不管「鄉里說」還是「京師說」，都缺乏直接證據，但相對而言，「京師說」的旁證較為有力。唐高祖朝「楊文幹案」或許可作「京師說」的補充證據。武德七年（625）慶州總管楊文幹（？-624）被指謀反，事涉太子建成（589-626），遭牽連的朝臣計有杜淹（？-628）、王珪（570-639）、韋挺（590-647）等，都被流放劍南的嶲州，嶲州距長安 3230 里。杜淹、韋挺都是京兆人，但王珪則是太原王氏，[32]太原在長安東北，距長安 1260 里。[33]三人所犯一樣，但本籍不同，流放地若是根據本籍而定，王珪的配所應

　　319；〈梅原郁編《中國近世の法制と社會》書評〉，《東洋史研究》，52：4（東京，1994），頁 153。

[31]　〔日〕辻正博，《唐宋時代刑罰制度の研究》，頁 78-88。

[32]　分別參看《舊唐書》卷 66〈杜淹傳〉、卷 70〈王珪傳〉、卷 77〈韋挺傳〉。

[33]　嶲州與太原距離長安的里數皆據〔唐〕李吉甫撰；賀次君點校，《元和郡縣圖志》（北京：中華書局，1983）卷 32，〈劍南道中〉，頁 823；卷 13，〈河東道二〉，頁 362。

當與韋、杜二人有別，但最終都流放到巂州，這應是流放里程是以京師為起點之故。

　　流刑以首都為起點，最重的流三千里約略在哪些地區呢？因為不會有配所剛好是距長安三千里，配所該如何安排？據《唐令‧獄官令》復原第 14 條，云：「諸流人應配者，各依所配里數，無要重城鎮之處，仍逐要配之，唯得就遠，不得就近。」[34]若所配里數無重要城鎮，則須移往較遠的城鎮。那麼，實際的配所應當略高於三千里的距離。根據《舊唐書‧地理志》所載全國州郡距兩京的道里數而言，東方河南道的登州距京 3150 里，東北的營州距京 3589 里，東南江南東道的蘇州是 3199 里，南方江南道的邵州是 3400 里，西邊隴右道的瓜州是 3310 里，[35]西南劍南道的巂州是 3230 里，[36]這些應是依法而言流放三千里最遠的地點。唐代「三流」大致的範圍若以開元十五道而論，應在營州以南的河北道、河南道的東部，蘇州湖州以北的江南東道，郴州以北的江南西道、山南東道和山南西道的南部、黔中道和劍南道的北部，沙州以東的隴右道。關內道、京畿道、都畿道、河東道等因距京不滿二千里；嶺南道則因遠超三千里而不在流放的法定範圍。

　　學者認為流刑的二千里、二千五百里、三千里僅是比附經書近中遠流而已。配流場所自始即是選擇遙遠的惡劣地方，立法的背景僅是「遠隔」「惡劣」為最重要考量的。[37]個人同意隋朝制定三流固然是比附經典

34　參看雷聞，〈唐開元獄官令復原研究〉，收入《天聖令校證》，頁 615。

35　登州、營州、蘇州、邵州、瓜州等距長安的里數，分別見《舊唐書》卷 38〈地理志一〉，頁 1456；卷 39〈地理志二〉，頁 1521；卷 40〈地理志三〉，頁 1586、頁 1619、頁 1644。其中邵州據《元和郡縣圖志》卷 29 作「二千八百八十四里」，與《舊》志所記相差頗遠。

36　據《舊》志，劍南道之蜀州去西京 3332 里，但據《元和郡縣圖志》卷 31 作 2115 里，而《通典》卷則作 2480 里，二書與《舊》志相差近千里，疑《舊》志「三千」為「二千」之誤，故本文不取益州而改取巂州，而巂州距西京的里數據《元和郡縣圖志》卷 32，頁 823。另參看吳松弟編著，《兩唐書地理志滙釋》（合肥：安徽教育出版社，2002），頁 349。

37　〔日〕冨谷至前揭《漢唐刑罰史研究》，頁 283。

「五宅三居」的精神，尤其流刑以一千里為起始，更是附會《尚書‧舜典》孔傳「四裔、九州、千里」的「三居」解釋。然而，唐朝若是單純標榜遠宗經典精神，僅需繼承隋朝三等之制即可，實在不必增加每等的里程，否則無疑是「事乖仁者之刑」。因此，唐初設計流刑道里之差，應是考量到隋制過於附會經典的理想致悖離現實，遂在不違背《尚書》「五宅三居」精神的前提下，將隋制的三流各加一千里，以加強遠逐的懲罰力度。

第二節　流刑的斷決

唐律對於流刑作了原則性的規定，但即使有《律疏》的解釋闡述，內容仍嫌簡要。近年發現的《天聖令》以及據此進一步復原的唐玄宗（685-762，712-756 在位）開元〈獄官令〉，使世人對於唐朝流刑運作有了更深入的認識。據《唐令‧獄官令》復原第 15 條，云：

> 諸流移人，州斷訖，應申請配者，皆令專使送省司。令量配訖，還附專使報州，符至，季別一遣。若符在季末至者，聽與後季人同遣。具錄所隨家口、及被符告若遣發日月，便移配處，遞差防援。其援人皆取壯者充，餘應防援者，皆準此。專使部領，送達配所。若配西州、伊州者，並送涼州都督府。江北人配嶺以南者，送付桂、廣兩都督府。其非劍南諸州人而配南寧以南及巂州界者，皆送付益州大都督府，取領即還。其涼州都督府等，各差專使，準式送配所。付領訖，速報元送處，並申省知。其使人，差部內散官充，仍申省以為使勞。若無散官，兼取勳官強幹者充。又

無勳官，則參軍事充。其使並給傳乘。若妻、子在遠，又無路便，豫
為追喚，使得同發。其妻、子未至間，囚身合役者，且於隨近
公役，仍錄已役日月，下配所即於限內聽折。[38]

本條令文是天聖制令時被廢棄不用，屬於「右令不行」的唐令。仁井田
陞曾據《唐六典》卷六「刑部郎中員外郎」條及《唐律疏議・名例律》
「犯死罪應侍家無期親成丁」條（總 26 條）復原令文，但文字相對簡
略，語意亦不完整。本條唐令清楚說明流刑在執行時的細節規定：地方
向中央申報配役、流人押送的程序、流放配所的範圍、專使的條件、妻
妾同行、流人在配所苦役等，涉及流人自申報到出發乃至抵達配所的情
況，可謂彌足珍貴。以下將分從流刑的斷決、流人的押送、流人至配所
等三個階段，探討流刑的法律規定。

據《唐令・獄官令》復原第 2 條，云：

> 諸犯罪，杖罪以下，縣決之；徒以上，縣斷定送州，覆審訖，
> 徒罪及流應決杖、笞若應贖者，即決配徵贖。……若大理寺及
> 諸州斷流以上若除、免、官當者，皆連寫案狀申省，……即按
> 覆事有不盡，在外者遣使就覆，在京者追就刑部，覆以定之。[39]

唐代縣級可斷決笞杖之罪，徒罪須送州覆審，至於流罪、死罪，諸州在
判決後仍然需要申尚書省覆審。若尚書省對案情有疑慮，就遣使至全國
各道覆核。又據《唐令・獄官令》復原第 4 條，云：

---

[38] 雷聞，〈唐開元獄官令復原研究〉，收入《天聖令校證》，頁 615。

[39] 雷聞，〈唐開元獄官令復原研究〉，收入《天聖令校證》，頁 609。

　　諸州斷罪應申覆者，刑部每年正月共吏部相知，量若（取）歷
任清勤、明識法理者充使，將過中書門下，定訖奏聞，令分巡
道（道巡）覆。[40]

可知遣使的時間是每年正月。流刑既是將犯人流放一定里程並強制苦
役，那麼，流人判決定讞後，自然需要發送配所。據前引《唐令・獄官
令》復原第 15 條，流罪斷決後，針對「應申請配者」，州需派遣「專
使」向尚書省申報需要配役的人，俟尚書省考量配役後，交附「專使」
還報該州。可知除了流刑斷決的權限是在尚書省以外，連配所的擬定亦
是尚書省而不是地方的州。
　　流刑判決確定後，犯人當然就要被流放配所。前引復原第 15 條令
文既云「應申請配者」，可知亦有不應被配發的犯人。前引〈名例律〉
「犯流應配」條（總 24 條）對此有明確界定，據《疏》文云：

　　犯流，若非官當、收贖、老疾之色，即是應配之人。[41]

可知不應配發之人，包括 1.官當者、2.收贖者、3.老疾者等三大類。第一
類官當者，指一般的品官，蓋可利用官品抵罪。[42]第二類收贖者是指應
議、請、減、贖者及五品以上妾犯流罪以下者。[43]第三類老疾者，指七
十以上、十五以下及廢疾者。[44]除了「犯流應配」條所列不應配發之

---

[40] 雷聞，〈唐開元獄官令復原研究〉，收入《天聖令校證》，頁 610。

[41] 《唐律疏議》，卷 3，頁 66。

[42] 《唐律疏議》，卷 2，〈名例律〉「官當」條（總 17 條），頁 45。

[43] 《唐律疏議》，卷 2，〈名例律〉「應議請減（贖章）」條（總 11 條）、「五品以上妾」條（總 13
條）。

[44] 《唐律疏議》，卷 4，〈名例律〉「老小及疾有犯」條（總 30 條）。

人，唐律尚有所謂「留住法」，指犯流並不真配而是依律易以決杖或加杖苦役。犯流而留住的情況，約有以下幾種：（一）婦人、（二）官賤口（官戶部曲與官私奴婢，以及特殊伎能之人，如工戶、樂戶、雜戶、太常音聲人、習天文者、給使、散使）、[45]（三）犯死罪權留養親期間，又犯了流罪；（四）犯流未斷，或已斷配訖但未至配所又更犯流罪的人。[46]除了以上諸種特殊狀況的犯人，其他的都是「應申請配者」。

倘若尚在判決期間，流人遭逢至親過世，身雖在禁，仍得出獄舉哀。據《唐令‧獄官令》復原第 51 條，云：

> 諸犯死罪在禁，非惡逆以上，遭父母喪、婦人夫喪，及祖父母喪承重者，皆給假七日發哀，流、徒罪三十日，悉不給程。並待辨定，責保乃給。[47]

令文的「辦定」，疑即「辨定」之誤。「辨」即「伏辨」，乃囚徒的伏罪供詞，或作「伏辯」、「服辨」、「服辯」。「辨定」，即伏罪供詞已定之意。[48]流人身雖在禁，但若遭逢父母等至親過世，可以有三十天的假期出獄處

---

[45] 劉俊文，《唐律疏議箋解》，頁 261-262。

[46] 《唐律疏議》卷 3〈名例律〉「犯死罪應侍家無期親成丁」條（總 26 條）、卷 4〈名例律〉「更犯」條（總 29 條）。

[47] 雷聞，〈唐開元獄官令復原研究〉，收入《天聖令校證》，頁 632。

[48] 「伏辨」一詞亦見前述復原第四條，云「其徒罪，州斷得伏辨及贓狀露驗者」。「伏辨」，亦作「服辯」，據《唐律疏議‧斷獄律》「獄結竟取服辯」條（總 490 條）云：「諸獄結竟，徒以上，各呼囚及其家屬，具告罪名，仍取囚服辯。」可知取得囚犯伏罪的供狀是刑獄結竟的必須要件。《天聖令》的抄書手經常把「辨」、「辦」、「辯」等字一律寫成「辦」字，好幾處的「辦」皆「辨」之誤，宜作「伏辨」解。「辨定」一語尚見於〈獄官令〉宋 29 條和唐 9 條，都是「辨定」之誤；宋 35「辭定，令自書辦」的「書辦」一詞，疑當作「書辨」，即「書寫伏辨」之意。黃正建以為當作「辯」為是，蓋辯是一種文體，用於回覆官府的訊問。參看黃正建，〈唐代法律用語中的「款」和「辯」〉，收入氏著《唐代法典、司法與《天聖令》諸問題研究》（北京：中國社會科學出版社，2018），頁 91-113。

理喪事，但前提是要有伏罪的供詞以及擔保。此外，流人判決確定但尚未起解前，仍可婚娶。據《唐令·獄官令》復原第 25 條，云：

> 諸犯流罪以下，辭定，欲成婚者，責保給假七日，正、冬三日。已配役者亦聽。並不給程。無保者，唯給節日假，不合出。[49]

意指犯了流罪以下，若供辭認罪後欲成婚的，在有擔保的情況下給七天假，元旦、冬至給三天假。若婦人犯流刑被關押但需要生產的話，法律規定可以得到產假，據《唐令·獄官令》復原第 26 條，云：

> 諸婦人在禁臨產月者，責保聽出。死罪產後滿二十日、流罪以下產滿三十日，並即追禁，不給程。[50]

婦人可以有三十天的假期出獄生產，但前提仍是需要擔保。

流刑犯人在關押期間需要戴著刑具，據《唐令·獄官令》復原第 42 條：「諸禁囚，死罪枷杻，婦人及流罪以下去杻，其杖罪散禁。」[51]流刑犯要戴著盤枷但不需戴腳鐐。官人則有較佳的待遇，《唐令·獄官令》復原第 45 條：「諸應議、請、減者，犯流以上，若除、免、官當，並鎖禁。」[52]則官人只需著鎖而不必戴枷。

唐朝繼承北魏以來的均田制，均田戶若遭判處流刑，其田宅將如何處置？前章提到北魏均田制下，「諸遠流配謫、無子孫、及戶絕者，墟

---

[49]　雷聞，〈唐開元獄官令復原研究〉，收入《天聖令校證》，頁 620。

[50]　雷聞，〈唐開元獄官令復原研究〉，收入《天聖令校證》，頁 621。

[51]　雷聞，〈唐開元獄官令復原研究〉，收入《天聖令校證》，頁 628。

[52]　雷聞，〈唐開元獄官令復原研究〉，收入《天聖令校證》，頁 630。

宅、桑榆盡為公田，以供授受。」[53]田宅充為公田以供授受。按北魏均田制，男夫十五以上除了授露田四十畝以外，還有桑田二十畝，桑田即唐代的永業田，世代相傳。桑田規定「種桑五十樹，棗五株，榆三根。」所以前述「桑榆盡為公田，以供授受」，即原為世代相傳的桑田亦遭沒入。《天聖令・田令》不再行用的唐 17 條云：「諸庶人有身死家貧無以供葬者，聽賣永業田。即流移者亦如之。」[54]唐代流人可以出售永業田，而不是如北魏直接沒入。

第三節　流人的押送

流人的起解。據前引《唐令・獄官令》復原第 15 條，當州收到尚書省下達的公文，流人的配所已經確定，但是流人並非隨時出發，而是每季遣送一次。官司若有所拖延，違反解送期限會受到處罰。據《唐律疏議・斷獄律》規定：「諸徒、流應送配所，而稽留不送者，一日笞三十，三日加一等；過杖一百，十日加一等，罪止徒二年。不得過罪人之罪。」流人出發時須清楚登錄隨同的家口、以及被通知或遣發的時間。流人隨同家口中，妻妾是必須同行的。據《唐令・獄官令》復原第 13 條，云：

> 諸流人科斷已定，及移鄉人，皆不得棄放妻妾至配所。如有妄作逗留、私還及逃亡者，隨即申省。[55]

---

[53] 《魏書》，卷 110，〈食貨志〉，頁 2855。

[54] 宋家鈺，〈天聖令・田令〉校錄本，收入《天聖令校證》，頁 257。

[55] 雷聞，〈唐開元獄官令復原研究〉，收入《天聖令校證》，頁 614。本條雷聞原來斷句為：「諸流人科

可知流刑判決確定後，流人不可拋棄妻妾。關於妻妾父祖等家口的處
置，唐律有更加完整的規定，據前引「犯流應配」條規定「妻妾從之。
父祖子孫欲隨者，聽之。」妻妾皆須同流，至於父祖子孫，則可以隨
流，也可以不必同行。關於妻妾必須跟隨的規定，《疏》文還進一步說
明，云：

> 問曰：妻有「七出」及「義絕」之狀，合放以否？
> 答曰：犯「七出」者，夫若不放，於夫無罪。若犯流聽放，即
> 假偽者多，依令不放，於理為允。犯「義絕」者，官遣離之，
> 違法不離，合得徒罪。「義絕」者離之，「七出」者不放。[56]

流刑判定後，除非是「義絕」，否則流人不但不可以與妻妾「和離」，即
「出妻」也是於法不可。蓋立法者擔憂若容許放妻，恐有假偽之事。又
據前引《唐令‧獄官令》復原第 15 條中「若妻、子在遠，又無路便，豫
為追喚，使得同發」之語，流人必須與妻妾一起出發，不可分別上路。
所以如果妻妾在遠處，便要預先通知，使可與流人一同啟程。流刑判決
確定，法律禁止流人與妻妾離異，但據前引《唐令‧獄官令》復原第 25
條，卻是容許流人此時成婚。
　　唐律關於妻妾家屬隨流的規定，早見於漢晉之世。前章所引東漢章
帝建初七年（82）詔：「天下繫囚減死一等，勿笞，詣邊戍，妻子自隨，
占著所在，父母同產欲相從者，恣聽之。」犯人妻子皆需隨從徙邊，並
在徙所附籍；至於父母同產則可以選擇是否隨行。又《晉令》亦規定

　　斷已定，及移鄉人，皆不得棄放妻妾。至配所，如有妄作逗留、私還及逃亡者，隨即申省。」按
　　「至配所」一詞應與上文連讀，意指流移人不可以在往配所前拋棄妻妾。
[56]　《唐律疏議》，卷 3，頁 67。

「凡流徙者，同籍親近欲相隨者，聽之。」又北魏孝明帝（510－528，515-528 在位）時任城王澄（467-520）「以流人初至遠鎮，衣食無資，多有死者，奏并其妻子給糧一歲。」[57]流人配送軍鎮時，其妻小是一併跟隨的。可見唐律的規定有其淵源。

專使與防援人。前引《唐令·獄官令》復原第 15 條中多次提到「專使」，根據注文可知專使優先以官署中的散官出任，如果沒有散官，次選勳官中強幹者，而又沒有勳官，則由參軍事擔任。前章提及隋朝的王伽在開皇末為齊州行參軍，被州使送流囚李參等七十餘人詣京師，[58]唐朝專使的條件或許源自隋朝。令文又提到「便移配處，遞差防援」，沿途需要差役負責「防援」工作。令文針對「防援」的人力作了注釋說明，云「其援人皆取壯者充，餘應防援者，皆準此。」可知負責「防援」工作的人稱為「援人」。「援人」一詞亦見《唐律疏議·鬥訟律》「囚不得告舉他事」條（總 352 條）：「即流囚在道，徒囚在役，身嬰枷鎖，或有援人，亦同被囚禁之色。」[59]「援人」，奧村郁三釋作「囚的監視人」，[60]劉俊文釋作「執送之人」。[61]二人單獨針對唐律「援人」一詞的釋義，基本正確。但若據〈獄官令〉，可知「援人」乃指防援之人，而「防援」乃「防護援送」之意，其任務涵蓋：（一）戒護流移人至流移地；（二）防護館驛遞送；（三）高官軍將的隨身貼護；（四）戒護在役的徒流囚以及死囚至刑場。[62]防援任務可概括為警備、護衛、戒護等，執掌

---

[57]　《魏書》，卷 19 中，〈任城王澄傳〉，頁 476。

[58]　《隋書》，卷 73，〈循吏·王伽傳〉，頁 1686。

[59]　《唐律疏議》，卷 24，頁 441。

[60]　律令研究會編，《譯註日本律令（七）·唐律疏議譯註三·鬥訟律》（東京：東京堂，1987），頁 393。

[61]　劉俊文，《唐律疏議箋解》，頁 1650。

[62]　高明士主編，《天聖令譯註》（臺北：元照出版有限公司，2017），頁 467-468。另參看辻正博，《唐宋時代刑罰制度の研究》，頁 76；中國社會科學院歷史研究所《天聖令》讀書班，〈《天聖令·關市令》譯注稿〉，《中國古代法律文獻研究》，第 9 輯（北京，2015），頁 248。

者稱作「援人」，後來也作「防援人」。[63] 另外，據前引唐律所云「即流
囚在道，徒囚在役，身嬰枷鎖，或有援人」，可知流囚沿途需戴著枷鎖。

　　《唐令·獄官令》復原第 15 條云「專使部領，送達配所」，專使需
將流人自本州一直押送到配所，但有幾個地區是例外，專使只是總領流
人至流放區域的都督府，而非直接押至流配地，譬如配送西州、伊州
的，就押解到涼州都督府；配送嶺南的就押解至桂州、廣州兩都督府；
配送劍南的南寧以南及嶲州界者就押解至益州大都督府。流人送達都督
府後，專使就可以回程，接著涼州都督府等各差派專使依規定將流移人
送達配役地點。誠如前述，嶺南距離長安懸遠，並非法定流放區域，而
西州距長安 5516 里，伊州是 4416 里，亦遠超三等流刑的範圍。至於劍
南道的南寧（貞觀八年改為郎州），距長安 5670 里。[64]本條所載應是貞
觀中期以後流刑配所的變化，而特別申明這三個流放區域的特殊處理措
施，應是反映這些區域正是流人的主要配所。此部分將在下一章詳細討
論。流人移交後，需趕緊報告原來配送的地方，以及申報尚書省。除了
專使以外，尚需防援人協助解送，除了前述「取壯者充」外，《唐令·獄
官令》復原第 16 條又云：「諸遞送囚者，皆令道次州縣量罪輕重、強
弱，遣人防援，明相付領。」[65]可知防援人是由沿途所經州縣派遣，有
別於專使是自本州押解流人至流配地（或都督府）。本條關於專使申報和
差使部領等流刑的細節規定，不見於其他文獻，彌足珍貴。

　　流人行程。據《唐律疏議·名例律》「流配人在道會赦」條（總 25
條）云：

---

[63]　〔日〕圓仁撰；白化文等校註，《入唐求法巡禮行記校註》（石家莊：花山文藝出版社，1992），卷
　　1「承和五年七月十八日」條云：「其國之風，有防援人，為護官物，至夜打鼓。」（頁 14）「防援
　　人」一詞亦見《天聖·關市令》宋令 4 條，個人以為其意仍是防援之人，而非防人和援人，與府兵
　　制的防人無涉。

[64]　分別見《舊唐書》卷 40〈地理志三〉頁 1644、1643；卷 41〈地理志四〉，頁 1694。

[65]　雷聞，〈唐開元獄官令復原研究〉，收入《天聖令校證》，頁 616。

諸流配人在道會赦，計行程過限者，不得以赦原。謂從上道日總
計，行程有違者。有故者，不用此律。若程內至配所者，亦從赦
原。逃亡者雖在程內，亦不在免限。即逃者身死，所隨家口仍
準上法聽還。[66]

本條是關於流人在配送途中遇赦的處理問題。流人每天規定了「行程」，
所謂「行程」，據《疏》文云：

依令：「馬，日七十里；驢及步人，五十里；車，三十里。」
其水程，江、河、餘水沿泝，程各不同。但車馬及步人同行，
遲速不等者，並從遲者為限。

此處的「令」即《公式令》。[67]水路牽涉到黃河、長江等不同河流的水勢
緩急、順流逆流等，每天行程難以硬性規定，但陸路則是馬日行七十
里，驢和人日行五十里，車日行三十里。不過，流人在一般情況下是不
得乘馬的。[68]又據《唐令·獄官令》復原第 18 條，云：

諸流移人至配所，付領訖，仍勘本所發遣日月及到日，準計行
程。若領送使人在路稽留，不依程限，領處官司隨事推斷，仍
以狀申省。[69]

---

[66]　《唐律疏議》，卷3，頁68-69。

[67]　仁井田陞，《唐令拾遺》〈公式令第二十一〉，頁602-604。

[68]　《新唐書》卷 98〈薛收子元超傳〉云：「李義府流巂州，舊制，流人不得乘馬，元超為請，坐貶簡
州刺史。」，頁3892。

[69]　雷聞，〈唐開元獄官令復原研究〉，收入《天聖令校證》，頁616-617。

流人至配所要核算其出發及抵達日期，計算「行程」有否拖延。流人和家口在配送途中的糧食，是自備抑或官給？據《唐令‧獄官令》復原第17 條：「諸流移人在路，皆遞給程糧。每請糧，停留不得過二日，其傳馬給不，臨時處分。」[70]流人途中的糧食應由官方提供，而請糧時可稍作停留。《唐令‧倉庫令》復原第 6 條、復原第 7 條，規定給公糧的時限與標準，可知官糧是依年齡為標準，每月一給。[71]

　　以上是正常每天的行程，但遇到突發事情時則另有規定。關於流人在途中遇到的突發狀況，程限可獲展延。據《唐令‧獄官令》復原第 23 條，云：

> 諸流移人在路，有婦人產者，並家口給假二十日。客女及婢，給假七日。若身及家口遇患，或逢賊難、津濟水漲不得行者，並經隨近官司申牒請記，每日檢行，堪進即遣。若患者伴多不可停待者，所送使人分明付屬隨近州縣，依法將養，待損，即遣遞送。若祖父母、父母喪者，給假十五日；家口有死者，七日；部曲、奴婢死者，一日。[72]

又《唐令‧獄官令》復原第24 條，云：

> 諸流移人未達前所，而祖父母、父母在鄉喪者，當處給假七日

---

[70] 雷聞，〈唐開元獄官令復原研究〉，收入《天聖令校證》，頁616。

[71] 《唐令‧倉庫令》復原第 6 條：「諸應給公糧者，每月一給。（下略）」復原第 7 條：「諸給糧，皆承省符。丁男一人，日給二升米，鹽二勺五撮。妻、妾及中男、女，中男、女謂年十八以上者。米一升五合，鹽二勺。老、小男，謂十一以上者。中男、女，謂年十七以下者。米一升一合，鹽一勺五撮。小男、女，男謂年七歲以上者，女謂年十五以下。米九合，鹽一勺。小男、女年六歲以下，米六合，鹽五撮。」參看李錦繡，〈唐倉庫令復原研究〉，收入《天聖令校證》，頁485-486。

[72] 雷聞，〈唐開元獄官令復原研究〉，收入《天聖令校證》，頁619。

發哀，周喪給假三日。其流配在役而父母喪者。給假百日舉哀，祖父母喪，承重者亦同。周喪給七日，並除給程。[73]

歸納而言，突發狀況包括（一）水路不通、賊亂；（二）疾病；（三）婦人生產；（四）家口或奴婢死亡。針對第（一）（二）項，由於個別狀況的歧異，無法明訂一律行程，因此令文規定須經就近官司正式注記，並須每天檢定，如果狀況容許，便要立即動身。若患者情況嚴重而同行人多，不可久待的話，專使將患者暫時安頓在附近州縣療養，俟好轉後即予以遞送。關於第（三）項，產婦以及家口在內可得二十日的產假。至於第（四）項，親屬中如果是隨行的祖父母、父母逝世，可得十五日喪假，其他家口死亡的可得七日喪假。倘若是留在家鄉的祖父母、父母逝世，可得七日喪假，其他期親親屬死亡則有三日喪假。

此外，由於唐代恩赦頻繁，290 年間共大赦了 188 次，平均一年大赦 0.65 次，約 19 個月便有一次大赦。[74]倘若皇帝大赦天下，尚未遣送的流人、正在途中的流人、已抵達配所的流人，將會得到甚麼程度的恩惠呢？法律就此規定頗為詳細。流人所犯雖已結竟，但並非立即上道，而是每季一遣。而據《唐律疏議·名例律》「犯死罪應侍家無期親成丁」條（總 26 條）《疏》文云：「同季流人，若未上道而會赦者，得從赦原。」[75]設若流人仍未遣送而遇大赦，可以蒙恩放免。[76]至於流人在流配途中遇赦方面，前引〈名例律〉「流配人在道會赦」條，可知流配人在道遇赦，

---

[73] 雷聞，〈唐開元獄官令復原研究〉，收入《天聖令校證》，頁 620。

[74] 參看拙著，《皇恩浩蕩——皇帝統治的另一面》（臺北：五南圖書，2005）第一章〈恩赦的頻佈與北朝隋唐的政治〉，頁 74-76。

[75] 《唐律疏議》，卷 3，頁 70。

[76] 不過，先決條件應是這篇赦詔本身即申明自「大辟罪以下，罪無輕重……咸赦除之。」關於大赦的內容和効力，可參看拙作〈述論唐代大赦的內容和効力〉，《法制史研究》，2（臺北，2001），頁 1-29。

若非行程過限，都可以赦原。據《疏》文云：

> 假有配流二千里，準步程合四十日，若未滿四十日會赦，不問
> 已行遠近，並從赦原。從上道日總計，行程有違者，即不在赦
> 限。

若是流放二千里，徒步的行程是日行五十里，故步行的程限是四十日，
若是四十日內遇赦，只要行程沒有過限，不問已行遠近，並從赦原。不
過若行程之內逃亡，雖遇恩赦，不合放免。流人在道遇赦聽還，北朝已
屢見其例。最早的例子是北魏晚期的孝莊帝（507-531，528-531 在位）
永安三年（530），因皇子生而大赦天下，赦詔云「流配未至前所者，一
以原免。」其後的北齊、北周都有類似放免在途流人的赦書，相關討論
已見第三章。隋煬帝大業二年（606）以營建東都有成，大赦天下，也有
「其流徙邊方未達前所，亦宜放還」，[77]唐律的規定應是沿襲前朝而來。
倘若流人已抵達配所而遇大赦，是否蒙恩釋放呢？據「流配人在道會
赦」條云「若程內至配所者，亦從赦原。」即四十日內抵達配所而適逢
恩赦，亦可蒙恩放免。但四十天以後才遇赦，則據「犯流應配」條：「役
滿一年及三年，或未滿會赦，即於配所從戶口例，課役同百姓。」流人
至配所後，縱逢恩赦，最多只能免役，不能放免還鄉。若是苦役期間遇
赦或是役滿，流人就在配所附籍。

　　流人在道遇赦可以蒙恩放免，於是流人在流放途中經常藉故拖延，
行進緩慢，為此唐律才要規定流人每天的行程，〈獄官令〉才有「如有妄
作逗留、私還及逃亡者，隨即申省」的條文。雖是如此，流人遲延逗留
之事仍是屢見不鮮，如玄宗先天二年（713）誅太平公主，中書令崔湜

77　《（影弘仁本）文館詞林》，卷665，〈隋煬帝營東都成大赦詔一首〉。

（671-713）遭長流竇州，「時湜與尚書右丞盧藏用（664-713）同配流俱
行，湜謂藏用曰：『家弟承恩，或冀寬宥。』因遲留不速進。』」崔湜以
弟崔滌（？-726）正值承恩受寵，或可因此得到皇帝恩宥，是故行進遲
緩。[78]為此，帝王更不時頒布詔敕加以申責，如玄宗天寶五載（746）七
月六日敕：

> 應流貶人，皆負罪譴，其中或捨其殊死，全彼餘生，將寬常
> 法，示有懲戒。如聞在路多作逗遛，郡縣阿容，許其停滯，是
> 何道理？自今以後，其左降官量情狀稍重者，馳十驛已上赴
> 任。流移人令押領綱典畫時遞相分付，如更因循，尚有寬縱，
> 所繇當別有處分。[79]

左降官和流人在沿途多作逗留，故玄宗要求左降官情狀較重的，需日馳
十驛。若以三十里一驛計算，即日行三百里。而流移人方面，則要求押
送人員之間需即時交付犯人，不得拖延。關於玄宗的嚴格要求，史稱
「是後流貶者多不全矣」。[80]唐武宗（814-846，840-846 在位）在開成五
年（840）十月也頒下類似詔勅，云：

> 配流囚人，行李所在，州縣申報到發時刻月日，頗甚違遲。今
> 再條流，其遞過流囚，准律日行五十里，所在州縣，各具月日
> 時刻，相承申報。自今更或停滯囚徒，有淹申發，其本判官罰

---

[78]　《舊唐書》，卷74，〈崔湜傳〉，頁2623。

[79]　《冊府元龜》，卷 63，〈帝王部・發號令二〉，頁 712-1；《唐會要》，卷 41，〈左降官及流人〉，頁
　　　860。

[80]　《資治通鑑》，卷215，〈唐紀三一〉，「唐玄宗天寶五載七月丙辰」條，頁6872。

　　五十直，縣令罰三十直，本典決脊杖五十。[81]

同樣鑑於流人沿途遲緩，嚴詞申斥，要求流人日行五十里的行程，所經
州縣亦要申報抵達與離開的時間。若是淹遲被揭發，相關官吏都要受到
處罰。

第四節　流人至配所

　　據前引《唐令‧獄官令》復原第 18 條云：「諸流移人至配所，付領
訖，仍勘本所發遣日月及到日，準計行程。若領送使人在路稽留，不依
程限，領處官司隨事推斷，仍以狀申省。」流人每天既有一定的程限，
抵達配所後，當然需要勘核其日程是否有稽遲。若專使領送在路上有所
稽留，配所官司需上報尚書省。

　　流人至配所仍需服勞役一年，所以流刑頗有在邊遠州郡服徒刑的意
味。徒刑服役的規定，可參看《唐令‧獄官令》復原第 20 條，云：

> 諸犯徒應配居作者，在京送將作監，婦人送少府監縫作，在外
> 州者，供當處官役。當處無官作者，聽留當州修理城隍、倉庫
> 及公廨雜使。犯流應住居作者，亦準此。婦人亦留當州縫作及
> 配舂。[82]

其勞役的性質大抵是供該州官役，若該處無官作者，則改從事修理城

81　《冊府元龜》，卷 613，〈刑法部‧定律令五〉，頁 7355-2。

82　雷聞，〈唐開元獄官令復原研究〉，收入《天聖令校證》，頁 617。

隍、倉庫及公廨雜使；婦人則留該州從事縫作及配舂。

官人犯了流刑，究竟要不要勞役居作？齊濤以為「凡有官爵之流犯，均免居作」，[83]但並沒有論證。戴建國根據〈名例律〉「應議請減（贖章）」條（總 11 條），以為只有犯「五流」，即「加役流」、「反逆緣坐流」、「子孫犯過失流」、「不孝流」、「會赦猶流」之官員，以及不應流配而特配者，方可免居作。「此外其他流刑犯，包括犯法的官員，仍要服役。」[84]「五流」以及不應流配而特配者可免居作，當無疑慮，但一般官員仍要服役嗎？「五流」屬於特殊的流刑，犯人的罪行相對嚴重。官人遭到判處「五流」這種特殊的流刑，尚可免除居作，反而犯了相對較輕的「三流」，竟然仍要服一年勞役，未免不合常理。個人以為官人犯了一般的「三流」，不僅沒有居作的問題，甚至根本沒有真正流送配所的情事。第二節已經指出「官當、收贖、老疾」都不是應配之人，官人犯了流罪，有「官當」之優遇，即可以官品抵罪，因此，〈名例律〉「官當」條《疏》文才會說「品官犯流，不合真配，既須當贖，所以比徒四年。」一般而言，五品以上，一官當徒三年；九品以上，一官當徒二年。[85]若官少不盡其罪之時，餘罪得以納銅收贖。這些都是九品以上官員即享有的優待，更不用說六、七品官員犯流刑以下得減刑一等，流刑也就降為徒刑了。[86]在一般狀況之下，官人根本不用真配，就無所謂居作了。故此，強制苦役之事，只是針對一般百姓而已。

此外，官人犯流尚有其他優遇。據《唐令‧獄官令》復原第 19 條，云：

---

[83]　齊濤前揭〈論唐代流放制度〉，頁 95。

[84]　《唐律疏議》卷 2〈名例律〉「應議請減（贖章）」條（總 11 條）《疏》文曰：「犯五流之人，有官爵者，除名，流配，免居作。即本罪不應流配而特流配者，雖無官品，亦免居作。」（頁 36）。參看戴建國，〈唐代流刑的演變〉，收入前揭氏著《唐宋變革期的法律與社會》，頁 251。

[85]　《唐律疏議》，卷 2，〈名例律〉「官當」條（總 17 條），頁 44-45。

[86]　《唐律疏議》，卷 2，〈名例律〉「七品以上之官（減章）」條（總 10 條），頁 34。

諸流移人移人，謂本犯除名者，至配所，六載以後聽仕。其犯反
逆緣坐流，及因反逆免死配流，不在此例。即本犯不應流而特配
流者，三載以後聽仕。[87]

官人犯流罪至配所，既不必真役，只要六載期滿，即可重新敘官。這裡
所指當為犯了「五流」的官人，而注文可知排除了其中的「反逆緣坐
流」及「因反逆免死配流」。[88]據前引「應議請減（贖章）」條所云「犯
五流之人，有官爵者，除名，流配，免居作。」因為官爵悉除，才會有
日後敘官之需要，至於「不應流而特配流者」則三載之後也准許復敘。
流刑終身遠逐這樣的重懲只是針對一般庶民，官人三載或六載以後聽
仕，無疑是有流放期限的。

關於流人工作的環境和待遇，《唐令・獄官令》中亦有規定。據復
原第 21 條，云：

諸流徒罪居作者，皆著鉗，若無鉗者著盤枷，病及有保者聽
脫。不得著巾帶。每旬給假一日，臘、寒食各給假二日，不得
出所役之院。患假者陪日，役滿，遞送本屬。[89]

又《唐令・獄官令》復原第 22 條，云：

諸徒流囚在役者，囚一人，兩人防援。在京者，取衛士充；在

---

[87] 雷聞，〈唐開元獄官令復原研究〉，收入《天聖令校證》，頁 617。

[88] 因反逆免死配流，雖滿六載仍不得出仕的規定，當始於唐太宗貞觀十五年（641）。參看《唐會要》
卷 41〈左降官及流人〉，頁 859。

[89] 雷聞，〈唐開元獄官令復原研究〉，收入《天聖令校證》，頁 618。

外者，取當處兵士，分番防守。[90]

　　流人在配所服役，仍是罪囚身分，所以需要有人防援。而且，防援人與囚徒的比例是 2:1，相當的高。流人勞役時都套上束頸的鐵圈或戴盤枷，若是患病或有擔保的，就可以脫掉刑具。犯人一律不著頭巾衣帶。[91]每十天有一天假期，臘日（十二月初八）和寒食各給二日假期。

　　前述「犯流應配」條律注云：「役滿一年及三年，或未滿會赦，即於配所從戶口例，課役同百姓。」一般的三流，犯人需要在配所苦役一年，若是加役流則需要苦役三年。勞役期滿或是服役期間遇到恩赦而免役，流人一律在當地附籍，不得還鄉。[92]流人登錄戶籍後，按國家的戶口管理辦法，自然是附著於土地上，不許擅動。有別於遠古的流放是將罪人驅逐於共同體以外，隋唐以降的流刑犯人則是被國家強制遷徙至指定地點，並在該地附籍為民。流刑除了遠逐遷徙與勞作苦役以外，亦具有強制移住配所以及終身放逐的懲罰目的。流人在配所依據戶口相關法例，「課役同百姓」，需比照百姓一般課徵租調徭役。不過，流人既是「從戶口例」，除了課役同於百姓之外，其他待遇亦與一般百姓無異，譬如參加貢舉考試之類。據《新唐書・和逢堯傳》云：

　　和逢堯，岐州岐山人。武后時，負鼎詣闕下上書，自言願助天子和飪百度。有司讓曰：「昔桀不道，伊尹負鼎于湯；今天子聖明，百司以和，尚何所調？」逢堯不能答，流莊州。十餘

---

[90] 雷聞，〈唐開元獄官令復原研究〉，收入《天聖令校證》，頁 618。

[91] 這是庶民的規定，若是官人犯徒罪的，則可以「不脫巾帶」。參看《唐令・獄官令》復原 45（唐 9）「應議請減者禁身」條。

[92] 錢大群以為流刑雖已為正刑，但其入籍與隨從之法，仍保留了作為其離型的漢代徙邊的特徵。參看氏著《唐律疏義新注》，頁 106。

年，乃舉進士高第，累擢監察御史。（頁 4378）

和逢堯遭流放江南道的莊州，十餘年後進士及第。

　　流人雖然附籍如同一般百姓，但實際上其行動受到當地衙門一定的管控和約束，如憲宗元和十二年（817）四月頒敕：「應左降官流人，不得補職及留連宴會，如擅離州縣，具名聞奏。」及至十月又頒勒申令「自今以後，流人不得因事差使離本處」，[93]流人嚴格規定不得擅離本處。另外，據「犯流應配」條的規定，「若流、移人身喪，家口雖經附籍，三年內願還者，放還。」流人是終身遠逐，但流人若是死亡，其隨行家口在附籍後三年內仍是容許返鄉。流人不管是在道還是在配所身亡，若沒有親戚的情況下，官方會提供棺木和臨時墳地。[94]

　　以上大致勾勒了唐朝律令中流刑的輪廓，要而言之，流刑作為五刑之一，其懲罰內容可歸納為「終身遠逐」、「有期勞役」、「強制移居」、「妻妾從流」等四項。[95]此處強調流刑的「終身遠逐」，是因為流刑在北周和隋朝原先都是有刑期的。強調「有期勞役」，是因為流刑在北魏北齊時期，都是終身服役，並無期限的。強調「強制移居」是因為有別於遠古的流放是將人逐出共同體以外，法定的流刑則規定犯人必須在配所編入戶籍之中。強調「妻妾從流」是因為唐律規定犯人流放僅妻妾必須隨流，其他家屬則沒有強制跟從。刑罰主體應是「終身遠逐」和「有期勞

---

[93] 《唐會要》，卷 41，「左降官及流人」，頁 862-863。

[94] 《唐令·獄官令》復原 11：「諸囚死，無親戚者，皆給棺，於官地內權殯。……置塼銘於墳內，立牓於上，書其姓肆（名），仍下本屬，告家人令取。即流移人在路，及流、徒在役死者，亦准此。」參見雷聞，〈唐開元獄官令復原研究〉，收入《天聖令校證》，頁 613。「即流移人在路，及流、徒在役死者，亦准此。」一句，《通典》卷 168〈刑法部·考訊〉寫作「即流移人在路及流所、徒在役死者，亦准此。」文義略勝。

[95] 劉俊文認為流刑具有「強制流徙」、「強制苦役」、「強制移住」和「強制家屬隨流」等四項內容，參看氏著《唐律疏議箋解》（北京：中華書局，1990），頁 261。筆者所論深受劉氏啟發，在其基礎上加以修訂以凸顯流刑的特質。

役」，至於「妻妾從流」是附帶的懲罰，「強制移居」則是遠逐遷徙後的處置方式。

流人抵達配所後，刑罰是執行完畢抑或仍在執行中，學界意見頗有分歧。相較而言，五刑中的其他四刑並沒有刑罰何時執行完畢之爭議。笞刑、杖刑是用荊條或竹板捶打犯人的背、臀、腿，笞刑是自十至五十，杖刑是自六十至一百，犯人承受一定笞杖之數，刑罰即告執行完畢，並無模糊空間。徒刑是在該州從事一年至三年的官役，若該處無官作者，則改從事修理城隍、倉庫及公廨雜使；婦人則留該州從事縫作及配舂。犯人執行一定年限的勞役，刑罰亦告結束。死刑不論是絞或斬，在犯人氣絕身亡後刑罰自然就執行完畢了，毫無爭議。然而，流人至配所後，究竟是刑的結束、持續抑或開始，學界卻有不同觀點。

日本學者滋賀秀三以為流人至配所，其刑罰已執行完畢，以後須定住於配所者，祇係執行已畢之結果，非刑之繼續執行中。故流人猶如一般人民，不得離本籍，若離開，即以逃亡或浮浪罪科之。「本人在服役期滿後，授田、課役負擔等，與一般居民毫無差別。」「流人永遠無法回鄉，是基於已經遷移戶籍的事實的一般性拘束，並非對所犯罪行的懲罰的持續。」所以，縱逢恩赦，流人還是不能返回鄉里、國都，其理就如同「已經被執行死刑者，縱逢恩赦亦不能復活是一樣的。」流人強制移住的時間點即是流刑執行之完畢，恩赦不及已經發生的既成事實。[96]

戴炎輝並不同意滋賀秀三的觀點，以為「流刑以終身在流所為其本質的內容，至其勞役係附從內容。到配所以後，仍在流刑執行中，非其執行已畢。即流刑寓有無期徒刑之意，且具保安處分的性質。……流與徒的性質，皆屬於自由刑；均予奴役，祇是否配遠方有區別而已。」[97]

---

[96] 律令研究會編；滋賀秀三譯註，《譯註日本律令五・唐律疏議譯註篇一》（東京：東京堂，1979），頁146-148。滋賀氏之譯註原發表於《國家學會雜誌》，72：10（東京，1959）以下各期。

[97] 戴炎輝編著；戴東雄、黃源盛校訂，《唐律通論》，頁189。

戴氏在注釋中據〈名例律〉「更犯」條進一步指出「若以滋賀說，則不能解釋：何以重犯流者，為更犯而再配役三年。」[98]劉俊文贊同戴氏觀點，以為據〈獄官令〉流人不得「私遁還鄉」，又據〈捕亡令〉流人逃亡「並須追捕」，可知強制移住乃以流人終身不離配所為目的。「易言之，流人于配所附貫，並非流刑執行已畢，而是繼續執行，直至流人身死，或特詔放還，或聽選復仕為止。」「流刑以流配人徙至配所為刑之實現（非刑之完成）。」[99]

　　流人抵達配所滋賀秀三以為是刑罰執行的結束，但戴炎輝與劉俊文則以為是刑罰仍在執行中，近年冨谷至再提出新的觀點，以為流人抵達配所才是刑罰執行的開始。「流刑是遷移至他處，保持一定的距離并要求受刑人定居於該地的措施。」「移動是刑罰執行的準備階段，到達配所毋寧是刑罰執行的開始。」[100]冨谷至基於漢代「徙邊刑」的性質是在邊境從事終身軍役，放逐不過是執行戍邊軍役而必然伴隨的移動。北魏孝文帝將文成帝以來恕死徙邊的政策加以法制化而創制流刑，論其性質與漢代徙邊刑有其一致性，都是將犯人徙逐邊戍從事終身軍役，是故認為流刑是「到達配所才是刑罰執行的開始」。

　　前輩學者針對流刑制度解說分析，對學界貢獻極大。但各人所論，仍有若干未盡完善之處。流人永遠無法回鄉，並非滋賀氏所云流人已在配所登錄戶籍。蓋流人至配所後，尚需服勞役一年方始在配所附籍，而在流人已至配所但尚未完成勞役前，即使遭逢皇帝恩赦，流人仍然無法返鄉，可知關鍵並非在配所設籍與否，而是向配所強制移徙已經執行完畢之故。[101]「流徙」和「苦役」的執行時間有先後之差，因此，假若流

---

[98]　戴炎輝編著；戴東雄、黃源盛校訂，《唐律通論》，頁195。

[99]　劉俊文，《唐律疏議箋解》，頁262、頁267。

[100]　冨谷至，《漢唐刑罰史研究》，頁286-287。

[101]　參看辻正博，〈唐律中刑罰的理念與現實——作為「禮教性刑罰」的流刑〉，收入余欣主編《中古時代的禮儀・宗教與制度》（上海：上海古籍，2012），頁78-79。

人已至配所，強制徙逐的處罰已然執行完畢，縱逢帝王恩赦，只能惠及
尚未執行的刑罰，而無法對執行完畢的刑罰產生作用。犯人留在流放
地，不是刑罰仍在持續，而是刑罰的結果。若謂流人至配所仍是流刑執
行中，則帝王的大赦既是皇恩浩蕩，流人焉能不被赦免？流人不因大赦
而放歸故鄉的原因，自然是帝王大赦無法赦免已經執行完畢的刑罰。

　　戴炎輝據〈名例律〉「更犯」條指出流人到配所後，仍在流刑執行
中，非其執行已畢，筆者對此有所保留。為討論方便，茲將〈名例律〉
「更犯」條（總 29 條）引述如下：

> 諸犯罪已發及已配而更為罪者，各重其事。即重犯流者，依留
> 住法決杖，於配所役三年。若已至配所而更犯者，亦準此。即
> 累流、徒應役者，不得過四年。若更犯流、徒罪者，準加杖
> 例。其杖罪以下，亦各依數決之，累決笞、杖者，不得過二
> 百。其應加杖者，亦如之。[102]

按本條是關於有罪「更犯」之規定，所謂「更犯」乃指犯人之犯罪已被
告發或是正在科罰時，又犯了另外的犯罪。「更犯」之認定是在犯罪已被
告言之後、刑罰執行完畢之前，又犯他罪者，方始認定為更犯。[103]其處
刑原則是重於單犯一刑但又輕於兩刑相加，既達加重處罰的效果，但又
不致刑度過重，乃以限制加重的方法來加重。[104]關於流刑更犯流刑的狀
況，由於一人不能同時流放兩處，所以律文規定依「留住法」執行，一
律科處決杖和配役。而針對犯流已斷者，可再細分二種狀況：第一種是

---

[102]　《唐律疏議》，卷 4，〈名例律〉，「更犯」條（總 29 條），頁 79。

[103]　劉俊文，《唐律疏議箋解》，頁 296-297。

[104]　錢大群，《唐律研究》（北京：法律出版社，2000），頁 158。

已斷配訖但未至配所者，第二種是已至配所者。關於前者，據《疏》文
的解釋，云：

> 犯流未斷，或已斷配訖、未至配所，而更犯流者，依工、樂留
> 住法：流二千里，決杖一百；流二千五百里，決杖一百三十；
> 流三千里，決杖一百六十；仍各於配所役三年，通前犯流應役
> 一年，總役四年。若前犯常流，後犯加役流者，亦止總役四
> 年。

劉俊文以為須依前後兩犯流刑中里數最遠者配流，而易另一次流刑依留
住法決杖配役。[105]故按照流刑輕重科處杖一百至一百六十下，而三流皆
折抵三年苦役，加上原來流刑的一年苦役，共需在配所服役四年。至於
第二種狀況，即已至配所者，仍依「留住法」處置，據《疏》文云：

> 已至配流之處而更犯流者，亦準上解留住法，決杖、配役。其
> 前犯處近，後犯處遠，即於前配所科決，不復更配遠流。

其處置方式與未至配所者大體相同，但既至配所，即使後犯流較重、配
處較遠，亦於前配所科決，不復更配遠處，這是與前述未至配所者的重
要差別。

　　戴氏認為流刑犯已至配所而更犯流，與未至配所者一律適用「留住
法」，故以為流人「到配所以後，仍在流刑執行中，非其執行已畢。」個
人以為非是。本條是規定「更犯」，所論不管是流刑也好，徒刑也罷，其
適用範圍是在犯罪告言之後、刑罰執行完畢以前，也就是刑仍在執行

---

[105] 劉俊文，《唐律疏議箋解》，頁297。

中。若是刑已經執行完畢而再犯，則視為累犯但不是更犯。流刑其實包含「終身遠逐」和「有期勞役」，流人至配所僅是執行了刑罰中「遠逐」的部分，其「勞役」部分仍有待執行。一旦流人服完一年苦役，其刑罰始算執行完畢。「更犯」條中所設定的時間點是流人至配所但仍未執行完一年苦役之時，其立法要旨主要在釐清前後流的配所問題。至於服役年限，很清晰是 1+3 的概念，即前流的一年苦役加上後流折抵的三年徒刑，共需服役四年。律文在刑罰執行的時間點很清楚是設定在已至配所但苦役仍未服完之時，故此才以 1+3 的概念來表述。總之，戴氏根據「更犯」條根本無法支持流人至配所是刑的持續執行的論點。

至於劉俊文引唐令以為流人私逃還鄉「並須追捕」，本條唐令見《唐律疏議・捕亡律》「將吏追捕罪人」條（總 451 條）《疏》文，云：「依《捕亡令》，囚及征人、防人、流人、移鄉人逃亡及欲入寇賊，若有賊盜及被傷殺，並須追捕。」[106]仁井田陞根據唐律與其他文獻復原為〈捕亡令〉第一條：

> 諸囚及征人、防人、流人、移鄉人逃亡，及欲入寇賊者，經隨近官司申牒，即移亡者之家居所屬，及亡處比州、比縣追捕。承告之處，下其鄉、里、村、保，令加訪捉。若未即擒獲者，仰本屬錄亡者年紀、形貌可驗之狀，更移比部切訪。捉得之日，移送本司科斷。其失處、得處並申尚書省。若追捕經三年不獲者，停。[107]

---

[106] 《唐律疏議》，卷28，〈捕亡律〉，「將吏追捕罪人」條（總451條），頁525。

[107] 仁井田陞，《唐令拾遺》〈捕亡令第二十八〉，頁 728。本條令文亦見《天聖令》〈關市令卷第二十五附捕亡令〉，參看《天聖令校證》，頁310。

劉氏以為強制移住乃以流人終身不離配所為目的，筆者以為值得商榷。
流人至配所服徒刑完畢，即於配所從戶口例，與平民百姓無異。其不得
離開配所的理由，不必以其為流人或以流刑仍在執行來解釋，其實如同
一般平民不得擅離本籍、浮浪他鄉是同樣道理。律令為何特別針對流人
逃亡作出規定？細檢本條令文，針對的是「征人」、「防人」、「流人」、
「移鄉人」，都是基於不同因素遠離家鄉、徙居別處的人。現居地對這些
特殊身分人仕而言是人生地不熟的異鄉，是故相較於一般的百姓，征
人、流人等都更有可能逃離現居地，潛逃返鄉。同時，相較於追捕一般
亡人，追捕流人的機制較為特殊，據令文可知，是亡處與移亡者之家居
所屬，兩地的官司都要追捕。禁止逃亡並非流人獨有的禁令，亦無法據
此論證流人至配所後刑罰仍在執行中。

　　冨谷至以為流刑是「到達配所才是刑罰執行的開始」的觀點，若置
於北魏、北齊而言，不是沒有道理。然而，唐代流刑是把罪人強制遷移
到規定的距離處，在配所只需服一定年限的勞役的一種刑罰，應該沒有
把遷移看成是「刑罰的準備階段」的。[108]北周繼承北魏的流刑，但周制
與魏制最大的差異，是北周將流刑分成二千五百里至四千五百里共五
等，一律居作六年。流放有道里之差、居作有一定年期，這兩大元素都
為後來的隋唐流刑所繼承。唐代流刑是分為二千里至三千里共三等，皆
居作一年，苦役年限不長，冨谷氏所謂「到達配所才是刑罰執行的開
始」的觀點恐怕就不適用了。

　　流人抵達配所後，其刑罰是持續中抑或執行完畢？個人以為或許可
以從帝王恩赦作為切入點。皇帝頒布大赦既有寬免罪囚的効力，亦具恩
賞官民的措施，同時也作為推行重大政策的手段，古代帝王恩赦効力強

---

[108] 辻正博以為唐代流刑是由強制遷徙刑與配所服有期勞役刑相結合的刑罰，參看氏著〈唐律における
　　流刑の本質——恩赦との關係を中心に〉，《東洋史研究》，77:2（京都，2019），頁 1-26。〔日〕辻
　　正博著：周東平、陳牧君譯，〈唐律中流刑的本質——以與恩赦的關係為中心〉，《法律史譯評》第
　　八卷（上海：中西書局，2020），頁 285-301；289-293。

大，恩澤廣被罪囚、平民、官人等。[109]但不管如何，大赦這樣的皇恩首
先受惠的必然是罪犯無疑。據〈名例律〉「流配人在道遇赦」條，法律規
定流人若未上道或已上道，遇到皇帝恩赦可以放免，但一旦抵達配所，
則必須在配所設籍，終身不得返鄉。流人的刑罰是放逐與苦役，流人至
配所遇赦，只能免除尚未服的勞役，卻不能放免返鄉，為什麼？最重要
的理由自然是流人在抵達配所後，其放逐之刑已經服完，因此大赦對於
服刑完畢的罪囚起不了作用。若謂流人至配所仍是流刑執行中，則帝王
的大赦既是皇恩浩蕩，流人焉能不被赦免？其不能放還故鄉的原因自然
是帝王大赦無法赦免無刑之人。就此不妨再參看〈斷獄律〉「赦前斷罪不
當」條（總 488 條）的規定：

> 又有犯近流，科作遠流，或止合一官當徒，斷用二官以上，若
> 奏畫訖及流至配所會赦者，改從本犯近流及還所枉告身；若未
> 奏畫及流人未到流所會赦者，即從赦原。

有犯近流被科作遠流者，若是流人未至配所而遇赦，可以蒙恩放免。其
例同於〈名例律〉「流配人在道會赦」條的狀況。然而，若流人已至配所
始遇赦，只能因刑的錯誤而改正流放地，卻不可蒙恩放免，其故正如前
述，強制移徙的刑罰已經執行完畢，大赦不能赦免無刑之人。

結　語

　　本章根據《唐律疏議》和《唐令》條文，分從流刑的斷決、流人的

---

[109] 參看拙作〈中國古代恩赦制度的起源、形成與變化〉，收入張中秋主編《中華法系國際學術研討會
　　文集（2007）》（北京：中國政法大學，2007），頁 178-189。

押送、流人至配所等三方面，描繪唐代流刑的具體運作規定。近來《天聖‧獄官令》的發現提供了更豐富更可信的史料以進一步探討唐代刑獄的法定規範，而有關流刑執行的令文不下十條，大大豐富了我們對於流刑運作上的認識。

唐代流刑為五刑中僅次於死刑的刑罰，有「道里之差」，即分為流二千里、二千五百里、三千里等三等，謂之「三流」；流人至配所皆強制服勞役一年；流人是終身遠逐，不得返鄉；妻妾必須跟隨。這些重要特質，顯然都是繼承隋制而來。唐代流刑新制或許在武德元年制定新格時即已建立，其經典依據亦從《尚書‧舜典》轉為《尚書‧立政》孔傳的「三居」。流刑以首都為起點，「三流」大致的範圍若以開元十五道而論，應在營州以南的河北道、河南道的東部，溫州以北的江南東道，郴州以北的江南西道、山南東道和山南西道的南部、黔中道和劍南道的北部，沙州以東的隴右道。關內道、京畿道、都畿道、河東道等因距京不滿二千里；嶺南道則因遠超三千里而不在流放的法定範圍。

流刑的斷決和配所的選定皆尚書省的權限，當州收到尚書省下達的公文，流人的配所已經確定，不過流人並非隨時出發，而是每季遣送一次。流人出發時須清楚登錄隨同的家口、以及被通知或遣發的時間，亦准許出售永業田。流人隨同家口中，妻妾是強制隨行，父祖子孫則聽便。流刑判定後，除非是「義絕」，否則流人不但不可以與妻妾「和離」，即「出妻」也是於法不可。流人押解至配所的過程是由「專使」差送，沿途州縣派人「防援」，一般情況是專使將流人自本州一直押送到配所，但有幾個地區是例外，專使只是總領流人至流放區域的都督府，而非直接押至流配地。流人每天有固定的行程，至配所後需在官署服役一年或三年，但官人則不需居作。服役期間除非患病或有擔保，否則一律戴刑具，而流人自關押、解送到服役，都可以享有假期，視不同狀況有旬假、婚假、喪假、產假、病假等。唐代恩赦頻繁，流人仍未遣送或在途中遇赦，只要行程沒有過限，都可蒙恩赦原。甚至在期限內抵達配

所，遇赦都可放免，但若已過期限則只能免役，而不可放歸還鄉。流人役滿在配所附籍，課役同於百姓。但官人犯流罪至配所，既不必真役，只要六載（或三載）期滿，便可重新出仕，意即離開配所，返歸京師。

要而言之，流刑作為五刑之一，其懲罰內容可歸納為「終身遠逐」、「有期勞役」、「強制移居」、「妻妾從流」等四項。刑罰主體應是「終身遠逐」和「有期勞役」，至於「妻妾從流」是附帶的懲罰，「強制移居」則是遠逐遷徙後的處置方式。唐律流刑的主體是「遠逐」和「勞役」，二者的執行時間有先後之差，因此，假若流人已至配所，強制徙逐的處罰已然執行完畢，縱逢帝王恩赦，只能惠及尚未執行的刑罰，所以最多只能免除居作。一旦居作期滿，流刑所有刑罰理應執行完畢。犯人留在流放地，不是刑罰仍在持續，而是刑罰的結果或效果。此時縱逢恩赦，犯人仍是無法返鄉，原因就是帝王大赦無法赦免已經執行完畢的刑罰。

相對於笞、杖、徒、死都是單一的刑罰，流刑卻是由「放逐」與「勞役」兩種刑罰構成，是五刑中唯一的複合式刑罰。根據本書第三章的討論，可知北魏既面臨類似漢朝的刑罰困境，復為了保證邊鎮兵源供應不虞匱乏，遂效法漢人故智將犯人恕死徙邊鎮為兵，並加以法制化和常態化，流刑遂入律成為正刑。若謂漢代「徙邊刑」的性質是無期勞役刑，放逐不過是執行戍邊軍役而必然伴隨的移動，[110]那麼，充當兵戶可說是北魏流刑的目的，遠徙不過是執行防邊軍役的移動而已。北魏、北齊的流刑，論其性質與東漢的「徙邊刑」頗為相似，勞役是主，放逐是從。及至北周，模倣《周禮》而制定「道里之差」，標誌流刑的性質開始產生轉變。北周流刑是自流二千五百里至四千五百里共五等，一律居作六年。罪行輕重與道里等級連動，六年居作的有期勞役若與魏齊的終身苦役相較，無疑大幅縮短，流刑遠逐的性質逐漸突顯。隋代流刑是從一

---

[110] 冨谷至著，《漢唐法制史研究》，頁 299-307。

千里到二千里共三等，居作年限降為二年至三年不等，流放距離與勞役年限皆大幅降低，約為周制的一半。居作三年即徒刑之最高年限，苦役應是隋制的重點，而流放距離雖是非常短近，但畢竟仍是有道里之差，罪行與流放距離密切關連，放逐仍是重要元素。唐代流刑是從二千里至三千里共三等，里程比隋制長，但居作年限只有一年，則比隋制短。相對於隋制，唐制的遠逐是重點，勞役的重要性大幅降低。及至貞觀十四年（640）太宗訂定新制，流刑配所不再侷限於二千里、二千五百里、三千里的具體里程數，而是流放邊要遠惡之處，配所距京經常超過三千里，甚至有萬里之遙的，更是明顯以遠逐為主，勞役為從了。

　　刑罰有其一身專屬性，犯罪者本人有履行的義務，別人不得替代，更沒有義務履行。一般情況下，家族成員會受到罪犯牽連受刑是因為特定的犯罪，而不是特定的刑罰。不管是笞、杖、徒、死等刑，皆是一人服刑，與他人無涉，但流刑卻是有可能牽連到家族成員一併受罰。按照法律妻妾必須隨行，可謂直接受到牽累。至於父祖子孫則可以隨流，也可以不必同行，但選擇隨行者應所在多有。飽受流放之苦的，往往不止流人自身。北宋《天聖令》雖是承襲唐令，但本條卻是作了修正，云：「諸流人科斷已定，及移鄉人，皆不得棄放妻妾。如兩情願離者，聽之。父母及子孫，去住從其私便。」[111]宋令與唐令最大的差異，就是妻妾的處境。唐代是強制隨行，宋代則允許夫妻離異，即不須強制同行。宋令的修訂使流刑懲處的對象僅是局限於犯罪者自身，作為一種刑罰，無疑是更臻合理的。

　　流刑是五刑中唯一不在本縣或本州執行的刑罰。笞和杖都是縣級衙門即可決斷的刑罰，定讞後馬上在縣衙執行。徒刑的執行，據前引〈獄官令〉，可知其勞役的內容大抵是供該州官役，若該處無官作者，則改從事修理城隍、倉庫及公廨雜使。婦人則留該州從事縫作及配舂。死刑的

---

[111]　《天聖‧獄官令》宋 10 條，參看《天聖令校證》，頁 329。

最終審權雖在中央而非地方，但執行工作仍在當州。然而，流刑就不一樣，不管是二千里抑或三千里，犯人必定離開鄉里以及本縣本州，遠徙他方。按照律令規定，押解犯人需要派遣一名專使自犯人居地一直押解到配所，沿途州縣需要派遣人力防援，而犯人乃至隨流家屬的口糧是由官方提供，專使、防援人力、口糧等人力物力的開銷，所費不貲。因此，流刑應是是五刑中執行成本最高的刑罰，而「流人季別一遣」的規定，無疑是考量押解犯人的成本。單純以口糧而論，若犯人被流放五千里，以徒步上路日行五十里計算，順利的話至少一百天才能抵達目的地，期間日給口糧米二升，百天共需口糧米二石，相當均田農一年的田租，費用甚高。若再加上隨行的妻小家屬，僅口糧一項就是一筆不小的開銷。況且唐朝流人不少配送嶺南地區，嶺南地區又相對落後蠻荒，交通不便，押送犯人的花費相對就更高了。毫無疑問，流刑的執行成本遠比笞、杖、徒、死等刑罰昂貴。

作為一種刑罰，流刑的威嚇力相當程度源自於「想像」。隋唐時期，國家行均田制，按口授田，身老退田。同時，國家按照丁口戶產，課徵田租戶調雜稅徭役等。國家要能有效落實統治，百姓必須自出生即登錄戶籍，終身乃至世代定著在戶籍地，不要隨意遷移。在工商業尚未繁盛發達，而人民主要仍是從事農業生產的時代，百姓自然安土重遷，不會輕易離鄉背井。流刑犯是被強制遷離本籍，遠逐遐方，而依據法律流人是終身放逐，不得返鄉。孤零零的一個人或一家人離開親族鄰里，流徙至陌生的區域，甚至放逐到嶺南這樣叢林瘴氣的蠻荒絕域，「想像」箇中危險艱辛、有去無回的絕境，能不害怕嗎？同時，流人遠逐的過程、流配地的環境、流人在配所的境遇等，原籍鄉里的父老皆無從得知。在安土重遷的社會裡，有別於死刑徒刑等刑罰讓眾人親身目睹刑罰的執行，從而體認到犯罪的下場，流刑主要是透過「想像」讓大家感受刑罰的可怕與威嚇。

第五章　實踐下的流刑
——唐代流刑的實相

前　言

　　前章主要根據唐律與唐令，大致勾勒流刑運作的法定規範及其重要性質，側重在法律的表述層面。本章將析論流刑的具體執行以及隨著時代而作出的調整，聚焦於流刑的實踐層面，從而檢視紙上的法律與現實上的法律之間，其落差究竟如何？而又該如何理解這樣的落差或變化？唐代流刑分為流二千里、二千五百里、三千里等三等，流人至配所皆強制服勞役一年，妻妾必須跟隨。流人役滿後在配所附籍，終身不得返鄉。流刑作為五刑之一，重於徒刑而輕於死刑，其懲罰內容可概括歸納為以下四項要點：「終身遠逐」、「有期勞役」、「強制移居」、「妻妾從流」。流刑最為核心的元素無疑是「放逐」與「勞役」二者，關於唐代流刑的變化調整，大體上亦是圍繞此二項元素而展開的。本章分從二個看似矛盾卻又並存的現象加以考察：一為刑罰的加重，一為流人的放免。

第一節　流刑的加重（上）——加役與加杖

　　唐制在初唐即已建立，然而在太宗朝開始，流刑在流放里程、勞役年限、終身遠逐等各方面，陸續作出調整與修訂。本節將從勞役與決杖兩方面檢討流刑的加重。

一、苦役的延長──加役流

　　據前引「犯流應配」條律注云：「本條稱加役流者，流三千里，役三年。」可知所謂「加役流」是流三千里、役三年的刑罰。「加役流」非屬三流之一，亦不見於武德律，乃貞觀年間增設的新制，其詳情見《冊府元龜》卷六一二〈刑法部·定律令四〉，云：

　　太宗貞觀十一年正月頒新律令于天下。初，帝自即位，命長孫無忌、房玄齡與學士法官更加釐改。（A）戴胄、魏徵言舊律令太重，于是議絞刑之屬五十條，免死罪斷其右趾，應死者多蒙全活。（B）太宗尋又愍其受刑之苦，謂侍臣曰：「前代不行肉刑久矣。今思斷人右趾，意甚不忍。」諫議大夫王珪對曰：「古行肉刑以為輕罪，今陛下矜死刑之多，設斷趾之法，格本合死，今而獲生。刑者幸得全命，豈憚去其一趾，且人之見者甚足懲戒。」帝曰：「本以為寬故行之，然每聞惻愴，不能忘懷。」又謂蕭瑀、陳叔達等曰：「朕以死者不可再生，思有愍矜，故簡死罪五十條，從斷右趾。朕復念其受痛，極所不忍。」叔達等咸曰：「古之肉刑乃在死刑之外，陛下于死刑之內改從斷趾，便是以生易死，足為寬法。」帝曰：「朕意以為如此，故欲行之。又有上書言此非便，公可更思之。」（C）其後蜀王法曹參軍裴弘獻又駁律令不便于時者四十餘事，太宗令參掌刪改之事。弘獻于是與房玄齡等建議，以為古者五刑，刖居其一。及肉刑廢，制為死、流、徒、杖、笞，凡五等以備五刑。今復設刖足，是為六刑，減罪在于寬弘，加刑又如繁峻。

乃與八座定議奏聞。于是除斷趾法，改為加役流三千里，居作
二年。[1]

此為貞觀初年的大事，同時亦見於兩《唐書‧刑法志》、《通典》、《唐會
要》等史籍，惟以《冊府元龜》的記載最為詳盡。這次刑罰的修訂大致
可分三個階段：（A）太宗即位之初修訂律令，將五十多條判處絞刑的犯
罪改科斷右趾之刑；（B）改革後雖是全活了許多人，但太宗對於新制仍
有不滿，指示臣下更思改善；（C）裴弘獻與房玄齡（579-648）最後制定
新的刑罰──加役流，以取代斷足之刑。

　　關於（A）的部分，太宗初年修訂律令的時間，各書多籠統記作自
太宗即位，《通鑑》則將其事明確繫於貞觀元年。[2]惟《唐律疏議‧名例
律》「應議請減贖章」條（總 11 條）《疏》文解釋「加役流」時，云：

　　加役流者，舊是死刑，武德年中改為斷趾。國家惟刑是恤，恩
　　弘博愛，以刑者不可復屬，死者務欲生之，情軫向隅，恩覃祝
　　網，以貞觀六年奉制改為加役流。[3]

《唐六典》亦云：「加役流者，本死刑，武德中改為斷趾，貞觀六年改為
加役流」，[4]所述同於《唐律疏議》。《唐律疏議》與《唐六典》等法典政
書，在記載刑罰的變革當有所本，二書皆將此事繫於武德年中，似乎是
發生在唐高祖時期。但綜觀各書，參與此次刑罰改革者都是貞觀朝臣，

---

[1]　《冊府元龜》，卷 612，〈刑法部‧定律令四〉，頁 7343。

[2]　《資治通鑑》，卷 192，〈唐紀八〉，「唐太宗貞觀元年（627）」條，頁 6031。

[3]　《唐律疏議》卷一，〈名例律〉，「應議請減贖章」條（總 11 條），頁 35。

[4]　〔唐〕李林甫等撰，陳仲夫點校，《唐六典》（北京：中華書局，1992），卷六，〈尚書刑部〉「刑部
　　郎中員外郎」條，頁 186。

此事明顯是發生在太宗朝。諸書的記載也許並不扞挌，蓋唐太宗在武德九年（626）八月即位，次年改元貞觀，此事應是發生在武德九年八月登基之後。[5]《唐六典》等書的武德年中或武德中，並非武德中期之意，當作武德年間解。

　　關於（B）的部分，太宗對斷右趾之刑認為不妥之處有二，一是刖足這樣的肉刑廢除已久，二是體恤犯人受斷足刑後的痛楚。大臣中王珪、蕭瑀（574-648）、陳叔達（？-635）都不主張改變剛建立的新制，其中王珪以為刖足之刑取代絞刑，是以生代死，對死罪犯人而言，不會懼怕以一足換一命，而且受刑後的慘狀適足以警惕一般群眾，可以達到預防並嚇阻人們犯罪的效果。王珪的觀點使人想起曹魏的鍾繇（151-230）、李勝（？-239）倡議恢復肉刑者的主張。（參看第一章）

　　關於（C）的部分，其後蜀王府法曹參軍裴弘獻駁律令不便者四十餘事，太宗因而命其與房玄齡參與律令刪削的工作。「蜀王」應是太宗第三子李恪（619-653），[6]而裴弘獻駁律令的時間，《唐會要》作「貞觀元年三月」。[7]整個律令刪削過程頗為漫長，最終弘獻等議除斷趾法，改為流三千里，役三年的「加役流」，[8]此為「加役流」的創制。「加役流」制

5　清人錢大昕即指出「是則改絞刑為斷趾，即在太宗即位之歲，故猶稱武德也。」參看氏著，《十駕齋養新錄》（上海：上海書店，1983），卷 13，「唐律疏義」，頁 302。另參看仁井田陞，〈唐初の肉刑と日唐律の加役流刑〉，《歷史學研究》8-5（東京：1938），頁 14。楊志玖，〈「加役流」解〉，收入氏著，《陋室文存》（北京：中華書局，2002），頁 129-133。錢大群，〈「斷趾」廢改及反逆兄弟「配沒」時間考〉，收入氏著，《唐律與唐代法制考辨》（北京：社會科學文獻出版社，2013），頁 121-129。陳璽，《唐代刑事訴訟慣例研究》（北京：科學出版社，2017），第 16 章，〈加役流〉，頁 398-402。

6　參看楊志玖，〈「加役流」解〉，頁 130-131；錢大群〈「斷趾」廢改及反逆兄弟「配沒」時間考〉，頁 125-126。

7　〔宋〕王溥撰，上海社科院歷史所古代史研究室點校，《唐會要》（上海：上海古籍出版社，1991），卷三九，〈議刑輕重〉，頁 826。

8　據前引《冊府元龜》云「于是除斷趾法，改為加役流三千里，居作二年。」役期似為二年。其他如《通典》卷 165〈刑法三〉、兩《唐書》〈刑法志〉、《唐會要》卷 39〈議刑輕重〉記載與《冊府元龜》相同，皆作「居作二年」。仁井田陞以為「居作二年」是貞觀六年加役流制定之初的規定，《唐

定的時間，應如前引《唐律疏議》和《唐六典》的記載，當在貞觀六年。[9]《唐會要》「貞觀元年」之記載乃「貞觀六年」之誤。

　　綜合而言，太宗初年免死罪為斷右趾，斷趾之刑是在死刑之內，作為死刑之代刑而存在，但加役流非是。相對而言，斷趾之刑接近皇帝的恩典，但加役流算是流刑之加重，屬於正刑之一。此外，房玄齡與裴弘獻等反對以刖貸死，進而建議改刖為流的原因，是「及肉刑廢，制為死、流、徒、杖、笞，凡五等以備五刑。今復設刖足，是為六刑。」「五」「刑」已然固定，即刑之數為五，刑之名為死、流、徒、杖、笞。肉刑廢後，墨、劓、宮、刖等已不在五刑之列，是故刑中有刖，不符五刑之數。既是如此，貸死之刑乃至流刑的加重或調整，一律不可外求，只能於笞杖徒流之中尋找。「加役流」是加役之流，其意是在原有流三千里、苦役一年以外加役二年，即苦役三年。流的里數三千里沒有增加，但役的年數增加了，因而稱為「加役流」。若論「加役流」之性格，無疑就是流刑之極和徒刑之極的綜合刑。唐高祖武德初年訂定的三流之制，在貞觀初年即已產生變化。貞觀十一年頒定的《貞觀律》改變了武德法制「一準開皇之舊」的面貌，對隋律作了較大的修正，基本確立繼承隋制而又有別隋制的唐代法制。[10]「加役流」此種新制亦載明於律令之中，為其後的《永徽律》、《開元律》所承用。

律疏議》之「居作三年」是後來的開元制度。參看氏著〈唐初の肉刑と日唐律の加役流刑〉，頁14。但楊志玖以為二者未必矛盾，只是提法角度不同。《唐律疏議》是直接說出服役年限，故云「役三年」，而《冊府元龜》等的提法是「改為加役……居作二年」，是要說明在常流居作一年之外，再加役二年，也就是居作三年之意。參看氏著〈「加役流」解〉，頁131-133。

9　參看楊志玖，〈「加役流」解〉，頁 131；錢大群，〈「斷趾」廢改及反逆兄弟「配沒」時間考〉，頁124-125。

10　關於武德朝與貞觀朝的律令制定，參看高明士，《律令法與天下法》（上海：上海古籍，2013），第二章〈唐代武德到貞觀律令的制度〉，頁 82-124。另可參看劉俊文，《唐代法制研究》（臺北：文津，1999），第一章〈唐代立法研究〉，頁23-27。

二、決杖配流

　　試看唐玄宗開元二十四年（736）四月丁丑（廿八日）的恩詔，
云：

　　天下見禁囚，犯十惡死罪及造偽頭首、劫殺人，先決六十，長
　　流嶺南遠惡處。自外死罪，先決一頓，並流嶺南。[11]

犯下嚴重惡行者，如十惡、造偽頭首、劫殺人等，一律決杖六十，「長
流」嶺南遠惡處。其他犯死罪者，先決杖一頓，並「流」嶺南。本條恩
詔可以看出流刑的三點變化，其一，犯人流放的地點是嶺南，但嶺南並
非唐律法定流放的範圍。其二，除了「流」之外，另有「長流」，二者顯
然有別。其三，犯人流放之前先行決杖，或是六十，或是一頓。這三項
都不是法定流刑的懲罰內容。以下將逐一說明。
　　流人配送之前，先決鞭杖，在北齊北周原是律令常刑，此已見前
章。但唐代流刑按照律令規定，除了遠逐和勞役外，並無附加鞭杖之
刑。可是，後來皇帝不復依準律令，往往對流人先行決杖，然後才配送
遠郡。宋神宗（1048-1085，1067-1085 在位）熙寧三年（1070），刪定編
敕官曾布上奏議復肉刑，宰相王安石（1021-1086）論曰：

　　（唐）太宗雖用加役流代斬趾，然流終亦不可獨行，故唐已有
　　決杖配流之法。蓋當時自有別敕施行，不專用律。若專用律，

　　則死罪外即用流法，無以禁姦，決不可行也。[12]

王安石的意見有兩個重點：其一，認為唐太宗雖以加役流代替斬趾刑，
但流刑終究無法單獨施行，唐代早已有決杖配流之法。其二，唐代帝王
不專用律，而是以別敕的形式施行決杖配流之刑。

　　唐代流人決杖配送之事，始見於武后朝。光宅元年（684），武后
（624-705，690-705 在位）廢黜中宗，不久又藉徐敬業（636-684）之
亂，以謀反罪收宰相裴炎（？-684）下獄，其侄裴伷先（664-743）被牽
連，據《新唐書・裴伷先傳》云：

　　（裴）炎死，坐流嶺南。上變求面陳得失，后召見。……后
　　怒，命曳出，杖之朝堂，長流瀼州。（頁 4249）

這是首宗罪犯在流放之前，先被決杖一頓的記載，嗣後，流刑附加決杖
的處罰，屢見不鮮。唐中宗朝的《神龍散頒刑部格》針對特定犯罪確有
先決杖再配流的處罰規定：

　　偽造官文書印若轉將行用，并盜用官文書印及亡印而行用，并
　　偽造前代官文書印若將行用，因得成官，假與人官，（同）情
　　受假：各先決杖一百，頭首配流嶺南遠惡處，從配緣邊有軍府
　　小州。[13]

---

[12]　〔宋〕李燾，《續資治通鑑長編（點校本）》（北京：中華書局，2004），卷 214，「宋神宗熙寧三年
　　　八月戊寅」條，頁 5215。

[13]　參見劉俊文著，《敦煌吐魯番唐代法制文書考釋》（北京：中華書局，1989），頁 246-247。

按照《唐律疏議·詐偽律》「偽寫官文書印」條（總 363 條）、「偽寶印符節假人及出賣」條（總 365 條）、「盜寶印符節封用」條（總 366 條），偽造官文書印、盜用官文書印及亡印而行用，皆流二千里；偽造前代官文書印若將行用處徒二年，因之得成官者亦是流二千里，格文無疑是加重了盜用官文書印等的處罰。

同樣決杖配流的還有盜殺官馬罪，云：

> 盜及煞官馳馬一疋以上者，先決杖一百，配流嶺南，不得官當、贖。[14]

據《唐律疏議·賊盜律》「盜殺官私馬牛」條（總 279 條），盜官馬而殺的刑罰是徒二年半。格文的規定不僅要流放嶺南，還要先決杖一百，刑度加重不少。那麼，《神龍散頒刑部格》中關於流放的刑罰都會加杖嗎？答案是並不盡然。試看以下條文：

> 盜及詐請兩京及九城宮庫物，贓滿一疋已上，首處斬，從配流。[15]

顯然原來不加杖的流刑與後來加杖的流刑是兼行并用的。但流刑加杖終究沒有編入唐律之中，故帝王將流人先加杖再遠徙，誠如王安石所云皆以制敕或據制敕而編定的《格》等形式來施行。睿宗景雲二年（711），張奉先以偽宣敕取內廄馬、獨孤璿因犯贓，原來都被判斬刑，但臨刑有「制」，各杖一百，配流嶺表。[16]

14　劉俊文著，《敦煌吐魯番唐代法制文書考釋》，頁 252。

15　劉俊文著，《敦煌吐魯番唐代法制文書考釋》，頁 248。

16　《冊府元龜》，卷 150，〈帝王部·寬刑〉，頁 1814-2。

爰至玄宗時期，流人決杖之事激增，儼然成為定制，誠唐代流刑的
一大變化。玄宗朝流人決杖的事例，始見於開元三年（715）十二月乙丑
（十八日）的恩降，云：

> 故事：罪至死刑，寬其大戮。……其犯斯刑者，宜決一百，配
> 流遠惡處；其犯杖配流者，宜免杖依前配流，已決及流三千里
> 者，節級稍移近處，二千五百里以下並宜配徒以殿。[17]

玄宗的詔書是針對死刑與流刑犯人給予恩典。死刑犯改為決杖一百，配
流遠惡處。至於流刑犯是指「犯杖配流者」，明顯不是唐律的「三流」罪
囚，而是帝王特旨先決杖再流放的犯人。「犯杖配流者」分為未決和已決
兩種狀況處理：未決者，免杖配流；已被決杖者，流三千里的逐級稍移
近處的配所，流二千五百里以下改科徒刑。決杖配流既是君王寬減死罪
的「代刑」，亦是處罰某些嚴重犯罪的「本刑」。皇帝決杖有時是在「朝
堂」執行。朝堂作為皇帝與官僚群體互動的場所，決杖於朝堂多採集眾
圍觀，寓有皇帝向百僚展示其權力意志的內涵。[18]

　　玄宗減死決杖配流的恩典，的確有人蒙受其惠。開元四年（716），
中書主書趙誨（？-716）因受蕃人珍遺，論罪當誅，但得姚崇（650-
721）營救，趙誨遂免死決杖一百，配流嶺南。[19]開元八年（720）九月
丙寅（十七日），玄宗又頒布恩詔，云：

> 其京城內犯罪人等，時令按覆，其中造偽頭首及謀殺人斷死

17　《冊府元龜》，卷85，〈帝王部·赦宥四〉，頁1002-1；《新唐書》，卷5，〈玄宗本紀〉，頁124。

18　參看王德權，〈決杖於朝堂——隋唐皇帝與官僚群體互動的一幕〉，《唐研究》，21（北京，2015），
　　頁163-202。

19　《舊唐書》，卷96，〈姚崇傳〉，頁3025。

　　　者，決一百，配流嶺南惡處。雜斷死罪〔者〕，決一頓，免死
　　　配流遠處。雜犯流移者，各減一等。杖罪已下並免。[20]

由於皇帝矜恤人命，犯死罪者按照情節的輕重，減降死罪一等，改處以
決杖一百或決杖一頓，然後再配流嶺南惡處或遠處。犯人在決杖之後多
久才會被發遣配送？開元十年（722）六月，玄宗頒下制敕：「自今以
後，准格及敕，應合決杖人，若有便流移左貶之色，決訖，許一月內將
息，然後發遣。其緣惡逆、指斥乘輿者，臨時發遣。」若非犯下惡逆、
指斥乘輿之類的嚴重惡行，流人受杖後容許將養一個月然後發遣。[21]

　　流人決杖的處分，許多是針對減死從流的重刑犯。譬如，開元十年
（722），蔣寵以「言事涉邪……法所宜誅」，遭決杖四十配流嶺南的藤
州。[22]開元十年的姜皎（？-722）、[23]裴景仙、[24]開元二十四年（736）的
楊濬、[25]開元二十五年的宋廷暉、周仁公、裴裔等三人，[26]原先都是罪犯
極刑，最後，免死決杖流配遐方。玄宗朝決杖配流經常用作死刑的替代
刑，及至天寶六載（747）玄宗遂逕行廢除死刑，史稱「又令削絞、斬
條。上慕好生之名，故令應絞斬者皆重杖流嶺南，其實有司率杖殺
之。」[27]可知玄宗削除絞斬之刑後，凡應絞斬者，皆重杖配流嶺南。決

20　《冊府元龜》，卷 85，〈帝王部・赦宥四〉，頁 1002；〔宋〕宋敏求編，《唐大詔令集》（北京：中華
　　書局，2008），卷 83，〈政事・恩宥一〉，頁 478。

21　參看《唐會要》，卷 41，〈左降官及流人〉，頁 859-860；《通典》，卷 170，〈刑法・寬恕〉，頁
　　4414。

22　《冊府元龜》，卷 152，〈帝王部・慎罰〉，頁 1843-2。。

23　《舊唐書》，卷 8，〈玄宗本紀上〉，頁 184。

24　《舊唐書》，卷 100，〈李朝隱傳〉，頁 3127。

25　《舊唐書》，卷 98，〈裴耀卿傳〉，頁 3082。

26　《冊府元龜》，卷 150，〈帝王部・寬刑〉，頁 1815-1。

27　《資治通鑑》，卷 215，〈唐紀三十一〉，「唐玄宗天寶六載正月戊子」條，頁 6876。

杖和配流，基本上是玄宗開元以來恩降免死的替代刑，如今只是正式以
其取代死刑而已。

　　唐朝前期將犯人流放以前先行決杖的做法，後期依舊延續，循而未
改。德宗（742-805，779-805 在位）貞元十一年（795）流朱明祐嶺南以
前，先決杖八十；[28]憲宗（778-820，805-820 在位）元和六年（811）流
梁悅至循州，先決杖一百；[29]文宗（809-840，827-840 在位）登基之初將
兵馬使王士遷、李忠亮、張士岌等各杖一百，流天德軍。[30]可知將流人
先決杖再配流的做法，一直沿用至晚唐。流刑附加決杖之情形既一直存
在，而且愈益普遍，杖刑自然亦愈趨複雜。決杖之數，有杖四十、六
十、八十、一百之差外，有時史書只作決杖一頓，並無聲明杖數，如開
元二十四年（736）的魏萱、王延祐。[31]那麼，「決一頓」究竟是多少
呢？據《刑部式》，決杖分為「與一頓杖」，即決四十；「至到與一頓
杖」，決六十；「重杖一頓」，決六十。另外，原先不載杖數的「痛杖一
頓」，亦比照「至到與一頓」，就是決六十。[32]除了杖數，尚有部位之
差，如脊杖、臀杖；以及形制之差，如常行杖、重杖等。[33]附帶一提的
是，明清律的流刑亦分為流二千里、二千五百里、三千里三等，但每等
都加杖一百。不論是三等流刑抑或流刑加杖，都可以在唐制中找到發展
源頭。只是明清流人是解送至配所方始加杖一百，有別於唐代流刑決杖
的時間是在起解之前。

28　《冊府元龜》，卷 153，〈帝王部・慎罰〉，頁 1850-2。

29　《舊唐書》，卷 14，〈憲宗本紀〉，頁 437。

30　《冊府元龜》，卷 153，〈帝王部・慎罰〉，頁 1859-1。

31　《冊府元龜》，卷 152，〈帝王部・慎罰〉，頁 1844-2。

32　按《唐會要》卷 39〈議刑輕重〉云：「寶應元年九月八日，刑部大理奏：『准式：制敕處分與一頓
　　杖者，決四十；至到與一頓及重杖一頓，並決六十。無文至死者，為准式處分。又制敕或有令決痛
　　杖一頓者，式文既不載杖數，請准至到與一頓決六十，並不至死。』敕旨，依。」

33　參看戴建國，〈唐宋杖刑的傳承演變〉，收入氏著《唐宋變革期的法律與社會》（上海：上海古籍，
　　2010），頁 221-240。

第二節 流刑的加重（下）──遠逐之地與遠逐之期

前節主要從「加役」與「加杖」二方面討論流刑的調整，本節將圍繞「放逐」此一核心元素，亦即遠逐的地點與遠逐的時間，檢討流刑的變化。

一、量配邊要遠惡之地

唐太宗貞觀年間，流刑的變化不僅在苦役刑期的增加，流放配所的選擇亦脫離三等流刑的限制。唐太宗貞觀十一年（637）正月頒行《貞觀律》，流刑分為二千里至三千里的規定循而未改，但不過三年後的貞觀十四年（640），三流「道里之差」的規定就發生了重大變革。據《唐會要》卷四一〈左降官及流人〉：

> （貞觀）十四年正月二十三日制：「流罪三等，不限以里數，量配邊要之州。」[34]

所謂「量配」一詞在唐代史籍中屢見，「量」應是斟酌、酌量之意，「配」是安排、分配之意。「量配」在此可參考日本《養老令》的解釋：「量罪輕重，配其遠近。」[35]至於「邊要」一詞，據《唐律疏議・職制

---

[34] 《唐會要》，卷 41，〈左降官及流人〉，頁 859。《冊府元龜》卷 612〈刑法部四・定律令四〉文字同，但《舊唐書》卷 50〈刑法志〉將「邊要之州」寫作「邊惡之州」（頁 2140）。至於《新唐書》卷 56〈刑法志〉則云「（貞觀）十四年，詔流罪無遠近皆徙邊要州。」（頁 1412）文字雖異，但其意同於《冊府元龜》、《唐會要》。「邊惡」一詞並不常見，而用以形容州郡更是稀罕，相對而言「邊要」一詞則屢見不鮮，散見於前述《冊府元龜》、《唐會要》等史籍，疑《舊唐書》之「邊惡」乃「邊要」之筆誤。

[35] 《養老・獄令》《義解》第十三「流移人」條。參看〔日〕黑板勝美編集，《令義解》（新增訂補

律》「官人無故不上」條（總 95 條），當釋作「緣邊要重」之意。[36]「邊要之州」具體包含哪些地方呢？據《唐會要》卷二四〈諸侯入朝〉，云：

（開元）十八年十一月勅：「靈、勝、涼、相、代、黔、巂、豐、洮、朔、蔚、嬀、檀、安東、疊、廓、蘭、鄯、甘、肅、瓜、沙、嵐、鹽、翼、戎、慎、威、西、牢、當、郎、茂、驩、安北、北庭、單于、會、河、岷、扶、拓（當作柘）、安西、靜、悉、姚、雅、播、容、燕、順、忻、平、靈（當作雲）、臨、薊等五十九州，為邊州。揚、益、幽、潞、荊、秦、夏、汴、澧、廣、桂、安十二州，為要州。」[37]

這是開元時期「邊州」與「要州」的範圍，或可作為貞觀「邊要」之州的參考。此外，誠如前引玄宗詔書等唐代文獻更為常見的是帝王將犯人流放至「遠惡」之處。「遠惡」含有懸遠險惡的意思，足以彰顯此種將人驅逐遐方的刑罰的精神。要而言之，流刑配所自初唐即定調為「邊要」和「遠惡」。貞觀十四年新制中所謂「不限以里數」，其意是指流所不再侷限於二千里、二千五百里、三千里的具體里程數，而非廢棄流刑三等

《國史大系》，東京：吉川弘文館，1988），卷 10，《獄令》，頁 315。

[36] 《唐律疏議》，卷 9，〈職制律〉，「官人無故不上」條（總 95 條），頁 186。

[37] 《唐會要》，卷 24，〈諸侯入朝〉，頁 536-537。又據《唐六典》卷 3〈尚書戶部〉「戶部郎中員外郎」條對「邊州」的界定是指：「安東、平、營、檀、嬀、蔚、朔、忻、安北、單于、代、嵐、雲、勝、豐、鹽、靈、會、涼、肅、甘、瓜、沙、伊、西、北庭、安西、河、蘭、鄯、廓、疊、洮、岷、扶、柘、維、靜、悉、翼、松、當、戎、茂、巂、姚、播、黔、驩、容。」辻正博據《唐六典》訂正了《唐會要》的幾個錯誤，見氏著《唐宋時代刑罰制度の研究》，頁 101。但《唐會要》所記州名只有五十六個，不足五十九之數。而且，河北道的相州距長安只一千二百多里，距離不遠，亦非位處邊遠，為何竟是邊州？若與《唐六典》對勘，《唐六典》有而《唐會要》沒有的是營、伊、維、松等四州，個人懷疑相州是松州之誤，再加上營、伊、維等三州，剛好是五十九之數。

之制。依律，按照罪行輕重仍會判處流二千里至三千里不等之刑，實際流放邊要遠惡處雖經常超過三千里，但應當仍有等級的差別。

　　細檢唐代的流刑案例，流放地遠超三千里的多不勝數，可見貞觀十四年正月的變革並非臨時之法，而是成為有唐一代的定制。貞觀十四年八月唐滅高昌，置西州，太宗這項新規定也有利配送流人至該處。據《舊唐書》記載，唐太宗在貞觀十六年（642）正月下詔云：

　　　　在京及諸州死罪囚徒，配西州為戶；流人未達前所者，徙防西州。[38]

又《冊府元龜》卷六一二〈刑法部・定律令〉云：

　　　　（貞觀）十六年正月制：徙死罪以實西州，其犯流徒則充戍，各以罪名輕重為年限焉。[39]

太宗將流人徙防西州，當然寓有徙民實邊的用意。西州距長安 5516 里，若依照唐律三等流刑的規定，絕非合法的配所。（以下州府距長安的里程數，除非特別註明，其餘皆據《舊唐書・地理志》）貞觀十四年改將流人配送邊要之州，貞觀十六年將流人配送西州正是新規定的實踐。若據《冊府元龜》所載，死罪是永久徙配西州為戶，而流、徒犯人則是徙往西州戍防，有一定的戍防年限。

　　及至玄宗開元年間，流人的配所似乎變得更加集中了。據《唐令・獄官令》復原第 15 條：

---

[38]　《舊唐書》，卷3，〈太宗本紀下〉，頁54。

[39]　《冊府元龜》，卷612，〈刑法部・定律令〉，頁7345-1。

專使部領，送達配所。若配西州、伊州者，並送涼州都督府。
江北人配嶺以南者，送付桂、廣兩都督府。其非劍南諸州人而
配南寧以南及嶲州界者，皆送付益州大都督府，取領即還。其
涼州都督府等，各差專使，準式送配所。付領訖，速報元送
處，並申省知。[40]

專使將流人自本州一直押送到配所，但有三個地區是例外，專使只是總
領流人至流放區域的都督府，而非直接解送至流配地。這三個地區安排
特殊處理措施，固然與地處僻遠、交通不便有關，但本條所載應是反映
貞觀中期以後流刑配所的變化，這些區域正是流刑的主要配所。唐代流
放配所在開元年間大致集中於三個區域：一是西北隴右道的西州、伊
州，二是西南劍南道的南端地帶，三是南方嶺南地區。唐代中期以前的
經濟中心和人口密集的地區，主要是在成都平原、京畿、河北、河南、
江南東道等地帶。相對於此，三個流放犯人的區域，既是遠惡的地方，
亦復人口稀少。[41]所以，將人犯配送於此，其目的除了懲罰犯罪以外，
應當也有移民開發的作用。

　　西州即高昌舊地，貞觀十四年（640）八月滅高昌後設置，約當今
日新疆吐魯番地區；伊州原為西域雜胡所居，貞觀四年（630）置伊州，
即今日新疆哈密地區。太宗平定高昌後，確曾將流人配送西州。西州北
鄰的庭州即北庭都護府所在，胡漢雜處，開元年間有戶二千七百七十

40　雷聞，〈唐開元獄官令復原研究〉，收入《天聖令校證》，頁 615。關於流人配所的記載，《唐六典》
　　的文字略有出入，據卷六〈尚書刑部·刑部郎中員外郎〉條云：「配西州、伊州者，送涼府；江北
　　人配嶺南者，送桂、廣府；其非劍南人配姚、嶲州者，送付益府，取領即還。其涼州等各差專使領
　　送。所領送人皆有程限，不得稽留遲滯。」《唐六典》在劍南配所的記載與《唐令·獄官令》復原
　　第十五條略有歧異，《唐六典》文字或即《開元七年令》。

41　關於唐代中期以前人口的分布，可參看翁俊雄，《唐朝鼎盛時期政區與人口》（北京，首都師範大學
　　出版社，1995），頁 49-61。

六，「其漢戶，皆龍朔已後流移人也。」[42]可見唐滅高昌後持續向西北開拓，此地為高宗朝配送流人之所。流放西北的案例不多，因此，流人配送西州、伊州之事，究竟持續多久，不得而知。安史亂後，隴右陷於吐蕃，唐朝亦不存在將罪犯流放西州、伊州的客觀條件了。

劍南道是另一個主要的流所，唐代史籍中的確可以找到一些流放該區的案例，譬如，高宗朝的王珪、杜淹、韋挺；太宗朝的鄭世翼；[43]高宗朝的執失思力、李義府（614-666）、劉禕之（631-687）等流巂州；[44]睿宗朝的嚴善思（645-729）流靜州等。[45]不過，玄宗朝以降卻未見流放劍南的案例。學者以為劍南易守難攻的地理形勢以及天府之國的優渥條件，成為唐室避難和撤退的首選之地。為了保證劍南的安全，自然不會向劍南流放罪人。[46]

嶺南地區應是唐代最重要的流放地。嶺南指「五嶺」以南之地區，又作嶺表、嶺外。所謂「五嶺」，乃指大庾、騎田、都龐、萌渚、越城等。唐貞觀年間嶺南自成一道，轄州七十三、都護府一。唐朝嶺南道轄境約略包含今廣東、廣西兩省大部以及海南省、越南北部等地區。流所高度集中嶺南道的現象，自唐初迄唐亡而未變。就史料所見，唐代流放案例有超過七成都是遠配至嶺南道。關於流人案例的統計與分析，參見第七、八章。唐代史籍中罪犯流放嶺南的案例，俯拾可得。如太宗朝的党仁弘流欽州、[47]玄宗朝劉幽求（655-715）流封州、[48]德宗朝的崔河圖

---

[42] 《元和郡縣圖志》，卷40，〈隴右道下‧庭州〉，頁1033。

[43] 《舊唐書》，卷190上，〈文苑上‧鄭世翼傳〉，頁4988-4989。

[44] 分別參看《舊唐書》，卷4，〈高宗本紀〉，頁71；卷82，〈李義府傳〉，頁2770；卷87，〈劉禕之傳〉，頁2846。

[45] 《舊唐書》，卷191，〈方伎‧嚴善思傳〉，頁5104。

[46] 參看王雪玲，〈兩《唐書》所見流人的地域分布及其特徵〉，《中國歷史地理論叢》，17:4（西安，2002），頁83。

[47] 《通鑑》，卷196，〈唐紀十二〉，「唐太宗貞觀十六年十一月壬申」條。

[48] 《舊唐書》，卷97，〈劉幽求傳〉，頁3041。

（？-800）流崖州、[49]憲宗朝的于敏流雷州、[50]文宗朝的蕭洪（？-836）
流驩州、[51]僖宗朝的路巖（829-874）流儋州。[52]

　　嶺南之所以成為重要流放地區，正因此處是典型遠惡之地。除了前
引玄宗開元二十四年（736）四月恩詔以外，再看天寶十四載（755）八
月辛戌（四日）恩詔，云：

> 天下見禁囚徒，有犯十惡及謀殺、偽造頭首，罪至死者，特宜
> 免死，配流嶺南遠惡處，自餘一切釋放。[53]

皇帝特旨寬宥重罪犯人，予以免死流放，罪行嚴重者「長流嶺南遠惡
處」，其次的「流嶺南」，顯然重罪犯人都是遠逐嶺南。嶺南無疑是唐人
心中的遠惡之處，差別只在於惡劣的程度而已。嶺南轄州七十三，哪些
地區尤被視為惡處？高宗朝江王元祥（626-680）、滕王元嬰（？-684）、
蔣王惲（？-674）、虢王鳳（622-675）並稱貪暴，「有授得其府官者，以
比嶺南惡處，為之語曰：『寧向儋、崖、振、白，不事江、滕、蔣、
虢。』」[54]儋州、崖州、振州位於今日海南島，白州即今廣西博白縣，都
是唐人印象中的「嶺南惡處」。又憲宗元和十四年（819）韓愈（768-
824）被貶潮州，其謝恩表形容潮州為「所處又極遠惡」，[55]潮州可能又
是另一處嶺南「遠惡」之處吧。此外，嶺南之春州、循州、新州瘴氣特

49　《舊唐書》，卷13，〈德宗本紀下〉，頁393。
50　《舊唐書》，卷15，〈憲宗本紀下〉，頁445。
51　《舊唐書》，卷17下，〈文宗本紀下〉，頁566。
52　《新唐書》，卷184，〈路巖傳〉，頁5397。
53　《冊府元龜》，卷86，〈帝王部‧赦宥五〉，頁1029-1。
54　《舊唐書》，卷64，〈高祖二十二子‧江王元祥傳〉，頁2435。
55　《舊唐書》，卷160，〈韓愈傳〉，頁4201。

重，[56]或許亦被時人視為惡處也說不定。

除了上述隴右道的西州和伊州、劍南道的姚州和巂州、嶺南道以外，某些時期也會將流人配送其他特定地區。肅宗（711-762，756-762在位）和代宗（727-779，762-779 在位）兩朝，流放的區域有轉變到黔中道的現象。肅宗朝遭流放案例，如李白（701-762）流夜郎、第五琦（712-782）流夷州、高力士（684-762）流巫州、王承恩流播州，[57]皆是黔中道的範圍。代宗朝的朱光輝、啖庭瑤、陳仙甫、裴茂（？-762）、來瑱（？-763）、程元振（694-764）等，[58]也全都是流放黔中。肅代之世，流人常遭配送黔中，可能因「安史之亂」造成遍地烽煙，流放嶺南的路途懸遠，路上難保安靖，而隴右又大半沒於吐蕃，因此將犯人流配至沒有戰火騷擾的黔中道，似乎較符合實際的環境。不過，俟安史亂平後，流人配送黔中的事例，不復多見。

天德軍應是另一個重要的配所。據《唐會要》卷四一〈左降官及流人〉云：

> （憲宗元和）八年正月，刑部侍郎王播奏：「天德軍五城及諸邊城配流人，臣等竊見諸處配流人，每逢恩赦，悉得放還，唯前件流人，皆被本道重奏，稱要防邊，遂令沒身，終無歸日。臣又見比年邊城犯流者，多是胥徒小吏，或是鬥打輕刑，據罪可原，在邊無益。」

可見包括天德軍在內的沿邊諸城，都是流人發配的地區。天德軍即太宗

56　《資治通鑑》，卷234，〈唐紀五十〉，「唐德宗貞元十年五月」條胡三省注，頁7554。

57　分別參看《舊唐書》，卷190下，〈文苑下‧李白傳〉，頁5054；卷10，〈肅宗本紀〉，頁258-259。

58　《舊唐書》，卷11，〈代宗本紀〉，頁268。

朝的燕然都護府，高宗朝更名瀚海都護府、安北都護府，玄宗天寶末年再更名天德軍。德宗年間置天德軍都防禦使，轄區大致包括豐州和西、中受降城，有時亦包括會州、東受降城等，屬關內道，[59]即所謂河套地帶，今日的內蒙古包頭、呼和浩特一帶。至於天德軍城，嚴耕望考訂當在今天烏蘭鄂博（東經 108 度 30 分、北緯 41 度 20 分）。[60]天德軍作為流放犯人的配所早見於武后朝。武后垂拱四年（688），因越王貞（627-688）謀反案，「緣坐者六七百人，籍沒者五千口」，幸得狄仁傑（630-704）冒死上奏，最後被緣坐的六七百人被特敕赦原，配流豐州。[61]中唐以降，流天德軍的案例甚多。據史籍記載，曾遭流放天德軍的有憲宗朝的僧文漵、[62]文宗朝的王士遷、李忠亮、張士岌、[63]宣宗朝的李恪、[64]祝漢貞等。[65]若與流放嶺南比較，史籍所見流天德軍的案例，相對非常稀少。究其原因，也許正如王播（759-830）所說的「比年邊城犯流者，多是胥徒小吏，或是鬥打輕刑」，由於身分低微之故，所以不易在史籍留下紀錄。據《元和郡縣圖志・關內道》：

> 先是緣邊居人，常苦室韋、党項之所侵掠，投竄山谷，不知所

59　關於天德軍的沿革與轄區，參看《元和郡縣圖志》，卷 4，〈關內道四・天德軍〉；《新唐書》卷37，〈地理志〉「關內道・關內採訪使・安北大都護府」。另參看譚其驤，〈唐北陲二都護府建置沿革與治所遷移〉，收入氏著，《長水集》下（北京：人民出版社，1987），頁 263-276。李大龍，《都護制度研究》（哈爾濱：黑龍江教育出版社，2003），頁 202-248。張虎，〈唐代西受降城、天德軍的置廢和建制沿革考述〉，《陰山學刊》，24:3（包頭，2011），頁 83-86。

60　嚴耕望著，《唐代交通圖考》（臺北：中央研究院，1985），〈篇七　長安北通豐州天德軍驛道〉，頁252。

61　《舊唐書》，卷 89，〈狄仁傑傳〉，頁 2887。

62　《冊府元龜》，卷 153，〈帝王部・明罰二〉，頁 1853-1。

63　《冊府元龜》，卷 153，〈帝王部・明罰二〉，頁 1859-1。

64　《舊唐書》，卷 18，〈宣宗本紀〉，頁 620。

65　《資治通鑑》，卷 249，「唐宣宗大中十一年七月」條，頁 8063。

從。及新城施功之日，遂有三萬餘家移止城內。初，議者又慮
城大無人以實，及是遠近奔湊，邊軍益壯，人心遂安。[66]

「慮城大無人以實」，可知中晚唐流配至天德軍等邊城，當有實邊之用
意。

及至宣宗（810-859，846-859 在位）大中三年（849），唐朝收復安
史之亂以來被吐蕃占領的河湟地帶，緣邊州鎮成為流人特予配送的地
區。這年八月宣宗頒勅云：

其京城有犯事合流役囚徒，從今已後，一切配在十處收管。[67]

十處乃指三州七關之地，即秦州、原州、威州等三州及石門、驛藏、木
峽、制勝、六磐、石峽、蕭等七關，都在長安西北隴右與吐蕃接壤之
處。原州、威州皆屬關內道，秦州屬隴右道，後來再加上同屬隴右道的
武州，都是晚唐流人配送之地。

綜合而言，唐朝的流放地集中在西北、西南與嶺南地區。西南地區
配所主要在黔中道以及劍南道的巂州、姚州等，但整體案例不多，而且
黔中道的案例亦僅集中在安史之亂期間。因此，自唐初以來西北地區與
嶺南地區就是重要的流放地。嶺南地區自始至終都是有唐一代最主要的
流所，西北地區的西州、伊州在安史亂後陷於吐蕃，配所於是集中於天
德軍與秦州、原州等地。

這些配所到底距離長安有多遠呢？嶺南道較接近上都長安的州郡是
桂州、封州、昭州、賀州，但都分別距京 4760 里、4510 里、4436 里、

66　《元和郡縣圖志》，卷 4，〈關內道四·天德軍〉，頁 114。

67　《唐會要》，卷 97，〈吐蕃〉，頁 2063。

4130 里。其實，流放賀州、昭州的尚在少數，更多的例子是流放到儋州、崖州。儋州、崖州屬今日的海南省，距離長安都在 7000 里以外。甚至，還有流放至驩州的。驩州即今日越南北部，距首都長安竟是 12452 里之遙！除了嶺南以外，唐代西州距長安 5516 里，伊州是 4416 里。劍南道距離長安較近，不過，唐代流放劍南的案例，大多是流放巂州、姚州，巂州距京 3230 里，姚州距京 4300 里。安史之亂期間的重要流放地黔中，不論是肅宗朝第五琦、高力士的夷州、巫州，抑或是代宗朝來瑱、程元振的播州、溱州，皆在 3000 多里之外，其中夷州距京 4387 里、巫州 3158 里、播州 4450 里、溱州 3480 里。

　　至於天德軍與前述的配所卻是大異其趣，所轄各城不管是東受降城抑或西受降城，距離長安都只有 1800 里左右，[68]還不到三流中最輕的流二千里的範圍。原州、威州皆屬關內道，原州距長安僅 800 里；威州即原來的長樂州，置於靈州鳴沙縣，距長安 1250 里。秦州、武州屬隴右道，分別距長安 780 里、1290 里。[69]倘若配送嶺南、黔中是基於「遠惡」的考量，那麼，將犯人流放天德軍等邊城則是「邊要」的因素吧。流放嶺南或西南地區的大抵以官人等統治階級為主，相對而言，流放西北的多為百姓小吏。官人因政爭失敗或是犯下貪贓等重罪而觸怒君王，慘遭逐出京華，遠投魑魅之鄉，這樣的懲罰彷彿遭到天子拋棄放逐，遠離君王德化之地，從此不得再沐皇恩。流放嶺南固然因為此地非常「遠惡」，但重點應該是將官人逐出京畿。至於西北軍鎮等「邊要」之地，具有重要的軍事防禦功能，流人徙逐此地自然帶有強烈的實邊作用。流放西北等「邊要」之地，有別於官人徙逐嶺南，應該是因為這些流放地區需要這些人力的補充。

　　唐代流刑不論是流放里程或勞役年限都不算重，一年的居作不過是

---

[68]　《元和郡縣圖志》，卷 4，〈關內道四·天德軍〉，頁 113-117。

[69]　分別參看《舊唐書》卷 38〈地理志一〉，頁 1407、1416；卷 40〈地理志三〉，頁 1630、1635。

徒刑最輕的一等而已，流刑顯然是以放逐為主，勞役為從，遠逐的距離或地點自然是執行時的重要考量了。若從嚴懲的角度思考，犯人必須要徙逐至遠惡之地；若從移民實邊的功能考量，犯人就必須流放至邊要之州。距京三千里的里程不一定是「邊要」，但一定不是「遠惡」。不論是遠惡之地或邊要之州，都不能拘泥流刑原來的道里之差。是故，流刑道里之差固然是貫徹經典「五宅三居」的精神，但不符「邊要」與「遠惡」的現實需求，遂作出相關調整。

　　唐代自貞觀年間「不限以里數，量配邊要之州」的措施，在晚唐起了變化。唐僖宗（862-888，873-888 在位）乾符五年（878）五月二十六日，刑部侍郎李景莊奏：

> 配州府流人，流刑三等，流二千里至流三千里，每五百里為一等。准律，諸犯流應配者，二（三）流俱役一年；稱加役，流三千里，役三年。役滿及會赦免役者，即于配所從戶口例。今後望請諸流人應配者，依所配里數。無要重城鎮之處，仍逐罪配之，准得就近。[70]

李景莊此奏無疑是恢復唐律的規定，史稱「勅旨，從之。」長達二百三十八年的貞觀流刑之制遂被廢棄，依所配流刑里數配流犯人的制度又再恢復。此時唐朝已是藩鎮割據狀態，要遣送流人至遠方恐怕亦有心無力，這可能是李景莊提議恢復舊制的根本因素。[71]

　　朝廷經常將流人徙逐邊要軍鎮，自然寓有實邊的用意，前期的西州、伊州，後期的天德軍、秦州、威州等，莫不如此。然而，效果究竟

---

[70] 《唐會要》，卷 41，〈左降官及流人〉，頁 865-866。

[71] 參看戴建國，〈唐代流刑的演變〉，收入前揭氏著《唐宋變革期的法律與社會》，頁 258-259。

如何呢？太宗既滅高昌，每歲調發千餘人防遏其地，黃門侍郎褚遂良（596-658）對此頗不以為然，云：

> 陛下歲遣千餘人遠事屯戍，終年離別，萬里思歸。去者資裝，自須營辦，既賣菽粟，傾其機杼。經途死亡，復在其外，兼遣罪人，增其防遏。彼罪人者，生於販肆，終朝惰業，犯禁違公，止能擾於邊城，實無益於行陣。所遣之內，復有逃亡，官司捕捉，為國生事。高昌途路，沙磧千里，冬風冰冽，夏風如焚，行人去來，遇之多死。[72]

府兵制下衛士的弓刀等裝束都需自行營辦，無疑構成沉重負擔，但更為重要是來自內地的士卒無法適應高昌氣候，死傷慘重，故太宗將罪人徙逐西州以補充兵力。然而，這些罪人原來就是不法之徒，或是擾亂邊城，或是相繼逃亡，對防務並無助益。類似觀點亦見於德宗朝的宰相陸贄。安史亂後，隴右陷於吐蕃，嚴重威脅首都長安，唐室需置重兵守備西北，謂之「防秋」。此時流人雖不再遣送高昌舊地，但仍會配防西北邊鎮。陸贄上疏論西北邊防之事，云：

> 復有抵犯刑禁，謫徙軍城，意欲增戶實邊，兼令展効自贖。既是無良之類，且加懷土之情，思亂幸災，又甚戍卒。適足煩於防衛，諒無望於功庸，雖前代時或行之，固非良算之可遵者也。[73]

[72] 《舊唐書》，卷80，〈褚遂良傳〉，頁2736。
[73] 《舊唐書》，卷139，〈陸贄傳〉，頁3810。

指出將罪人遠徙軍城，原欲增戶實邊，但這些無良之輩思鄉情切，比起
戍卒更是「思亂幸災」，對於邊城防務其實作用不大。

二、永遠的放逐——長流刑

　　據前引唐玄宗開元二十四年（736）四月恩詔，犯下嚴重惡行者，
如十惡、造偽頭首、劫殺人等，一律決杖六十，「長流」嶺南遠惡處。其
他犯死罪者，先決杖一頓，並「流」嶺南。於此，可清楚看出「長流」
和「流」是有區別的。又文宗朝發生了假國舅案，開成四年（840）皇帝
將冒充太后親弟的蕭本除名，長流愛州；蕭弘配流儋州。[74]「長流」與
「流」並不相同，長流比三流要來得重。

　　「長流」之刑，不見於《唐律疏議》，其例最早始於高宗朝，或云
長孫無忌（594-659）所倡議的。據張鷟（658-730）《朝野僉載》云：

> 唐趙公長孫無忌奏別敕長流，以為永例。後趙公犯事，敕長流
> 嶺南，至死不復廻。此亦為法之弊。[75]

長孫無忌倡議別敕「長流」之事，不見兩《唐書》本傳。[76]至於「長

---

[74]　《舊唐書》，卷52，〈后妃下·穆宗貞獻皇后蕭氏傳〉，頁2202。

[75]　〔唐〕張鷟撰；趙守儼點校，《朝野僉載》（北京：中華書局，1979）〈補輯〉。

[76]　關於長孫無忌的處置，各書記載不一。《朝野僉載》作「長流」，但《舊唐書·長孫無忌傳》、《新唐書·高宗本紀》、《大唐新語·酷忍第二十七》皆作「流」，至於《舊唐書·高宗本紀》、《新唐書·長孫無忌傳》、《資治通鑑》卷200則作「安置」。張春海認為當以「安置」為是，陳璽則以為「安置」與「長流」在適用主體、施行程序、執行方式等方面頗為相似，長孫無忌案即是唐代「安置」之筆端，亦為「長流」之濫觴。分別參見張春海，〈論唐代的安置刑〉，《史學集刊》，2011：4（長春：2011），頁56-57；陳璽，《唐代刑事訴訟慣例研究》（北京：科學出版社，2017），第十七章〈長流〉，頁428。鍾昊以為各書在長孫無忌被處置後仍保留揚州都督的官銜，並享有一品官待遇，則眾說一致。官人被流放不可能保有官銜與相關待遇，因此，以為長孫無忌當是被安置而非流。參看氏著〈唐代長流補闕〉，《中國學報》，72（首爾，2015），頁146。

流」的個案，目前找到最早的都是發生在高宗朝，除了長孫無忌以外，還有李義府家族，至於高祖和太宗朝則未見其例。[77]「長流」既非律令刑罰，故此，都是以皇帝的「別敕」的方式來處置。[78]

關於「長流」的具體內容，可以高宗朝宰相李義府和肅宗朝大詩人李白、宦官高力士的下場作為說明。

高宗（628-683，649-683 在位）龍朔三年（663）四月，右相李義府因厭勝、贓賄等事遭長流巂州；長子津長流振州；次子洽、洋和婿柳元貞等長流廷州。據《舊唐書‧李義府傳》云：「乾封元年，大赦，長流人不許還，義府憂憤發疾卒，年五十餘。……上元元年，大赦，義府妻子得還洛陽。」[79]又《冊府元龜》云：「上元元年八月壬辰，（高宗）追尊祖宗諡號，改咸亨五年為上元元年，大赦天下，長流人并放還。」[80]乾封元年（666）正月朝廷大赦，因為沒有宣佈長流人可以還鄉，時遭流放的李義府遂憂憤而卒。及至上元元年（674）八月大赦，明令「長流人并放還」，李義府的家人乃得還洛陽。

肅宗朝，李白因「永王璘案」被判「長流」夜郎，約於乾元元年（758）年底抵達流所，嗣後一直住了三年左右。期間肅宗頒布大赦恩降共七次，其中不只一次原放流刑以下罪犯，但李白都沒有被赦免。直到上元二年（761）九月，肅宗大赦天下，赦書特別提到「自乾元元年已前

---

[77] 戴建國以為長流之法大約始於太宗貞觀年間，參看氏著《唐宋變革時期的法律與社會》，頁 254。惟戴氏並未論證，不知所據。陳璽則主張今本《唐律疏議》為《永徽律疏》，而《永徽律疏》成於永徽四年（653），然《唐律疏議》並無「長流」之條，故以為「長流」的設立時間，當在永徽四年之後。參看氏著，《唐代刑事訴訟慣例研究》，頁 428。

[78] 別敕是與正敕相對，專指來自非正規程序的敕。一般來說，這類別敕在傳達皇帝的旨意時或通過宦官及翰林學士代筆，以減少中間環節、迅速下達為目的的非常規化處理，其關鍵在於不經中書門下，直接來自禁中。參看牛來穎，〈天聖令中的「別敕」〉，《中國古代法律文獻研究》，4（北京，2011），頁 177。

[79] 《舊唐書》，卷 82，〈李義府傳〉，頁 2770。

[80] 《冊府元龜》，卷 84，〈帝王部‧赦宥三〉，頁 993-2。

開元已來，應反逆連累，赦慮度限所未該及者，並宜釋放。」[81]李白符合這些條件，才得以蒙恩放免。[82]另一例子是玄宗時權傾一時的宦官高力士。肅宗上元元年（760）八月高力士被長流巫州，次年正月，肅宗曾下詔「天下見禁囚徒，死罪降從流，流已下並宜釋放。」[83]但高力士並沒有因此而放免。直到肅宗元年（762）三月，下詔「諸色流人及効力罰鎮人等，並即放還」，[84]高力士始蒙恩放還。

　　據《唐令·獄官令》復原第 19 條，云：「諸流移人至配所，六載以後聽仕。即本犯不應流而特配流者，三載以後聽仕。」官人犯流罪至配所，既不必真役，而只要六載（或三載）期滿，便可重新敘官。此外，法律規定流人至配所後，縱逢恩赦，最多只能免役，但不可歸還原籍。然而由於皇恩浩蕩，若帝王頒下恩詔聲明放免流人，流人仍可還鄉。關於流人放免的狀況，將在下一節詳論。可是，從李義府、李白與高力士的個案看來，犯人若是被處以「長流」，除非特旨赦免，否則縱逢恩赦，即便一般「三流」犯人可以赦放，但長流人亦不在寬免之限。代宗朝宦官程元振遭「長流」溱州為百姓，皇帝並特旨聲明「縱有非常之赦，不在會恩之限。」[85]前面一再強調流刑最重要的二大元素，一為「放逐」，一為「勞役」，「加役流」加重的是勞役的年限，「長流」加重的則是放逐的時間，基本上就是永遠的放逐。此外，據〈名例律〉「犯流應配」條規定「若流、移人身喪，家口雖經附籍，三年內願還者，放還。」但從李義府的例子來看，長流人李義府卒於乾封元年（666），家屬俟八年後的

81　《冊府元龜》，卷 87，〈帝王部·赦宥六〉，頁 1043-1；《唐大詔令集》，卷 4，〈帝王·改元中〉，頁 23。

82　關於李白的流放與赦免，可參看拙作，〈從唐代法律的角度看李白長流夜郎〉，《臺灣師大歷史學報》，42（台北，2009），頁 21-50。

83　《唐大詔令集》，卷 84，〈政事·恩宥二〉，「以春令減降囚徒德音」，頁 481。

84　《冊府元龜》，卷 87，〈帝王部·赦宥六〉，頁 1045-1。

85　《舊唐書》，卷 184〈宦官·程元振傳〉，頁 4763。

上元元年（674）大赦方得放還，可見長流人的家屬仍需得到君王特旨赦免，絕非唐律規定的「三年內願還」，就理所當然可返歸故里。那麼，「長流」有別於一般三流之處，除了流人遭到永遠放逐之外，家屬也是同樣命運的。

　　高宗麟德二年（665），宰相上官儀遭構陷與陳王通謀，下獄死，家口籍沒。「於是左肅機鄭欽泰，西臺舍人高正業，司虞大夫魏玄同、張希乘，長安尉崔道默，竝除名，長流嶺南遠界。與儀結託故也。」[86]鄭欽泰等人在長流時都遭到「除名」的處罰。「除名」相關的犯罪與處罰規定，見於《唐律疏議‧名例律》「除名」條與「除免官當敘法」條。官人一旦遭到「除名」，官爵悉除，與白丁無異，「課役從本色」，即租調雜徭等課役依本來身分而徵服，六載後方得依出身法重新敘官。學者指出「除名」是唐代擬斷長流之先決程序，配流之前須先褫奪犯官出仕以來所有官爵。官人被除名後，其身份即同庶民，「長流某州百姓」的表述時常見於唐代敕令之中。[87]「除名」真的是擬斷長流的「先決程序」嗎？類似前述鄭欽泰等遭到長流同時亦被除名的案例固然很多，但遭長流卻沒有同時除名的亦復不少，如武后時被長流瀼州的裴伷先、長流欽州的張說，中宗朝被長流瓏州的沈佺期以及長流嶺南的桓彥範等人，玄宗朝長流崖州的齊澣、長流白州的郭橐等，其例甚多。（以上可參看本書第七章「附表四」）所以除名是否為長流的「先決程序」，不無疑慮。至於「長流某州百姓」的例子，確實並不罕見，胡三省以為「唐法，長流人謂之長流百姓。」[88]除了前述代宗朝程元振「長流溱州百姓」，玄宗開元二十五年（737）太子瑛被廢，駙馬薛鏽遭牽連被長流瀼州百姓；[89]肅宗

86　《冊府元龜》，卷 833，〈總錄部‧誣搆二〉，頁 10998-1。

87　參看陳璽，《唐代刑事訴訟慣例研究》，頁 439-440。

88　《資治通鑑》，卷 278，〈後唐紀七〉，「後唐明宗長興四年十一月丁酉」條，頁 9095。

89　《唐大詔令集》，卷 31，〈廢黜〉，頁 122。

上元元年（760）司農卿李逢年因貪冒贓貨，除名長流嶺南瀼州百姓。[90]
晚唐懿宗咸通十年（869）端州司馬楊收除名配驩州，昭宗天祐三年
（906）興唐少尹孫祕除名配流愛州，則云「充長流百姓」。[91]按照律令
規定，官人流放三載或六載後可起復敘官，即使遭到除名，但六載後可
依出身法重新敘官。然而，長流既是永遠的放逐，這些待遇恐怕也是不
能享用。否則李義府就不會「憂憤發疾卒」，裴仙先亦不必自嶺南潛逃回
京了。

　　「長流」既比一般的三流來得嚴厲，自然是懲處極為嚴重的惡行。
就上引玄宗恩詔所見，減死改處「長流」，都是犯下十惡重罪者。若以兩
《唐書》所見的「長流」案例而言，大多是謀反、附逆、貪瀆之類的嚴
重惡行。譬如，高宗朝的長孫無忌是被誣構謀反；[92]李義府主要是漏泄
禁中語和交占候之人。[93]玄宗朝的韋堅（？-746）是被控與節將狃暗，構
謀規立太子，遭到長流嶺南臨封郡。[94]文宗朝的王晏平，為官貪瀆，去
職時擅將征馬四百餘匹及兵仗七千事自衛，被「長流」康州。[95]從以上
案例可知，遭到長流者都是所犯嚴重，理應大辟，皇帝或是顧念舊恩，
或是矜恤勳勞，遂格外開恩，免死「長流」。帝王旨在將罪犯永久逐出京
師，這些「長流」官人自然不能享用一般官人六載或三載起復的優遇
了。某種意義而言，長流可謂是死刑的一種代刑。由於是格外開恩，免
死「長流」，自然不能比照一般的流刑能以官當和納銅贖罪了。但諷刺的
是，「免死長流」往往只是君主仁德恤刑的假象而已，不少「長流」的案

90　《冊府元龜》，卷625，〈卿監部‧貪冒〉，頁7514-2。

91　《唐大詔令集》，卷58，〈宰相‧貶降下〉，頁309。《冊府元龜》，卷925，〈總錄‧譴累〉，頁
　　10929-2。

92　《舊唐書》，卷65，〈長孫無忌傳〉，頁2455。

93　《舊唐書》，卷82，〈李義府傳〉，頁2770。

94　《舊唐書》，卷105，〈韋堅傳〉，頁3224。

95　《舊唐書》，卷156，〈王晏平傳〉，頁4140。

例最終是賜死於途，譬如，睿宗朝的崔湜、[96]玄宗朝的薛鏽、[97]王俌（？-752）、[98]代宗朝的來瑱（？-763）、[99]德宗朝的黎幹（716-779）和劉忠翼（？-779）[100]等。

　　正如前述，若非皇帝恩詔特別聲明，長流人絕對不會因為一般常赦或減降而蒙恩放還。唐代針對長流人而頒佈的大赦，雖非頻繁，但也不算稀罕。除了前引高宗上元元年（674）詔以外，少帝（695-714，710在位）唐隆元年（710）六月甲申（四日）大赦，「長流任放歸田里」；同月甲辰（二十四日）睿宗登極大赦，「流人、長流、長任未還者並放還。」[101]先後針對長流人而赦。開元十七年（729）十一月，玄宗謁橋陵大赦，反逆緣坐長流得以「量移」近處。[102]有時，赦詔並不單獨針對長流人，但其涵蓋極廣，自然包括長流人在內，如前引赦免高力士的恩詔云「諸色流人及効力罰鎮人等，並即放還」，當然就包括長流人在內了。

第三節　流人的放免

　　流刑是將犯人終身遠逐與強制移居，造成犯人離鄉背井、遠別宗族，遷徙到數千里外的遠惡之地，居住環境與生活狀態徹底改變，而這樣的改變不因刑罰結束而恢復原狀。流人在配所役滿後雖是從戶口例，

96　《舊唐書》，卷 74，〈崔湜傳〉，頁 2623。

97　《舊唐書》，卷 9，〈玄宗本紀下〉，頁 208。

98　《舊唐書》，卷 105，〈王鉷傳〉，頁 3232。

99　《舊唐書》，卷 11，〈代宗本紀〉，頁 271。

100　《舊唐書》，卷 12，〈德宗本紀〉，頁 321。

101　分別見《舊唐書》卷 7〈中宗本紀〉、〈睿宗本紀〉，頁 150、154。

102　《冊府元龜》，卷 85，〈帝王部・赦宥四〉，頁 1007。

課役同百姓，已是無刑之人，但卻仍必須活在已經改變的狀態之下。流人有可能改變現狀，離開配所返歸故里嗎？試看敬宗（809-827，824-827 在位）長慶四年（824）四月刑部的奏議，云：

> 准今年三月赦文，放還人其中有犯贓死及諸色免死配流者。如去上都五千里外，量移校近處。如去上都五千里以下者，則約一千里內與量移近處。如經一度兩度移，六年未滿者，更與量移，亦以一千里為限。[103]

這份奏議將於「量移」部分詳細分析，在此只想指出其中的三組關鍵詞：「赦文」、「量移」、「六年」。這是流人得以離開配所，甚至返歸鄉里的三種情況：皇帝大赦施恩予以放免、移徙較接近長安的配所、流人服滿六年刑期。以下就此三種情況逐一析論。

一、恩赦

有唐一代 290 年間共大赦了 188 次，平均三年二赦，頻率不可謂不高。誠如前文所述，流人在道會赦，猶得返鄉，可是，一旦抵達流所，「役滿及會赦免役者，即於配處從戶口例」，縱逢恩赦，最多只能免役，不得放還故里。蓋因流人強制徙逐的處罰已然執行完畢，恩赦對其無可如何。然而，皇權始終是最高的，大赦既是非常之恩，君王的恩典自然可以凌駕國法之上。依律流人至配所雖是遇赦不原，但皇帝特旨放免，曲法施恩，依舊可以將已經改變的狀態恢復原貌。

若以恩赦的範圍區分，可以分為全國性的「大赦」與地區性的「曲

---

[103] 《唐會要》，卷 41，〈左降官及流人〉，頁 863。

赦」。若以効力而論，大赦又可分作「常赦」與「非常赦」，假如赦書寬免的範圍，只云「罪無輕重，皆赦除之」，不言「常赦所不免者」，就是一般的「常赦」。若赦書連「常赦所不免者」，皆赦除之，或是對部份「常赦所不免」的犯罪施恩寬免，那麼就應歸類為「非常赦」。[104]前述唐律所云「會赦免役者」的「赦」，指的是一般的「常赦」。在一般「常赦」之下，流人抵達配所後最多只能免役而不能返鄉。但是皇恩浩蕩，帝王頒布効力強大的「非常赦」亦不在少數，配所流人因而蒙恩特予放歸故里。

　　唐代皇帝頒降恩詔，放還流人的記載，俯拾可得。唐太宗武德九年（626）八月登基大赦，赦詔云「武德元年以來流配者，亦並放還」，[105]應是唐朝首例放免流人。高宗永徽六年（655）十月立武氏為后，大赦天下，下詔「流人達前所放還」。[106]中宗神龍元年（705）十一月的大赦，宣佈「前後流人非反逆緣坐者，並放還。」[107]對於武后以來酷吏政治所造成的刑獄冤濫，有相當的紓緩作用。代宗寶應元年（762）五月踐祚大赦，赦詔云「左降官并諸色流人，及罰鎮効力配軍團練等，一切即放還。」[108]順宗（761-806，805 在位）貞元二十一年（805）二月踐祚大赦亦曾將「流人放還」。[109]憲宗元和二年（807）正月南郊大赦，下詔「流移配隸並放還」。[110]可見有唐一代，幾乎每朝皇帝都曾特旨恩赦流人。不過，每次放免流人的範圍未盡相同，端視赦書內容而定。前述高宗朝李義府的例子，可知長流人不因一般大赦而放歸；中宗景龍三年（707）十

---

[104]　參看拙著，《皇恩浩蕩——皇帝統治的另一面》，頁 175。

[105]　《唐大詔令集》，卷 2，〈帝王・即位赦上〉，「太宗即位赦」，頁 6。

[106]　《冊府元龜》，卷 84，〈帝王部・赦宥三〉，頁 992-1。

[107]　《冊府元龜》，卷 84，〈帝王部・赦宥三〉，頁 996-1。

[108]　《唐大詔令集》，卷 2，〈帝王・即位赦上〉，頁 9。

[109]　《冊府元龜》，卷 89，〈帝王部・赦宥八〉，頁 1064-2。

[110]　《冊府元龜》，卷 89，〈帝王部・赦宥八〉，頁 1068-1。

一月南郊大赦，只放免雜犯流人，廢太子重福（680-710）遂不得重返京師；[111]肅宗元年（762）三月恩詔放還「諸色流人」，長流人高力士遂得以離開巫州。

　　特旨放免流人的恩詔尤其常見於新君登基之初，究其原因，固然有昭雪前朝蒙冤受難者等現實上的考量，但不能忽略大赦的原理。帝王頒布恩詔將流人被迫改變的狀態恢復原貌，其原理是什麼？試看高宗永淳二年（683）改元弘道大赦詔書云：

> 舊染薄俗，咸與惟新。憑大道而開元，共普天而更始。宜更申霈澤，廣被紘埏。可改永淳二年為弘道元年，大赦前後責情流人，並放還。[112]

又德宗建中五年（784）改元興元大赦詔書云：

> 與人更始，以答天休。可大赦天下，改建中五年為興元元年……流人配隸及罰鎮効力並安置，及得罪人家口未許歸者，一切放還。[113]

「與民更始」、「咸與惟新」無疑是帝王恩赦的重要目的。更始、維新等自漢朝以降就是重要的政治思想，恩赦正是落實這種重新出發、棄舊迎新思想的具體措施，故赦詔經常流露「與民更始」的思想。若逢朝代鼎革或新君踐祚或皇帝改元時，正是標誌新的時代、新的統治的展開，赦

---

[111]　《舊唐書》，卷86，〈李重福傳〉，頁2836。

[112]　《冊府元龜》，卷84，〈帝王部・赦宥三〉，頁994-2。

[113]　《冊府元龜》，卷89，〈帝王部・赦宥八〉，頁1059。

詔更是充斥「更始」、「革新」、「維新」等語。不單是皇帝一人更始重
來，而是整個國家都一起更始重來，將一片紊亂的秩序重新調整，恢復
其原始的和諧狀態。流人自鄉里被迫遠徙千里以外的情況依律並不因一
般常赦而改變，但帝王特旨恩赦，與民更始維新，放免流人返歸故里，
將被改變的狀態恢復原貌。因此在新君踐祚或改元大赦時，尤其常見赦
放流人。

　　肅宗在元年（762）建辰月壬午（三月三日）頒布原免囚徒的德
音，云：「左降官等即與量移近處，諸色流人及効力、罰鎮人等，並即放
還。」[114]及至丁未日（二十八日）復下詔，云：

> 左降收敘官及流人等，今月三日已有處分，若准例更待本處文
> 解，必恐動經歲年，恩不及時，殊乖先意。宜令所縣計會勘
> 責，五品已上及郎官御史俱貶中書門下，六品已下委兵吏部。
> 各詳犯狀輕重，量才改轉。其本犯非巨蠹，曾經清班，名行夙
> 著者，仰具名銜聞奏。諸色流人等，所司簡勘明曆，牒所縣州
> 縣軍鎮等放還。流貶人所在身亡者，任其親故，收以歸葬，仍
> 州縣量給棺櫬發遣。[115]

左降官的收敘與諸色流人等的放還，按照程序，應由地方政府將資料上
報相關部門，再由該部門勘驗核實後，頒下地方執行。肅宗以為這樣的
程序將導致「動經歲年，恩不及時」，因而做了新的指示。左降官「量
移」部分擬在下文再作說明。流人、罰鎮、効力等不同身分的犯人，應

---

[114]　《冊府元龜》，卷 87，〈帝王部・赦宥六〉，頁 1045-1。

[115]　《冊府元龜》，卷 87，〈帝王部・赦宥六〉，頁 1045-1、2。《冊府元龜》作己未，但三月無己未日，
　　　今從《舊唐書・肅宗本紀》。

分屬刑部、兵部等單位管轄，肅宗為了提升效率，指示不必等待地方上
呈資料，相關部門主動挑選勘驗核實這些犯人的檔案後，直接行文給州
縣軍鎮等放還罪犯。至於流貶人若已亡故，容許親屬將其歸葬故鄉，州
縣提供棺木等協助。

　　不過，有時縱逢恩赦，但流人孤貧無依，也是返鄉無力。嶺南是重
要的流配處所，史稱：

> 自貞元已來，衣冠得罪流放嶺表者，因而物故，子孫貧悴，雖
> 遇赦不能自還。凡在封境者，（盧）鈞減俸錢為營槥櫝。其家
> 疾病死喪，則為之醫藥殯殮，孤兒稚女，為之婚嫁，凡數百
> 家。[116]

自貞元以來，流放嶺南的官人逝世後，子孫貧困，雖然皇帝恩赦准予還
鄉，但都無力北返。文宗開成年間，盧鈞（778-864）出任廣州刺史、嶺
南節度使，乃減省自己的俸錢為北歸流人購置棺木載運先人返鄉，當時
受其恩惠的就有武后時代被殺的越王貞後裔女道士李玄真（777-？）。據
玄真所上之狀云：「去開成三年十二月內得嶺南節度使盧鈞出俸錢接措，
哀妾三代旅櫬暴露，各在一方，特與發遣，歸就大塋合祔。」[117]像李玄
真這類無力返鄉的流人，應當不是特例。

二、量移

　　所謂「量移」，就是把遠逐在外的左降官和流人，酌情移徙到較接

---

[116]　《舊唐書》，卷177，〈盧鈞傳〉，頁4592。

[117]　《舊唐書》，卷193，〈列女·女道士李玄真傳〉，頁5151。

近首都的地方。[118]「量移」之事始見於開元十一年（723）。[119]這年十一月，玄宗親祠南郊，大赦天下，赦書曰：

> 其左貶官，非逆人五服內親，及犯贓賄名教者，所司勘實奏聞，量移近處。[120]

赦詔恩准左降官員可以「量移」近處，這是「量移」一詞最早的記載。胡三省引述宋人史炤對「量移」的解釋，云：「移，徙也，謂得罪遠謫者，遇赦則量徙近地。」[121]史炤的解釋似乎把「量移」侷限於左遷遠謫之官員，但實際上並非如此。據開元二十七年（739）〈冊尊號赦〉云：

> 左降官及諸色流人，並稍量移近處。[122]

---

[118] 關於唐代的量移制，可參看日本學者島善高，〈唐代量移考〉，收入《東洋法史探究——島田正郎博士頌壽紀念論集》（東京：汲古書院，1987）；拙著〈唐代量移試探〉，收入中國唐代學會編，《第五屆唐代文化學術研討會論文集》（高雄：麗文文化，2001）。張艷雲，〈唐代量移制度考述〉，《中國史研究》，2001:4（北京，2001）；尹富，〈唐代量移制度與貶謫士人心態考論〉，《中華文史論叢》73 輯（上海：上海古籍，2003）

[119] 張艷雲指出開元三年（715）已見其事，證據是前引開元三年十二月的恩詔：「其犯杖配流者，宜免杖依前配流，已決及流三千里者，節級稍移近處，二千五百里以下並宜配徒以殿。」其中「節級稍移近處」即是按罪犯之不同情況而予以移近安置，與量移沒有實質的區別。量移流人的事實在開元三年就有，量移左官的事反而稍晚。參看張艷雲，〈唐代量移制度考述〉，頁 68-69。筆者對於量移始於開元三年的說法有所保留。量移應是針對已至配所并附籍的流人，容許其移徙至較接近首都的地方，但開元三年恩詔的對象，應是已被決杖但仍未至配所與服役之犯人。其中「二千五百里以下並宜配徒以殿」的意思應是二千五百里、二千里的流人自遠而近改科徒刑，可知這些流人是尚未至配所，更遑論服完勞役了。若是已經至配所，玄宗就沒有必要讓他們改服徒刑了，因為流人本來就要居作一年。「已決及流三千里者」亦是尚未至配所的流人，他們的配所可以「節級稍移近處」，這與量移還是不一樣的。因此，筆者以為開元三年的恩詔不能作為量移之制源頭的證據。

[120] 《冊府元龜》，卷 85，〈帝王部・赦宥四〉，頁 1004-1。

[121] 《資治通鑑》，卷 234，「唐德宗貞元十年五月」條胡三省注，頁 7554。

[122] 《冊府元龜》，卷 86，〈帝王部・赦宥五〉，頁 1015-2。

又憲宗元和七年（812）〈冊太子禮畢赦文〉云：「天下應犯死罪，非殺人者，遞減一等。左降官、流人並與量移。」[123]可見「量移」的對象非單只針對左降官，亦包括流刑犯人。

　　左降與流刑本來是兩種不一樣的懲罰，所謂「貶則降秩而已，流為擯死之刑」，[124]前者是行政處罰，後者是刑事處罰，二者本來有種種差異，[125]可是，為何都同樣適用「量移」呢？主要原因是兩者在處罰的手段上有相通之處。流刑三等的配所是依據距離京師的道里遠近而定，而自太宗朝開始，被流放的罪犯多被配流到「遠惡之地」。至於左降方面，唐初以來「重內輕外」的風氣嚴重，官人重視京官，輕視地方守令，因此，官員犯錯違紀或是政爭失敗，往往外貶為地方守令，以示懲戒。玄宗朝似乎參照了流刑的處罰方式，不僅將京官左降為地方守令，更將他們貶謫到魑魅之地，蠻荒之處。這項改變據說是張九齡（678-740）所建議的，史稱：

　　　　世稱曲江為相，建言放臣不宜於善地，多徙五谿不毛之鄉。[126]

因此，官員左遷多貶往嶺南道、山南東道、山南西道、江南東道、江南西道等窮惡之地。[127]左降是指將官人降職貶謫並外放地方甚至遐荒遠郡，流刑則是把罪犯配流遠惡之處，左降與流刑的處罰方式，有其相似之處，都是以上都長安為基準，將人驅逐到偏遠不毛之鄉。職是之故，

---

[123] 〔宋〕李昉等編，《文苑英華》（台北：華聯出版社，1967），卷432，〈赦書十三〉，頁2a。

[124] 《唐會要》，卷41，〈左降官及流人〉，頁863。

[125] 關於左降官和流人的異同，可參看張艷雲，〈唐代左降官與流人異同辨析〉，收入史念海主編，《唐史論叢》第七輯（西安：陝西師範大學，1998）。

[126] 《舊唐書》，卷160，〈劉禹錫傳〉，頁4211。

[127] 據日本學者辻正博的研究，有唐一代，平均超過一半遭外貶的官人都是被貶到這些地區，在唐代後期，其比率更高達八成。參看氏著〈唐代貶官考〉，《東方學報》，63（京都：1991）。

「量移」便應運而生──就是把這些被驅逐之人遷轉到較接近首都的地方。

　　從前引幾個例子，可知皇帝的恩赦無疑是「量移」的重要時機。但除此以外，左降官與流人經過一段時間，亦可以量移近處。試看開元十八年（730）正月丁巳赦詔，云：

> 其左降官及流、移、配隸、安置、罰鎮、効力之類，并宜量移
> 近處……流人及左降官考滿載滿，丁憂服滿者，亦准例稍與量
> 移。[128]

可知左降官和流人得以「量移」的機會大致有兩種：第一，遇到皇帝的大赦，特別恩准「量移」近處，這種是不定期的方式；第二，左降官經過一定的考課，流人經過一定的年限，亦准例「量移」，這種是常態性定期的方式。左降官、流人考滿載滿，得以量移近處的恩典，亦見於玄宗稍後的〈天寶十載南郊赦〉。[129]但究竟是經過幾考幾載才可以「量移」，赦書並沒特別說明，惟玄宗既然簡單重申「考滿載滿」，又云可准「例」量移，當時應有明確規定的。

　　再看德宗貞元六年（790）十一月庚午（初八）的南郊赦詔：

> 左降官經三考，流人配隸効力之類，經三周年者，普與量移。[130]

清楚看到左降官經三考、流人經三周年，准予「量移」。唐代通常一年一考，所以，左降官和流人都是以三年為度。然而，三年「量移」之規

---

[128] 《冊府元龜》，卷85，〈帝王部·赦宥四〉，頁1008-2。

[129] 《唐大詔令集》，卷68，〈典禮·南郊二〉，頁381。

[130] 《冊府元龜》，卷89，〈帝王部·赦宥八〉，頁1063-1。

定，到憲宗朝有了變化。元和十二年（817）七月己酉（廿二日）敕
云：

> 自今以後，左降官及責授正員官等，並從到任後，經五考滿，
> 許量移。今日以前左降官等，及量移未復資官，亦宜准此處
> 分。[131]

憲宗把左降官「量移」的標準，從三考增加為五考，並且溯及「今日以
前左降官等」。白居易（772-846）於元和十年（815）遭貶為江州司馬，
歷經三年本可量移，孰料元和十二年「量移」的條件變更為五考，連
「今日以前左降官等」，都照新規定處理，難怪會有「一旦失恩先左降，
三年隨例未量移」之嘆。[132]至於流人方面，元和八年訂定了流放刑期，
流人「載滿」量移的規定可能隨之廢除。關於流人刑期，將詳下文。

流人「量移」可遷轉較接近長安的流所，但僅是移近而非放歸故
里，及至敬宗登基卻有了新的規定。敬宗長慶四年（824）正月登基，三
月三日御丹鳳樓大赦，赦書云「左降官縱元勅云終年不齒者，亦與收
錄。諸色得罪人先有勅云縱逢恩赦不在免限並別勅安置者，亦放還。」
[133]四月，刑部為此提出了一個新的方案：

> 准其年三月三日起請，准制：「以流貶量移，輕重相懸。貶則
> 降秩而已，流為擯死之刑。部寺論理，條件聞奏。」今謹詳赦
> 文，流為減死，貶乃降資。量移者卻限年數，流放者便議歸

---

[131] 《唐會要》，卷41，〈左降官及流人〉，頁862。

[132] 白居易〈自題〉一詩當是元和十三（818）年江州司馬任內所作，參看〔唐〕白居易著；朱金城箋
校，《白居易集箋校》（上海：上海古籍，1988），頁1137。

[133] 《冊府元龜》，卷90，〈帝王部・赦宥九〉，頁1079-1。

還。准今年三月赦文，放還人其中有犯贓死及諸色免死配流
者。如去上都五千里外，量移校近處。如去上都五千里以下
者，則約一千里內，與量移近處。如經一度兩度移，六年未滿
者，更與量移，亦以一千里為限。如經三度兩度（「兩度」疑
為衍文）量移，如本罪不是減死者，請准制放還。如左降官未
復資遇恩，滿五考者，請准元和十二年九月敕，與量移。……
制可之。[134]

左降官可能只是犯微過貶官，而流人往往是減死從流，二者所犯，輕重
或許相當懸殊，因此，皇帝要求刑部和大理商議二者「量移」事項。刑
部對於左降官的處置，准照元和十二年的規定，即官員滿五考者，依舊
准予「量移」。比較重要的是流人「量移」有了新的準則：其一，若去長
安五千里以內者，准予「量移」千里以內；五千里外的流人，准予「量
移」近處，推想應在千里以上。流人「量移」的里數，視乎配所與長安
之間的距離而決定。其二，如已經一度、二度「量移」，但未滿六年，仍
予「量移」一千里；若已經三度「量移」，而本罪不是減死者，則予以放
還。此處的「六年」，乃指流刑的刑期。值得注意的是，已經三度「量
移」而遇赦可以放還，則流人放歸故里的條件，除了天子大赦特予施恩
與六年刑期以外，新增了「量移」次數一項。在敬宗朝的新制下，「量
移」非僅造成流人配所移近上都長安，亦有可能讓流人返還原籍。[135]
　　關於左降官「量移」的程序，前引肅宗元年建辰月丁未詔書提到
「宜令所繇計會勘責，五品已上及郎官御史俱貶中書門下，六品已下委

---

[134] 《唐會要》，卷41，〈左降官及流人〉，頁863。

[135] 據《冊府元龜》卷85〈帝王部・赦宥四〉所錄開元十七年十一月敕詔：「自先天以來有雜犯經移近
處流人，……並宜放還。」（頁1007-1）曾經量移的流人遇赦放還的恩典可能早見於玄宗朝。只是
玄宗的做法可能是偶一為之，而敬宗的新制則使量移與放免的關係制式化。

兵吏部。各詳犯狀輕重，量才改轉。」左降官的收敘按照程序，原由地
方政府將資料上報相關部門，再由該部門勘驗核實後，頒下地方執行。
肅宗以為這樣的程序將導致「動經歲年，恩不及時」，因而指示不必等待
地方上呈資料，五品以上及郎官、御史等的主責單位是中書門下，六品
以下的主責單位是兵部與吏部，這些部門直接針對左降官的犯狀輕重，
「量移」適當的地方。

　　至於流人「量移」程序，可以宣宗大中四年（850）五月御史臺奏
議作說明，云：

> 起請，赦書節文：「流人該恩，例須磨勘文書，雖曰放還，尚
> 為拘絆。其人經三度量移者，赦書後，委所在長吏子細檢勘，
> 無可疑者，便任東西，訖，具名聞奏。」臣今條流：「其流人
> 每每量移之時，請委刑部具先流甚處相承牒，准赦文，當日放
> 東西，訖，具名聞奏。其流人未有處分者，請委刑部准此磨
> 勘，牒報本道，並其事由報臺，庶免留滯。」[136]

宣宗的赦書應是延續敬宗以來的新措施，即流人經三度「量移」而遇
赦，可以放免。（於此亦可印證前引長慶四年四月刑部奏議中的「三度兩
度」中的「兩度」，當為衍文。）但原來由刑部勘驗相關文書，曠日費
時，導致原可放免的流人遷延時日，於是宣宗指示勘驗工作交由地方長
吏執行，從而提高效率，落實皇恩。御史臺的奏議大致是針對量移的流
人和累計量移三次但尚未放免的流人的處置方案，對於前者，由刑部備
妥流人原先流放何處的相關公文，依據赦書應「量移」何處，完成後再
向天子奏聞。至於後者，由刑部先行勘驗原流放文件，再通知流人所在

---

[136] 《唐會要》，卷41，〈左降官及流人〉，頁865。

衙署。刑部先把需要勘驗的手續預先做好，俟皇帝大赦時各地流人便可由地方政府直接核實後放免，不再有遷延時日的情事。流人「量移」和放免的審核專責單位是刑部，另由御史臺監督，有別於左降官的事宜由刑部和吏部共同主理。[137]

　　左降官「量移」的里數雖然不一，但常常有「量移」千里以上的，[138]流人量移的情況又如何？據前引敬宗朝刑部的建議，距上都五千里以內者，可以「量移」一千里。宣宗大中元年（847）正月南郊大赦，云「諸色流貶人，元敕內云雖逢恩赦不在量移限者，自去年五月五日赦文後，已經量移者，五千里外更與量移千里；三千里外者，更與量移五百里。」[139]按照官方的規定，根據配所距長安的距離，流人可以「量移」五百里或一千里。那麼，實際案例又是如何？開元名相宋璟（663-737）之子宋渾，天寶九載（750）坐贓被流嶺南道高要郡，後遇赦，「量移」江南東道東陽郡。[140]高要郡距長安 4935 里，東陽郡距長安 4073 里，移近了 862 里。代宗朝御史中丞源休（？-784）遭配流溱州，後「量移」岳州。[141]溱州屬黔中道，距長安 3480 里，岳州屬江南西道，距長安 2237 里，移近了 1200 里。大詩人李白〈見京兆韋參軍量移東陽〉一首，云「潮水還歸海，流人卻到吳。相逢問愁苦，淚盡日南珠。」日南郡即驩州，位於海南島，距長安 12452 里；東陽郡距長安 4073 里，故韋參軍竟「量移」了 8000 里！不過，韋參軍事蹟不詳，其配所是否為日南，抑或僅是詩人借用日南形容流所的荒遠？而且，唐人詩文常以流放譬喻貶謫，未知韋參軍是否確為流人？由於流人「量移」案例僅寥寥數

137　參看拙作，〈唐代量移試探〉，頁 662-663。

138　參看拙作，〈唐代量移試探〉，頁 664-668。

139　《文苑英華》，卷 430，頁 2b。

140　《舊唐書》，卷 96，〈宋璟傳附子渾傳〉，頁 3036。

141　《舊唐書》，卷 127，〈源休傳〉，頁 3574。

宗，遠少於左降官數量，而且都是前期的事件，只能聊備參考。不過若
是排除韋參軍的極端例子，流人「量移」里數約在數百至一千多里之
間。

三、六年刑期

北周的流刑原來就有六年刑期的規定，隋文帝開皇元年制定的《開
皇律》針對周的流刑有所變革，將六年刑期降為五年，及至開皇中則廢
除了刑期。唐承隋制，流刑是終身遠逐的刑罰，按律並無放還的條文，
更無所謂的法定刑期。但流人真的沒有刑期嗎？依律固然是沒有，但實
際上卻是一直都存在。據前引「應議請減（贖章）」條所云「犯五流之
人，有官爵者，除名，流配，免居作。」「五流」是指「加役流」、「反逆
緣坐流」、「子孫犯過失流」、「不孝流」、「會赦猶流」等，官人若犯五
流，官爵悉除，仍需流配但免居作。又據前引《唐令・獄官令》復原第
19 條，云：

> 諸流移人移人，謂本犯除名者，至配所，六載以後聽仕。其犯反
> 逆緣坐流，及因反逆免死配流，不在此例。即本犯不應流而特配
> 流者，三載以後聽仕。

排除「反逆緣坐流」及「因反逆免死配流」等，被除名的其他「五流」
罪犯至配所六載以後聽仕。至於「不應流而特配流者」則三載之後可以
重新出仕。官人三載或六載以後聽仕，無疑是有流放刑期的。

以上是就官人而言，至於一般流人至配所若干年後可以放免返鄉，
則是憲宗朝才制定的新措施。憲宗元和八年（813）正月，刑部侍郎王播
奏曰：

「天德軍五城及諸邊城配流人，臣等竊見諸處配流人，每逢恩
赦，悉得放還，唯前件流人，皆被本道重奏，稱要防邊，遂令
沒身，終無歸日。臣又見比年邊城犯流者，多是胥徒小吏，或
是鬥打輕刑，據罪可原，在邊無益。伏請自今以後，流人及先
流人等，准格例，滿六年後，並許放還。冀抵法者足以悛懲，
滿歲者絕其愁怨。」從之。[142]

王播鑑於天德軍等邊城配流人，由於防邊需要，縱逢恩赦，往往不得放
免。因此，主張明訂流人到配所滿六年後，准予放還。憲宗聽從王播的
建議，自此唐代流刑有明白放還的期限，誠流刑的一大變革。若據前引
褚遂良和陸贄的奏議，可知將罪犯配防西北邊鎮，寓有增戶實邊以及強
化鎮戍防務之目的，但這些罪犯類皆無賴之徒，「終年離別，萬里思
歸」、「懷土之情」、「止能擾於邊城，實無益於行陣」、「適足煩於防衛，
諒無望於功庸」。因此訂定明確刑期既能解決西北邊鎮防務之需求，亦使
罪犯返鄉有期，絕其愁怨，不致滯留配所滋事。又據文宗開成四年
（839）十月五日勅節文：

從今以後，應是流人，無官爵者，陸載滿日放歸。
從今以後，應是流人，有身名者，陸載以後聽敘。[143]

---

[142] 《唐會要》，卷41，〈左降官及流人〉，頁861-862。

[143] 〔宋〕竇儀等撰；岳純之校證，《宋刑統校證》（北京：北京大學，2015），卷3，〈名例律〉，頁
50。又《唐會要》卷41〈左降官及流人〉云：「今後流人，宜准名例律及獄官令，有身名者，六年
以後聽敘；無官爵者，六年滿日放歸。」（頁864）惟據〈名例律〉、〈獄官令〉，皆作「六載」而非
「六年」；又《唐會要》「聽敘」一詞，《宋刑統》則作「聽敘」，語意較勝。岳純之據《唐會要》文
字增補「無官爵者」四字。另參看劉俊文，《唐代法制研究》，頁310。

有身名者六載以後重新敍用，正是根據前述〈名例律〉與〈獄官令〉的規定，至於無官爵者六載滿後得以放歸本貫，自然是繼承憲宗朝的新制。流人六年放還的規定延續至唐末，大中十三年（859）十月九日懿宗（833-873，859-873 在位）即位，大赦天下，其登極赦書云：「如到流所經六載，仍並放還。」[144]

六年准予放還的規定，大致上適用各地流人，惟某些邊防要塞，則稍作延長。穆宗（795-824，820-824 在位）長慶元年（821）正月大赦，云：「其天德軍流人，滿十年即放迴。」[145]天德軍的放還期限延長為十年。及至宣宗大中四年（850），因追尊順宗憲宗謚號，大赦天下，詔云：

> 徒流人比在天德者，以十年為限，既遇明恩，例減三載。（但）使循環添換，邊不闕人，次第放歸，人無怨苦。其秦州、源（《舊紀》作「原」）州、威州、武州諸關等所配流人，須量輕重，與立年限（《舊紀》作「先准格徒流人，亦量與立限」），宜令止於七年放還，如有住者，亦聽。中有犯死罪及逆人賤隸，不在此限。[146]

流放至天德軍者，原以十年為限，但既逢大赦，遂將歸期縮短為七年。其他如秦、原、威、武等邊防關城，則以七年為限。同年十一月收復成、維、扶等三州，配送三州的流人也是比照「秦、原、威、武等州流

---

[144] 《文苑英華》，卷 420，〈翰林制詔・赦書一〉，「大中十三年十月九日嗣登寶位赦」，頁 2125-2。

[145] 《文苑英華》，卷 426，〈翰林制詔・赦書七〉，「長慶元年正月三日南郊改元赦文」，頁 2159-2。

[146] 《冊府元龜》，卷 91，〈帝王部・赦宥十〉，頁 1091-1。另據《舊唐書》卷 18 下〈宣宗本紀〉補訂。

例，七年放還。」[147]至於其他地區，應當仍是維持憲宗以來六年放還的規定。[148]

　　流人既是定期放還，有司當事先準備好相關的文件與手續，據《開成格》：「應斷天下徒流人，到所流處，本管畫時申御史臺，候年月滿日申奏，方得放還本貫。」[149]流人抵達流所，該處主管當即刻申報御史臺。俟六年刑期屆滿就申奏中央，流人方得放還故里。流人放還本貫，其生計如何維持？按長慶元年（823）正月三日制：

> 亡官失爵、放還流人，有莊田先經沒官，被人請射，本主及子
> 孫到，並委却還。[150]

流人在家鄉被沒官的莊田若已由其他人耕作，州府需將其還給放歸流人，以保障生計。

　　唐憲宗訂定流刑刑期，堪稱唐代流刑的一大變革，流刑自終身遠逐一變為有期刑罰。倘若就流刑的發展史來檢視，唐憲宗的新制其實並非

---

[147] 《舊唐書》，卷 18 下，〈宣宗本紀〉，頁 628。

[148] 《文苑英華》卷 888〈碑四十五‧神道六〉收錄李宗閔「故丞相尚書左僕射太尉王公神道碑」，云：「（元和）六年為刑部侍郎，充鹽鐵轉運使。上言流人會赦而歸，獨豐囚為隔，遂無還者，請率以七歲為竟，至今用之。」（頁 4676-1）其中提到王播「上言流人會赦而歸，獨豐囚為隔」一事，當指前述憲宗元和八年的上奏。不過「請率以七歲為竟」，並非王播原來建議而是後來的修正做法。

[149] 〔宋〕王溥撰，《五代會要》（上海：上海古籍，2006），卷 9，〈徒流人〉，頁 156。

[150] 《唐大詔令集》，卷 70，〈長慶元年正月南郊改元赦文〉，頁 392。穆宗制書亦見於《冊府元龜》卷 90、《唐會要》卷 41、《文苑英華》卷 426，但莊田「先經沒官，被人請射」一句，《冊府元龜》、《文苑英華》都作「不經沒官，被人請射」；《唐會要》則作「不經沒官，被人侵射作主」，文句略有不同，但其意大致上都指流人原來的土地沒有充公且被別人侵佔。不管是「不經沒官，被人請射」，還是「不經沒官，被人侵射作主」，文意顯看難通，但所述狀況相對奇特。犯人被流，原來的土地理應沒官再授予他人，《唐大詔令集》所述情況應該比較尋常合理。故《唐會要》的「不經沒官」相對比較不尋常；而若是不經沒官，如何可以被人請射？《冊府元龜》的記載就不大合理了。

首創，隋唐流刑的源頭──北周的流刑原來就有六年刑期的規定。楊堅
篡周建隋後，開皇元年制定的《開皇律》針對周的流刑有所變革，將六
年刑期降為五年。所以憲宗為流刑訂定刑期此一重大變革，或許是師法
周隋的故智罷了。而按照唐代律令的規定，官人遭流放，既不需苦役，
三年或六年後可以重新敘官，依法流刑雖無刑期，但實質上官人卻是有
刑期的。此外，自玄宗朝以降，流人經過一定時間可以「量移」近處，
流刑對一般人而言已非終身放逐的刑罰了。流人或許未能立刻返歸故
里，但至少已經離開原先的配所。隨著帝王頻繁恩赦放免流人，對於一
般流人而言，流刑縱非有期刑亦已非終身刑，至少成為不定期刑了。憲
宗朝，在考量沿邊軍鎮流人得到公平對待的客觀情勢下，流人的放免終
於走向法制化、常規化。

結　語

　　本章旨在析論流刑的具體執行以及隨著時代而作出的調整，聚焦於
流刑的實踐層面，從而檢視紙上的法律與現實上的法律之間的落差。貞
觀初年的法制議論再度「確立」隋朝以來建立的五刑，即刑之數為五，
刑之名為死、流、徒、杖、笞。流刑的加重或調整，一律不假外求，都
是流、徒、杖等刑參差互用。誠如前文一再論及，流刑最主要的二大元
素，一為「放逐」，一為「勞役」，關於唐代流刑的加重從嚴，大體上亦
是圍繞此二項元素而展開的：或是加重苦役年期，或是延長遠逐時間，
或是配送特定地區，不一而足。

　　太宗即位之初將五十多條判處絞刑的犯罪改科斷右趾之刑，後又
「愍其受刑之苦」，乃於貞觀六年創制「加役流」予以取代。「加役流」
是加役之流，流的里數三千里沒有增加，但役的年數從一年增加為三

年。若論加役流之性格，無疑就是流刑之極和徒刑之極的綜合刑。此外，流刑原先並無鞭杖等附加刑，但玄宗朝以降，配流以前經常先決杖四十到一百不等，可謂律外淫刑。流人配送前先決杖的做法，一直沿襲至晚唐而未改。決杖配流除了作為死刑的代刑以外，亦作為正刑被使用。流刑附加決杖之情形既一直存在，而且愈益普遍，杖刑自然亦愈趨複雜。決杖之數，有杖四十、六十、八十、一百之差。除了杖數，尚有部位之差，如脊杖、臀杖；以及形制之差，如常行杖、重杖等。

　　太宗朝另一重大改革，就是貞觀十四年將流刑三等「不限以里數」，量配邊要遠惡之地。嶺南道是唐代最主要的流所，除此以外，安史亂前的隴右道（西州、伊州）和劍南道（巂州、姚州）、安史之亂期間的黔中道、中唐以降的天德軍及西北邊城，都是主要流放罪犯的地區。從案例所見，天德軍等邊城距長安不足二千里，其他大部分的配所都距長安遠超三千里以外，甚至有萬里之遙的。倘若配送嶺南、黔中是基於「遠惡」的考量，那麼，將犯人流放天德軍等邊城無疑就是「邊要」的因素。「加役流」加重的是苦役的年限，高宗朝創制的「長流」，則是延長遠徙的時間，基本上就是永遠的放逐。流刑原是終身放逐，但帝王頒下恩詔聲明放免流人，流人可得還鄉。然而犯人若是被處以「長流」，除非特旨赦免，否則縱逢恩赦，即便一般「三流」犯人可以放歸，但長流人亦不在寬免之限。甚至，長流人的妻小都需特旨恩赦，方得放還故里。長流既比一般的三流來得嚴厲，自然是懲處極為嚴重的惡行。

　　流刑的發展與調整並非只是一味的朝向加重從嚴的方向前進。流人抵達配所，原無放還的條文，甚至自鄉里被迫遠徙千里以外的狀態亦不因一般常赦而改變，但帝王特旨恩赦，「與民更始」、「咸與惟新」，經常格外開恩放免流人還鄉，將其被改變的狀態恢復原貌。因此在新君踐祚或改元大赦時，尤其常見赦放流人。另外，流人有時或因大赦，或經過一定年限，得以「量移」近處，即遷回較接近首都的地方。一般而言，流人「量移」里數約在數百至一千里之間。敬宗朝以降，流人經三度

「量移」後遇赦更可放還本貫。此外，官人被流送配所後，按律經三載或六載以後即可重新出仕，官人無疑是有流放刑期的。因此，對於官人而言，流刑原來就是一種有期刑。至於一般流人有時因為大赦，准予放歸；有時經三度「量移」後，「無可疑者，便任東西」，流刑早就從無期刑變成不定期刑了。及至元和八年，憲宗更進一步訂定一般流人至配所屆滿六年即可放歸故里的規定。其他如天德軍、秦、原、威、武等邊防關城，則以七年為限。唐初以來一直存在流人放免的不同形式，至此變得常態化、固定化、制度化。

綜合而言，唐代法定流刑有「道里之差」，但在太宗朝即頒行「不限以里數」的新制；流人至配所皆強制服勞役一年，但在貞觀初年即已創制居作三年的「加役流」；依律流放沒有附加笞杖等刑罰，但自武后朝即已經常杖責流人；流人在配所附籍終身不得返鄉，但在玄宗朝卻准予「量移」，及至憲宗朝又產生了刑期，更不用說自唐初以來即常以大赦之類的非常之恩將流人放還故里了。弔詭的是，按照律令流人原來縱然遇赦亦不得返鄉，但帝王卻以非常之恩放還流人；及後帝王又創制「長流」這種縱逢恩赦亦不原免的刑罰嚴懲重犯，然而為了彰顯皇恩浩蕩，君主最終又可特旨予以赦免。律令中的流刑與實踐下的流刑，二者存在不小的落差。

唐代流刑的調整方向若置於流刑的發展史上，有幾點值得注意：其一，「道里之差」的問題。魏齊的流人主要是配送緣邊鎮戍終身為兵，所以沒有「道里之差」，與之迥異的是周隋的流刑都有「道里之差」，唐代繼承下來遂制定三等流刑。隋制在開皇元年制定後，在開皇十三年（593）文帝就「改徒及流並為配防」，[151]應是將徒刑和流刑犯配送緣邊鎮戍，看來是不講「道里之差」了。唐代在三等流刑制定後不久，也是「不限以里數」。其二，流刑附加杖刑的問題。考魏齊周的流刑原來都有

---

[151] 《隋書》，卷 25，〈刑法志〉，頁 714。

附帶鞭笞之刑，及至隋文帝《開皇律》予以廢除。玄宗朝的「新」做法，是否可視為恢復前朝「舊」制？其三，刑期問題。周隋的流刑都有刑期，分別是六年和五年。唐律的流刑是終身遠逐，不得返鄉。及至憲宗朝制定流人六年放歸的「新」制，看來也是周隋的「舊」章。唐代流刑在具體執行時的調整方向，其實都早見於北朝。

　　流刑固然是秉承《尚書》「流宥五刑」的精神而創制，其「道里之差」亦根據《尚書》、《周禮》等經典而訂定。隋朝三流是自一千里至二千里，而唐朝三流雖加重為二千里至三千里，但流放里程並不長，距離京師亦不遠。其實若純粹落實《尚書》「五宅三居」的原則，不一定會造成流放里程短近的現象，蓋經典「三居」是指「大罪宥之四裔，次九州之外，次中國之外」，罪犯是被驅逐至懸遠的地方。故隋唐流刑流放里程不長、距離京師不遠的設計並非受到《尚書·舜典》的影響，而是主要肇因於歷經魏晉南北朝法律的儒家化，刑罰日趨寬緩所致。隋文帝開皇制律，「除苛慘之法，務在寬平」，而唐高祖武德初建立法制時亦是「盡削大業所用煩峻之法，又制五十三條格，務在寬簡。」隋唐建國之初，刑罰都標榜寬緩，遂把三流訂得甚輕。要而言之，律令中的流刑彰顯的是國體，旨在宣示儒家的價值，體現刑罰的輕緩。然而，為了因應實務上的需要，不管是充實邊防抑或嚴懲重犯，自太宗朝開始就不斷調整流刑的處罰內容與方式。

　　流刑是非常古典的，《尚書》已有「流宥五刑」的記載，但在笞、杖、徒、流、死的五刑中卻是入律最晚。它兼具了「恩」與「刑」兩種既矛盾又統合的性格，且長期擺盪在正刑和代刑之間。漢魏一直存在將罪犯遠逐他鄉的刑罰，但它並非律令正刑，而是帝王寬宥死罪的一種代刑。北魏孝文帝太和十六年（492）流刑正式成為律典的正刑，可是仍然經常作為皇恩減死降等的替代刑。既是刑，當然要加以法定化；既是恩，又充滿了任意性。唐代流刑在實際運作與調整時，帝王可以恩准流人量移近處、制定刑期，甚至大赦放免，固然都是皇恩的展現，但另一

方面卻也陸續出現加役、決杖、長流、量配邊要遠惡之地等加強懲罰力
道的做法，與所謂的恩典寬仁是否存在矛盾？筆者以為二者並無矛盾。
試看這些刑罰所針對的罪犯：加役流者，「舊是死刑」；決重杖流嶺南是
針對「應絞斬者」；肅宗朝被「長流」的李白、張均都是身罹大辟之刑。
於此清楚可見加役流、長流等加重刑罰的對象都是死刑犯人，這些刑罰
是作為寬貸死罪的手段，其實是皇恩的一種展現。從刑罰發展的宏觀角
度而言，漢唐之間刑罰變遷的主調是從肉刑到流刑，唐代以降的主調則
是圍繞廢死而展開。唐朝自建國之初就開始朝廢死方向邁進，而流刑的
成熟提供了廢除死刑的條件。唐朝自太宗以來的貸死手段，一直是圍繞
著流刑而發展，加役流的制定預示了貸死的方向以及流刑的多樣性。流
刑是一種帶著濃厚皇帝恩典色彩的刑罰，從代刑階段到正刑階段，從表
相到實相都是如此。

第六章　非流之流
——唐代流刑的變相

前　言

　　唐玄宗開元十八年（730）正月庚寅（五日）迎氣於東郊，大赦天下，詔書云：

> 其左降官及流、移、配隸、安置、罰鎮、効力之類，並宜量移近處。[1]

皇帝敕書中將左降官、流、移、配隸、安置、罰鎮、効力等並列，而且都能得到「量移」的恩典。類似恩典尚見於天寶七載（748）五月壬午（十三日）冊尊號大赦。[2] 又代宗廣德元年七月壬子（十一日）改元大赦詔書：

> 左降官即量移近處，亡官失爵，各與收敍。諸色流人、罰鎮、効力、安置、配隸等，一切放還。[3]

---

[1]　《冊府元龜》，卷 85，〈帝王部・赦宥四〉，頁 1008-1。赦書開頭云「（開元）十八年正月丁巳親迎氣於東郊」，似在正月丁巳日頒佈。惟正月無丁巳日，而據赦書云：「自開元十八年正月五日昧爽已前，大辟罪已下……咸赦除之。」可知本篇赦書應在正月五日，即庚寅日頒佈。

[2]　赦詔云：「其左降官及流、移、配隸、安置、罰鎮、効力之數，並稍與量移。」參看《冊府元龜》，卷 86，〈帝王部・赦宥五〉，頁 1021-2。

[3]　《冊府元龜》，卷 88，〈帝王部・赦宥七〉，頁 1047-2。

除了左降官可得「量移」之外，流人、罰鎮、効力、安置、配隸等都一
切放還。又唐德宗興元元年（784）正月癸酉（一日）大赦亦云：

> 左降官及已經量移並與量移近處。流人、配隸及罰鎮、効力並
> 安置，及得罪人家口未許歸者，一切放還。[4]

恩典與前引代宗改元廣德大赦相仿。

　　以上詔書提到的左降官、流、移、配隸、安置、罰鎮、効力等，其
中「左降官」是指因犯過失或不稱職而遭到貶降的官員，古人尚右，故
稱貶官為左降。又唐人重京官，輕外官，官人左降往往貶謫於外，甚至
是遠降邊州。流刑是把罪犯配流邊要遠惡之處，而官人左降外放甚至貶
謫遐荒邊郡，兩者性質相仿，所以唐人經常「流貶」並稱，《唐會要》卷
四一即將「左降官」與「流人」置於同卷。「移」即「移鄉」之意，據
《唐律疏議・賊盜律》「殺人移鄉」條（總 265 條），《疏》文云：

> 殺人應死，會赦免罪，而死家有期以上親者，移鄉千里外為
> 戶。[5]

移鄉是指殺人按律合死，但若遇到大赦免罪，而死者期親以上親屬尚
在，殺人犯需強制移居千里之外，目的在於防止仇家血屬之復仇。犯人
強制遠徙，在安土重遷的古代，也帶有刑罰的性質，與流刑類似，故經
常「流移」並稱。至於其他「配隸」、「安置」、「罰鎮」、「効力」等刑
罰，並不見於唐律，其內容尚待琢磨。不過，這些刑罰與左降、流、移

4　　《冊府元龜》，卷 89，〈帝王部・赦宥八〉，頁 1059-2。

5　　《唐律疏議》，卷 18，〈賊盜律〉，「殺人移鄉」條（總 265 條），頁 342。

等並列，而且都可以得到「量移」的恩典，應當是具有類似的性質——都是將犯人遠逐他方的刑罰。

左降官是將官人貶謫，屬於行政處分，而且仍具官人身分與職務，這與流放、配隸等刑事處罰，當事人屬於罪人身分，迥然不同。而移鄉的性質主要是防避復仇的一種處置手段，雖有懲戒殺人者之作用，但畢竟非屬刑罰的一種。因此，本章對於左降官、移鄉等暫置之不論。唐代「配隸」、「安置」、「罰鎮」、「効力」等刑罰之具體內涵是什麼？處罰的對象是誰？與刑律中的流刑有何關係與差異？這些都是值得思考與釐清的問題。學界對於「配隸」等刑罰討論不多，近年南京大學法學院張春海氏先後撰文加以探討，[6]筆者深受啟發，惟對這些刑罰的性質與具體規定，部分觀點與張氏略有歧異，擬在其基礎之上進一步考察。

第一節　配隸

「配隸」一詞，見於《唐律疏議・名例律》「免所居官」條（總 20條），云：

> 雜戶者，謂前代以來，配隸諸司職掌，課役不同百姓。……官戶者，亦謂前代以來，配隸相生，或有今朝配沒，州縣無貫，唯屬本司。[7]

---

6 張春海，〈論唐代的配隸刑〉，《史學月刊》，2010:8（開封，2010），頁 34-40；〈論唐代的効力與罰鎮刑〉，《東北師大學報（哲學社會科學版）》，2011:3（長春，2011），頁 80-85；〈論唐代的安置刑〉，《史學集刊》，2011:4（長春，2011），頁 56-64。

7 《唐律疏議》，卷 3，〈名例律〉，「免所居官」條（總 20 條）《疏》文，頁 57。

又《唐律疏議‧名例律》「工樂雜戶及婦人犯流決杖」（總 28 條）的
《疏》文在解釋工、樂、雜戶、太常音聲人時，云：

> 工、樂者，工屬少府，樂屬太常，並不貫州縣。雜戶者，散屬
> 諸司上下，前已釋訖。「太常音聲人」，謂在太常作樂者，元
> 與工、樂不殊，俱是配隸之色，不屬州縣，唯屬太常，義寧以
> 來，得於州縣附貫，依舊太常上下，別名「太常音聲人」。[8]

雜戶、官戶、工樂戶、太常音聲人皆賤口，配于諸司服役，由於身分特
殊，故名籍不附於州縣而是屬於諸司，「配隸」似與賤口服役有關，含有
配沒隸屬之意。[9]然而，《唐律疏議‧衛禁律》「已配杖衛輒回改」條（總
70 條）規定宮中宿衛擅自改配仗衛的犯罪和處罰，其中「不依職掌次第
擅配割」的狀況，《律疏》釋云：

> 若不依職掌次第而擅配隸，乖于式文。[10]

其意是指中央各衛在宿衛工作上本有一定的職權關係，若不依職權行使
次序而擅自調動且違反式文的規定，[11]本條的「配隸」顯然與賤口配沒
服役無關。元代王元亮的《唐律釋文》對於「擅配隸」一詞的解釋為
「猶配役也。謂此衛士已當番直衛，其掌衛士之長官輒改此人名目，于

8　　《唐律疏議》，卷3，《名例律》，「工樂雜戶及婦人犯流決杖」條（總28條），頁74。

9　　張春海前引〈論唐代的配隸刑〉，頁34。

10　《唐律疏議》，卷7，《衛禁律》，「已配杖衛輒回改」條（總70條），頁159-160。

11　參看劉俊文，《唐律疏議箋解》（北京：中華書局，1996），頁 592-593；錢大群：《唐律疏義新注》
　　（南京：南京師範大學出版社，2007），頁 245-255。

別處配隸役使者。」[12]可見「配」，有分配、安排之意；「隸」是隸屬之意。在唐律所見之「配隸」，是指分配隸屬至官署服役，非僅指賤口配往諸司服役，其義不宜局限在「配沒隸屬」。但前引敕詔提到「配隸」可以「量移」或是放歸田里，顯然這種「配隸」是被放逐到遠方服役，類似流放，與唐律分配至不同衙署服役的狀況，並不相同。

「配隸」究竟是怎樣的刑罰，其與法定的「三流」有何差別？其適用對象又如何？「配隸」之事最早似見於玄宗朝，開元十七年（729）十一月丙申（二十二日），玄宗謁橋陵還，大赦天下，敕詔云：

> 自先天以來，有雜犯經移近處流人，并配隸磧西、瓜州者，朕捨其舊惡，咸與惟新，並宜放還。[13]

類似恩典尚見於開元二十年（732）十一月庚午（二十一日）祀后土大赦恩詔，云：

> 自先天已來，有雜犯流移人等，并配隸人等，各量移近處。[14]

流移人等與配隸人都蒙恩量移，可知二者都是遠逐遐方的刑罰，性質相同；而從「流移人等并配隸人等」的陳述方式，清楚可見流是流，配隸是配隸，二者並非同事異名。兩篇詔書寬宥對象的時間，都是先天以來的配隸人。先天是玄宗在位的第一個年號，在此之前是否已有配隸刑則不得而知。從開元十七年敕詔可見配隸的地點是磧西、瓜州。磧西是唐人對西域的泛稱，開元初設磧西節度使，統安西、疏勒、于闐、焉耆等

12　〔元〕王元亮，《唐律釋文》，收入《唐律疏議》「附錄」，頁 630。

13　《冊府元龜》，卷 85，〈帝王部·赦宥四〉，頁 1007。

14　（宋）李昉等編，《文苑英華》，卷 424，《翰林制詔·赦書五》，〈後土赦書〉，頁 2150。

四鎮。除了磧西，甚至有配隸至蔥嶺的，據〈唐開元年代（731）西州諸曹符帖目〉：「駈犯盜移隸蔥嶺事」。[15]應是將名為某駈的盜賊，配隸至帝國西陲的蔥嶺充賤役。蔥嶺西距長安約為 8531 里左右，[16]堪稱窮荒絕域了。

將犯人配隸磧西之記載，尚見於玄宗天寶三載（744）十二月癸丑（二十四日）大赦，云：

> 有天下孝行過人，鄉閭欽伏者，宜令所隸郡縣長官具以名薦。其有父母見在，別籍異居，虧損名教，莫斯為甚。親歿之後，亦不得分析。自今已後，如有不孝、不恭、傷財破產者，宜配隸磧西，用清風教。[17]

玄宗要敦睦風教，提倡孝道，對於孝行過人而為鄉里所欽仰者，加以獎勵；同時禁止子孫別籍異居。更重要的是，子孫如有不孝、不敬的行為，配隸磧西。類似配隸磧西以重懲事親不孝之徒，又見於肅宗朝。肅宗乾元元年（758）四月甲寅（十三日）親行享廟之禮，大赦天下，詔曰：

> 百姓中有事親不孝，別籍異財，點汙風俗，虧敗名教，先決六十，配隸磧西。[18]

---

[15] 池田溫，《中國古代籍帳研究——概觀・錄文》（東京：東京大學，1979）〈錄文・諸種文書〉，頁362。本條蒙中國武漢大學歷史系陳國燦教授示知，謹此致謝。

[16] 陳國燦推算西州至蔥嶺之距離約為 3015 里，見氏著《斯坦因所獲吐魯番文書研究》（武漢：武漢大學，1994），頁82。將陳氏推算加上西州至長安的距離，約為 8531 里。

[17] 唐玄宗〈天寶三載親祭九宮壇大赦天下制〉，收入《冊府元龜》，卷59，〈帝王部・興教化〉，頁662-2。又卷86，〈帝王部・赦宥五〉，頁1019-1。

[18] 唐肅宗〈乾元元年南效赦文〉，收入《冊府元龜》，卷87，〈帝王部・赦宥六〉，頁1038-1。

從玄宗和肅宗的大赦詔書看來，配隸所犯為不孝之類的重罪，而配隸的
地點則是磧西。罪是較嚴重的犯罪，配送地點是較為遠惡的邊塞。

　　除了不孝之外，也有因其他重大犯罪而遭到配隸，譬如貪贓罪。開
元八年（720），嵐州刺史蕭執珪因貪贓而被除名，配隸營府。[19]另外，
若所犯嚴重，遭到緣坐的家屬也會被配隸遠處，如天寶五載（746）刑部
尚書韋堅為李林甫構陷，長流嶺南，其諸子悉配隸邊郡。[20]唐文宗時，
亦見戰爭俘虜被配隸之例，據《舊唐書·韋處厚傳》，云

> 李載義累破滄、鎮兩軍，兵士每有俘執，多遭刳剔，處厚以書
> 喻之，載義深然其旨。自此滄、鎮所獲生口，配隸遠地，前後
> 全活數百千人。[21]

李載義原先對於滄、鎮的俘虜一律殘殺，後得宰相韋處厚的勸諭，遂將
俘獲之敵軍配隸遠地。總之，配隸刑懲處的應是較為嚴重的罪犯，其配
送亦是邊遠險惡之地。

　　由於所犯較重，故配隸刑較一般流刑為重，除了前述配送地為邊惡
之處以外，一般流刑犯至配所僅需居作一年，役滿或遇赦就在當地附籍
為民，配隸刑則可能需要長期苦役。[22]配隸刑雖與前述唐律「免所居
官」條中的「配隸」有異，但筆者以為其名稱和精神應是源自法律中的
配隸概念，被配隸至遠郡邊州的罪犯待遇，應異於一般流人，除了會被
分配至不同衙署服役，其名籍可能亦不編貫於州縣，而是隸屬諸司。

　　史籍中時見「配流」一詞，或以為「配隸有時也被稱為配流，配隸

19　《冊府元龜》，卷700，〈牧守部·貪黷〉，頁8351-1。

20　《冊府元龜》，卷925，〈總錄部·譴累〉，頁10926-1。

21　《舊唐書》，卷159，〈韋處厚傳〉，頁4187。

22　張春海前揭〈論唐代的配隸刑〉，頁36。

人也被稱為流人，兩詞常通用。」[23]「配隸」與「配流」是否同刑異名？試以玄宗朝楊慎矜案作說明。天寶六載（747）十月，戶部侍郎楊慎矜因左道罪被賜自盡，玄宗對楊慎矜黨人之處置如下：

> 其史敬忠……宜決重杖一百。鮮于賁……宜決重杖六十。其范滔……宜決六十，長流嶺南臨江郡。其王庭耀……宜決四十，配隸黔中郡。楊慎矜外甥、前通事舍人辛景湊……宜決四十，配流嶺南晉康郡。其義陽郡司馬嗣虢王臣……宜解却官於南賓郡安置。其太府少卿張瑄……宜決六十，長流嶺南臨封郡。其右威衛執戟攝天馬監万俟承暉……宜決重杖六十。其閑廄使殿中監韋衢……宜貶與遠官。[24]

以上流放的刑名，計有長流、配隸、配流、安置等。關於安置將見後文，至於「長流」之刑，不見於《唐律疏議》，最早始於高宗朝，可參看前章。除了安置、長流以外，楊慎矜案中的王庭耀被判處「配隸」黔中郡，辛景湊則是「配流」嶺南晉康郡，於此可見「配隸」與「配流」並非一樣的刑罰。配流宜理解為唐律中流刑，配隸則是玄宗朝發展出來變相流刑。

第二節　安置

「安置」之刑，不見於唐律，胡三省解釋為「投竄於荒遠州郡，謂

23　張春海前揭〈論唐代的配隸刑〉，頁 35。

24　《冊府元龜》，卷 933，〈總錄部・誣構二〉，頁 10999-2。

之安置。」[25]其說固然精要，但過於簡略，未能涵括「安置」之各項特點。考唐代「安置」之例首見於高宗朝的長孫無忌。顯慶四年（659）四月，無忌被誣謀反，據《資治通鑑》卷二〇〇云：

> 下詔削無忌太尉及封邑，以為揚州都督，於黔州安置，準一品供給。[26]

長孫無忌的案例頗具代表性，可以看出「安置」刑的幾項特點，其一，犯人為高級官員；其二，因謀反之類的政治案件遭到懲處；其三，犯人仍保有官人身分，故有一定俸祿供給；其四，「安置」之地可能距首都頗為遙遠。黔州在京師南 3193 里，[27]而唐律法定三流最遠者為流三千里，黔州可謂「荒遠州郡」。

　　長孫無忌及其黨人被整肅後，武后逐漸掌權，主政期間更屢見「安置」之事例。如上元元年（674），慈州刺史杞王上金被解官，澧州「安置」。儀鳳元年（676），郇王素節被誣贓賄，降封鄱陽王，袁州「安置」，袁州在京師東南 3580 里。永隆元年（680），蘇州刺史曹王明、沂州刺史嗣蔣王煒，坐故太子賢之黨，明降封零陵郡王，黔州「安置」；煒除名，道州「安置」，道州距長安 3415 里。[28]當然，最著名的例子是嗣聖元年（684）廢中宗為盧陵郡王，房州「安置」，房州距長安 1295 里。

---

[25] 《資治通鑑》，卷 235，「唐德宗貞元十二年十一月」條，頁 7576。

[26] 《資治通鑑》，卷 200，〈唐紀〉16，「唐高宗顯慶四年四月戊辰」條。長孫無忌的處置，各書記載不一，或作流、或作長流，或作安置。然各書在長孫無忌被處置後仍保留揚州都督的官銜，並享有一品官待遇，則眾說一致。官人被流放不可能保有官銜與相關待遇，因此，長孫無忌當是被安置而非流放。可參看本書第五章。

[27] 關於安置地距長安的里程皆據《舊唐書・地理志》。

[28] 以上事例俱見《資治通鑑》卷 202。道州距長安的里程《舊唐書・地理志》失載，今據《元和郡縣圖志》卷 29，頁 712。

[29]除了高宗武后朝，後世事例亦不絕於史。如景雲二年（711）正月，睿宗以溫王重茂為襄王，食巴集等州實封二千戶，於集州「安置」，集州距長安 1425 里。[30]前述玄宗朝楊慎矜案中的嗣虢王李巨，雖不涉逆謀，但因與黨羽史敬忠熟識，遭到「解卻官，於南賓郡安置。」南賓郡距長安 2222 里。安史之亂時，永王璘抗命，時為太上皇的玄宗降誥處分永王「可悉除爵土，降為庶人，仍於房陵郡安置。所由郡縣，勿許東西。」[31]房陵郡即房州。代宗朝的宦官程元振權重一時，後因犯罪被「安置」於江陵府，江陵府距京 1730 里。[32]

從上述例子可見，遭到「安置」的大多為皇族、貴戚、高官大吏、權宦等特權階層中人。[33]這些人多半是政治鬥爭的失敗者，但基於地位崇隆等特殊因素，不宜科處流刑，於是改處以「安置」，實質上既將政敵貶竄遠徙、逐出中樞，也使主政者名義上不需擔負施加重刑之惡名，被「安置」者亦算保有一定的體面。然而，「安置」往往僅是一時權宜手段，俟情勢底定後，有些人仍是難逃厄運，長孫無忌不久被迫自盡，溫王重茂亦在數年後的開元二年（714）四月薨於房州，年僅十七。高宗武后朝安置刑之興，緣起於政治鬥爭、剷除異己，因此，中宗神龍元年（705）復位，下詔：

> 皇家親屬籍沒者，則天大聖皇帝雖已溥暢鴻恩，其有任五品已上官，枉遭陷害者，並宜改葬，式遵禮典。若有後嗣，還其蔭

---

[29] 《唐會要》，卷 1，〈帝號上〉，頁 4。

[30] 《冊府元龜》，卷 181，〈帝王部·繼統二〉，頁 114-1。

[31] 《唐大詔令集》，卷 39，〈諸王·降黜〉，頁 179-180。

[32] 《舊唐書》，卷 11，〈代宗紀〉，頁 274。

[33] 張春海前揭〈論唐代的安置刑〉，第 62 頁。另參彭炳金，〈唐宋時期安置刑的發展變化〉，《晉陽學刊》，2011:4（太原，2011），頁 101。

資。其別勅安置並在貶者，亦復其籍屬，量還官爵。[34]

針對皇家親屬遭到籍沒安置以及貶官者，既復其屬籍，亦還其官爵，多少有為前朝冤獄昭雪平反的作用。

開元、天寶時期，「安置」逐漸刑罰化，從臨時性的措施發展為司法實踐的一種慣例。[35]「安置」是將人遠逐的刑罰，與流刑性質類似，因此史籍記載有時亦安置流刑互用，如前述長孫無忌即是一例。另外開元七年（719）蒲州大雲寺僧懷照事涉妖訛，玄宗降敕云「懷照訛言，信無憑據，量其情狀，終合微懲。宜遣播州安置，到彼勿許東西。」[36]但《新唐書‧李尚隱傳》卻作「詔流懷照播州」。「安置」與流刑二者固然性質相近，但究竟孰輕孰重？試以代宗朝權宦程元振為例以說明。代宗朝程元振因罪被削官爵，放歸田里。後竟著婦人服潛回長安，為京兆府所擒，代宗將其流溱州，史稱「既行，追念舊勳，特矜遐裔，令於江陵府安置。」[37]程元振原來被流放至溱州，距京 3480 里，然代宗追念舊勳，特別施恩令於江陵府「安置」，江陵府距京 1730 里，可見「安置」是輕於流刑的。而且，由於被「安置」者往往仍具宗室、官人的身分，所以享有俸祿供給等待遇，如前引的長孫無忌可享一品供給，溫王重茂可食「巴集等州實封二千戶」。因此，「安置」雖有流放之實，卻與流刑犯需苦役一年的狀況迥然不同。

其後，「安置」漸普遍應用，與政治鬥爭未必都有關係，但適用對象大體仍以王公、貴戚、官人為主。德宗貞元十二年（797）五月二十一日代宗忌辰，駙馬都尉王士平邀駙馬郭曖及曖的堂弟郭煦、郭暅等親

---

[34]　《文苑英華》，卷463，《翰林制詔‧詔敕五》，〈中宗即位制〉，頁 2364-1。

[35]　張春海前揭〈論唐代的安置刑〉，頁 59。

[36]　《冊府元龜》，卷922，〈總錄部‧妖妄二〉，頁 10890-1。

[37]　《舊唐書》，卷11，〈代宗本紀〉，頁 274。

屬，召教坊音聲人曹自慶於宅中飲樂，德宗聞知震怒，下詔「前汾州長史郭煦宜於袁州安置，前南鄭縣尉郭晅於柳州安置，曹自慶配流永州。」[38]本案自然與政治鬥爭無涉，最重要兩個當事人王士平與郭曖都沒被嚴懲，但郭煦、郭晅兩人則處以「安置」。郭煦為汾州長史，汾州為上州，上州長史為從五品上，官品不算很高；至於郭晅的縣尉則是九品小官，可見此時「安置」的對象已非僅針對貴戚高官了。本案處罰最重的是曹自慶，被處以流刑，原因當然是因為身分只是樂坊音聲人而已。

　　前述中宗的制書中提到「別敕安置」之語，在其後君王大赦詔書屢見不鮮，如順宗於貞元二十一年（805）正月即位，二月大赦天下，赦詔云：

　　　別勅安置者，並宜放還。其安置之人五品已上，待進止。[39]

除了放還遭安置之人，若五品以上官員甚至得以重回官場。敬宗於長慶四年（824）正月登基，三月下詔大赦天下，赦詔云：

　　　諸色得罪人，先有勅云縱逢恩赦不在免限，並別勅安置者，亦放還。[40]

這裡的別敕是與正敕相對，是專指來自非正規程序的敕。一般來說，這類別敕在傳達皇帝的旨意時或通過宦官及翰林學士代筆，以減少中間環節、迅速下達為目的的非常規化處理，其關鍵在於不經中書門下，直接

38　《冊府元龜》，卷307，〈外戚八・譴讓〉，頁3824-2。

39　《冊府元龜》，卷89，〈帝王部・赦宥八〉，頁1064-2。

40　《冊府元龜》，卷90，〈帝王部・赦宥九〉，頁1079-1。

來自禁中。[41]玄宗朝以降「安置」已漸刑罰化，以別敕的形式將犯人予以「安置」的處分應是特例。是故，有時帝王恩赦才會針對這些特殊狀態下被「安置」者，予以寬宥。

第三節　罰鎮

「罰鎮」之刑亦不見於唐律，首見於前引玄宗開元十八年正月丁巳大赦詔書，但詔書是恩准罰鎮等人「量移」近處，可知罰鎮之刑早已施行。罰鎮之刑應是將罪犯罰往鎮、戍服役之意，[42]與一般流刑的差別應是服役場域不同，罰鎮是在鎮、戍，而流刑是在州縣。據玄宗開元十九年（731）二月乙酉（六日）〈放還罰鎮配隸人詔〉云：

> 令式條流，科制明具，行之已久，亦便於人。比者天下勳官加資納課，又因犯入罪，罰鎮配州。言念於茲，有乖寬恤，宜各依令式處分。其先罰鎮及配隸人未歸者，並即放還。[43]

本詔是針對勳官遭到罰鎮及配隸而未歸還者，予以放還。按照律法，勳官犯罪原先可以官當納贖，[44]不必真的罰鎮、配州。因此玄宗認為應依據令式處分，將勳官遭到罰鎮與配隸的都予以放還。詔書既將罰鎮與配州對舉，又將罰鎮與配隸對舉，顯然兩者是有區別的，罰鎮是在軍中服

---

[41] 牛來穎，〈天聖令中的「別敕」〉，《中國古代法律文獻研究》，4（北京，2011），頁 177。

[42] 張春海前揭〈論唐代的効力與罰鎮刑〉，頁 82。

[43] 《冊府元龜》，卷 63，〈帝王部・發號令二〉，頁 711-1。

[44] 《唐律疏議》，卷 1，《名例律》，「七品以上之官（減章）」條（總 10 條）、「應議請減（贖章）」條（總 11 條）、「官當」條（總 18 條）。

役，配州、配隸則是在州縣服役。又據代宗寶應元年（762）五月丁酉
（十九日）赦書，云：

> 自開元已來所有諸色犯累者，並宜雪免。左降官并諸色流人，
> 及罰鎮効力配軍團練等，一切即放還。[45]

更直接指出罰鎮與効力是配軍和團練等，其在軍中服役之情事更是明
確。

　　除此以外，罰鎮與流刑孰輕孰重呢？試看玄宗開元二十年（732）
二月壬午（九日）〈寬宥天下囚徒制〉，云：

> 應天下囚徒罪至死者，特寬宥配隸嶺南遠惡處。其犯十惡及造
> 偽頭首，量決一百，長流遠惡處。流罪，罰鎮三年。其徒已下
> 罪并宜釋放。[46]

其中流罪寬宥為罰鎮三年，明顯看出罰鎮三年比流刑為輕。但是否表示
法定的罰鎮刑較流刑為輕？個人以為未必。蓋流刑按照唐律的規定原是
終身遠逐，沒有刑期。因此，三年刑期的罰鎮刑相較終身流放而言自然
較輕。可是，罰鎮刑訂定刑期似為一時之恩典，並非定制，罰鎮與流刑
一樣都是沒有刑期的。所以，筆者以為二者的差別不在孰輕孰重，僅在
服役場域而已。

45　《唐大詔令集》，卷2，〈帝王・即位赦上〉，頁9。

46　《冊府元龜》，卷85，〈帝王部・赦宥四〉，頁1009-1。

第四節　効力

　　「効力」之事，亦不見於唐律，但作為一種「刑罰」，「効力」有其特殊之處。從名稱看來，有別於流刑、配隸、罰鎮等刑罰的懲戒處分意思明顯，「効力」其實是報効、用命之意，不具有懲罰之內涵。再就實際案例而論，與一般遠徙苦役之刑罰亦有差別。試以高宗朝劉仁軌之事作說明。仁軌任給事中時，因得罪李義府，被出為青州刺史，後又以運糧失船，「詔削官爵，令於遼東効力。」[47]因為官爵悉除，一同白衣，故《舊唐書》本傳稱「特令以白衣隨軍自効。」[48]後來唐軍在百濟府城遭圍困，高宗特詔仁軌檢校帶方州刺史，統眾救援。最後平定朝鮮半島，仁軌功勞最著，被真除帶方州刺史。再以玄宗朝封常清之例進一步說明。據《舊唐書・封常清傳》云：「外祖犯罪流安西効力，守胡城南門。」可知封常清外祖父的職務應是守城門的兵卒。而封常清本人在天寶十四載（755）「安史之亂」時被玄宗臨危授命范陽節度使，後常清在東都與安祿山接戰失利，史稱：

　　　　玄宗聞常清敗，削其官爵，令白衣於（高）仙芝軍効力。仙芝
　　　　令常清監巡左右廂諸軍，常清衣皂衣以從事。[49]

封常清是擔任監巡左右廂軍的職務，應是軍中的高級幹部。從劉仁軌、封常清外祖、封常清本人等例子看來，被處「効力」者都身罹重譴，一般都犯有流以上之罪，而被遣効力者均為在軍隊中服役者。[50]

---

[47]　《冊府元龜》，卷885，〈總錄部・以德報怨〉，頁10483-2。

[48]　《舊唐書》，卷84，〈劉仁軌傳〉，頁2790。

[49]　《舊唐書》，卷104，〈封常清傳〉，頁3209。

[50]　張春海前揭〈論唐代的効力與罰鎮刑〉，頁81。

　　玄宗朝李邕被劾贓汙枉法,下獄當死,後蒙玄宗減死貶為遵化尉,邕妻溫氏上表為邕請戍邊自贖,云:「妾願使邕得充一卒,効力王事,膏塗朔邊,骨冀沙壤,成邕夙心。」[51]溫氏懇請朝廷准予李邕赴邊塞充當兵卒,効力王事,可知効力確是在軍隊中出任職務。此外,在肅宗至德年間,將軍王去榮殺富平令杜徽,其時「安史之亂」未平,肅宗以去榮能放拋石,可助守陝郡,特免死奪爵,白身配陝郡効力。[52]肅宗既以王去榮有奇技,在軍中効力應當不是充當一般雜役而已。《文苑英華》收錄一篇中唐時期于邵〈為衛尉許卿請留男表〉,表文敘述許某的兒子因「交遊非類,妄用錢物」,許某深恐其行為日益乖張,累及家門,於是「表請磧西効力,離鄉別親,庶其思過。」多年後節度使遣其子至京師奏報軍事,父子重逢,許某表請肅宗准其兒子留下。[53]許氏之子在軍中効力,應是擔任兵將等職務,而非雜役之事,這正是「効力」與「罰鎮」最大的區別。

　　據玄宗開元十三年(725)正月戊子(三日)制曰:

　　　　天下見禁囚徒,死罪宜降至流,流已下罪悉原之。……其嶺南
　　　　五府、磧西四鎮,非流配効力等見禁囚徒,各委節度使及本管
　　　　都督府處分。[54]

可知被遣効力的地方有嶺南五府、磧西四鎮等邊陲地帶,封常清祖孫與衛尉許某兒子等例子,更是効力西陲的明證。若從劉仁軌、李邕等例,

---

[51]　《新唐書》,卷202,〈文藝中·李邕傳〉,頁5757。

[52]　《冊府元龜》,卷181,〈帝王部·失政〉;《文苑英華》卷619〈表六七·刑法三〉、卷768〈議八·刑法〉;《新唐書》卷119〈賈至傳〉。

[53]　《文苑英華》,卷608,〈表五六·雜上請二〉,頁3151-2。

[54]　《冊府元龜》,卷85,〈帝王部·赦宥四〉,頁1004-2—頁1005-1。

則遼東或北疆亦是効力的區域。又據玄宗開元十五年（727）八月己巳
（二十九日）制：

> 天下見禁囚，犯死罪者特宜免死，配流者配邊州効力，徒已下
> 罪並放免。[55]

則効力之地未必局限於某一區域，而是廣及緣邊地帶。

代宗朝有遣送劍南効力的例子。據《冊府元龜》卷九百三十〈總錄
部・寇竊〉：

> 單超俊，大曆初為少府監，嘗嘯聚惡少以盜馬。……至是盜諫
> 大夫裴皋馬三匹，超俊家僮以告乃露。謫超俊劒南西山効力，
> 納贓七千貫。（頁 10968-2）

代宗大曆（766-779）初年，少府監單超俊因盜馬被遣劍南西山効力，此
地與吐蕃接壤，也是緣邊地區。單超俊後來似乎重返京師，死於德宗建
中三年（782）。[56]然而，也有被遣送到非邊塞地區効力的例子，據《舊
唐書・魏少遊傳》云：

> （大曆）四年六月，（魏少游）封趙國公。賈明觀者，本萬年
> 縣捕賊小胥，事劉希暹，恃魚朝恩之勢，恣行兇忍，毒甚豺
> 虺。朝恩、希暹既誅，元載當權，納明觀姦謀，容之，特令江
> 西効力。……在洪州二年，少遊為觀察使，承元載意苟容之。

---

[55] 《冊府元龜》，卷85，〈帝王部・敕宥四〉，頁 1006-1。

[56] 《舊唐書》，卷134，〈馬燧附子馬暢傳〉，頁 3701。

　　　　及路嗣恭代少遊，到州，即日杖殺。（頁 3377）

賈明觀依附北軍都虞候劉希暹，希暹伏誅後，得到宰相元載的庇佑免死
遣江南西道効力，此事當發生在大曆四年（769）。明觀在洪州効力二
年，至大曆六年七月路嗣恭接任江南西道都團練觀察使時，即日將其杖
殺。[57]

　　効力與死、流、罰鎮等刑比較，又是孰輕孰重呢？據前引玄宗開元
十五年（727）八月己巳（二十九日）制書云「天下見禁囚，犯死罪者特
宜免死；配流者配邊州効力；徒已下罪並放免。」配流者配邊州効力，
徒以下放免，可見配流是較効力為重，難怪學者以為効力是「一種較為
固定的介於徒、流之間的刑罰手段了：處罰程度比律典規定的徒刑稍
重，比實際上執行的流刑稍輕。」[58]然而，據前引開元十三年正月戊子
制書，天下流罪與徒罪都得放免，但嶺南五府和磧西四鎮中流配効力之
徒似乎不得蒙恩原宥，効力之刑似較一般流刑為重。又據開元二十四年
（736）十月甲子（18 日）〈自東都還至陝州推恩敕〉，云：

　　　　兩京城內及京兆府諸縣囚徒，反逆緣坐及十惡、故殺人、造偽
　　　　頭首，死罪特宜免罪，長流嶺南遠惡處；其餘雜犯死罪，隸
　　　　配、効力五年；流罪並放。[59]

反逆緣坐等嚴重死罪蒙恩寬宥為長流嶺南遠惡處，一般死罪減為配隸、
効力五年，而流罪則一律放免。死罪沒有直接降為流，而是寬宥為長
流、配隸等較一般流刑為重之刑，則効力當較死刑、長流為輕，但應較

---

[57]　《舊唐書》，卷 122，〈路嗣恭傳〉，頁 3500。

[58]　張春海前揭〈論唐代的効力與罰鎮刑〉，頁 81。

[59]　《冊府元龜》，卷 85，〈帝王部・赦宥四〉，頁 1012-2。

一般流刑為重，與配隸相當，効力似介乎死流之間。但是否真的如此？

再看天寶四載（745）七月玄宗的另一篇〈定犯徒配軍詔〉：

> 比者應犯極法，皆令免死配流。……至于徒罪，雖非重刑，力
> 役之外，不免拘繫，載罹寒暑，誠可矜量。自今以後，其犯罪
> 應合徒者，並宜配諸軍効力。庶感激之士，因以成功，寬大之
> 恩，叶於在宥。且本置杖罪，是代肉刑，將以矜人，非重為
> 法。今官吏決罰或有生情，因茲致斃，深可哀憫。其犯杖罪，
> 情非巨蠹者，量事亦令効力。宜令所司作載限，仍立條例處
> 分。[60]

玄宗標榜即位以來矜恤人命，屢次減死為流。如今深感徒刑除了苦役之
外，還要戴刑具和被拘禁，又要在野外勞作經受酷熱風霜，因此行寬大
之恩，將徒刑犯配軍効力。如此的恩典，似乎顯示効力比徒刑還輕。而
玄宗接著又提到「其犯杖罪，情非巨蠹者」，也要改為効力，難道効力還
比杖刑要輕？杖刑本屬輕刑，原非懲處「巨蠹」，玄宗此處提到「致斃」
的杖刑，應非唐律正刑中的杖刑，而是玄宗朝經常使用的「重杖」之
刑。

正如本節開頭所述，効力是一種非常獨特的「刑罰」，其名稱不具
有懲罰的意味，而服役的場域是在軍中，服役的工作自軍官到兵卒不
等。從劉仁軌、封常清的例子，可知効力更有建功立業的機會。所以，
相較於流放、配隸等刑罰，効力更像給犯罪者報効國家、戴罪立功的機
會。誠如玄宗所云「庶感激之士，因以成功，寬大之恩，叶於在宥。」

---

[60] 《冊府元龜》，卷 612，〈刑法部‧定律令四〉，頁 7348-1；《唐大詔令集》，卷 82，〈政事‧刑法〉，頁 474。

從人君的角度看來，効力是一種皇恩，可以作為任何一種刑罰的替代處分，畢竟免於刀鋸之厄，或是免於遠徙之苦，或是免於拘繫勞役，更有戴罪立功的機會，當然相較於死流徒等刑都顯得寬厚的。

結　語

　　本章考察唐代流刑以外其他具有遠逐性質的幾種刑罰——配隸、安置、罰鎮、効力。配隸之事最早似見於玄宗朝，配隸所犯為不孝、貪黷之類重罪，而配隸的地點則是磧西等遠惡的邊塞。此外，一般流刑犯至配所需苦役一年，役滿或遇赦就在當地附籍為民，配隸刑可能需長期苦役。配隸刑名稱和精神應源自法律中的配隸概念，被配隸至遠郡邊州的罪犯待遇，應異於一般流人，除了會被分配至不同衙署服役，其名籍可能亦不編貫於州縣，而是隸屬諸司。

　　安置之例首見於高宗朝，初期被「安置」者多半是政治鬥爭的失敗者，但鑑於地位崇隆等特殊因素，不宜科處流刑，於是改處以安置，實質上既將政敵貶竄遠徙、逐出中樞，名義上主政者也不需擔負施加重刑之惡名，被安置者尚保有一定的體面。安置比流刑來得輕，被安置者往往保有宗室、官人的身分和待遇。因此，安置雖有流放之實，卻與流刑犯需苦役的狀況迥然不同。其後，安置漸普遍應用，與政治鬥爭未必都有關係，但適用對象大體仍以王公、貴戚、官人為主。

　　「罰鎮」之刑首見於玄宗朝，與一般流刑的差別應是服役場域不同，罰鎮是在鎮、戍，而流刑是在州縣。罰鎮刑訂定刑期似為一時之恩典，並非定制。罰鎮與流刑一樣原來都是沒有刑期的，所以筆者以為二者的差別不在孰輕孰重，僅在服役場域而已。

　　「効力」之制亦不見於唐律，但作為一種「刑罰」，効力有其特殊

之處。從名稱看來，有別于流刑、配隸、罰鎮等刑罰，懲戒處分意思明顯，効力其實是報効、用命之意，不具有懲罰之含意。再就實際案例而論，與一般遠徙苦役之刑罰亦有差別。効力服役的場域是在軍中，服役的工作自軍官到兵卒不等。唐代前期被遣効力的地方有嶺南五府、磧西四鎮等沿邊地區，後期非邊塞地區的江南西道也成為遣送効力之地。從劉仁軌、封常清的例子，可知効力更有建功立業的機會。効力既可作為任何一種刑罰的替代處分，是故，効力甚至可被視為一種皇恩。

第七章　唐代前期流放官人的研究

前　言

> 瘴江西去火為山，炎徼南窮鬼作關。
>
> 從此更投人境外，生涯應在有無間。
>
> 張均〈流合浦嶺外作〉[1]
>
> 朝辭白帝彩雲間，千里江陵一日還，
>
> 兩岸猿聲啼不住，輕舟已過萬重山。
>
> 李白〈早發白帝城〉[2]

前一首〈流合浦嶺外作〉是唐肅宗時期大理卿張均的作品。張均因在安祿山（703-757）的朝廷擔任中書令，罪當大辟，但肅宗感念其父張說（667-731）昔日保全之功，遂減死長流合浦郡。[3]張均遠去京華，投身蠻荒險地，彷彿處於人世之外，生命事業彈指間消逝，心情應是充滿了忐忑憂傷。後一首千古傳誦的〈早發白帝城〉，是李白（701-762）遭長流夜郎後蒙恩放還而寫下的名篇，愉悅的心情洋溢於字裡行間。除了張均、李白以外，有唐一代，其實許多官員都曾遭到流放遠逐。

宋之問（656?-712）是初唐大詩人，[4]在則天朝曾任左奉宸內供奉，

---

[1] 〔清〕曹寅等纂修，《全唐詩》（點校本）（北京：中華書局，1960），卷90，頁985。

[2] 〔唐〕李白著；瞿蛻園、朱金城校注，《李白集校注》（上海：上海古籍出版社，1980），頁1280。

[3] 《舊唐書》，卷97，〈張說傳〉，頁3058。

[4] 宋之問的生平可參看《舊唐書》卷190中〈文苑中・宋之問傳〉、《新唐書》卷202〈文藝中・宋之

與沈佺期齊名,並稱「沈宋」。唐中宗登基,以其黨附張易之,貶嶺南瀧
州參軍。之問與弟之遜潛逃回洛陽,藏於光祿卿王同皎家中。王同皎
(671-706)密謀暗殺武三思(?-707),宋之遜命子宋曇告密,之問得
以功封鴻臚主簿,官至考功員外郎,修文館學士。後又諂事太平公主
(665-713)、安樂公主(685-710),因知貢舉貪賄,景龍三年(709)貶
越州長史。睿宗景雲元年(710),以其獪險盈惡流放欽州。玄宗先天
初,被賜死於流所(或謂賜死於桂州驛)。史稱「之問得詔震汗,東西
步,不引決。……荒悸不能處家事。」[5]之問可能沒有預期會如此下場,
所以在接到賜死詔書時嚇出一身汗,來回踱步不知所措,與妻子訣別
時,亦是心慌意亂無法清楚交代家事,流人窮途末路的情狀躍然紙上。
宋之問仕宦生涯中,或被貶謫或遭流放嶺南,沿途留下不少作品,如
〈自衡陽至韶州謁能禪師〉,可知曾造訪禪宗六祖惠能大師(638-713);
又如〈端州別袁侍郎〉,是在端州與同為流人的右臺侍御史袁守一酬唱。
其〈桂州三月三日(一作桂陽三日述懷)〉「代業京華裏,遠投魑魅鄉。
登高望不極,雲海四茫茫。」;〈發端州初入西江〉「人意長懷北,江行日
向西。破顏看鵲喜,拭淚聽猿啼。」[6]既書寫沿途景象,復流露遠去京華
的哀傷。「所有篇詠,傳布遠近」,[7]成為北人認識嶺南名物等訊息的來
源。

　　裴伷先(663-743)的例子相對更富戲劇性。裴伷先是宰相裴炎之
姪,光宅元年(684),武后以謀反罪誅裴炎,時為太僕寺丞的伷先遭牽
連流放嶺南,出發前求面陳得失卻觸怒武后,被決杖一百並長流嶺南瀼

　　問傳〉。

5　《新唐書》,卷202,〈文藝中·宋之問傳〉,頁5751。

6　〔唐〕沈佺期、宋之問撰;陶敏、易淑瓊校注,《沈佺期宋之問集校注》(北京:中華書局,
　　2001),頁547、553、554、560。

7　《舊唐書》,卷190中,〈文苑中·宋之問傳〉,頁5025。

州。在嶺南數年，娶了同為流人的盧氏為妻，生有一子。盧氏卒後伷先
率子自嶺南逃歸，但被朝廷捕獲，復杖一百，流北庭。伷先在當地經商
營生，「貨殖五年，致資財數千萬」；又娶降胡女為妻，妻有黃金、駿
馬、牛羊，亦是財雄勢大。裴伷先養客數百人，專門打探朝廷事務。長
壽二年（693），武后遣使至各道誅殺流人，伷先聞風欲逃入突厥，但被
都護遣兵捕獲。不過幸運的是，流人被誅時，伷先正繫獄待報，竟得以
不死。既而武后忌天下議論，更遣使者安撫十道，並放還各地流人，伷
先至是得歸。景雲元年（710），睿宗求裴炎之後，唯伷先尚存，遂授太
子詹事丞。後拜主客郎中，加朝散大夫兼鴻臚少卿。開元七年（719），
授廣州都督，兩年後遷幽州都督、河北道節度使。後因事下獄，玄宗與
宰臣議其罪刑，幸得張說為其開脫。前後三度擔任廣州都督，為官清
白，頗受讚譽。[8]歷任太僕卿、京兆尹、太原尹。開元二十九年（741），
遷工部尚書、東都留守。天寶二年（743）卒，年八十。[9]

　　宋之問與裴伷先同為流人，同樣被流放嶺南，但二人的際遇卻大不
相同。前者是因貪賄，後者則是遭謀反案牽連而獲罪。宋之問僅是流
放，但裴伷先卻是「長流」，且在流放前被杖打一百（而且還被打了兩
次），境況比宋之問來得悲慘。不過，二人流放後的際遇則是天差地別
了。宋之問被賜死，裴伷先先是逃歸，後竟營商致富，更起復重返官
場，甚至歷任都督、節度使，以正三品的工部尚書告終，躋身「議貴」

8　《舊唐書》卷 98〈盧奐傳〉云：「自開元已來四十年，廣府節度清白者有四：謂宋璟、裴伷先、李
　　朝隱及（盧）奐。」（頁 3070）。

9　裴伷先生平可參看《新唐書》卷 117〈裴炎傳附伷先傳〉、《太平廣記》卷 147〈定數二・裴伷先〉
　　引《紀聞》、《通鑑》卷 203「則天后光宅元年九月」條、卷 210「唐睿宗景雲元年十一月」條。
　　1998 年，在陝西西安發現裴伷先墓誌，有助了解裴伷先更多事蹟。傳世文獻對於伷先在睿宗朝之
　　前的流放境遇記載頗為詳細，但在起復後的官途生涯相對簡略。墓誌剛好相反，可能為死者諱，對
　　於流放事蹟僅輕輕帶過，卻詳細記載歷任職官遷轉，正好與傳世文獻互補。學者據傳世文獻與墓誌
　　對於裴伷先生平作了很好的整理，參看葛承雍、李穎科著〈西安新發現唐裴伷先墓誌考述〉，《唐研
　　究》5（北京，1999）。

的身分。二人流放的緣由與處罰，乃至服刑結束後的際遇，正是唐朝許多流放官人的縮影。

　　筆者據兩《唐書》、《通鑑》、《冊府元龜》等史籍，共蒐集到 360 宗流放官人案例。本章擬分從罪、刑、罰等角度加以分析，檢視唐代流刑的具體實況。流刑既為重刑，這些官人究竟觸犯了什麼瀰天大罪？流放是這些官人原來的刑嗎？判刑確定後，這些官人最終接受怎樣的處罰？他們的下場又是如何呢？基於篇幅考量，本章暫先處理唐代前期，即唐高祖至玄宗朝的案例，安史亂後的情形，將於下一章討論。唐代前期遭到流放的官人共得 198 例，為便討論，茲製成附表四「唐代前期流放官人表」附於文後。文中所論官人係採較寬鬆之定義，除了一般品官以外，亦包括少數宗室子弟。

第一節　官人犯罪分析

　　流刑既是僅次於死刑的重刑，被流放的官人可想而知是犯了瀰天惡行。關於這些流放官人的犯行，可參看表 7-1〈唐代前期流放官人犯罪類型表〉。要而言之，這 198 例主要與謀反罪和貪贓罪有關，分別是 87 例和 32 例，合共 119 例，佔總數約 60%。

　　官人因謀反罪而遭流放有 87 例，佔總數 44%。因本人參與謀反被流放的有 31 例，遭到家人或好友謀反牽連的則有 56 例，可見遭流放者不少是謀反罪的牽連犯。因謀反被流放的官人主要集中於高宗、武后朝，55 年間約有 39 例，其實許多語焉不詳的案例，頗疑也是謀反案件。中宗、睿宗朝統治時間雖短，因謀反而被流放的官人仍分別有 14 例和 5 例。玄宗統治 45 年，謀反流放案只 15 例，數量不多。至於 32 例貪贓罪，佔流放官人總數的 16%，主要見於高宗武后朝和玄宗朝，高宗武

后朝有 13 例，玄宗朝更高達 16 例，是玄宗朝流放案例中最值得注意的一類犯罪。限於篇幅，以下將分階段簡述這兩類犯罪的概況，其他犯罪部分暫時從略。

表 7-1　唐代前期流放官人犯罪類型表

數量　犯罪時期	謀反		謀叛	圖讖／厭詛／與妖人交往	漏洩禁中語	怨謗	貪贓罪	擅殺	貽誤軍機／戰敗	其他	不詳
	本人	牽連犯									
高祖		4									
太宗	6	4		1		2	2	1		1	
高宗	1	16	2	2	1		8		4	13	4
武后	14	8		1	1		5		1	5	17
中宗	6	8								5	1
睿宗	2	3					1				
玄宗	2	13	4	3	1		16	1		9	3
總數	87		6	7	3	2	32	2	5	33	25

一、謀反罪

高祖朝流放官人的個案共得 4 例，都發生在武德七年（627），與太子建成、秦王世民兄弟間的鬥爭有關，流放地都是劍南的嶲州。編號 1 的右虞候率可達志是建成黨羽，為東宮募兵，被流嶲州。編號 2、3、4 是因慶州都督楊文幹謀反，亂平後，高祖將東宮的王珪、韋挺與秦王府的杜淹流放嶲州。

太宗朝的個案共得 17 例，其中 10 例與謀反有關。太宗登基之初，利州都督李孝常（？-627）與長孫皇后異母兄長孫安業謀以宿衛兵反，

事覺，安業因皇后固請得以減死配流（編號 6）。編號 7 至編號 11 的裴
虔通（？-628）等五人皆隋末弒煬帝之逆黨，太宗以為雖時移事變，不
可猶使牧民，遂減死除名徙邊。貞觀十七年（643），太子承乾（618-
645）謀逆，黨羽侯君集（？-643）伏誅，太宗念其舊功，其妻子免死流
嶺南。[10]編號 14 的交州都督杜正倫（？-658）坐與侯君集交通，被流驩
州；編號 21 的將作少匠李德謇亦因與承乾交好而被流嶺南。編號 15 的
張皎（？-649）是刑部尚書張亮（？-646）侄子，貞觀二十年（646），
張亮以謀反被斬，家口籍沒，張皎因此而被流崖州。[11]

　　高宗武后朝，官人因謀反而遭到流放的案例甚多。高宗統治初期重
大的謀反案應數永徽三年（652）的房遺愛（？-653）案和顯慶四年
（659）的長孫無忌案，中期則有麟德元年（664）的上官儀（608-665）
案。

　　永徽三年（652），駙馬都尉房遺愛被指與寧州刺史薛萬徹（？-
653）等謀反，事連吳王恪、宇文節（？-654）等。房遺愛、薛萬徹、吳
王恪被誅，其家屬以及與交好者被流嶺南。編號 23 至 28 等六例都是因
本案被牽連者。永徽五年（654），高宗以謀行鴆毒罪名，廢王皇后（？-
655）和蕭淑妃（？-655）為庶人，其母及兄弟並除名，流嶺南。[12]同
時，武昭儀被擢為皇后。反對廢立皇后的長孫無忌在顯慶四年被誣謀
反，編號 33 至 37 等皆因此案而被流放。高宗朝另一重大謀反案是麟德
元年（664）的上官儀案。武后使人誣告西臺侍郎上官儀與廢太子忠
（643-655）謀反，二人伏誅，儀家口籍沒。史稱「朝士流貶者甚眾，皆

10　《舊唐書》，卷 69，〈侯君集傳〉；《新唐書》，卷 74，〈侯君集傳〉。

11　《舊唐書》卷 69、《新唐書》卷 94〈張亮傳〉只記家口籍沒，並沒提及張皎。張皎流崖州事見《舊
　　唐書》，卷 187 上，〈忠義・王義方傳〉。

12　《舊唐書》，卷 51，〈后妃傳上〉；《新唐書》，卷 76，〈后妃傳上〉；《資治通鑑》，卷 200，〈唐紀十
　　六〉，「唐高宗永徽六年（655）冬十月」條。

坐與儀交通故也」，[13]編號 48、49、50 皆被上官儀案所連者。咸亨二年
（671）的賀蘭敏之（642-671）案，雖不是謀反案，但可視作武后另一
次剷除政敵的行動。敏之為武后姊子，頗有才華，任蘭臺太史、弘文館
學士。據說敏之「朝陪紫極，寶位納其謀猷。」[14]高宗對其甚為欣賞，
引為腹心。後以姦淫贓污被流雷州，行至韶州，以馬韁絞死。武氏似乎
是把侄子當成政敵來打擊，[15]所以「朝士坐與敏之交遊，流嶺南者甚
眾。」[16]編號 55、56、57、58、63 的皇甫公義等，都因與其交通而被流
放嶺南。

　　高宗於弘道元年（683）駕崩，嗣後武則天主政和稱帝約 22 年，官
人遭流放的個案共 51 例，為數甚夥，其中太半是武后以謀反罪整肅政
敵。從光宅元年（684）至稱帝的天授元年（690）間遭流放者，主要是
妨礙武氏專政和稱帝的宰臣和宗室。光宅元年，武后廢黜中宗，引發徐
敬業起兵。武后藉此構陷裴炎與邊將程務挺（？-684）為敬業黨，二人
被殺，編號 71、72、73 皆被牽連的親信。武后瞬間討平徐敬業後，野心
大增，進而「潛謀革命，稍除宗室。」[17]垂拱四年（688）武后藉韓王元
嘉（619-688）之起兵，對李唐宗室展開屠殺。對部分輩分較高或罪責較
輕的宗室，特予寬宥，減死配流。編號 76、77、78、79、80、86、87、
88 等個案，都是武則天流放的李唐宗室。其實，名雖寬宥，這些宗室最
終多半難逃一死。史稱「唐之宗室於是殆盡矣，其幼弱存者亦流嶺
南。」[18]鎮壓李氏宗室起兵的同時，武后拔擢大批酷吏如周興（？-

13　《資治通鑑》，卷 201，〈唐紀十七〉，「唐高宗麟德元年（664）十二月」條，頁 6343。

14　〈大唐故賀蘭都督墓誌并序〉，收入吳鋼主編《全唐文補遺》（西安：三秦出版社，1995）

15　楊劍虹，《武則天新傳》（武漢：武漢大學，1993），頁 84-85。

16　《資治通鑑》，卷 202，〈唐紀十八〉，「唐高宗咸亨二年六月」條，頁 6367。

17　《資治通鑑》，卷 204，〈唐紀二十〉，「唐則天后垂拱四年（688）七月」條，頁 6449。

18　《資治通鑑》，卷 205，〈唐紀二十一〉，「唐則天后天授元年（690）八月辛未」條，頁 6467。

691）、丘神勣（627-691）等，實施恐怖政治，剷除稱帝的一切障礙。在垂拱四年至天授元年之間，不少官員都被酷吏誣構為徐敬業黨，配流嶺南（編號 82、83、84、85）。

武則天篡唐建周之後的十年，仍然放任酷吏羅織大獄以鞏固帝位。天授以後不少流放案件都是酷吏誣構而成，如編號 96、97、98、99、100、114 官員，都是被來俊臣（651-697）誣陷；編號 102 至 108 等官員，則是被王弘義構陷。不過，酷吏只是專制帝王誅鋤政敵的爪牙，一旦引起群情憤慨或是政敵翦除殆盡，酷吏也是悲慘收場。周興、來子珣（？-692）、王弘義先後流死。神功元年（697）武后將來俊臣棄市，標誌酷吏政治的逐漸落幕。[19]中宗朝再將酷吏仍在世者，一一流放（編號 126、127、128）。

中宗朝的流放案例，主要仍是假託謀反罪而進行的政治鬥爭案件。神龍元年（705），宰相張柬之（625-706）等以張易之兄弟謀反，勒兵入宮誅之，並逼武后遜位，擁中宗復辟。編號 121 至 125 和 136 等案例，都是對張易之黨羽的懲處。張柬之等未能一舉盡滅武氏，最終為武三思、韋后（？-710）等誣陷謀反而被流放（編號 130 至 134）。睿宗誅除韋、武黨羽後登基，袁守一、宋之問、冉祖雍皆因黨附韋、武而被遠逐（編號 140、141、142）。先天元年，親玄宗宰相劉幽求（655-715）上書請誅太平公主，事洩，玄宗上其奏，幽求等以離間骨肉被流放（編號 147、148、149）。

先天二年，玄宗誅太平公主，編號 150、151、152 的崔湜等人皆太平黨羽，先後被流。太平公主被誅後，唐代女主干政告一段落。武則天以來，皇后、皇子、公主、外戚等陣營間的權力鬥爭，導致政潮不斷。[20]玄宗剷除太平公主黨後，權力中樞逐漸穩固，因「謀反」之類犯罪被

19　黃清連，〈兩唐書酷吏傳析論〉，《輔仁大學歷史學報》，5（台北，1993），頁 124。

20　唐長孺等編，《汪籛隋唐史論稿》（北京：中國社會科學出版社，1981），頁 189-191。

流放的案例大幅減少。玄宗開元年間比較大的政治案件，應是開元二十五年（737）的廢太子瑛（？-737）案，黨附瑛的駙馬薛鏽被流放（編號176）。開元二十四年以後，玄宗倦於萬機，委政於李林甫（683-753）。林甫為人陰鷙，「耽寵固權，已自封植，朝望稍著，必陰計中傷之。」[21]天寶年間，屢興大獄。五載，李林甫劾太子妃兄韋堅與節將狌暭，構謀規立太子。六載，以楊慎矜（？-747）權位漸盛，林甫密奏慎矜蓄異書，與凶人來往，規復隋室。慎矜被殺，親屬被流。編號 185、186、188、189、190、191 等例，皆韋堅案和楊慎矜案被流放者。天寶十一載，林甫卒。楊國忠（？-756）素憾李林甫，遂奏林甫與蕃將阿思布謀反，林甫子孫有官者除名，流嶺南及黔中（編號198）。

二、貪贓罪

唐代前期因貪贓罪被流放的官人共有 32 例，首宗見於太宗朝。編號 13 的案例很特別，廣州都督党仁弘坐枉法取財及受所監臨贓百餘萬，罪當大辟，並經大理五覆奏，但太宗以其從龍有功，最後免死除名徙欽州。編號 22 高宗朝的蕭齡之（587-656）和編號 187 的彭果（？-747），分別因廣州都督、南海太守任內貪贓被流放。廣州都督、南海太守等嶺南地方大吏貪黷成風，自唐初以來即被詬病，據《舊唐書·忠義·馮立傳》云：

> 拜廣州都督。前後作牧者，多以黷貨為蠻夷所患，由是數怨叛。立到，不營產業，衣食取給而已。（頁 4873）

21　《舊唐書》，卷106，〈李林甫傳〉，頁3238。

又據《舊唐書·盧奐傳》云：

> 時南海郡利兼水陸，環寶山積，劉巨鱗、彭杲相替為太守、五
> 府節度，皆坐贓鉅萬而死。乃特授奐為南海太守，遐方之地，
> 貪吏斂迹，人用安之。以為自開元已來四十年，廣府節度清白
> 者有四：謂宋璟、裴伷先、李朝隱及奐。（頁 3070）

廣州物產豐饒，又居南海貿易樞紐位置，「環寶山積」。廣州首長「但經
城門一過，便得三千万」，[22]極易積聚財富，故黷貨坐贓者屢見。然而疾
風知勁草，作牧廣州者雖多貪官，但亦時見廉吏，馮立、宋璟等即是。

　　高宗朝另一重大貪贓案應是龍朔三年（663）的李義府案。史稱右
相李義府「本無藻鑑才，怙武后之勢，專以賣官為事，銓序失次，人多
怨讟。」[23]後收長孫延七百貫為求司津監，事發，被長流巂州，家屬皆
長流嶺南。編號 42 至 46 都是此案的相關官員。

　　玄宗朝因貪贓被流的官員頗多，編號 155、159、165、169、170、
171、174、177、178、179、180、187、192、193、194、197 等 16 例皆
是。以時間而言，這些案例分佈頗為平均，自開元初至天寶末皆有。以
職官而言，中央和地方官吏約各佔一半。大致而言，貪贓罪之懲處頗
重，不少原先判決死刑，後來減死從流。但流放之前，往往決杖一頓。
編號 155 開元四年中書主書趙誨因受蕃人珍遺而被流，但流放前被決杖
一百。編號 159 開元十年的裴景先、編號 178 開元二十五年的宣州溧陽
令宋廷暉，都是同樣處置。關於官人刑和罰的部分，將於下文一一分
析。

22　《南齊書》，卷 32，〈王琨傳〉，頁 578。

23　《舊唐書》，卷 82，〈李義府傳〉，頁 2768。

第二節　官人的「原刑」

高宗永徽二年（651），華州刺史蕭齡之因在廣州都督任內受納金銀二千餘兩，乞取奴婢十九人而下獄，高宗詔曰：

> 群僚議罪，請處極刑，奏決再三，即合從戮。……宜免腰領之誅，投身瘴癘之鄉。可除名，配流嶺南遠處，庶存鑑誡。[24]

又玄宗天寶六載（746），南海太守彭果因貪贓十萬有餘，玄宗下詔云：

> 議以常科，法當殊死，但尚寬典，免致嚴誅。宜從杖罰，俾徙荒徼，即就大理寺門決六十，除名長流溱溪郡。[25]

從以上兩宗案例，歸納流放官人的幾個現象：其一，二人都是罪犯極刑，論法當誅，最後皇帝特別開恩，始得免死，可知他們原先所判並非流刑；其二，二人都被投身瘴癘，遠逐遐方；其三，二人都被除名；其四，彭果在流逐之前，先被杖刑；其五，彭果的流刑稱作「長流」，顯然有別於一般的流放。以下將就流人所受處罰，一一述論，本節先檢討流人原來的判刑。

本章所處理的都是被皇帝流放的官人，但是，流放其實只是他們後來受到的處罰，不一定都是原來的判刑。究竟有多少人原來已經判刑確定，後來才改判流放呢？粗略估計，這種例子約有 63 宗，都是判決死刑後，皇帝特別予以寬宥，減死從流。若將這 63 宗案例略作分析，可知謀

---

[24] 李希泌主編，《唐大詔令集補編》（上海：上海古籍，2003），卷 16，〈蕭齡之流嶺南詔〉。

[25] 〈流彭果詔〉，收入《冊府元龜》卷 152〈帝王部·明罰一〉，頁 1845-2。

反罪佔 37 例、貪贓罪 13 例、戰敗 2 例、殺人 2 例、妄說圖讖或結交妖人 2 例，其他的 7 例。

　　在 37 例謀反罪中，有 32 例是本人參與謀反，屬謀反罪的正犯，5 例是被緣坐的親人。關於謀反罪的處罰，見《唐律疏議‧賊盜律》「謀反大逆」條，云：

　　　　諸謀反及大逆者，皆斬；父子年十六以上皆絞，十五以下及母女、妻妾、祖孫、兄弟、姊妹若部曲、資財、田宅並沒官，……伯叔父、兄弟之子皆流三千里，不限籍之同異。即雖謀反，詞理不能動眾，威力不足率人者，亦皆斬；父子、母女、妻妾並流三千里，資財不在沒限。其謀大逆者，絞。[26]

謀反罪是指謀害皇帝的生命和謀奪帝位的行為，謀大逆罪則是圖謀毀損皇帝宗廟、陵寢、宮闕等建築以及侵犯皇帝祖先和皇帝本人的行為。[27] 謀反罪只要是圖謀策劃就算成立，不考慮預謀是否已行。謀反罪以實害分為兩類，一類是謀反而有害者，一類是謀反而無害者。兩類都是不問首從，一律處斬，但緣坐的範圍卻有所不同。謀反而有害者，父和子年十六以上皆絞；子年十五以下和母女、妻妾、子妻妾、祖孫、兄弟、妹並沒官；伯叔父、兄弟之子，不論是否同籍，皆流三千里。若是謀反而無害者，緣坐範圍較小，僅父子、母女、妻妾各流三千里，其他親屬不在緣坐之列。

　　這 32 例謀反罪的正犯，大部分都明白記載是得到皇帝恩宥免死的，譬如，編號 6 的長孫安業、編號 7 至 10 裴虔通等五人、編號 33 的

---

[26]　《唐律疏議》，卷 17，〈賊盜律〉，頁 321-322。

[27]　《唐律疏議》，卷 1，〈名例律〉，「十惡」條（總 6 條），頁 7。

長孫無忌、編號 76 的李孝逸（？-687）、編號 82 至 85 的元萬頃（？-690）等四人、編號 94 的周興、編號 114 的劉如璿、編號 129 的鄭普思、編號 130 至 134 的桓彥範（653-706）等五人。除此以外，有若干案例並沒有清楚記載是蒙恩免死，但按照上引唐律，謀反正犯本來理當處死，可知他們的流刑顯然不是原來的處罰，而是皇帝法外的恩典。另外，上述謀反流放案中尚有 5 例是謀反緣坐犯，他們是編號 28 的柴哲威、編號 35 的長孫詮（？-659）、編號 79 的越王貞子溫（？-688）、編號 86 的滕王脩琦、編號 143 的嚴善思等。其中只有李溫的身分屬於緣坐合死的，但因他告父兄朋黨而得到減刑。其他四例，按照他們與正犯的關係，律文原無大辟之刑，但顯然都被判處極刑，後再減死從流。

除了謀反罪外，另有 13 例貪贓罪也是屬於免死配流，即原來都是判處死刑的。這 13 宗貪贓罪是編號 13 的党仁弘案、編號 22 蕭齡之案、編號 47 董思恭（？-663）案、編號 117 張錫案、編號 145 獨孤璿案、編號 155 趙晦案、編號 159 裴景仙案、編號 177 楊濬案、編號 178 宋廷暉案、編號 179 周仁公案、編號 180 裴裔案、編號 187 彭果案、編號 194 李彭年（？-756）案。

關於官人的貪贓罪，唐律區分為「枉法贓」、「不枉法贓」、「受所監臨贓」及「坐贓」等四種狀況。按《唐律疏議‧職制律》「監主受財枉法」條（總 138 條）云：

> 諸監臨主司受財而枉法者，一尺杖一百，一匹加一等，十五匹絞；不枉法者，一尺杖九十，二匹加一等，三十匹加役流。[28]

「枉法贓」與「不枉法贓」在處罰上的差異是前者最重處以絞刑，後者

---

[28]　《唐律疏議》，卷 11，〈職制律〉，頁 220。

最重則至加役流。至於「受所監臨贓」方面，據《唐律疏議‧職制律》「受所監臨財物」條（總 140 條）云：

> 諸監臨之官，受所監臨財物者，一尺笞四十，一疋加一等；八疋徒一年，八疋加一等；五十疋流二千里。……乞取者，加一等；強乞者，準枉法論。[29]

可知受所監臨財物，最重只到流二千里，乞取最高至流二千五百里。「坐贓」罪方面，據《唐律疏議‧雜律》「坐贓致罪」條（總 389 條）云：

> 諸坐贓致罪者，一尺笞二十，一疋加一等；十疋徒一年，十疋加一等，罪止徒三年。[30]

「坐贓罪」處罰相對較輕，一般最重處以徒三年。

上述 13 宗案例，党仁弘枉法取財及受所監臨贓百萬，按律當處死刑。蕭齡之受金銀二千兩，乞取奴婢十九人，史稱「群僚議罪，請處極刑。」董思恭知貢舉事，洩進士問目，贓污狼藉，[31]應是受財枉法。張錫的情形與董思恭類似，都是知選事漏洩，贓滿數萬，也是受財枉法。董張二人依法論律，合當極刑。獨孤璿、趙晦、楊濬等三人貪贓情形不詳。宋廷暉、周仁公、裴裔等三人雖不知貪贓之細節，但玄宗的敕書說「刑曹定罪，並當極法。」[32]顯然都是經過法司審訊，罪當大辟。彭果因貪贓十萬有餘，玄宗云「議以常科，法當殊死。」以上各例都是罪犯

---

[29] 《唐律疏議》，卷 11，〈職制律〉，頁 221-222。

[30] 《唐律疏議》，卷 26，〈雜律〉，頁 479。

[31] 〔宋〕王讜撰；周勛初校證，《唐語林校證》（北京：中華書局，1987），頁 714。

[32] 《唐大詔令集補編》，卷 16，〈流宋廷暉周仁公裴裔勅〉。

貪贓，原先都處以死刑，皇帝或鑑於從龍有功（如党仁弘）、或是基於議功（如蕭齡之）、或是時當陽和（如宋廷暉等三人），遂特旨免死配流。貪贓案中裴景仙一案較特別，裴乞取贓積五千匹，玄宗為了懲治貪贓，「不從本法，加以殊刑」，[33]意指所犯原非死罪，特別加重處分。皇帝本欲集眾殺之，但大理卿李朝隱以為「景仙緣是乞贓，犯不至死。⋯⋯枉法者，枉理而取，十五匹便抵死刑；乞取者，因乞為贓，數千匹止當坐流。」[34]由於裴景仙只是乞取，依前引「受所監臨財物」條，至多是流二千五百里，故李朝隱力主開恩。最後，玄宗只好改處流刑。

綜合而言，包括上述謀反罪和貪贓罪在內的 63 宗流放案例，其原來的刑罰是死刑而非流刑，只是皇帝基於各種考量，曲法施恩，免除死刑，改科流配。流刑並非原刑，它是天子寬宥下的一項替代刑。由於史料殘缺，其他案例的詳情所知不多，但推測應該還有更多類似的案例。

第三節　官人的處罰──流放與除名

不管流刑是否這 198 例官人原來的刑罰，最終他們都被流放，那麼，唐律對於流刑是如何規定的？官人被處以流刑的同時，往往一併「除名」，「除名」可謂流刑的「從刑」。以下就流放和除名分別論述。

一、流刑的規定和運用

唐代流刑包含四項內容：（1）流刑有「道里之差」。即以京師長安為起點計算，分為流二千里、二千五百里、三千里等三等，故又稱「三

33　《唐大詔令集補編》，卷 16，〈流裴景仙嶺南詔〉。

34　《舊唐書》，卷 100，〈李朝隱傳〉，頁 3126。

流」；（2）強制苦役。流人至配所皆須服勞役一年（加役流則是三年），除此並無其他附加刑罰。（3）終身遠逐。流人服役期滿後，必須在配所設籍，終身不得返鄉。除非是流移人死亡，家口始得放還。（4）妻妾必須跟隨。流刑作為五刑之一，其懲罰內容可概括歸納為以下四項要點：「終身遠逐」、「有期勞役」、「強制移居」、「妻妾從流」。此外，流人在流放途中或配所遇赦，只要是在行程之內者，都可以蒙恩放還，但若是行程違限或是逃亡則不在免限。流人抵達流所後，縱逢恩赦，最多只能免役，不得輒還故鄉。官人犯流罪至配所，既不必真役，只要六載（或三載）期滿，便可重新出仕，意即離開配所，返歸京師。

　　三流「道里之差」的規定在貞觀十四年（640）就發生了重大變革：「流罪三等，不限以里數，量配邊要之州。」[35]流刑的配所不再考慮距京的里程，而是選擇邊要和遠惡之地。唐律二千里、二千五百里、三千里的「三流」並沒廢棄，它是作為定罪科刑之用，但實際量配犯人時，則是另作安排。唐代前期官人流放地，可參看下列表 7-2〈唐代前期官人流放地一覽表〉。

表 7-2　唐代前期官人流放地一覽表

地區\時代	嶺南	劍南	黔中	江南東	江南西	河北	隴右	山南東	山南西	淮南	不詳	總數
高祖		4										4
太宗	12	3		1	1							17
高宗	31	8	2		1	1	4					47
武后	44	1	2					1	1	1	1	51
中宗	19				1							20
睿宗	5	1										6
玄宗	46		1		3						3	53
總數	157	17	5	1	6	1	4	1	1	1	4	198

[35]《唐會要》，卷41，〈左降官及流人〉，頁859。

　　初唐固然有一些流放劍南道或黔中道的案例，如劍南道的案例有高祖朝的可達志、太宗朝的長孫安業等人配流巂州（編號 1 至 6）；高宗朝的劉仁願和李善都是流姚州（編號 53、57）。黔中道的案例，有高宗朝的泉蓋男建流放黔州（編號 54），武后朝的魏元忠流放貴州（編號 85）等。但最讓人矚目的，當是唐代官人流放的地區呈現高度集中嶺南道的現象。唐代前期 198 例流放官人，竟有高達 156 例是流配到嶺南地區，佔總數的 80％！其次是劍南地區，共有 17 例，約佔總數的 9％。其他黔中等各道一百多年的總和不過 24 例，可見唐代官人流配地區容或南北皆可，但明顯是以嶺南地區為主。[36]

　　唐代嶺南道幅員遼闊，約相當今日廣東省、廣西省、海南省和越南北部。嶺南道較接近西京長安的州郡是桂州、封州、昭州、賀州，但都分別距京 4760 里、4510 里、4436 里、4130 里，遠超法定流放的里程。其實，流放賀州、昭州的尚在少數，更多的例子是流放到儋州、崖州，儋州、崖州屬今日的海南省，距離長安都在 7000 里以外。尤有甚者，高宗朝的李乾祐流放至愛州（編號 31）；太宗朝的裴虔通（編號 7）、杜正倫（編號 14）流放至驩州。愛州和驩州都在今日越南北部，距首都分別是 8800 里和 12452 里之遙！大體而言，嶺南道中最常被配送的州郡依次為崖州（11 次）、瀼州（10 次）、欽州（7 次）、振州（6 次）、峰州（5 次）、驩州（4 次）等。各州離京的里程，分別是：

崖州：7460 里　　瀼州：6192 里[37]　　欽州：5251 里

振州：8606 里　　峰州：7110 里　　驩州：12452 里

---

[36]　王雪玲亦指出嶺南是唐代流人最集中的地區，約佔流人總數的 65％，見氏著〈兩《唐書》所見流人的地域分布及其特徵〉，《中國歷史地理論叢》17:4（西安，2002），頁 81。王氏以兩《唐書》為史料來源，只計算有名有姓有明確流放地的流人，與本文的採樣標準不同，所以在嶺南流人比例數字上，彼此略有相差。

[37]　兩《唐書》並無瀼州至兩京的里數，但據《舊唐書·地理志》，瀼州北距容州 282 里，容州至京師則為 5910 里，故可知瀼州至長安大約是 6192 里。

　　除了嶺南以外，其他的流所又如何呢？劍南道距離長安較近，但巂州仍距京 3654 里，姚州距京 4300 里。顯然，這些配所早已不限以里數了。

　　嶺南地處邊陲，時人認為瘴氣蠱毒瀰漫，毒蛇猛獸出沒，仿如窮山惡水、魑魅之鄉。唐太宗時，盧祖尚（600-628）應允出任交州都督，既而反悔，太宗雖一再曉諭敦促，但祖尚仍然堅決推辭，云：「嶺南瘴癘，皆日飲酒，臣不便酒，去無還理。」最後竟為太宗所殺。[38]出任嶺南的方面大員，竟因環境險惡而不敢履足，並非個別案例。則天朝的宋慶禮（？-719）任嶺南採訪使，「時崖、振等五州首領，更相侵掠，荒俗不安，承前使人，懼其炎瘴，莫有到者。」[39]嶺南採訪使職責在巡查嶺南各處，監察地方官吏的優劣，然而竟因懼怕瘴癘，不敢踏足崖州等地。在嶺南為官尚且惶恐如斯，作為罪囚的流人更是憂懼莫名。開元中，宇文融（？-730）因貪贓罪自昭州平樂尉被流嶺南巖州，史稱「地既瘴毒，憂恚發疾。」[40]毒霧瘴氣的嶺南，官人一旦流逐，往往死亡無日，難見白頭。這些意象部分或許是實情，但不少可能來自想像。嶺南正是因為既邊遠又險惡，一直作為唐代官人主要的流放地點。

　　附帶一提的是，從前引《獄官令》「流人季別一遣」條，「江北人配嶺以南者，送付桂、廣兩都督府。」可知流放嶺南的犯人都先行押至桂府、廣府，再由桂、廣都督遣專使差送至流配地。睿宗時，宋之問被流欽州，未至流所，而在桂州被賜死。[41]玄宗朝劉幽求的例子，更足以印證《獄官令》的規定，史稱：

　　　　及幽求流封州，（崔）湜諷廣州都督周利貞，使殺之。桂州都

38　《舊唐書》，卷 69，〈盧祖尚傳〉，頁 2522。

39　《舊唐書》，卷 185 下，〈良吏・宋慶禮傳〉，頁 4814。

40　《舊唐書》，卷 105，〈宇文融傳〉，頁 3221。

41　《新唐書》，卷 202，〈文藝・宋之問傳〉，頁 5750。

督王晙知其謀，留幽求不遣。利貞屢移牒索之，晙不應，利貞
以聞。湜屢逼晙，使遣幽求，幽求謂晙曰：「公拒執政而保流
人，勢不能全，徒仰累耳。」固請詣廣州，晙曰：「公所坐非
可絕於朋友者也。晙因公獲罪，無所恨。」竟逗遛不遣。幽求
由是得免。[42]

劉幽求被流嶺南封州，由於先被押送至桂州，得桂州都督王晙（653-
732）庇護，逗留不前，遂免殺身之禍。

二、除名

　　唐代官人犯法，除被科以死、流、徒等主刑外，尚有從刑的處分，
包括除名、免官、免所居官等，其中以除名最為嚴重，前引的蕭齡之和
彭果都遭到「除名」處分。有時主刑會因皇帝恩赦而免除，但包括除名
等從刑仍需依例科處。官人遭流放「除名」者，粗略估計約有 28 例，其
中太宗朝有 10 例，高宗朝有 13 例，武后朝有 2 例，玄宗朝有 3 例。
　　「除名」即剝奪犯罪人的全部官爵，唐律設有專條，按《唐律疏
議・名例律》「除名」條（總 18 條）云：

　　　諸犯十惡、故殺人、反逆緣坐，獄成者，雖會赦，猶除名。即
　　　監臨主守，於所監守內犯姦、盜、略人，若受財而枉法者，亦
　　　除名；獄成會赦者，免所居官。其雜犯死罪，即在禁身死，若
　　　免死別配及背死逃亡者，並除名；會降者，聽從當、贖法。[43]

---

[42]　《資治通鑑》，卷210，〈唐紀二十六〉，「唐玄宗先天元年八月」條，頁6677。

[43]　《唐律疏議》，卷2，〈名例律〉，頁47-51。

可知科處「除名」的各項犯罪，包括：1.犯十惡、故殺人、反逆緣坐，獄成會赦者。2.監臨主守於所監守內犯姦、盜、略人，或受財而枉法者。3.前二項以外的雜犯死罪，另外還包括其在禁身亡、蒙恩別配流徒、背死逃亡等狀況。此外，又據〈名例律〉「應議請減」條（總 11 條），官人若犯「五流」，即加役流、反逆緣坐流、子孫犯過失流、不孝流、會赦猶流，亦會遭到除名的處罰。[44]至於「除名」罪的處罰，主要見於「除免官當敘法」條（總 21 條），犯者官爵悉除，與白丁無異，「課役從本色」，即租調雜徭等課役依本來身分而徵服，六載後方得依出身法任官。

　　上述 28 宗「除名」案例，部分是謀反案，屬於十惡罪，如編號 7 至 11 的裴虔通五人、編號 76 的李孝逸；有屬於受財而枉法者，如編號 47 的董思恭；有雜犯死罪的，如編號 20 的李襲譽；有屬於免死別配的，即原本犯了死罪，蒙恩配流的，如編號 13 的党仁弘、編號 22 的蕭齡之、編號 61 的權善才、編號 62 的范懷義、編號 194 的李彭年。但是，讓人不解的是，根據前節的討論，可知 198 宗案例中免死從流的就有 62 宗，謀反案的正犯也有 31 例，按照唐律，這些狀況都必須「除名」，可是，史傳明白記載「除名」的卻只有 28 例而已。此外，除名案例也有明顯的時代性，28 例中有 23 例集中在太宗和高宗朝，爾後只有寥寥數例。

---

[44]　劉俊文，《唐律疏議箋解》（北京：中華書局，1990），頁 208-209。

第四節　流刑的加重——長流與決杖

一、長流

　　前引玄宗朝觸犯貪贓罪的彭果，最後被「長流」溱溪郡。「長流」
一詞不見於唐律，是高宗朝才出現的新刑罰。關於「長流」起源與特
徵，已見前章。「長流」是對較為嚴重犯罪所作的處罰，除非皇帝特旨放
免長流人，否則長流人不因一般的大赦而得到寬恕，高宗朝李義府的遭
遇可為明證。高宗龍朔三年（663）四月右相李義府遭長流巂州，長子津
長流振州，次子洽、洋和婿柳元貞等長流庭州（編號 42 至 46）。據《舊
唐書・李義府傳》云：「乾封元年，大赦，長流人不許還，義府憂憤發疾
卒，年五十餘。……上元元年，大赦，義府妻子得還洛陽。」[45]麟德三
年（666）正月，高宗封禪泰山後，改元乾封，大赦天下，[46]因為沒有宣
佈長流人可以還鄉，時遭長流的李義府因而憂憤病死。及至上元元年
（674）八月壬辰，高宗「追尊祖宗諡號，改咸亨五年為上元元年，大赦
天下，長流人并放還。」[47]明令長流人并放還，李義府的妻小始得返回
洛陽。長流是永久放逐，這對官人而言，無疑永別政治中樞；這對經濟
文化仍居領先地位的中原人仕而言，不啻永遠沉淪於瘴癘蠻荒的絕域。
　　唐代前期的流放官人中，遭到「長流」處罰者共有 35 例。高宗朝
有 9 例，武后朝有 2 例，中宗朝有 6 例，玄宗朝有 18 例。35 例中，事
涉謀反罪的 15 例，如中宗朝的張柬之等「五王」謀反案，玄宗朝初期的
太平公主黨羽崔湜案以及後期的太子瑛案、韋堅案、王鉷案等。貪贓罪

45　《舊唐書》，卷 82，〈李義府傳〉，頁 2770。

46　《舊唐書》，卷 5，〈高宗本紀〉，頁 89。

47　《冊府元龜》，卷 84，〈帝王部・赦宥三〉，頁 993-2。

有 8 例，主要是高宗朝的李義府諸子貪贓案，玄宗朝的彭果案和李彭年案。謀叛罪有 4 例，是玄宗開元十五年王君㚟劾迴紇部落難制，潛有叛謀，迴紇承宗等四人被長流。可見被長流者大多是謀反、附逆、謀叛、貪瀆之類的嚴重惡行，往往是皇帝格外開恩，免死長流。

　　由於是長流，不因一般大赦而放還，所以縱使帝王經常頒布非常之恩，不少長流人仍是死於流所，如前述高宗朝的李義府便是。此外，「免死長流」有時僅是君主仁德恤刑的假象而已，不少罪犯還是難逃一死。玄宗先天二年，中書令崔湜以黨附太平公主被長流竇州，至荊州驛被縊殺；開元二十五年（737），駙馬薛鏽因屬太子瑛黨被長流瀼州，遭賜死於城東驛。長流人即便安然抵達流所，有些仍是不得善終，如中宗朝張柬之案中的「五王」遭長流嶺南，其中張柬之、崔玄暐二人憂憤而卒，袁恕己（？-706）、敬暉（？-706）、桓玄範等三人最後都遭到殺害。玄宗朝的刑部尚書韋堅遭李林甫構陷長流嶺南臨封郡（即封州），最終仍被賜死。

二、決杖

　　前引天寶年間彭果因罪犯貪贓，免死配流，流放之前決杖六十。從附表四可見唐代官人流配之前，先遭決杖一頓的例子，並不稀罕。按照唐律，流刑並無附加笞杖，但皇帝往往沒有遵守律令，不時對流人先行決杖，然後才配送遠郡。流人決杖配送之事，始見於武后朝的裴伷先，嗣後流刑附加杖刑的處罰，屢見不鮮。睿宗朝有二件流人決杖案例：景雲二年（711），張奉先以偽宣敕取內廄馬（編號 144）、獨孤璿因犯贓（編號 145），皆被決杖一百，免死配流嶺表。[48]不過，武后、睿宗僅偶一為之，爰至玄宗時期，流人決杖之事激增，儼然成為定制，誠唐代流

48　《冊府元龜》，卷 150，〈帝王部・寬刑〉，頁 1814-2。

刑的一大變化。

流人決杖的處罰，似乎是針對減死從流的重刑犯。開元四年
（716），中書主書趙誨因受蕃人珍遺，論罪當誅，但得玄宗免死，趙誨
最後決杖一百，流配嶺南（編號 155）。開元十年（722），蔣寵以「言事
涉邪……法所宜誅」，[49]遭決杖四十配流嶺南的藤州（編號 160）。開元十
年的姜晈（編號 157）、裴景仙（編號 159）、開元二十四年（736）的楊
濬（編號 174）、開元二十五年的宋廷暉（編號 178）、周仁公（編號
179）、裴裔（編號 180）等三人，原先都是罪犯極刑，最後，免死決杖
流配遐方。決杖的數目有時候是杖四十，有時加重到決杖六十，如姜
晈、彭果、張瑄（編號 188）。不過，還有杖一百的，如裴景仙（編號
159）、齊敷和郭稟（編號 166、167）。玄宗朝決杖配流似乎是死刑的替
代刑一般，只是由於史料不足，無法清楚判定決杖配流者，是否一定都
是免死減降。但天寶六載（747）玄宗廢除死刑，乃正式以決杖配流取代
死刑，史稱：「又令削絞、斬條。上慕好生之名，故令應絞斬者皆重杖流
嶺南。」[50]可知玄宗削除絞斬之刑後，凡應絞斬者，皆重杖配流嶺南。
決杖和配流，基本上是玄宗開元以來恩降免死的替代刑，如今只是正式
以決杖和配流取代死刑而已。

玄宗朝濫用杖刑，甚至杖殺朝臣之事，早見於開元初年。開元二年
（714），監察御史蔣挺以監決杖刑稍輕，敕朝堂杖之，黃門侍郎張廷珪
（？-749）為此上奏：「御史憲司，清望耳目之官，有犯當殺即殺，當流
即流，不可決杖。士可殺，不可辱也。」[51]張廷珪對蔣挺一案的進諫似
乎沒有發揮作用，「然議者以廷珪之言為是」。開元十年（722），洛陽主
簿王鈞（？-722）為張嘉貞（665-729）修宅，將以求御史，因受贓事

49　《冊府元龜》，卷 152，〈帝王部・明罰一〉，頁 1843-2。

50　《資治通鑑》，卷 215，〈唐紀三十一〉，「（唐）玄宗天寶六載正月戊子」條，頁 6876。

51　《舊唐書》，卷 101，〈張廷珪傳〉，頁 3153；《通典》，卷 169，〈刑法・守正〉，頁 4383。

發，「上特令朝堂集眾決殺之」。[52]同年，祕書監姜皎坐漏洩禁中語，在中書令張嘉貞的奏請下，玄宗將姜皎決杖一頓，配流欽州。史稱「皎既決杖，行至汝州而卒。」[53]另外，前廣州都督裴伷先下獄，上召使臣問當何罪，張嘉貞又請杖之，兵部尚書張說進曰：

> 臣聞刑不上大夫，以其近於君也。故曰：「『士可殺，不可辱。』臣今秋受詔巡邊，中途聞姜皎以罪於朝堂決杖，配流而死。皎官是三品，亦有微功。若其有犯，應死即殺，應流即流，不宜決杖廷辱，以卒伍待之。且律有八議，勳貴在焉。皎事已往，不可追悔。伷先祇宜據狀流貶，不可輕又決罰。」上然其言。[54]

裴伷先幸得張說仗義營救，免官而不必決杖，否則同一人竟三度罹杖罰之苦，可謂史上僅見。開元二十四年（736），夷州刺史楊濬犯贓處死，詔令決六十，配流古州（編號 176）。宰相裴耀卿（681-744）上奏，以為：

> 決杖者，五刑之末，只施於扶扑徒隸之間，官蔭稍高，即免鞭撻。今決杖贖死，誠則已優，解體受笞，事頗為辱。法至於死，天下共之，刑至於辱，或有所恥。況本州刺史，百姓所崇，一朝對其人吏，背脊加杖，屈挫拘執，人或哀憐，忘其免

52　《舊唐書》，卷 99，〈張嘉貞傳〉，頁 3091。

53　《舊唐書》，卷 59，〈姜皎傳〉，頁 2337。

54　《舊唐書》，卷 99，〈張嘉貞傳〉，頁 3091-3092。

死之恩，且有傷心之痛，恐非敬官長勸風俗之意。[55]

笞杖居五刑之末，屬於輕刑，官人犯罪若遭杖刑，原來就可以納銅贖罪，根本不需服刑，故裴耀卿所言同於張說，以為杖刑僅施於徒隸卒伍之中，官人解體受笞，無疑是一大羞辱。更何況刺史為本州父母官，背脊加杖，如何面對當州吏民？可惜裴耀卿的上奏似乎沒有任何回應。

玄宗時期不斷有人上奏非議杖責朝臣，正反映當時廷杖的浮濫。鞭扑此類殘害身體的肉刑，在遠古之世乃施於族外俘虜。封建時代，也只是庶民奴隸之刑。貴族犯事，或是流放，或是自盡，此即所謂「刑不上大夫」之義。隋唐之世，笞杖居五刑之末，只應施於徒隸卒伍之中而非官人身上。更不用說姜皎乃堂堂秘書監，屬三品大員，犯罪都可享有「議貴」優遇之人，居然亦遭杖刑之辱。玄宗經常杖責大臣，甚至朝堂集眾決罰，固然有示眾以儆傚尤之用意，但更重要的是藉由公然折辱全體官人，以展示其凜凜皇威。廷杖是摧折污辱天下士子，使其顏面掃地，故張廷珪等人都以「士可殺，不可辱」來非議廷杖。張嘉貞因張說反對決杖裴伷先，頗為不悅，但張說的回答是「此言非為伷先，乃為天下士君子也。」玄宗屢次杖辱大臣，其實反映專制君主權力的濫用，當然，也代表君主乃貴族公有物，君主不可違逆貴族公議的貴族制時代已然遠去。有學者以為唐代後期法制的其中一項變化，就是法外刑取代法內刑，濫用決杖即其突出現象。[56]此論固然正確，但濫用杖刑之事，非自安史亂後，而是在「開元全盛日」即已發生。

55　《舊唐書》，卷98，〈裴耀卿傳〉，頁3082。

56　劉俊文，〈論唐後期法制的變化〉，收入氏著《唐代法制研究》（臺北：文津出版社，1999），頁268-270。

第五節　流放官人的境遇與下場

　　官人被流放遠逐，其下場究竟如何？正如前述，按照律令，流刑是終身遠逐，不得返鄉的，流人是否都死於配所呢？還是有東山再起的一天？以下擬從「流死」與「放還」二方面加以考察。

一、流死

　　流死指因配流而死，約可再細分為「老死配所」和「死於非命」兩類，前者是指流人順利抵達並終老於流放地，後者乃指死於途中或賜死於配所。

　　流人在配所依據戶口相關法例，「課役同百姓」，需比照百姓一般課徵租調徭役。不過，流人既是「從戶口例」，除了課役同於百姓之外，其他待遇亦應與一般百姓無異，當然可以「馳逐為生事」。[57]前引武后朝裴伷先二度被流，先是流放嶺南娶同為流人的盧氏，後遭流放北庭，在配所貨殖營商，「致資財數千萬」，又娶可汗之獨生女，因此獲贈大量黃金、駿馬、牛羊等。從裴伷先的際遇，可見流人營生之道以及婚娶生子看來皆同於一般百姓。若沒有特別因素，流人應是終老於配所。「老死配所」的例子甚多，編號 19 的鄭世翼，史稱「配流巂州卒」。[58]編號 25 的宇文節，因被房遺愛謀反所連，死於流所桂州。李義府被長流巂州，「憂憤發疾卒」。其他「老死配所」的例子，可參看附表四。武后屠戮李唐宗室，史稱「唐之宗室於是殆盡矣，其幼弱存者亦流嶺南。」又云「武后所誅唐諸王、妃、主、駙馬等皆無人葬埋，子孫或流竄嶺表，或拘囚歷

57　《新唐書》，卷 117，〈魏玄同傳〉，頁 4252。

58　《舊唐書》，卷 190 上，〈文苑‧鄭世翼傳〉，頁 4989。

年，或逃匿民間，為人傭保。」[59]的確，不少宗室流放嶺南後，境況甚
為淒涼，據《舊唐書》卷一九三〈列女・女道士李玄真傳〉云：

> 女道士李玄真，越王貞之玄孫。曾祖珍子，越王第六男也，先
> 天中得罪，配流嶺南。玄真祖、父，皆亡歿於嶺外。雖曾經恩
> 赦，而未昭雪。（頁 5151）

李玄真雖為王族，但三代皆亡於嶺外，「旅櫬暴露」，境況堪憐。

　　相對於宇文節等老死配所，流放官人也有不少死於非命。「死於非
命」有二類狀況：一類是死於途中，一類是殺於流所。死於途中的例子
有編號 165 的玄宗朝宇文融。宇文融自昭州平樂尉被流巖州，「地既瘴
毒，憂恚發疾」，於是一直滯留廣州。及後不得已回巖州，死於途中。至
於編號 38 的慕容寶節，因毒藥害人被流嶺表，遭高宗遣使斬於龍門。編
號 55 的賀蘭敏之被流雷州，但行至韶州被以馬韁絞殺。編號 112 的王弘
義被流瓊州，在途中被榜殺。編號 141 和 142 的宋之問和冉祖雍都被賜
死於桂州驛；編號 150 的崔湜長流竇州，被賜死於荊州驛；編號 177 的
薛鏐長流瀼州，被賜死於城東驛。除了被賜死或榜殺以外，也有一些是
被杖後，負傷死於途中，這種情況見於玄宗朝。編號 157 的姜晈、編號
176 的周子諒（？-737）、編號 187 的彭果、編號 188 的張瑄，都是決杖
後死於途中。開元十年（722），曾恩准流移之人，可於杖後休養一個月
再發遣。[60]但天寶五載（746）又下嚴勅，云：

> 應流貶之人，皆負譴罪。如聞在路多作逗遛，郡縣阿容，許其

59　《資治通鑑》，卷208，〈唐紀二十四〉，「唐中宗神龍元年（705）二月」條，頁6586。

60　《唐會要》，卷41，〈左降官及流人〉，頁859-860。

停滯。自今以後，……流人押領，綱典畫時，遞相分付，如更因循，所由官當別有處分。[61]

對於流人在道的程限，嚴格管制，以防逗留停滯，司馬光以為「是後流貶者多不全矣」。[62]其實，流人在道遇赦依律得以蒙恩放還，是故流人經常藉故拖延。先天二年，玄宗誅太平公主後，宰相崔湜與尚書右丞盧藏用同遭流放（編號 151、152），湜鑑於其弟崔滌正承玄宗恩寵，冀望得以蒙恩赦放，「因遲留不速進」，但最終仍是被賜死於荊州驛。[63]

　　除了死於途中外，也有不少流人被殺於流所，最為人熟知的誅殺流人事件，應是武則天長壽二年（693）的一次。這次是補闕李秦授倡議的，據《新唐書‧裴伷先傳》云：

時補闕李秦授為武后謀曰：「讖言『代武者劉』，劉無彊姓，殆流人乎？今大臣流放者數萬族，使之叶亂，社稷憂也。」后謂然，夜拜秦授考功員外郎，分走使者，賜墨詔，慰安流人，實命殺之。（頁 4249-4250）

李秦授以讖言「代武者劉」，向武后倡議誅殺流人。屠殺流人的詳細紀錄見《舊唐書‧酷吏上‧萬國俊傳》，云：

長壽二年，有上封事言嶺南流人有陰謀逆者，乃遣國俊就按之，若得反狀，便斬決。國俊至廣州，遍召流人，置于別所，

---

[61]　《唐會要》，卷 41，〈左降官及流人〉，頁 860。

[62]　《資治通鑑》，卷 215，〈唐紀三十一〉，「唐玄宗天寶五載（745）秋七月丙辰」條，頁 6872。

[63]　《舊唐書》，卷 74，〈崔湜傳〉，頁 2623。

矯制賜自盡，並號哭稱冤不服。國俊乃引出，擁之水曲，以次
加戮，三百餘人，一時併命。然後鍛鍊曲成反狀，仍誣奏云：
「諸流人咸有怨望，若不推究，為變不遙。」則天深然其奏。
（頁 4846）

武后乃遣劉光業等分往劍南、黔中、安南等六道鞫流人。光業等見國俊
殘殺後大有封賞，遂盡情殺戮。據〈萬國俊傳〉可知「光業殺九百人，
德壽殺七百人，其餘少者咸五百人。亦有遠年流人，非革命時犯罪，亦
同殺之。」此次屠戮恐怕有數千人遇害，其中包括不少李唐宗室。另
外，曾勸武后修德被流嶺南的俞文俊（？-693），也死於此次屠殺。[64]
　　皇帝經常對官人免死流配，顯露出一派皇恩浩蕩，但實際上，有時
候只是人君貪慕好生之名罷了，對於深惡痛絕者，皇帝或是行前決杖，
使其半途傷發而亡；或是榜殺賜死於途中；或是屠戮於配所，流放官人
仍是不得善終。

二、放還

　　前述裴伷先在武后朝因赦得還，及後更重返仕途，並三度出任廣州
都督，以工部尚書終老，類似遇赦放還之例子不算稀罕。貞觀二十二年
（648），宿將薛萬徹因「發言怨望」，被除名徙邊，後會赦得還。永徽二
年（651），授寧州刺史。[65]他可能是遇到貞觀二十三年（649）六月高宗
的踐阼大赦而被放還的。編號 49 的魏玄同（617-689）和 50 的薛元超
（623-685）都是遇到高宗上元元年（674）的大赦被放還。類似薛萬徹

---

[64]　《資治通鑑》，卷 203，〈唐紀十九〉，「唐則天后垂拱二年秋九月己巳」條，頁 6442。

[65]　《舊唐書》，卷 69，〈薛萬徹傳〉，頁 2519。

等流放遇赦而免的共有 14 例（參看附表四），編號 57 的名士李善（630-
689）和編號 60 名將薛仁貴（614-683）都因大赦而放免，編號 151 的崔
液被配流嶺南卻逃匿鄆州，後遇赦而出。

按照唐律規定，流人在配所縱逢恩赦，最多只能免役，但不得返
鄉。法律雖是如此規定，然而皇權始終是最高和最後的，君主曲法施
恩，也沒有什麼不可以。唐代皇帝頒降恩詔，特別指示放還流人的記
載，俯拾可得。武德九年（626）八月唐太宗登基大赦，赦詔云「武德元
年以來流配者，亦并放還。」[66]唐中宗神龍元年（705）十一月的大赦，
宣佈「前後流人非反逆緣坐者，並放還。」[67]對於武后以來酷吏政治所
造成的刑獄冤濫，有相當的紓緩作用。編號 72 的裴伷先和編號 110 的竇
希瑊等，都因神龍元年的赦詔而放還。睿宗景雲二年（711）四月大赦，
亦云：「繫囚見徒流移未達前所及已到流所者，皆赦之」，[68]都是特別針
對流人的恩詔。這類放還流配人的恩詔，多見於新君登基之時，既有昭
雪先朝政治受難者的作用，亦顯出新君的慈惠寬仁。比較特別的例子是
編號 69 的郎餘慶，原被流嶺南的瓊州，本來遇赦當還，但因為官苛暴，
仍被朝廷徙置於嶺南的春州。

除了皇帝特恩放免以外，按照唐代律令，官人若非犯了反逆緣坐流
以及因反逆而免死配流者，在滿六載以後即可以重新入仕，若是本來不
應流放而特別被流放的，三載以後即可入仕。[69]流放雖為終身遠逐，但
對官人而言，卻有服刑期限。若根據附表四，有不少案例並非因為大

---

[66] 《唐大詔令集》，卷2，〈帝王·即位赦上〉，「太宗即位赦」，頁6。

[67] 《冊府元龜》，卷84，〈帝王部·赦宥三〉，頁996-1。

[68] 《冊府元龜》，卷84，〈帝王部·赦宥三〉，頁998-1。

[69] 按《唐令·獄官令》復原 19（唐 6）「流移人收敘入仕」條：「諸流移人（注：移人，謂本犯除名
者。）至配所，六載以後聽仕。（注：其犯反逆緣坐流，及因反逆免死配流，不在此例。）即本犯
不應流而特配流者，三載以後聽仕。」參看《天一閣藏明鈔本天聖令校證·附唐令復原研究》，頁
617。

赦，但後來卻得以起復為官的。如編號 5 的李玄道（577-645）、編號 18
的劉世龍、編號 113 的李昭德（？-697）、編號 153 的郭元振（656-
713）等，但可惜都沒有清楚注明是在幾年重新入仕。編號 100 的李嗣真
（？-696）在長壽元年（692）遭流放藤州，萬歲通天（696）徵還，歷
時六年。不過，李嗣真屬於謀反而被特旨免死，與唐令的規定不盡相
同。案例中還有其他明確記載起復時間的，但似乎都不是唐令中三載或
六載的規定。編號 23 的執失思力在高宗永徽四年（653）被流巂州，龍
朔年間（661-664）起復，至少歷時八年以上。編號 31 的李乾祐（593-
668）在永徽初被流愛州，乾封中起復桂州都督，乾封是 666 至 667 年，
則李乾祐自流放至起復可能經過十五年了。是因為史文有闕，抑或是屬
於「長流」之類的犯人？

　　除此以外，亦有個別因特殊情況離開配所甚至重回官場的例子。和
逢堯於武后時負鼎詣闕下上書，遭有司責難，被流莊州，「十餘年，乃舉
進士高第，累擢監察御史。」[70]可見流人亦可以參加貢舉考試。玄宗初
年，尚書右丞盧藏用因黨附太平公主被流新州，後再被流驩州，「會交趾
叛，藏用有捍禦勞，改昭州司戶參軍，遷黔州長史，判都督事。」[71]藏
用因協助平定交趾叛亂，遂得以起復。另外，前述玄宗朝遭到流放的詩
人宋之問，其弟宋之悌身長八尺，以勇力見聞，歷任劍南節度使、太原
尹，後坐事流朱鳶，史稱：「會蠻陷驩州，授總管擊之。募壯士八人，被
重甲，大呼薄賊曰：『獠動即死！』賊七百人皆伏不能興，遂平賊。」[72]
以流人身分召募壯士，竟以不足十人之力平伏七百人的亂眾，未知史料
是否有缺佚或誇大之處，但至少可見流人或因軍功而改變命運。

---

[70]　《新唐書》，卷 123，〈和逢堯傳〉，頁 4378。

[71]　《新唐書》卷 123〈盧藏用傳〉云：「乃流新州。或告謀反，推無狀，流驩州。」但據《通鑑》卷
　　　210〈唐紀二十六〉「唐玄宗開元元年七月」條，盧藏用是被流放瀧州。

[72]　《新唐書》，卷 202，〈文藝中・宋之問傳〉，頁 5751。

結　語

　　本章根據兩《唐書》、《通鑑》、《冊府元龜》等史籍，蒐集唐代前期遭到流放遠逐的官人共 198 例，分從其犯罪、判刑、處罰等角度加以檢討。

　　流放官人所犯皆為嚴重惡行，主要以謀反罪和貪贓罪為主，約佔 60% 左右。謀反罪有 31 例是謀反案的正犯，56 例是因家屬、朋友或同僚謀反而被拖累的牽連犯；貪贓罪則有 32 例。由於所犯嚴重，因此有 63 例原先是被判處死刑，後蒙皇帝恩詔寬宥，才得以免死配流。流刑往往不是原先的判刑，而是在皇帝施恩下作為死刑的替代刑。唐代流刑在貞觀十四年後便「不限以里數」，而是量配邊要遠惡之州。就實際案例所見，官人絕大部分是被流放到嶺南道，其比例高達 80%，而這些配所都遠超三千里的法定距離。官人被流放的同時，不少也會遭到「除名」的處分。除名是指官爵悉除，與白丁無異，六載後方得依出身法任官，這對官人是非常嚴重的處罰。唐代前期官人流放同時被除名者共得 28 例，主要集中在太宗和高宗朝。

　　高宗以降，皇帝不時對官人處以「長流」，目前所見共得 34 例，其中有 22 例是與謀反和貪贓罪有關，而 34 例中有一半發生在玄宗朝。長流人一般不容易赦免返鄉，這對於官人而言，無疑永別政治中樞；對於經濟文化仍居領先地位的中原人仕而言，不啻永遠沉淪於瘴癘蠻荒的絕域。流人原先並無鞭杖等附加刑，但玄宗朝以降，流人配流以前經常先決杖四十到一百不等，可謂律外淫刑。朝堂之上公然杖責大臣，無疑是對貴族官人的摧折凌辱，背後反映的是主尊臣卑的日益強化。皇帝經常對官人免死配流，顯露出一派皇恩浩蕩，但實際上不少流人或是行前決杖，半途傷發而亡，或是途中榜殺賜死，或是屠戮於配所。當然，若非皇帝深惡痛絕之輩，熬得過嶺南等配所的惡劣環境，六載以後即可重新

入仕。況且，在唐代這樣大赦頻繁的時代，皇帝經常特恩寬免流人，官員很可能有東山再起的一天。

附表四　唐代前期流放官人表

舊：舊唐書　新：新唐書　鑑：資治通鑑　冊：冊府元龜　文：全唐文
名字下劃線者代表「減死從流」
名字旁加上＊指遭除名
流放地旁加上◎代表長流

編號	姓名	官職	配流時間	配所	事由	附加刑	下場	出處
1	可達志	右虞候率	武德7	巂州	為太子建成私募兵		不詳	鑑191 新79
2	杜淹	天策兵曹參軍	武德7	巂州	楊文幹反被連		貞觀元年召為御史大夫	舊66 鑑191
3	王珪	太子中舍人	武德7	巂州	楊文幹反被連		貞觀元年召為諫議大夫	舊70 新98 鑑191
4	韋挺	太子左衛驃騎	武德7	巂州	楊文幹反被連		武德九年六月召為主爵郎中	舊66 舊77 新98 鑑191
5	李玄道	幽州長史	太宗貞觀1	巂州	幽州都督王君廓反，被連		未幾徵還為常州刺史	舊72 新102
6	長孫安業	監門將軍	貞觀1	巂州	與李孝常謀反		不詳	舊51 新76 鑑192
7	裴虔通＊	辰州刺史	貞觀2	驩州	宇文化及弒帝黨羽		怨憤而死	新2 冊152
8	生方裕＊	萊州刺史	貞觀2	嶺表	宇文化及弒帝黨羽		不詳	舊2 冊152 鑑192

編號	姓名	官職	配流時間	配所	事由	附加刑	下場	出處
9	薛世良*	絳州刺史	貞觀2	嶺表	宇文化及弒帝黨羽		不詳	舊2 新2 鑑192 冊152
10	唐奉義*	廣州長史	貞觀2	嶺表	宇文化及弒帝黨羽		不詳	舊2 新2 鑑192 冊152
11	高元禮*	虎牙郎將	貞觀2	嶺表	宇文化及弒帝黨羽		不詳	舊2 新2 鑑192
12	裴寂	司空	貞觀3	交州	與妖人交往		竟流靜州。後徵還。	舊57 新88 鑑193
13	党仁弘*	廣州都督	貞觀16	欽州	坐枉法取財及受所監臨贓百餘萬		不詳	鑑196 新56 冊150
14	杜正倫	交州都督	貞觀17	驩州	承乾構逆,事與侯君集連		久之,授郢、石二州刺史。	舊70 新106
15	張晈	(張亮兄子)	貞觀20	崖州	張亮交結術士,陰養假子五百,欲反		卒於流所	舊187上 舊69 新94
16	崔仁師*	中書侍郎	貞觀22	連州[73]	有伏閤上訴,不奏。		遇赦還。永徽初起復。	舊74 新99 鑑198
17	薛萬徹*	青丘道行軍大總管	貞觀22	象州	在軍中,使氣陵物,被劾怨望。		會赦得還	舊69 新94 鑑199

---

[73]　《舊唐書》本傳作「冀州」。今從《通鑑》、兩《唐書》本紀。

編號	姓名	官職	配流時間	配所	事由	附加刑	下場	出處
18	劉世龍*	少府監	貞觀初	嶺南	坐貴入賈人珠及故出署丞罪。		尋授欽州別駕	舊 57 新 88
19	鄭世翼	楊州錄事參軍	貞觀中	嶲州	怨謗		配流而死	舊 190 上 新 201
20	李襲譽*	涼州都督	貞觀末	泉州	私憾殺番禾縣丞		死於流所	舊 59 新 91
21	李德謇	將作少匠	貞觀末	嶺南	坐善太子承乾		改徙吳郡	舊 67 新 93
22	蕭齡之*	華州刺史	高宗永徽2	嶺外	以前廣州都督贓事發		不詳	舊 85 新 113
23	執失思力	左驍衛將軍	永徽 4	嶲州	房遺愛謀反，坐與交通。		龍朔中起復	舊 4 新 110 鑑 199
24	薛萬備	左衛將軍	永徽 4	交州	房遺愛謀反，坐與交通。		不詳	鑑 199 冊 925
25	宇文節	侍中	永徽 4	桂州	房遺愛謀反，坐與交通。		配流而死	舊 4 舊 105 新 3
26	江夏王道宗	太常卿	永徽 4	桂州	房遺愛謀反，坐與交通。		道病卒	舊 4 舊 60 新 78 鑑 199
27	李仁	吳王恪子[74]	永徽 4	嶺表	坐父吳王恪與房遺愛謀反。		光宅中遇赦還。後封為鬱林縣侯。	舊 76 新 80
28	柴哲威	右屯營將軍	永徽 4	邵州	坐弟令武與房遺愛謀反。		後起為交州都督	舊 58 新 90

---

[74] 吳王恪子尚有瑋、琨、璄等。

編號	姓名	官職	配流時間	配所	事由	附加刑	下場	出處
29	劉大器	代州都督	永徽 4	峰州	與妖人往還		不詳	冊 150
30	柳全信	尚衣奉御	永徽 6	嶺外	（王皇后母兄）王皇后被廢		不詳	舊 51 新 76 鑑 200
31	李乾祐	魏州刺史	永徽初	愛州[75]	與令史交友，伺朝廷之事。		乾封中起復桂州都督	舊 87 新 117
32	李友益*	中書侍郎	顯慶 3	巂州	與李義府不和，一同被逐。		不詳	舊 4 新 106
33	長孫無忌*	太尉	顯慶 4	黔州◎	謀反		以揚州都督一品俸。流所自縊	舊 65 新 105 鑑 200
34	長孫沖*	祕書監	顯慶 4	嶺外	坐父長孫無忌謀反		不詳	舊 65 新 105 鑑 200
35	長孫銓	尚衣奉御	顯慶 4	巂州	長孫無忌族子，韓瑗妻弟。坐無忌謀反。		為縣令杖殺	舊 183 新 105 鑑 200
36	長孫恩[76]	長孫無忌族弟	顯慶 4	檀州	坐兄長孫無忌謀反		不詳	新 105 鑑 200
37	褚彥甫[77]	（褚遂良子）	顯慶 4	愛州	被父所連		於道殺之	新 105 鑑 200
38	慕容寶節	右衛大將軍	顯慶中	嶺表	毒藥害楊思訓		遣使斬之龍門	舊 62 新 100

---

[75]　《新唐書》卷 117 作「驩州」，起復為滄州刺史。

[76]　《新唐書》卷 105 云「大抵期親皆謫徙」。

[77]　褚遂良子尚有彥沖，皆殺於道。高宗遺詔聽其家北歸。

編號	姓名	官職	配流時間	配所	事由	附加刑	下場	出處
39	許昂	太子舍人	顯慶初？	嶺外	烝繼母		許敬宗子。顯慶中父上表乞還，授虔化令	舊 82 新 223 上 鑑 202
40	許彥伯	（許敬宗孫）	顯慶中？	嶺表	不詳		遇赦還	舊 82 新 223 上
41	楊德裔	司憲大夫	龍朔 3	庭州	黨附左相許圉師		後起復	鑑 201 文 195
42	李義府*	右相	龍朔 3	嶲州◎	泄禁中語。交通占候人。蓄邪黷貨。		死於配所	舊 82 新 223 上 鑑 201
43	李津*	太子右司議郎	龍朔 3	振州◎	李義府子。姦淫是務，賄賂無厭，交遊非所，潛報機密		不詳	舊 82 新 223 上 鑑 201
44	李洽*	太子率府長史	龍朔 3	廷州◎	李義府子。受贓。		不詳	舊 82 新 223 上 鑑 201
45	李洋*	太子千牛備身	龍朔 3	廷州◎	李義府子。受贓。		不詳	舊 82 新 223 上 鑑 201
46	柳元貞*	少府主簿	龍朔 3	廷州◎	李義府壻。受贓。		不詳	舊 82 新 223 上
47	董思恭*	右史	龍朔 3	梧州◎	知考貢舉事，受贓。		配流而死	舊 190 上 語林 8 冊 152
48	高正業	中書舍人	麟德 1	嶺外	坐與上官儀善		不詳	舊 77 新 104

編號	姓名	官職	配流時間	配所	事由	附加刑	下場	出處
49	魏玄同	司列大夫	麟德2	嶺外	坐與上官儀文章屬和		上元初遇赦還	舊87 新117
50	薛元超	簡州刺史	麟德2	巂州	坐與上官儀文章款密		上元初遇赦還，拜正諫大夫	舊73 新98
51	<u>武元爽</u>	濠州刺史	乾封1	振州	武惟良毒殺賀蘭氏，元爽緣坐。		配流而死[78]	舊183 新206 鑑201
52	元萬頃	遼東道總管記室	乾封2	嶺外	誤泄軍機		遇赦還為著作郎	舊190中 新126
53	劉仁願	卑列道行軍總管、右威將軍	總章1	姚州	坐征高麗逗留		不詳	鑑201
54	泉蓋男建	（泉蓋蘇文子）	總章1	黔州	亂高麗政		不詳	舊199上
55	賀蘭敏之	左散騎常侍	咸亨2	雷州	贓污淫行		至韶州，以馬韁絞死[79]	舊183 新206 鑑202
56	皇甫公義	尚書右丞	咸亨2	橫州	託附賀蘭敏之		不詳	冊925
57	李善	涇城令	咸亨2	姚州[80]◎	坐與賀蘭敏之周密		遇赦歸	舊189上 新202 冊925
58	徐齊聃*	蘄州司馬	咸亨2？	欽州◎	坐與賀蘭敏之交往		長流而死	舊190上 新199 冊925

---

[78]　武后以賀蘭敏之為武士彠後，後敏之死，元爽子承嗣於嶺南召還。

[79]　《舊唐書》本傳云：「自縊於韶州。」

[80]　《冊》卷925作巂州。

編號	姓名	官職	配流時間	配所	事由	附加刑	下場	出處
59	李茂	淮南王	上元中	振州	斷父親藥膳		配流而死	舊 64 新 79
60	薛仁貴[81]	雞林道總管	上元中	象州？	不詳		遇赦還	舊 83 新 111
61	權善才*	左威衛大將軍	儀鳳 1	嶺南	誤斫昭陵柏		不詳	新 115 鑑 202
62	范懷義*	左監門中郎將	儀鳳 1	嶺南	誤斫昭陵柏		不詳	新 115 鑑 202
63	劉褘之	中書侍郎	儀鳳 2	嶲州	姊為內官，褘之因賀蘭敏之私省之		歷數載，召還。	舊 87 新 117
64	高藏	朝鮮王	儀鳳中	邛州	潛與靺鞨相通謀叛		不詳	舊 199 上
65	蕭嗣業	單于大都護長史	調露 1	桂州	為突厥所敗		配流而死	舊 5 新 215 上 鑑 202
66	劉納言	太子洗馬	調露 2	振州	太子賢被廢，輔弼無方。		配流而死	舊 189 上 新 81 鑑 202
67	曹懷舜	定襄道總管	永隆 2	嶺南	為突厥所敗		不詳	舊 5 鑑 202
68	源直心	司刑太常伯	高宗朝	嶺南	不詳		配流而死	舊 98 新 127
69	郎餘慶	交州都督	高宗朝	瓊州	裒貨無藝		會赦當還，朝廷惡其暴，徙春州	新 199
70	韋玄貞	豫州刺史	武后光宅 1	欽州	中宗被廢		配流而死	舊 183 新 206 鑑 203

---

[81] 《舊唐書》本傳作「徙」，《新唐書》本傳作「貶」。但《通鑑》卷 203 突厥云「仁貴流象州。」

編號	姓名	官職	配流時間	配所	事由	附加刑	下場	出處
71	胡元範	鳳閣侍郎	光宅 1	瓊州[82]	坐救裴炎		配流而死	舊 87 新 117 鑑 203
72	裴伷先	太僕丞	光宅 1	瀼州◎	裴炎侄	杖之朝堂	歲餘逃歸，流北庭。神龍初遇赦還。	新 117 鑑 203、210
73	王方翼	夏州都督	光宅 1	崖州	王皇后同族。程務挺被誅，遭連。		配流而死	舊 185 上 新 111 鑑 203
74	王德真	納言	垂拱 1	象州	不詳		不詳	舊 6 新 4 鑑 203
75	徐敬真	（徐敬業弟）	垂拱 1	繡州	坐兄敬業反		永昌元年逃歸，旋被殺。	舊 90 鑑 204
76	李孝逸*	施州刺史	垂拱 3	儋州	武承嗣構陷謀反		流配而死	舊 60 新 78 鑑 204
77	霍王元軌	青州刺史	垂拱 4	黔州	謀反		行至陳倉而死	舊 64 新 79 鑑 204
78	魯王靈夔	邢州刺史	垂拱 4	振州	謀反		自縊而死	舊 64 新 79
79	李溫	（越王貞之子）	垂拱 4	嶺南	為父所連		尋卒	舊 76 新 80
80	紀王慎	貝州刺史	永昌 1	巴州	越王貞反被連		至蒲州而卒	舊 6 舊 76 鑑 204

---

[82] 《新唐書》卷 117 作「萬州」。

編號	姓名	官職	配流時間	配所	事由	附加刑	下場	出處
81	韋待價*	右相	永昌1	繡州	為吐蕃所敗		尋卒	舊6 舊77 鑑204
82	郭正一	陝州刺史	永昌1	嶺南	周興誣構為李敬業黨		配流而死	舊190中 新106 鑑204
83	元萬頃	鳳閣侍郎	永昌1	嶺南	周興誣構為李敬業黨		天授元年被殺	舊190中 新4 鑑204
84	張楚金	秋官尚書	永昌1	嶺表	周興誣構為李敬業黨		天授元年被殺	舊187上 新4 鑑204
85	魏元忠	洛陽令	永昌1	貴州[83]	周興誣構為李敬業黨		聖曆元年起復	舊92 鑑204
86	滕王脩琦等	不詳	永昌1	嶺南	鄂州刺史嗣鄭王璥等六人謀反伏誅。被連。		不詳	鑑204
87	李璠	嗣蜀王	永昌中	歸誠州	不詳		配流而死	舊76
88	澤王上金諸子[84]	不詳	載初1	顯州	武承嗣使周興誣告上金反		配流而死	舊86
89	韋方質	地官尚書同鳳閣鸞臺三品	天授1	儋州	為周興所構		年底被殺	舊75 新103 鑑204
90	李元名	舒王	天授1[85]	和州[86]	酷吏邱神勣誣謀反		被殺	新4 鑑204

---

[83] 《新唐書》卷122作「費州」。

[84] 諸子名字為義珍、義玫、義璋、義環、義瑾、義瑝、義珣等。

[85] 兩《唐書》本紀皆作載初元年。

[86] 《新唐書》卷79作「利州」。

編號	姓名	官職	配流時間	配所	事由	附加刑	下場	出處
91	宗秦客	內史	天授 1	嶺外	贓罪		配流而死	舊 92 新 109
92	宗楚客	戶部侍郎	天授 1	嶺外	贓罪		尋追還	舊 92 新 109 鑑 204
93	宗晉卿	典羽林軍	天授 1	嶺外	贓罪		尋追還	舊 92 新 109
94	周興	尚書左丞	天授 2	嶺南	謀反		為仇家所殺	舊 186 上 新 209 鑑 204
95	徐思文	地官尚書	天授 2	嶺南	或告與徐敬業通謀		不詳	新 93 鑑 204
96	薛克構	麟臺監	天授中	嶺表	為來俊臣所誣		配流而死	舊 185 上 新 197
97	魏元忠	御史中丞	聖曆 1	嶺外	為來俊臣所誣		徵還	舊 92 新 122
98	阿史那獻	不詳	如意 1	崖州[87]	父元慶坐謁皇嗣，為來俊臣所誣		長安三年召還	舊 194 下 新 215 下
99	裴行本	冬官侍郎同平章事	長壽 1	嶺南	為來俊臣誣謀反		不詳	新 4 鑑 205
100	李嗣真	潞州刺史	長壽 1	藤州	來俊臣誣謀反		萬歲通天徵還	舊 191 新 91 鑑 205
101	嚴善思	監察御史	長壽 1	驩州	為酷吏構陷		尋復召為渾儀監丞	鑑 205
102	李遊道	冬官尚書同平章事	長壽 1	嶺南	為王弘義所陷		不詳	新 4 鑑 205
103	袁智弘	秋官尚書同平章事	長壽 1	嶺南	為王弘義所陷		不詳	新 4 鑑 205

---

[87] 《新唐書》卷 215 下作「振州」。

編號	姓名	官職	配流時間	配所	事由	附加刑	下場	出處
104	王璿	夏官尚書同平章事	長壽1	嶺南	為王弘義所陷		不詳	新4 鑑205
105	崔神基	司賓卿同平章事	長壽1	嶺南	為王弘義所陷		中宗初起復	新4 新109 鑑205
106	李元素	文昌右丞同平章事	長壽1	嶺南	為王弘義所陷		不詳	新4 鑑205
107	孔思元	春官侍郎	長壽1	嶺南	為王弘義所陷		不詳	鑑205
108	任令輝	益州長史	長壽1	嶺南	為王弘義所陷		不詳	鑑205
109	來子珣	左羽林中郎將	長壽1	愛州	不詳		配流而死	舊186上 新209 鑑205
110	竇希瓅	竇孝諶子[88]	長壽2	嶺南	母龐氏被酷吏所陷，誣與后厭詛不道。		神龍初隨例雪免	舊183 鑑205
111	崔元綜	鸞臺侍郎同平章事	延載1	振州	不詳		遇赦還	舊90 新61 鑑205
112	王弘義	殿中侍御史	延載1	瓊州	不詳		至漢北被胡元禮榜殺	舊186上 鑑205
113	李昭德	內史	延載中	不詳	專權		後召為監察御史	舊87 鑑205

[88] 竇孝諶子尚有竇希球、竇希瓘。

編號	姓名	官職	配流時間	配所	事由	附加刑	下場	出處
114	劉如璿	秋官侍郎	神功 1	瀼州[89]	來俊臣誣司刑史樊戩謀反，如璿同黨。		不詳	新 209 鑑 206
115	宗晉卿	不詳	聖曆 2	峰州	坐贓賄滿萬餘緡及第舍過度		尋追還	舊 92 鑑 206
116	吉頊	天官侍郎同平章事	聖曆 3	嶺表	坐弟冒偽官		不詳	舊 6 舊 186 上 新 117 鑑 206
117	張錫	鳳閣侍郎同平章事	長安 1	循州	坐知選漏泄禁中語、贓滿數萬		不詳	舊 6 新 4 鑑 207
118	張說	鳳閣舍人	長安 3	欽州◎	忤旨		中宗後起復	舊 78 舊 97 新 125
119	高戩	司禮丞	長安 3	嶺表	張昌宗構陷與魏元忠反		不詳	鑑 207
120	裴敬彝	吏部侍郎	武后朝	嶺表	為酷吏所陷		卒於徙所	舊 188 新 195
121	韋承慶	鳳閣侍郎、同鳳閣鸞臺平章事	中宗神龍 1	嶺表[90]	張易之黨		歲餘起復	舊 88 新 116

編號	姓名	官職	配流時間	配所	事由	附加刑	下場	出處
122	房融	正諫大夫、同鳳閣鸞臺平章事	神龍 1	高州[91]	張易之黨		不詳	舊 7 新 4 鑑 208
123	崔神慶	司禮卿	神龍 1	欽州	張易之黨		尋卒	舊 77 新 109 鑑 208
124	沈佺期	考功員外郎	神龍 1	驩州◎	張易之黨。考功受賕。		神龍中起復	舊 190 中 新 202
125	閻朝隱	麟臺少監	神龍 1	崖州	張易之黨		景龍初遇赦還	舊 190 中 新 202
126	唐奉一	不詳	神龍 1	嶺南	酷吏存者		不詳	舊 186 上 鑑 208
127	李秦授	不詳	神龍 1	嶺南惡處	酷吏存者		不詳	舊 186 上 鑑 208
128	曹仁哲	不詳	神龍 1	嶺南惡處	酷吏存者		不詳	舊 186 上 鑑 208
129	鄭普思	秘書監	神龍 2	儋州	謀作亂		不詳	舊 7 鑑 208
130	桓彥範	瀧州司馬	神龍 2	瀼州◎	武三思構陷	終身禁錮，子弟年十六已上者亦配流嶺外	杖殺於貴州	舊 91 新 120 鑑 208
131	敬暉	崖州司馬	神龍 2	瓊州[92]◎	武三思構陷	同上	被殺	舊 91 新 120 鑑 208

---

[91] 《舊唐書》卷 7 云配流欽州，今從《通鑑》。

[92] 各書所記流所不一，今從《通鑑》。

編號	姓名	官職	配流時間	配所	事由	附加刑	下場	出處
132	<u>張柬之</u>	新州司馬	神龍2	瀧州◎	武三思構陷	同上	憂憤卒	舊91 新120 鑑208
133	<u>袁恕己</u>	竇州司馬	神龍2	環州◎	武三思構陷	同上	殺於流所	舊91 新120 鑑208
134	<u>崔玄暐</u>	白州司馬	神龍2	古州◎	武三思構陷	同上	道病卒	舊91 新120 鑑208
135	<u>李福業</u>	御史	神龍2	番禺	桓彥範黨		亡匿,後被捕。	新120
136	杜審言	著作佐郎	神龍初	峰州	坐交通張易之		尋起復	舊190上 新201
137	周以悌	右威衛將軍	神龍中	白州	郭元振傾軋		不詳	舊97 新122
138	<u>鄭愔</u>	吏部侍郎同平章事	景龍3	吉州	知選事,銓綜失序		旋為江州司馬	舊74 鑑209
139	迦葉志忠	右驍衛將軍兼知太史事	景龍3	柳州	不詳		不詳	舊7
140	袁守一	右臺侍御史	景龍4	端州	中書令宗楚客以反誅,守一為其黨			朝野僉載2
141	宋之問	越州長史	睿宗景雲1	欽州	坐詔附韋、武		先天中賜死,或云賜死桂州驛	舊190中冊152 新202 鑑209
142	冉祖雍	饒州刺史[93]	景雲1	嶺南	坐詔附韋、武		賜死桂州	新202 鑑209 冊152

---

[93] 《新唐書》卷202作蘄州刺史。

編號	姓名	官職	配流時間	配所	事由	附加刑	下場	出處
143	嚴善思	右散騎常侍	景雲1	靜州	譙王重福所連		免死配流。遇赦還。	舊191 新204 鑑210
144	張奉先	不詳	景雲2	嶺表	偽宣敕取內廄馬	杖一百		冊150
145	獨孤璿	司農丞	景雲2	嶺表	犯贓	杖一百		冊150
146	史崇玄	鴻臚卿	太極1	嶺南	為浮屠構陷謀反		太平公主敗後被殺	新83
147	劉幽求	尚書右僕射同中書門下三品	玄宗先天1	封州	謀誅太平公主黨。被劾以疏間親		先天二年為尚書左僕射	舊97 新121 鑑210
148	張暐	右羽林將軍	先天1	峰州	謀誅太平公主黨。被劾以疏間親		先天二年為大理卿	舊97 舊106
149	鄧光賓	侍御史	先天1	繡州	謀誅太平公主黨，被劾以疏間親		不詳	舊97 新121 鑑210
150	崔湜	中書令	先天2	竇州◎	黨附太平公主		賜死於荊州驛	舊74 新99 鑑210
151	崔液	殿中侍御史	先天2	嶺表	坐兄崔湜配流		逃匿郢州。遇赦出	舊74 新99
152	盧藏用	工部侍郎	先天2	驩州◎	坐託附太平公主		開元初起復	舊8 舊94 新123 鑑210
153	郭元振	兵部尚書	先天2	新州	玄宗於驪山講武，坐軍容不整		尋起復	舊8 舊97 新4 新122

編號	姓名	官職	配流時間	配所	事由	附加刑	下場	出處
154	薛伯陽	晉州員外別駕	先天2	嶺表	黨附太平公主，以尚主免死		自殺	舊73 新98 鑑210
155	趙誨	中書主書	開元4	嶺南	受蕃人珍遺	決杖一百		舊96 新124 鑑211
156	裴虛己	光祿少卿駙馬都尉	開元8	新州	與岐王範遊宴，仍私挾讖緯		不詳	舊95 新81 鑑212
157	姜皎	祕書監	開元10	欽州	帝欲廢后，與皎商議，皎漏洩禁中語	杖六十	死於路	舊59 鑑212
158	劉承祖	都水使者	開元10	雷州	姜皎親信		不詳	舊8 舊59
159	裴景仙	武彊令	開元10	嶺南	乞贓積五千匹，事發逃走。	決杖一百		舊100 新129 鑑212
160	蔣寵	國子進士	開元10	藤州	離間君臣，非毀骨肉。	決杖四十		冊152
161	迴紇承宗	瀚海大都督	開元15	瀼州◎	王君㚟劾迴紇部落難制，潛有叛謀		不詳	舊103 鑑213
162	渾大德	不詳	開元15	吉州◎	王君㚟劾迴紇部落難制，潛有叛謀		不詳	舊103 鑑213
163	契苾承明	賀蘭都督	開元15	藤州◎	王君㚟劾迴紇部落難制，潛有叛謀		不詳	舊103 鑑213

編號	姓名	官職	配流時間	配所	事由	附加刑	下場	出處
164	思結歸國	盧山都督	開元15	瓊州◎	王君㚟劾迴紇部落難制，潛有叛謀		不詳	舊103 鑑213
165	宇文融	昭州平樂尉	開元17	巖州	汴州紿隱官息錢巨萬		配流而死	舊105 鑑213
166	齊澣	都水監丞	開元17	崖州◎	趨走末品，姦謅在心；左道與人，橫議於下。	決杖一百		冊152
167	郭禀	靈州都督府兵曹參軍	開元17	白州◎	趨走末品，姦謅在心；左道與人，橫議於下。	決杖一百		冊152
168	張瑝兄弟	不詳	開元19	嶺南	父巂州都督張審素謀反，被斬。		逃歸，復仇。	鑑213
169	趙含章	幽州長史	開元20	瀼州	盜用庫物	朝堂決杖	賜死於路	舊8 鑑213 冊152
170	楊元方	左監門員外將軍	開元20	瀼州	受趙含章餉遺	朝堂決杖	賜死於路	舊8 冊152
171	陳思問	試司農卿	開元22	瀼州	隱盜錢穀，積至累萬。		配流而死	舊8 舊185下 新130
172	魏萱	河南府福昌縣主簿	開元24	寶州◎	武溫春姦黨	決杖一頓		冊152

編號	姓名	官職	配流時間	配所	事由	附加刑	下場	出處
173	王延祐	前睦州桐盧縣尉	開元 24	竇州◎	武溫春姦黨	決杖一頓		冊 152
174	王元琰	蔚州刺史	開元 24	嶺外	贓罪		不詳	舊 106 鑑 214
175	周子諒	監察御史	開元 25	瀼州	彈牛仙客非才，引讖書為證。	朝堂決配	死於藍田	舊 103 新 126 鑑 214
176	薛鏽	駙馬	開元 25	瀼州◎	太子瑛黨		賜死城東驛	舊 9 舊 106 新 82 鑑 214
177	楊濬	夷州刺史	開元 25	古州	贓罪	杖六十		舊 98 新 127 鑑 214
178	宋廷暉	宣州溧陽令	開元 25	龔州	贓罪	杖六十		冊 150
179	周仁公	涇州良原令	開元 25	龔州	贓罪	杖六十		冊 150
180	裴裔	寧州彭原令	開元 25	龔州	贓罪	杖六十		冊 150
181	薛諗	鄆國公主子	開元 27	瀼州	京師殺人		賜死於城東驛	舊 9
182	趙冬曦	監察御史	開元初	岳州	不詳		召還復官	新 200
183	盧崇道	光祿少卿	開元初	嶺南	崔湜妻父，被連		逃歸東都，坐死	舊 186 下 舊 195 新 209
184	宋之悌	太原尹	開元中	朱鳶	不詳		不詳	新 202
185	韋堅	江夏員外別駕	天寶 5	臨封郡◎	與節將狎暱，構謀規立太子。		賜死	舊 9 舊 105 新 134 鑑 215

編號	姓名	官職	配流時間	配所	事由	附加刑	下場	出處
186	盧幼林	巴陵太守	天寶 5	合浦郡◎	韋堅壻，被連。		不詳	舊 9 舊 105 新 134 鑑 215
187	彭果	南海太守	天寶 6	溱溪郡◎	貪贓十萬有餘	決杖	死於路	舊 9 冊 152
188	張瑄	太府少卿	天寶 6	臨封郡◎	楊慎矜被指謀反，遭連。	決杖六十	死於會昌	舊 105 新 134 鑑 215
189	鮮于貢	不詳	天寶 6	遠郡	楊慎矜被指謀反，遭連。	決重杖	配流遠郡	舊 105
190	范滔	不詳	天寶 6	遠郡	楊慎矜被指謀反，遭連。	決重杖	配流遠郡	舊 105
191	辛景湊	通事舍人	天寶 6	遠郡	楊慎矜外甥	決杖	配流	舊 105
192	宋渾	御史大夫	天寶 9	潮陽[94]	贓私各數萬貫		會赦。後獲罪流潯陽。廣德後起復。	舊 9 舊 96 新 124 鑑 216
193	宋恕	都官郎中、劍南採訪判官	天寶 9	海康郡	贓私各數萬貫		不詳	舊 90 新 124
194	李彭年*	吏部侍郎	天寶 9	臨賀郡◎	貪贓		天寶十二載起復	舊 90 新 116 冊 638
195	王準*	衛尉少卿	天寶 11	承化郡◎	王鉷子		殺於故驛	舊 105 新 134 鑑 216
196	王㑽	不詳	天寶 11	珠崖郡◎	王鉷子		殺於故驛	舊 105 新 134 鑑 216

[94]　《舊唐書》本傳作高要郡，後量移東陽郡。

編號	姓名	官職	配流時間	配所	事由	附加刑	下場	出處
197	韓浩	萬年主簿	天寶末	循州	坐籍王鉷家貲有隱入		不詳	舊 98 新 126
198	李林甫子孫*		天寶 12	嶺南及黔中	林甫被誣謀反			舊 106 鑑 215

第八章　唐代後期流放官人的研究

　　據兩《唐書》、《通鑑》、《冊府元龜》等典籍所見，唐代後期遭到流放的官人約有 162 例。為方便讀者檢索，茲製成附表五〈唐代後期流放官人表〉附於文後。表中有若干案例可能是史料殘佚導致職官不詳，惟考慮或為節度使子弟，或為高級官僚黨羽，應非尋常編戶百姓，故仍予保留。

第一節　官人犯罪分析

　　流刑是僅次於死刑的重刑，若歸納唐代後期流放官人的案例，是否可以略窺唐代官人嚴重犯罪的類型呢？要而言之，這一百多宗流放官人的案例主要是政治案件和貪贓案件有關，前者約 75 例，後者約 51 例，合共 126 例，佔總數約 77%。限於篇幅，以下將簡述這兩類犯罪的概況，其他犯罪部分則只能從略。

一、政治案件

（一）宮廷鬥爭

　　政治案件中，約有 40 例與宮廷鬥爭有關。眾所周知，自「玄武門之變」以後，唐室太子地位不穩，導致繼承制度紊亂，幾乎每一朝都發生皇位繼承的紛爭，甚至引發政變。中唐以前，發動宮廷政變者多為皇子，並與禁軍首領聯手控制玄武門。中唐以降，宦官積極介入皇位繼承

門爭，尤其德宗朝宦官掌控神策禁軍後，皇位繼承皆離不開宦官的扶助。而宦官本身又分不同派系，各擁其主，更是造成政潮洶湧。

　　唐天寶十五載（756），安祿山亂軍攻陷潼關，玄宗倉皇西逃之際，太子亨北走靈武，在朔方軍將士擁戴下自立為帝，遙尊玄宗為太上皇。肅宗（711-762，755-762 在位）上元元年（760），肅宗寵信的權閹李輔國（704-762）為防玄宗復辟，將玄宗身邊舊臣高力士等一一遠逐。編號 6、7、8 的流放案例即與此有關。寶應元年（762）四月，肅宗病危，張皇后（？-762）與肅宗次子越王係（？-762）謀誅李輔國失敗被殺。李輔國擁太子豫登基，是為代宗（726-779，762-779 在位）。代宗登基後將張皇后黨羽知內侍省事宦者朱光輝等人流放黔中等地，編號 13、14、15 的流放案例即與此事有關。代宗大曆十四年（779）五月崩，太子适登基，是為德宗（742-805，779-805 在位）。編號 27、28 的兵部侍郎黎幹和中官特進劉忠翼，都因在代宗晚年勸代宗立獨孤貴妃（？-775）為皇后、韓王迥（750-796）為太子一事而遭德宗流放，後來都被賜死於藍田驛。

　　憲宗（778-820，805-820 在位）在元和十五年（820）正月為宦官陳弘志（？-835）所弒，宦官梁守謙（779-827）和王守澄（？-835）擁立太子恆，是為穆宗（795-824，820-824 在位）。穆宗即位，沒有追究陳弘志等逆黨，[1]而是將憲宗之死歸罪服食丹藥，於是殺方士柳泌，醫官董弘景等都被流放嶺南，[2]編號 80、81 等流放案例都與此事有關。敬宗（809-827，824-827 在位）在位前後三年，在寶曆二年（826）十二月被宦官劉克明（？-827）等所弒。劉克明欲迎立絳王悟（？-827），另一派系的神策軍中尉梁守謙和樞密使王守澄等奉江王涵（809-840）入宮平

---

[1] 憲宗之死與宮內鬥爭有關，太子生母郭妃應為首腦，陳弘志只是其走卒而已。參看孫永如，〈唐穆敬文武宣五朝中樞政局與懿安皇后郭氏〉，收入史念海主編，《唐史論叢》第六輯（西安：陝西人民出版社，1995），頁 112-116。

[2] 《冊府元龜》，卷153，〈帝王部·明罰二〉，頁 1856-2。

亂。劉克明等逆黨被誅，敬宗身邊近倖僧惟真等被流放嶺南，殿前兵馬使王士遷等更加杖一百，流天德軍等地。[3]編號 101～114 等流放案例，都與此有關。編號 126、127 的左金吾衛將軍李貞素（？-835）和翰林學士顧師邕（？-835）二人分別被流放儋州和崖州，則與大和九年（835）文宗與朝臣李訓（789-835）發動「甘露之變」失敗有關，後來二人都在半途被賜死。昭宗（867-904，888-904 在位）末年，強藩宣武節度使朱全忠（852-912）專制朝政，天復三年（903）令左龍武統軍李彥威（？-904）和右龍武統軍氏叔琮（？-904）勒兵入宮弒殺昭宗。事後兔死狗烹，全忠又以二人扇動士卒，騷擾市肆，將其長流崖州和貝州，最終二人都被賜自盡（編號 159、160）。編號 161 的柳璨（？-906）原是全忠黨羽，全忠疑其圖謀復興唐室，遂將其長流崖州，後賜自盡。

（二）地方叛亂

　　除了宮廷鬥爭之外，不少流放案例是因參與叛亂集團而遭到皇帝重懲，這類案例約有 23 宗。

　　肅宗在兵馬倥傯之際登基，其實與擅立無疑。此時玄宗另一子永王璘（？-757）控扼長江中游重鎮，對於剛建立的肅宗朝廷而言，其威脅不下於安祿山的亂軍。至德二載（757）二月，肅宗殲滅永王勢力，一直忠於永王的部屬李白，自然被視為謀反集團從犯遭到重懲，長流夜郎（編號 1）。同年，唐軍順利收復長安，對於出仕安祿山偽朝的官員作出懲處。禮部尚書李峴（709-766）、御史大夫崔器（？-760）等被任命為三司使，「肅宗方喜刑名，器亦刻深」，遂嚴懲身陷偽朝的達奚珣等三十九人，或遭處斬，或賜自盡、或決重杖而死。[4]編號 2 和 3 的韋述（？-757）、張均，幸免一死，分別遭流放渝州和合浦郡。由於三司用刑連

3　《冊府元龜》，卷 153，〈帝王部・明罰二〉，頁 1859-1。

4　《新唐書》，卷 56，〈刑法志〉，頁 1416。

年，流貶相繼，致使史思明等降將懼不自安而復叛。肅宗晚年為之懊悔，臨崩，「詔左降官、流人一切放還。」[5]

　　安史亂後，藩鎮林立，除了盧龍、魏博、成德之「河朔三鎮」以外，淄青、淮西亦處於半獨立狀態，不少流放案例與唐室和藩鎮之間構兵有關。德宗登基之初，銳意削藩，河朔三鎮和淄青、淮西齊反，戰事擾攘六年。及至貞元二年（786），最後一個抗命的淮西節度使李希烈（？-786）為部下所殺，亂事始告一段落。編號30的李元平就因曾出仕李希烈朝廷的宰相，被德宗流放珍州。憲宗統治期間，武力討伐抗命強藩，元和年間多起流放案例都因對藩鎮用兵有關。憲宗元和二年（807）平定跋扈的浙西節度使李錡（741-807），編號57、58、59即其家屬，被流放嶺南。五年（810）擒昭義節度使盧從史（？-810），其判官徐玟遂被流放播州（編號61）。十二年（817），唐平淮西節度使吳元濟（783-817），其弟、子被流江陵（編號71）。十四年（819）淄青節度使李師道（？-819）被擒，其家屬被流春州或雷州，編號73、74、75等案例即與此有關。用兵李師道期間，滄州刺史李宗奭（？-819）不遵節制被斬，其弟李宗爽被長流汀州（編號76）。

　　文宗時期，有三起流放案例與藩鎮有關。大和元年（827）橫海軍李同捷（？-829）抗命，三年（829）李同捷為德州行營諸軍計會使柏耆（？-829）所殺。編號116的崔長即同捷屬下，被流放商州。然而，圍剿李同捷的藩鎮嫉妒柏耆之功，柏耆竟遭構譖長流愛州（編號117）。同年武寧節度使王智興（758-836）嫉捉生兵馬使石雄得將士心，上疏誣指石雄有不軌之圖，文宗明知石雄之冤，但不得已只好將其長流白州（編號115）。武宗會昌三年（843）昭義節度使劉從諫（？-843）卒，侄劉稹（？-844）秘不發喪，謀為留後，朝廷出兵強力鎮壓。次年，劉稹平。編號135歐陽秬因替劉稹作表斥責朝廷，被流崖州。時被貶漳州長史的

---

[5] 《舊唐書》，卷10，〈肅宗本紀〉，頁262。

牛黨李宗閔（？-846），亦被指與劉稹交通，遭流放封州（編號 136）。懿宗咸通九年（868）七月，爆發龐勛（？-869）之亂，亂事擾攘一年三個月才被平定。和州刺史崔雍（？-869）因降賊被賜自盡，[6]其子黨兒、歸僧被流康州（編號 153、154）。

二、貪贓罪

官人除了政治鬥爭而遭流放以外，因為犯了貪贓罪而被遠逐遐荒的，亦復不少。唐代後期流放官人中有 51 例牽涉貪贓罪，其中肅宗朝有 2 例、代宗朝 1 例、德宗朝 13 例、憲宗朝 7 例、穆宗朝 1 例、敬宗朝 4 例、文宗朝 9 例、懿宗朝 13 例。

肅宗朝宰相第五琦在乾元三年（760）被貶為忠州長史，在貶官途中被告受人黃金二百兩，最後遭配流夷州（編號 5）。[7]代宗前後統治十七年，目前只見永泰元年（765）萬年縣令竇崟犯贓被流虔州一例（編號 23）。相對於肅代年間鮮少官人坐贓流放之例，在德宗朝之初即有多起，值得注意。

大曆十四年（779）五月，德宗登基。六月，中官邵光超受淮南節度使李希烈所贈縑七百疋，被德宗杖六十配流（編號 26）。[8]另一內官朱如玉藉出使侵吞財物，亦遭流放恩州（編號 55）。[9]此外，建中初年，虔州刺史源敷翰和宣州刺史薛邕先後因貪贓罪被流放（編號 29、31）。原來大曆以前，「賦斂出納俸給皆無法，長吏得專之。」肅代以降，更是「貨賂公行，天下不按贓吏者殆二十年。」[10]顯然肅代朝少見贓吏流放

6　《舊唐書》，卷 19 上，〈懿宗本紀〉，頁 669。

7　《舊唐書》，卷 123，〈第五琦傳〉，頁 3517。

8　《冊府元龜》，卷 669，〈內臣部・貪貨〉，頁 8000-1。

9　《新唐書》，卷 221，〈西域上・于闐傳〉，頁 6236。

10　《資治通鑑》，卷 226，〈唐紀四十二〉，「唐德宗建中元年九月」條，頁 7289。

之例，應與朝廷的姑息有關。自安史之亂以來，「中貴用事，宣傳詔命
於四方，不禁其求取。」自德宗重懲邵光超後，四方節度賄賂中官者，
「皆不敢受」。[11]可知德宗即位之初，頗欲裁抑宦寺，[12]端正官箴，矯正
肅代以來之政風。貞元年間有多宗犯贓流放之例，分別是編號 46 的鄧州
刺史元洪、編號 50 的衢州刺史鄭式瞻（？-801）、編號 52 的明州刺史陳
審。此外，德宗朝有兩起是因父親犯貪贓罪而子孫遭到緣坐流放的案
例，其一是貞元八年（792）宰相竇參（733-793）因受絹五千匹被貶為
郴州別駕，其子竇景伯被流泉州，從子給事中竇申（？-792）被流嶺南
（編號 40、41）。其二是貞元十二年（796）左神策軍健兒朱華枉法受
贓，又強奪人妻，其子朱明祐遭杖八十，配流嶺南（編號 44）。

憲宗朝有 7 例因貪贓罪被流放的官人。元和六年（811），運糧使董
溪（763-811）、于皋謨（？-811）各貪贓四千多貫，分別遭到除名流放
封州和春州（編號 62、63）。八年（813），永樂令吳憑為杜黃裳（738-
808）納賄而被流昭州（編號 67）。十二年（817），萬年縣捕賊尉韓
晤、鄭州刺史崔祝各犯贓三千貫和三萬貫，分別被除名流放（編號 68、
70）。十四年（819），邛州刺史崔勵、鹽鐵福建院官權長孺分別因犯贓
而遭憲宗決杖流放（編號 72、77）。

穆宗長慶四年（824）遂寧縣令龐驤貪贓四百餘貫，除名，流溪州
（編號 91）。敬宗登基之初，壽州刺史唐慶貪贓近五千貫，被除名長流
崖州（編號 94）。寶曆元年（825）六月，蘇州嘉興縣令孟孚犯贓，杖四
十，除名流康州（編號 95）；二年（826）三月，藍田縣令劉伉因犯贓九
十餘萬，被除名流雷州（編號 99）；邵州刺史林蘊亦因坐贓決杖配流而
死（編號 100）。文宗朝有 9 例因貪贓罪被流放的官人，其中編號 119 的

---

[11]　《冊府元龜》，卷 669，〈內臣部・貪貨〉，頁 8000-1。

[12]　《資治通鑑》卷 226〈唐紀四十二〉「唐德宗建中元年九月」條：「上初即位，疏斥宦官，親任朝
　　　士」，頁 7290。

門下主事徐侁被流韶州；編號 120 的和州刺史徐登流潮州、編號 121 慈州刺史杜叔近流儋州、編號 123 濮州錄事參軍崔元武流賀州、編號 130 靈武節度使王晏平長流康州、編號 132 江西觀察使吳士規長流端州。懿宗咸通九年（868），宰相楊收（816-869）被揭發納賂百萬，用嚴譔（？-869）為江西節度，楊收遂被長流驩州，嚴譔被長流嶺南，楊收部屬和親人皆流嶺南，編號 140 至 152 皆與此有關。

　　大致而言，貪贓罪之懲處頗重，不少原先判決死刑，後來減死從流。例如前述文宗朝的徐登、杜叔近都是免死從流。而且，流放之前往往決杖一頓，徐登、崔元武、杜叔近等流放前分別杖四十、六十和八十下。關於官人刑和罰的部分，將於下文一一分析。

第二節　官人的「原刑」

　　《新唐書・文藝中・李白傳》云：

> 安祿山反，（李白）轉側宿松、匡廬間，永王璘辟為府僚佐。璘起兵，逃還彭澤；璘敗，當誅。初，白游并州，見郭子儀，奇之。子儀嘗犯法，白為救免。至是子儀請解官以贖，有詔長流夜郎。（頁 5763）

李白因受永王璘牽連，論罪當誅，幸得中興名臣郭子儀（697-781）營救，始得逃過一死，改為「長流」夜郎。可知李白原來的刑罰是死刑，流放是皇帝特予寬貸而改判的。再以張均為例。據《舊唐書・張說附子均傳》：

> 祿山之亂，（張均）受偽命為中書令，掌賊樞衡。李峴、呂諲
> 條流陷賊官，均當大辟；肅宗於說有舊恩，特免死，長流合浦
> 郡。（頁 3058）

張均因出任安祿山朝廷的宰相，論罪當死，但肅宗感念張均之父張說昔
日保全之恩，特予免死，長流合浦郡。憲宗朝的權長孺則因貪贓而獲
罪，據《冊府元龜・邦計部・貪污》：

> 權長孺為鹽鐵福建院官。元和十四年七月，坐贓一萬三百餘
> 貫，詔付京兆府杖殺之。其母劉求哀於宰相崔群，因對言之。
> 憲宗愍其母老，乃曰：「朕將捨長孺之死，何如？」群對曰：
> 「陛下即捨之，當速使人往。若待正勑，不及矣。」帝乃使品
> 官馳往止之。翌日，詔杖八十，長流康州。[13]

權長孺因貪贓一萬三百餘貫，論罪當誅，但憲宗體恤孺母年老，法外開
恩，免死長流康州，但流前決杖八十。

　　從以上三個流放案例看來，他們原來都是科處大辟極刑，後來得蒙
天子恩典，減死從流，流放是後來才改判的處罰。官人原犯死罪，後來
免死從流的例子不在少數，粗略估計，超過 20 例，〈附表五〉官人名字
下劃線即代表是減死從流的例子。由於史文有闕，實際案例應該更多。
其實，流放官人中不少牽涉政治鬥爭，或是捲入皇位爭奪，或是與朝廷
兵戎相見，或是收受賄賂，中飽私囊，這些行為觸犯了唐律中的謀反
罪、謀大逆罪、謀叛罪、貪贓罪等，依法都可能是判處極刑。

---

[13]　《冊府元龜》，卷 511，〈邦計部・貪污〉，頁 6127-2。

　　謀反、謀大逆、謀叛等犯罪，屬於唐律中的「十惡」罪。[14]謀反罪是指謀害皇帝的生命和謀奪帝位的行為，謀大逆罪則是圖謀毀損皇帝宗廟、陵寢、宮闕等建築以及侵犯皇帝祖先和皇帝本人的行為，謀叛則指投奔蕃國或歸順偽政權。按前章可知謀反罪只要是圖謀策劃就算成立，不考慮預謀是否已行，而且不問首謀從犯，一律處斬。父子年十六以上皆絞；子年十五以下和母女、妻妾、子妻妾、祖孫、兄弟、妹並沒官；伯叔父、兄弟之子，不論是否同籍，皆流三千里。大逆罪方面，若是已經著手，處斬；但若尚在圖謀策劃的階段，罪名是「謀大逆」，處絞。至於謀叛罪，據「十惡」條可知包含「謀背本朝，將投蕃國，或欲翻城從偽，或欲以地外奔」等犯罪，具體的刑罰參見〈賊盜律〉「謀叛」條（總251 條），云：

　　　諸謀叛者，絞。已上道者皆斬，妻、子流二千里；若率部眾百人以上，父母、妻、子流三千里；所率雖不滿百人，以故為害者，以百人以上論。[15]

投奔蕃國或歸順偽政權等行為若處於圖謀策劃的階段，處絞刑；若是謀已上道，則一律處斬；妻、子會受到牽連而遭到流放。

　　前引大詩人李白的罪和刑是什麼？永王璘擅自引兵東下，襲取廣陵，繼而對捍官軍，在唐肅宗眼中永王所犯自然屬於「謀反」罪無疑。李白出任永王的從事，應屬謀反罪的從犯。正如前述，謀反罪不論首從，一律處死。因此，若按唐律的規定，李白應是罪犯謀反，依法處斬。[16]與李白類似牽涉謀反罪的，尚有肅宗朝的朱光輝、啖庭瑤、陳仙

---

[14]　《唐律疏議》，卷 1，〈名例律〉，「十惡」條，頁 6。

[15]　《唐律疏議》，卷 17，頁 325。

[16]　關於李白的罪與刑，可參看拙作，〈從唐代法律的角度看李白長流夜郎〉，《臺灣師大歷史學報》，42

甫等人（編號 13、14、15）。寶應元年肅宗大漸之時，張皇后「密構異謀，將圖廢立」，[17]其同黨朱光輝等應是從犯，按律亦當處死。其他屬於謀反大逆等犯罪案例，史籍雖無明言是蒙皇恩免死，但從前引唐律的規定，很可能原來是處以大辟極刑的。

　　另外，編號 2、3 的韋述、張均等案例，顯然是觸犯唐律的「謀叛罪」，史稱：

> 崔器、呂諲上言：「諸陷賊官，背國從偽，準律皆應處死。」上欲從之。李峴以為：「賊陷兩京，天子南巡，人自逃生。此屬皆陛下親戚或勳舊子孫，今一概以叛法處死，恐乖仁恕之道。且河北未平，羣臣陷賊者尚多，若寬之，足開自新之路；若盡誅，是堅其附賊之心也。書曰：『殲厥渠魁，脅從罔理。』諲、器守文，不達大體。惟陛下圖之。」爭之累日，上從峴議，以六等定罪，重者刑之於市，次賜自盡，次重杖一百，次三等流、貶。[18]

御史大夫崔器、兵部侍郎呂諲以陷賊官員是「背國從偽」，一律處死，完全符合前述唐律「謀叛」條的規定。經禮部尚書李峴力爭，最後肅宗依其建議，以六等治罪，韋述得以改從流放，而張均仍是維持死刑，只是肅宗顧念其父張說恩情，特予長流合浦，遂有「從此更投人境外，生涯應在有無間」之感慨。不過，謀反、謀大逆、謀叛等政治案件，論罪科刑時往往考量許多法律以外的因素，不盡然是依法處置的，故崔器、呂

（台北，2009），頁 27-33。

[17] 《冊府元龜》，卷 11，〈帝王部・繼統三〉，頁 117-2。

[18] 《資治通鑑》，卷 220，〈唐紀三十六〉，「唐肅宗至德二載（757）十二月」條，頁 7049。

諲被李峴目為「守文」。

除了謀反等政治案件以外，前引憲宗朝權長孺貪贓一案，依法處死，最後皇帝開恩減死從流。類似因犯贓而本刑處死，最後改判流刑的尚有多例：編號 55 朱如玉、62 的董溪、63 的于皐謨、91 的龐驥、94 的唐慶、99 的劉忼、120 的徐登、121 的杜叔近、130 的王晏平。關於官人的貪贓罪，唐律區分為「枉法贓」、「不枉法贓」、「受所監臨贓」及「坐贓」等四種狀況，詳細的法律規定已見前章。簡單而言，「枉法贓」與「不枉法贓」在處罰上的差異是前者絞刑，後者最重至加役流。至於「受所監臨贓」方面，受所監臨財物，最重只到流二千里，乞取最高至流二千五百里。「坐贓罪」處罰相對較輕，一般最重處以徒三年。

前述穆宗長慶四年（824）遂寧縣令龐驥貪贓一案，史稱：

> 事下大理寺，以法論。中書舍人楊嗣復等參酌曰：「龐驥贓貨之數，為錢四百餘千，其間大半是枉法。據贓定罪，合處極刑。雖經恩赦，不在原免。伏以近日贓吏，皆蒙小有矜寬。類例之間，慮須貸死。」[19]

據楊嗣復（783-848）的參酌狀，[20]龐驥所犯贓數四百多貫，而且大半是枉法贓，據〈職制律〉「監主受財枉法」條，可知監臨主司受財而枉法者，十五疋處絞。按唐代定贓估，每疋絹以五百五十錢為度，[21]則龐驥所犯確實合當極刑，大理寺是依法而判。楊嗣復的狀中提到龐驥「雖經赦恩，不在原免」，這裡的「赦恩」是指四年正月所頒德音，恩詔中提到

---

19 《冊府元龜》，卷 707，〈令長部・貪黷〉，頁 8418-2。

20 穆宗登基之初，頗慎刑法，每有大獄，會令中書舍人一人參酌而有所輕重，史稱「參酌院」，楊嗣復所奏奏即參酌院的「參酌狀」。《新唐書》，卷 56，〈刑法志〉，頁 1407。

21 《唐會要》，卷 40，〈定贓估〉，頁 850。

「犯死罪者並降從流，流罪以下遞減一等。其故殺、官典犯贓、十惡者，並不在降赦之例。」[22]德音的內容是死罪降為流，但官人贓罪，不在赦恩之中，所以楊嗣復才有「雖經赦恩，不在原免」之語。穆宗接受楊嗣復「參酌狀」中「貸死」的建議，下敕云：

> 長吏犯贓，其數不少。縱寬刑典，難免鞭笞。但以近遇鴻恩，人思減等。雖節文不在免限，於情理亦要哀矜。龐驥宜除名溪州。其贓付所司准法。[23]

最後龐驥被除名，流溪州。

此外，再看敬宗寶曆二年（826）劉伉貪贓一案，史稱：

> 御史臺推勘（京兆府藍田縣令劉伉）在任日將諸色錢隱沒破用，凡九十餘萬。制曰：「劉伉所犯贓私，其數至廣，恣為貪猾，固抵刑章。若據本條，合當極法。以其大父於國有勞，特為矜量，俾從寬宥，宜除名流雷州。」伉，故宰相晏之孫也。[24]

劉伉贓錢達九十多萬，「若據本條，合當極法」，知其貪贓之額度應當判處死刑。只因其為劉晏（716-780）之孫，皇帝顧念昔日劉晏有勞於國，所以特予寬宥，減死除名流放雷州。從劉伉、龐驥、權長孺等貪黷案，可知他們罪當大辟，因種種原因天子格外開恩，才得以免死從流。

綜合而言，許多因政治鬥爭和貪贓罪的流放案例，其原來的刑罰是

22　《唐大詔令集》，卷85，〈政事·恩宥三〉，「長慶四年正月一日德音」，頁486。

23　《冊府元龜》，卷707，〈令長部·貪黷〉，頁8418-2。

24　《冊府元龜》，卷707，〈令長部·貪黷〉，頁8418-2。

死刑而非流刑，只是皇帝基於各種考量，曲法施恩，免除死刑改科流配。流刑並非原刑，它是天子寬宥下的一項替代刑。由於史料殘缺，其他案例的詳情所知不多，但推測應該還有更多類似的案例。

第三節　官人的處罰——流放與除名

　　儘管流刑不是官人原來的刑罰，但最終他們都被流放。唐代律令中流刑的規定已見前章，至於官人的流放地，唐朝前期主要集中於嶺南地區，比例高達 80%。那麼，後期的狀況又是如何？試看以下表 8-1〈唐代後期官人流放地一覽表〉：

表 8-1　唐代後期官人流放地一覽表

地區\時代	嶺南	黔中	江南東	江南西	河北	關內	山南東	山南西	不詳	總數
肅宗	1	8	1					1	1	12
代宗	3	9		1						13
德宗	20	1	3			2	1		5	32
憲宗	17	1	1	2			1			22
穆宗	10	2								12
敬宗	7					2				9
文宗	25			1		5		1	1	33
武宗	3									3
宣宗				1		1	1			3
懿宗	15									15
僖宗	2									2
昭宗	2									2
哀帝	3				1					4
總數	108	21	5	5	1	10	3	2	7	162

嶺南地區在唐代前期就已經是官人主要的流放地，至唐代後期這樣
的情形並無改變。粗略估算，遭到流放嶺南的官人約有 108 例，佔總數
約 67%。官人最常被流放的嶺南州郡應數崖州，至少有 12 例；其次為端
州和康州，各有 9 例；再次為驩州和儋州，分別有 7 例和 6 例。其中的
端州距離長安 4935 里、康州是 5750 里，儋州、崖州屬今日的海南省，
距離長安都在七千里以外。至於驩州則在今日越南北部，距首都是
12452 里之遙！

唐代後期流放官人中有 67% 是配送嶺南道，比例甚高。然而，若
與前期的 80% 相比，卻是略為下降，下降原因應是流放黔中道的官人增
多所致。[25]後期流放黔中道的流人有 21 例，比前期的 4 例明顯提高。值
得注意的是，流放黔中的官人集中在肅、代二朝，甚至絕大部分都是在
「安史之亂」期間。如李白流夜郎、第五琦流夷州、高力士流巫州、王
承恩流播州，皆是黔中道的範圍。代宗朝的朱光輝、啖庭瑤、陳仙甫、
裴茙、來瑱、程元振等，也全都是流放黔中。或許因為動亂造成遍地烽
煙，流放嶺南的路途懸遠，路上難保安靖，故將犯人流配至沒有戰火騷
擾但亦稱遠惡的黔中道，似乎較符合實際的環境。及至德宗以降，流放
黔中的人數就寥寥無幾了。

除了黔中道以外，後期官人也有流放天德軍的，如德宗朝的趙洽、
田秀嵓（編號 47、48）；敬宗朝的田晟、段政直（編號 92、93）；文宗朝
的王士遷、李忠亮、張士岌（編號 101、102、103）等。天德軍即唐初
的燕然都護、安北都護，天寶年間更名天德軍，以郭子儀為節度使，轄
區包括了豐州、三受降城等所謂的河套地帶，屬關內道，即今日的內蒙
古包頭、呼和浩特一帶。若與流放嶺南比較，史籍所見流天德軍的案

---

[25] 據王雪玲的觀察，唐代後期流放嶺南道的比例下降，黔中道的比例上昇，而劍南道幾乎沒有。參看
氏著，〈兩《唐書》所見流人的地域分布及其特徵〉，《中國歷史地理論叢》17:4（西安，2002），頁
83。

例，相對稀少。究其原因，也許因為流放邊城的「多是胥徒小吏，或是鬥打輕刑」，[26]由於身分低微之故，所以不易在史籍留下紀錄。

除了流放的正刑外，不少官員會遭到「除名」處分，如編號 5 的第五琦、16 的裴茙、24 的源休等。類似的個案不少，粗略估計約有 21 例。按《唐律疏議‧名例律》「除名」條，科處「除名」的各項犯罪，包括：1.犯十惡、故殺人、反逆緣坐，獄成會赦者。2.監臨主守於所監守內犯姦、盜、略人，或受財而枉法者。3.前二項以外的雜犯死罪，另外還包括其在禁身亡、蒙恩別配流徒、背死逃亡等狀況。此外，又據〈名例律〉「應議請減」條，可知官人若犯「五流」，即加役流、反逆緣坐流、子孫犯過失流、不孝流、會赦猶流，亦會遭到「除名」的處罰。[27]犯者官爵悉除，與白丁無異，六載後方得依出身法任官。「除名」案例中，部分疑與謀反案有關，如編號 16 的裴茙、20 的程元振、27 的黎幹、28 的劉忠翼。但更多是與贓罪有關，如編號 5 的第五琦、41 的竇申、62 的董溪、63 的于皋謨、68 的韓晤、91 的龐驥、94 的唐慶、95 的孟孚、99 的劉伉等。

第四節 流刑的加重──長流、決杖與錮送

一、長流

據前引《新唐書‧文藝中‧李白傳》，可知李白因永王璘事件被判死刑，因得郭子儀的營救才死裡逃生，「長流」夜郎。與李白時代相當而同樣遭到「長流」處罰的官人還有張均、第五琦、高力士等人。「長流」

---

[26] 《唐會要》，卷41，〈左降官及流人〉，頁863。

[27] 劉俊文，《唐律疏議箋解》（北京：中華書局，1990），頁208-209。

並非肅宗時期獨有的刑罰，自肅宗以迄唐亡，「長流」的案例不在少數，粗略估算約有 53 例，比例甚高。相較於前期的 35 例，後期的次數明顯增加，中唐以降的皇帝看來更常以「長流」來制裁嚴重犯罪。嚴重犯罪包含了前述的政治案件，如肅宗朝被整肅的高力士（編號 6），附逆的李白、張均（編號 1、3）；代宗崩後圖謀規立的黎幹、劉忠翼（編號 27、28）；德宗朝牽涉郜國公主厭禱案的裴液等人（編號 35-39）。因犯貪贓罪而遭長流的，如編號 94 敬宗朝壽州刺史唐慶長流崖州；文宗朝編號 130 靈武節度使王晏平長流康州，編號 132 江西觀察使吳士規長流端州；懿宗朝編號 141 的宰相楊收被長流驩州，140 的江西節度嚴譔被長流嶺南。

關於「長流」的具體內容，可以高力士和李白的案例來說明。肅宗晚年，高力士遭權閹李輔國整肅，在上元元年（760）八月被長流巫州。次年正月，肅宗曾下詔「天下見禁囚徒，死罪降從流，流已下並宜釋放。」[28]但高力士並沒有因此而放免。直到肅宗二年（寶應元年）（762）二月，肅宗下詔「諸色流人及効力罰鎮人等，並即放還」，高力士始蒙恩放還。[29]李白判處「長流」確定後，約於乾元元年（758）春動身上道，同年十月左右抵達流所夜郎，嗣後肅宗先後頒佈過七次恩詔，或是大赦，或是降罪，但對於李白這種長流人都不適用，直到三年後的上元二年（761）九月，肅宗大赦天下，赦書特別提到「自乾元元年以前，開元已來，應反逆連累，赦處度限所未該及者，並宜釋放。」[30]李白才得以蒙恩放免。[31]長流人原則上是永遠放逐，不因一般的大赦降罪

---

[28]　《唐大詔令集》，卷 84，〈政事‧恩宥二〉，「（肅宗）以春減降囚徒德音」，頁 481。

[29]　《冊府元龜》，卷 87，〈帝王部‧赦宥六〉，頁 1045-1。又《舊唐書》，卷 184，〈宦官‧高力士傳〉作寶應元年三月，可能是高力士巫州得赦時間。（頁 4759）

[30]　《冊府元龜》，卷 87，〈帝王部‧赦宥六〉，頁 1042-1044；《唐大詔令集》，卷 4，〈帝王‧改元中〉，「（肅宗）去上元年號赦」，頁 23。

[31]　關於李白遇赦時間，可參看前引拙作，〈從唐代法律的角度看李白長流夜郎〉，頁 40-47。

而放還，除非是皇帝的恩詔特別聲明赦免長流人或諸色流人，長流人才可以離開流所返回故里。

二、決杖

　　流刑除了放逐和苦役以外，依律並無附加處罰。然而，皇帝為了加強流刑的懲治力道，往往在流放遠逐以前先決杖一頓。誠如第七章所論，官人決杖流放之例始見於武后朝的裴伷先，及至玄宗之世，屢見不鮮。朝堂之上，公然杖責命官，先後引起張廷珪、張說、裴耀卿等人的抗議，以為「士可殺，不可辱」，「應死即殺，應流即流，不宜決杖廷辱，以卒伍待之。」

　　玄宗朝的惡例在中唐以降循而未改，唐代後期官人在流放前被杖責一頓的例子為數甚夥，粗略估算，共 42 例。其中有杖四十的，如編號 32 至 34 的蕭鼎、韋恪、李衛；有杖六十的，如編號 26 的邵光超、編號 123 的崔元武；有杖八十的，如編號 77 的權長孺、89 的薛渾；有杖一百的，如編號 101 至 112 的王仕遷等人。杖數最重的應數文宗朝的辛自政（編號 106），在流放永州前竟被杖二百下！晚唐宣宗大中年間，因遭吳湘之獄牽連，李恪、李克勳、劉群（編號 137、138、139）等人在流放前都被決杖一頓，值得注意的是李恪是被決脊杖十五，李克勳則是決脊杖二十，劉群是決臀杖五十，可視為宋代杖刑之濫觴。

　　唐代後期流刑加杖似是常態，試以文宗大和九年（835）崔元武一案加以說明。據《冊府元龜·刑法部·議讞三》云「（崔）元武或託公事被罰，取於五縣人吏；率斂州縣官料錢；或以私馬擡估納官，計絹一百二十疋。」[32]崔元武之贓罪有三，一是巧立名目向治所內的民吏苛索，一是貪污州縣官俸祿中的料錢，一是將私人的馬匹抬高價錢賣予官府。

---

[32]　《冊府元龜》，卷616，〈刑法部·議讞三〉，頁 7409-1。

史稱：「大理寺斷三犯俱發，以重者論，祇以中私馬為重，止令削三任官。而刑部覆奏，令決杖配流。獄未決，侑奏曰……疏奏，元武依刑部奏，決六十，流賀州。」[33]大理寺判決是削三任官，但刑部覆奏，令決杖配流。此案雖有殷侑上奏論元武應入死罪，但最後「依刑部奏」，決六十，流賀州。流刑原無決杖，從刑部覆奏以及皇帝採納刑部意見，可知晚唐時期流刑加杖已為常態。

三、錮送

　　流人配送地點確定後，每季遣送一次，由專使率領，「防援人」押解。流人每天規定了「行程」，依〈公式令〉規定：馬日行七十里，驢和人日行五十里，車日行三十里。此外，據〈鬥訟律〉「囚不得告舉他事」條《疏》文云：「即流囚在道，徒囚在役，身嬰枷鎖，或有援人，亦同被囚禁之色。」[34]可知流人沿途需戴著枷鎖。那麼，官人流放有沒有特別優待？是否也需要戴著枷具？憲宗元和八年（813），太常丞于敏因殺奴而長流雷州，並要「錮身發遣」。[35]元和十二年（817），鄭州刺史崔祝坐贓三萬餘貫，流康州，亦是「錮身配流」。[36]何謂「錮身」？據宋人高承《事物紀原》云：「以盤枷錮其身，謂之錮身。」[37]即戴上枷具之意。「錮身配送」有時寫作「錮送」，唐文宗太和九年（835）八月流樞密使楊承和（？-835）於驩州、左軍中尉韋元素（？-835）於象州，《舊唐書‧文宗紀下》作「錮身遞送」，《通鑑》則作「錮送」，可知「錮送」即

33　《舊唐書》，卷165，〈殷侑傳〉，頁4322。

34　《唐律疏議》，卷24，頁441。

35　《舊唐書》，卷156，〈于頔傳〉，頁4131。

36　《冊府元龜》，卷700，〈牧守部‧貪黷〉，頁8354-1。

37　〔宋〕高承，《事物紀原》（臺北：臺灣商務印書館，1971），卷10，頁381。

「鉤身配（遞）送」的簡稱，胡三省解釋「鉤送」為「枷鉤而防送之」。
[38]不論「鉤身」抑或「鉤送」，此處的「鉤」即戴上枷具之意。鉤送之例
尚見於懿宗朝的崔黨兒、崔歸僧（編號 153、154）。皇帝特別聲明要鉤
身配送才要「枷鉤」，一般情況下官人流放之時應該不須戴著枷具的。

第五節　流放官人的境遇與下場

　　誠如前述，官人流放時一般不會戴上枷具，除非所犯嚴重，才會遭
到「鉤身遞送」。不僅如此，官人流放沿途並不是想像中狼狽淒涼的。試
以李白流放為例說明。李白至遲可能在乾元元年初夏自尋陽踏上流放之
途，[39]陪著他的是夫人宗氏，[40]這是符合前述流人妻妾必須強制隨行的法
律規定。李白沿途看來頗有應酬，故行程緩慢。五、六月間抵達江夏，
留下詩篇〈流夜郎至江夏陪長史叔及薛明府宴興德寺南閣〉[41]，可知與
故舊在興德寺飲宴。八月至夏口，又是另一次的應酬，留下〈泛沔州城
南郎官湖〉，其序曰：

> 乾元歲秋八月，白遷於夜郎，遇故人尚書郎張謂出使夏口，沔
> 州牧杜公、漢陽宰王公觴於江城之南湖，樂天下之再平也。方

《資治通鑑》，卷 245，「唐文宗太和九年八月丙申」條，頁 7906。

[39] 李白流放的啟程地，較通行的是「尋陽說」，但亦有主張「宿松說」和「舒州懷寧說」，參看前引拙
作，〈從唐代法律的角度看李白長流夜郎〉。

[40] 李白，〈竄夜郎於烏江留別宗十六璟〉詩中有「拙妻莫邪劍，及此二龍隨」句，顯然妻子宗氏隨其
流放。收入〔唐〕李白著；瞿蛻園、朱金城校注，《李白集校注》（上海：上海古籍出版社，
1980），頁 931。又見安旗主編，《新版李白全集編年注釋》（成都：巴蜀書社，2000），頁 1282。

[41] 詩云：「紺殿橫江上，青山落鏡中。岸迴沙不盡；日映水成空。天樂流香閣；蓮舟颺晚風。恭陪竹
林宴，留醉與陶公。」，收入《李白集校注》，頁 1188。

夜水月如練，清光可掇。張公殊有勝概，四望超然，乃顧白
曰：「此湖古來賢豪遊者非一，而枉踐佳景，寂寥無聞。夫子
可為我標之嘉名，以傳不朽。白因舉酒酹水，號之曰郎官湖，
亦猶鄭圃之有僕射陂也，席上文士輔翼、岑靜以為知言，乃命
賦詩紀事，刻石湖側，將與大別山共相磨滅焉。[42]

李白與友人同遊南湖，並在邀請下為其取名「郎官湖」，復賦詩紀事，湖
旁刻石以誌紀念。若非李白在序言中自云「白遷於夜郎」，讀者完全不會
知曉這是流放途中的應酬。於此可見官人流放時，並非如一般人想像的
戴著枷鎖，遭到差人徇役驅策上路，狼狽不堪的景象，至少李白的流放
境遇並非如此。

按照法律，流刑是終身遠逐，不得返鄉的，流人是否都死於配所？
還是有放還的一天？以下擬從「流死」與「放還」等角度，加以考察。

一、流死

流死指因配流而死，有些例子是「老死配所」，例如德宗朝的令孤
運死於流所歸州（編號 56）。有些是死於流所，但並非善終，如肅宗至
德二年收復兩京後遭流放渝州的工部侍郎韋述，因「為刺史薛舒困辱，
不食而卒。」[43]史籍中明確記載老死配所的案例並不多見，當然，這並
不代表絕大多數流人都死於非命。一般而言，只要史傳沒有特別注明死
於非命或放還者，很可能都是老死配所的。

相對而言，流放途中死於非命的例子，倒是史不絕書。例如，德宗

---

[42] 李白，〈泛沔州城南郎官湖〉，收入《李白集校注》，頁 1189。又見安旗主編，《新版李白全集編年
注釋》，頁 1296。

[43] 《舊唐書》，卷 102，〈韋述傳〉，頁 3184。

登基之初以兵部侍郎黎幹和宦官特進劉忠翼規立皇后、太子（編號 27、28），予以長流，二人都被賜死於藍田驛。貞元十六年（800）的通州別駕崔河圖因忤監軍旨，被長流崖州，最終被德宗賜死（編號 49）。憲宗元和六年（811）盜用官錢的董溪和于皋謨（編號 62、63）原遭除名並分別流放封州、春州，但皇帝遣中使殺於長沙。文宗大和九年（835）牽涉甘露之變的李貞素和顧師邕（編號 126、127），原被流儋州、崖州，但分別被賜死於商山驛和藍田驛。懿宗朝因贓罪被長流的嚴譔和楊收，都被皇帝賜死於路（編號 140、141）。值得注意的是，這些被殺於半途的流人，多半是被判處「長流」。晚唐昭宗和哀帝朝的「長流」犯人結局更是大多如此，如昭宗朝的樞密使宋道弼（？-900）、景務脩（？-900），或者哀帝朝的左右龍武統軍李彥威、氏叔琮等，最終都是被賜自盡。

　　流放官人不少惡行重大，理應大辟，但帝王特旨開恩，免死配流，但最終卻又予以殺害。表面上沒有將罪犯明正典刑，帝王博得寬仁的美名，實際上流人仍是難逃一死。這樣表裡不一的舉措，難免激起臣下不滿。前述憲宗朝運糧使董溪、于皋謨於流放途中被殺，宰相權德輿（759-818）為此上疏規諫，以為「弘寬大之典，流竄太輕，陛下合改正罪名，兼責臣等疏略。但詔令已下，四方聞知，不書明刑，有此處分，竊觀眾情，有所未喻。」帝王若是以為流放太輕，可以改判重刑。如今明明頒降恩詔減死從流，卻又派中使殺於途中，實屬不妥，委婉指出憲宗濫刑之失。又云「伏慮他時更有此比，但要有司窮鞫，審定罪名，或致之極法，或使自盡。」[44]日後若有類似的惡劣犯行，應要求司法部門徹底審訊，確定罪名後或是判處極刑，或是勒令自盡，但不宜再明旨免死配流，卻於途中殺害。

44　《舊唐書》，卷148，〈權德輿傳〉，頁4004。

二、放還

　　自初唐以來皇帝頒降恩詔，放還流人的記載，俯拾可得。唐朝後期，類似情況並沒有改變。肅宗晚年，深悔當初嚴懲附偽朝臣，連年用刑，流貶相繼，駕崩前「詔左降官、流人一切放還。」德宗興元元年（784）七月大赦，赦詔云「繫囚見徒常赦不原者，咸赦除之。……流人及配隸，罰鎮効力，並即放還。」[45]所以，流人遇赦而返歸故鄉，並非不可能的。「長流」原則上是永遠放逐，一般不易赦免返鄉，甚至賜死於途或流所的並不少見。然而皇恩浩蕩，即使長流犯人不因一般常赦而放免，但帝王仍可特旨施恩予以寬宥，前述的高力士和李白即其例子。

　　除了皇帝恩赦寬免以外，流放官人更有重新入仕的機會。據《唐令·獄官令》復原 19（唐 6）「流移人收敘入仕」條，官人若非犯了反逆緣坐流以及因反逆而免死配流者，在滿六載以後即可以重新入仕，若是本來不應流放而特別被流放的，三載以後即可入仕。[46]除了律令規定以外，帝王亦會特別頒降拔擢流人之恩詔。據肅宗元年（761）建卯月赦書，云：

> 諸色流人及左降官，其中有行業夙著，情狀可矜，久踐朝班，曾經任用者，委在朝五品已上清望官，及郎中（官）、御史於流貶人中素相諳委（悉）、為眾所推者，各以名薦，須當才實。文武不墜，道弘於人，務在搜揚，俾其展效。[47]

---

[45]　《唐大詔令集》，卷 123，〈政事·平亂上〉，「平朱泚後車駕還京赦」，頁 660。

[46]　參看《天一閣藏明鈔本天聖令校證·附唐令復原研究》，頁 617。

[47]　《冊府元龜》，卷 68，〈帝王部·求賢二〉，頁 765-1；卷 87，〈帝王部·赦宥六〉，頁 1044；《唐大詔令集》，卷 69，〈典禮·南郊三〉，頁 384。

其時仍值安史之亂期間，肅宗為求蒐羅人才，乃指示在朝官員推薦左降官和流人中品行功業夙著者。

　　代宗朝，左庶子源休因犯事遭除名，配流溱州，其後「量移」岳州。建中初，楊炎執政，對京兆尹嚴郢頗為忌憚。嚴郢在肅宗朝曾任江陵府判官，為營救潭州刺史龐承鼎而觸怒君王被流放江南東道的建州，至代宗朝起復為監察御史，後為京兆尹。嚴郢明持法令，威名素著，楊炎以休、郢二人有隙，「遂擢休自流人為京兆少尹，俾令伺郢過失。」[48]源休遂自流人直接被拔擢為京兆少尹。文宗朝的李訓，原是被流象州，就是遇赦得還。大和八年，更以易道得幸於文宗，自流人擢為四門助教。[49]另外，文宗大和年間被長流的石雄，後來即被召還重用。武宗會昌年間被長流驩州的李珏（785-853），在宣宗大中朝被召還。只是有時候時不我予，像會昌四年（844）被長流封州的李宗閔（？-846），等到會昌六年（846）宣宗起為郴州司馬時，老病的李宗閔卻是未離封州而卒。[50]

結　語

　　史傳所見唐代後期遭到流放遠逐的官人超過 162 例，若分析其犯罪情節，有超過七成是政治案件和貪贓罪，政治案件中有不少是牽涉宮廷鬥爭和叛亂集團等謀反、謀叛案件。貪贓罪部分都屬贓污嚴重，犯行惡劣。由於所犯嚴重，所以有相當部分的犯人原先是被判處死刑，後來皇帝恩詔寬宥，才得以免死配流。流刑往往不是原先的判刑，而是在皇帝

48　《舊唐書》，卷 127，〈源休傳〉，頁 3575。

49　《舊唐書》，卷 169，〈李訓傳〉，頁 4395-4396。

50　《資治通鑑》，卷 248，〈唐紀六十四〉，「唐武宗會昌六年八月」條，頁 8026。

施恩下作為死刑的替代刑。就實際案例分析所見，官人大部分是被流放到嶺南道，佔了 67% 之高。對於犯行嚴重的官人，配送以前經常先決杖四十到一百不等，甚至特別明令「錮身」即戴著枷具配送。有些還會遭到「除名」而官爵悉除，以及永遠放逐異鄉的「長流」。

　　若與唐代前期的流放官人比較，有幾點值得注意。第一，就官人犯罪而言，前後期都有不少因貪贓臟罪而遭到流放。另外，前後期都有不少案例是因政治鬥爭失敗而被遠逐遐荒，不過，後期宦官積極介入宮廷鬥爭，而宦官又分成不同派系，各擁其主，所以後期被流放的官人中，不少是鬥爭失敗的宦官，這在前期較為少見。再者，中唐以後藩鎮林立，不少流放案例是唐與藩鎮鬥爭的結果，此亦前期所未見。第二，就官人的流放區域而言，前後期都集中在嶺南道。簡單而言，有唐一代最主要的流放配所，實非嶺南道莫屬。不過，後期的比例約為 67%，低於前期的 80%，略呈下降的趨勢。唐代前期的另一流放地區劍南道，在後期幾乎找不到流放案例。前期不是很重要的黔中道在後期變得重要，像李白、高力士等名人都被流到黔中道。只是，其重要性似乎在肅代二朝，德宗以降的例子就不多了。另一個在後期亦顯重要的是天德軍，但天德軍可能主要是流放「胥徒小吏」，非官人之主要流所。第三，就長流和決杖而言，在唐代前期已是常見，但在後期更為普遍。前期官人長流有 35 例，後期卻有 53 例，明顯增多。後期流人決杖的情形相當常見，甚至看來已是常態的定制。

　　嶺南一直是唐朝官人流放的主要地區，而前章亦曾述及流刑作為一種刑罰，其威嚇力一定程度來自於「想像」，在此再補充一些相關論述。嶺南之所以作為流放犯人的首選地點，應是此處為典型「邊惡之地」。嶺南地區由於山脈橫亙，交通不便；又位處邊陲，與中原相隔，長期以來地廣人稀，其自然環境、經濟、文化等都呈現相當的獨特性。

　　嶺南在唐代仍未充分開發，一直被形容為窮山惡水、叢林瘴癘之地。在唐人詩文中，往往談嶺南而色變。韓愈於憲宗元和十四年（819）

因諫迎佛骨，遭左降潮州刺史，愈至潮陽，上表曰：

> 臣所領州，在廣府極東界上，去廣府雖云纔二千里，然來往動
> 皆經月。過海口，下惡水，濤瀧壯猛，難計程期，颶風鱷魚，
> 患禍不測。州南近界，漲海連天，毒霧瘴氛，日夕發作。臣少
> 多病，年纔五十，髮白齒落，理不久長。加以罪犯至重，所處
> 又極遠惡，憂惶慚悸，死亡無日。單立一身，朝無親黨，居蠻
> 夷之地，與魑魅為群。[51]

韓愈的嶺南描述最是傳神，又是毒霧瘴氣，又是颶風鱷魚，周遭似乎危
機四伏，患禍難測。韓愈雖是被貶，但畢竟仍是朝廷命官，竟然也有與
魑魅為群，死亡無日的恐懼，那麼，就更不要說其他遭流放的罪人了。
　　沈佺期流驩州時的〈入鬼門關〉詩云「土地無人老，流移幾客
還」，或是宋之問流欽州的詩句「處處山川同瘴癘，自憐能得幾人歸。」
[52]反映了唐朝前期流人對嶺南的意象。代、德年間詩人于鵠（747-821）
的〈送遷客詩〉云：「流人何處去，萬里向江州，孤驛瘴煙重，行人巴草
秋。上帆南去遠，送雁北看愁，遍問炎方客，無人得白頭。」[53]嶺南仍
是瘴氣瀰漫，人們都壽夭短命、難見白頭的地方。除了山川瘴癘，水中
也有名為「含沙」（又稱射工）的毒蟲，能含沙射人，致人生病，甚至射
影亦能害人。柳宗元（773-819）詩云「射工巧伺游人影，颶母偏驚旅客

51　韓愈，〈潮州刺史謝上表〉，收入馬其昶校注；馬茂元整理，《韓昌黎文集校注》（上海：上海古籍，
　　1987），頁 618。

52　〔唐〕沈佺期、宋之問撰；陶敏、易淑瓊校注，《沈佺期宋之問集校注》（北京：中華書局，
　　2001），頁 87、433。

53　〔清〕曹寅等纂修，《全唐詩》（點校本）（北京：中華書局，1960），卷 310，頁 3505。

船」，[54]描述水中活動的危險。此外，嶺南亦被認為蠱毒盛行，白居易特別叮嚀友人遊嶺南時「須防杯裏蠱，莫愛囊中珍。」[55]元稹（779-831）賦詩送友人入嶺南時，亦云「試蠱看銀黑，排腥貴食鹹。」[56]總之，誠如韓愈所云「南方本多毒，北客恆懼侵。」[57]

　　北人對嶺南的想像不外乎瘴癘之地、魑魅之鄉的意象，然而，對於原籍嶺南曲江的玄宗朝宰相張九齡則是如此書寫嶺南的：「舟行傍越岑，窈窕越溪深。水闇先秋冷，山晴當畫陰。重林間五色，對壁聳千尋。惜此生邅遠，誰知造化心。」[58]此詩為張九齡早年從韶州赴廣州應鄉試途中所作，詩中描繪了湞陽峽兩岸的傑秀與壯麗，大自然的鬼斧神工。又云「況乃佳山川，怡然傲潭石。奇峰岌前轉，茂樹隈中積。猿鳥聲自呼，風泉氣相激。目因詭容逆，心與清暉滌。」[59]傳達是好山好水，怡然適意的景象，與北人的想像迥然不同。[60]

　　嶺南作為「邊惡」之地，其瘴癘瀰漫之情況是否真實是一回事，但眾人（尤其北人）腦海中都有如此的意象則是另一回事。當人們想像嶺南是魑魅之鄉，它自然就會成為真實的魑魅之鄉。誠如前述，流刑的威嚇力相當程度來自於想像──想像離鄉背井之孤零無助，想像流放過程

54　〔唐〕柳宗元撰，《柳宗元集》（北京：中華書局，1979），〈嶺南江行〉，頁 1168。

55　〔唐〕白居易撰；朱金城箋校，《白居易集箋校》，卷 17，〈送客春遊嶺南二十韻〉，頁 1067。白居易自注即云「南方蠱毒多置酒中」。

56　〔唐〕元稹撰；冀勤點校，《元稹集》，卷 11，〈送崔侍御之嶺南二十韻（并序）〉，頁 125-126。

57　韓愈，〈縣齋讀書（在陽山作）〉，收入《全唐詩》，卷 339，頁 3800。

58　〔唐〕張九齡著；劉斯翰校注，《曲江集》（廣州：廣東人民出版社，1986），〈湞陽峽〉，頁 3。

59　〔唐〕張九齡著；劉斯翰校注，《曲江集》，〈巡按自灂水南行〉，頁 268。

60　關於唐代文人的嶺南意象，可參看羅緩元、趙維江，〈嶺南地域文化環境中的唐詩意象創造〉，《暨南學報（哲社版）》，2008:5（廣州，2008）；李榮華，〈「南方本多毒，北客恒懼侵」：略論唐代文人的嶺南意象〉，《鄱陽湖學刊》，2010:5（南昌，2010）；劉淑萍，〈唐代流人的嶺南詩文考〉，《古籍整理研究學刊》，2012:5（長春，2012）。另參看拙著，〈六朝隋唐的嶺南意象〉，收入王震宇編，《譯鄉聲影：文化・書寫・影像的跨界敘事》（臺北，五南出版社，2021），頁 307-332。

的困苦艱辛，想像嶺南這種遠惡之地的恐怖凶險，藉由種種想像達到威
嚇震懾的效果。

附表五　〈唐代後期流放官人表〉

舊：舊唐書　新：新唐書　鑑：資治通鑑　冊：冊府元龜
名字下劃線者代表「減死從流」
名字旁加上＊指遭除名
流放地旁加上◎代表長流

編號	姓名	官職	配流時間	配所	事由	附加刑	下場	出處
1	李白	永王璘從事	肅宗至德2	夜郎◎	永王璘反，被連		遇赦還	新 202
2	韋述	工部侍郎	至德2	渝州	為安祿山偽官		為刺史困辱，不食而死	舊 102 新 132
3	張均	大理卿	至德2	合浦郡◎	為安祿山偽官			舊 97
4	孫鑒＊	監察御史	乾元2	播州◎	被構陷治獄不公			舊 112 鑑 221
5	第五琦＊	宰相	乾元3	夷州◎	受賕		寶應初起為朗州刺史	舊 10 舊 123
6	高力士	開府	上元1	巫州◎	為李輔國所構		除籍。寶應元年遇赦，至朗州卒。	舊 10 舊 184
7	王承恩	內侍	上元1	播州	為李輔國所構			舊 10 舊 184
8	魏悅	內侍	上元1	溱州	為李輔國所構			舊 10 舊 184

編號	姓名	官職	配流時間	配所	事由	附加刑	下場	出處
9	嚴郢	江陵府判官	上元1[61]	建州	營救潭州刺史龐承鼎，言甚切直，觸怒肅宗		代宗初復為監察御史	舊185下 新145
10	申泰芝	諫議大夫	上元1?	不詳	贓罪		流死	舊185下
11	裴昇	御史	肅宗朝	黔中	治獄酷毒			舊186下
12	畢曜	御史	肅宗朝	黔中	治獄酷毒			舊186下
13	朱光輝	知內侍省事	代宗寶應1	黔中	肅宗大漸謀立越王係			舊11 鑑222
14	啖庭瑤	內常侍	寶應1	黔中	肅宗大漸謀立越王係			舊11
15	陳仙甫	中官	寶應1	黔中	肅宗大漸謀立越王係			舊11
16	裴茙*	山南東道節度使	寶應1	費州	謀反		賜死於藍田驛	舊11 舊114
17	韓穎	祕書監	寶應1	嶺表	坐狎昵李輔國		賜死	舊11
18	劉烜	中書舍人	寶應1	嶺表	坐狎昵李輔國		賜死	舊11
19	來瑱*	山南東道節度使	寶應2	播州◎	程元振譖瑱言涉不順		賜死於路	舊11 鑑222
20	程元振*	驃騎大將軍、判元帥行軍司馬	廣德2	溱州◎	罷官爵，遣歸田里。變服潛行，將圖不軌。		遇赦不赦。於江陵府安置	舊11 舊184
21	李鈞	殿中侍御史內供奉	永泰1	施州	不孝（母喪不時舉）		遇赦不免	冊152 舊171

---

[61] 據郁賢皓，《唐刺史考全編》（合肥：安徽大學，2000）卷166，〈潭州〉，龐承鼎任潭州刺史時間為肅宗上元元年。（頁2121）

編號	姓名	官職	配流時間	配所	事由	附加刑	下場	出處
22	李鍔	京兆府法曹參軍	永泰1	辰州	不孝（母喪不時舉）		遇赦不免	冊 152
23	寶崟	萬年縣令	永泰1	虔州	坐贓			冊 707
24	源休*	御史中丞	代宗朝	溱州	與妻離婚。妻族上訴，遲留不答款狀		後移岳州。建中初擢為京兆少尹	舊 127
25	賈道沖	伎術待詔翰林	代宗朝	嶺南	以伎術得罪		不詳	舊 187 下 新 193
26	邵光超	中官	德宗大曆14	不詳	受賕	加杖六十		冊 669 舊 12
27	黎幹*	兵部侍郎	大曆14	不詳◎	規立皇后、太子		賜死於藍田	舊 12 鑑 225
28	劉忠翼*	特進	大曆14	不詳◎	規立皇后、太子		賜死於藍田	舊 12 鑑 225
29	源敷翰	虔州刺史	建中1	不詳	贓罪			鑑 226
30	李元平	汝州別駕	建中4	珍州	李希烈署為宰相		遇赦還劍中。終流死賀州。	舊 130 新 151 鑑 228
31	薛邕	尚書左丞	建中初	象州	盜隱官物以巨萬計		先貶連山尉，後配流	鑑 226 冊 700
32	蕭鼎	蜀州別駕	貞元3	嶺表◎	與郜國公主穢亂	加杖四十		舊 125 新 83 鑑 233
33	韋恪	商州豐陽令	貞元3	嶺表◎	與郜國公主穢亂	加杖四十		舊 125 新 83 鑑 233
34	李儞	太子詹事	貞元3	嶺表◎	與郜國公主穢亂	加杖四十		舊 125 新 83 鑑 233

編號	姓名	官職	配流時間	配所	事由	附加刑	下場	出處
35	裴液	郜國公主子	貞元 4	端州[62]◎	郜國公主厭禱			舊 125 新 83
36	蕭位	郜國公主子	貞元 4	端州◎	郜國公主厭禱			舊 125 新 83
37	蕭佩	郜國公主子	貞元 4	端州[63]◎	郜國公主厭禱			舊 125 新 83
38	蕭儒	郜國公主子	貞元 4	端州[64]◎	郜國公主厭禱			舊 125 新 83
39	蕭偲	郜國公主子	貞元 4	端州[65]◎	郜國公主厭禱			舊 125 新 83
40	竇景伯	不詳	貞元 8	泉州	父宰相竇參受絹五千匹			舊 136
41	竇申＊	給事中	貞元 8	嶺南	黨附竇參		杖殺	舊 13 舊 136
42	李則之＊	金吾大將軍	貞元 8	嶺南	黨附竇參			舊 136
43	王定遠	監軍	貞元 11	崖州◎	專殺			舊 13 舊 146
44	朱明祐	不詳	貞元 11	嶺南	父左神策軍健兒朱華枉法受贓	加杖八十		冊 153
45	鄧惟恭	宣武都虞候	貞元 12	汀州	謀反		免死配流[66]	舊 145 鑑 235
46	元洪	鄧州刺史	貞元 14	端州	于頔誣以贓罪		于頔求情，改除吉州長史	舊 156

---

[62] 《新唐書》卷 83〈諸帝公主‧肅宗七女傳〉作錦州。

[63] 《新唐書》卷 83〈諸帝公主‧肅宗七女傳〉作房州。

[64] 《新唐書》卷 83〈諸帝公主‧肅宗七女傳〉作房州。

[65] 《新唐書》卷 83〈諸帝公主‧肅宗七女傳〉作房州。

[66] 《資治通鑑》卷 235「唐德宗貞元十二年十一月條」作安置。(頁 7575)

編號	姓名	官職	配流時間	配所	事由	附加刑	下場	出處
47	趙洽	右金吾都知	貞元14	天德軍	助京兆尹吳湊屢言宮市之弊			鑑235
48	田秀嵓	右金吾都知	貞元14	天德軍	助京兆尹吳湊屢言宮市之弊			鑑235
49	崔河圖	通州別駕	貞元16	崖州◎	忤監軍旨		賜死	舊13
50	鄭式瞻	衢州刺史	貞元17	崖州	坐贓二千貫	笞四十	詔未至而死	冊700
51	崔薳	監察御史	貞元19	崖州	違式入右神策軍	杖四十		新50鑑236
52	陳審	明州刺史	貞元19	崖州	坐贓			冊707
53	李元度	安南經略使參佐	貞元中[67]	不詳	黷亂州縣，姦贓狼藉			舊112
54	趙博宣	舞陽縣令	德宗初	康州	被誣受賂，妄說國家休咎	杖四十		舊137
55	朱如玉	內給事	德宗初	恩州	出使貪黷	杖一百	配流而死	新221上冊669
56	令孤運	東都留守將	德宗朝	歸州	遭指劫轉運絹		死於流所	舊124
57	武金	東都留守親事將	德宗朝	建州	令狐運案考掠過當			舊124
58	李銛（李錡從弟）	宋州刺史	憲宗元和2	嶺南	浙西節度使李錡反			新224上

67 據《舊唐書》卷112〈李復傳〉，李元度遭廣州刺史李復劾奏姦贓。又據《唐刺史考全編》卷257〈廣州〉，李復任廣州刺史時間為貞元三年至八年間。（頁2761）

編號	姓名	官職	配流時間	配所	事由	附加刑	下場	出處
59	李銑（李錡從弟）	通事舍人	元和2	嶺南	浙西節度使李錡反			新224上
60	李師偃（李錡從子）	不詳	元和2	嶺南	浙西節度使李錡反			新224上
61	徐玟	昭義節度判官	元和5	播州	助節度使盧從史為亂			舊154
62	董溪＊	運糧使	元和6	封州	盜用官錢		遣中使殺之於長沙	冊511 舊148
63	于皋謨＊	運糧使	元和6	春州	盜用官錢		遣中使殺之於長沙	冊511 舊148
64	郭東野	國子監生	元和6	韶州	怒決棘籬，折明經墨義榜毀裂。	杖五十		冊153
65	于敏	太常丞	元和8	雷州◎	專殺奴	錮身發遣		舊15 舊156
66	沈璧	宰相孔目官	元和8	封州	受于敏事牽連	杖四十		舊156
67	吳憑	永樂令	元和8	昭州	為杜黃裳納賂			舊15 舊147
68	韓晤＊	萬年縣捕賊尉	元和12	昭州◎	姦贓三百萬			冊57 舊167
69	劉師服	進士	元和12	連州	駙馬都尉于季友居嫡母喪，師服與其歡宴夜飲	杖四十		舊15
70	崔祝＊	鄭州刺史	元和12	康州	坐贓	錮身配流		冊700
71	吳元濟弟、子	不詳	元和12	江陵	吳元濟反，被擒		尋誅之	舊15 舊145
72	崔勵	邛州刺史	元和14	巂州	坐贓	決杖		冊700

編號	姓名	官職	配流時間	配所	事由	附加刑	下場	出處
73	李師賢	（淄青節度使李師道從弟）	元和14	春州	李師道反，被擒			舊15舊124
74	李師智	（淄青節度使李師道從弟）	元和14	春州	李師道反，被擒			舊15舊124
75	李弘巽	（淄青節度使李師道從子）	元和14	雷州	李師道反，被擒			舊15舊124
76	李宗爽	（滄州刺史李宗奭弟）	元和14	汀州◎	李宗奭不遵節制，詔以悖慢之罪，斬於京師			舊162
77	權長孺	鹽鐵福建院官	元和14	康州◎	坐贓	杖八十		冊510舊159
78	嚴纂*	淄青營田副使兼齊州刺史	元和14	雷州	不詳			冊153
79	吳武陵	不詳	元和中	永州	不詳		後北還，大為裴度器遇。	新203
80	董弘景	翰林醫官	穆宗元和15	嶺南	惑亂憲宗			冊153
81	程準	翰林醫官	穆宗元和15	嶺南	惑亂憲宗			冊153
82	李賞	不詳	長慶2	潮州	告和王傅于方為元稹結客欲刺裴度			冊150
83	于方	和王傅	長慶2	端州◎	奇計誘元稹，得偽告身二十通			冊150冊619

編號	姓名	官職	配流時間	配所	事由	附加刑	下場	出處
84	鄭玄覽	不詳	長慶2	封州	于方黨羽	決杖	配流	冊 150
85	于啟明	不詳	長慶2	新州	于方黨羽	決杖	配流	冊 150
86	王昭	不詳	長慶2	雷州	于方黨羽	決杖	配流	冊 150
87	李元宗	邕州刺史	長慶2	驩州	擅以羅陽縣歸蠻酋黃少度			新 222 下 鑑 242
88	薛樞	士族子	長慶4	辰州◎	導誘薛渾私幸於襄陽公主	杖四十		舊 142 冊 153
89	薛渾	士族子	長慶4	崖州◎	私幸於襄陽公主	杖八十		舊 142 冊 153
90	李元本	鳳翔隴右節度使李惟岳子	長慶4	象州	私幸於襄陽公主	杖六十		舊 137 冊 153
91	龐驥*	遂寧縣令	長慶4	溪州	贓四百餘錢			冊 707
92	田晟	染坊使	敬宗長慶4	天德軍	染坊役夫張韶反，被連	杖四十		舊 17 上
93	段政直	染坊使	敬宗長慶4	天德軍	染坊役夫張韶反，被連	杖四十		舊 17 上
94	唐慶*	壽州刺史	敬宗長慶4	崖州◎	坐贓			冊 700
95	孟孚*	嘉興縣令	寶曆1	康州	坐贓	杖四十		冊 707
96	李仲言（李訓）	河陽節度掌書記	寶曆1	象州◎	武昭欲刺宰相李逢吉，被連		遇赦還東都	舊 17 上 舊 169 新 179 鑑 245
97	茅彙[68]	左金吾衛兵曹參軍	寶曆1	崖州	武昭欲刺宰相李逢吉被連			舊 17 上 舊 169 冊 153

---

[68] 《舊唐書》卷 17 上作「武彙」流「崖州」，卷 167 作「茅彙」流「蒿州」。《冊府元龜》卷 153、
《新唐書》卷 174、《通鑑》卷 243 皆作「茅彙」流「崖州」，今從《冊府元龜》等。

編號	姓名	官職	配流時間	配所	事由	附加刑	下場	出處
98	李涉	太學博士	寶曆1	康州	武昭欲刺宰相李逢吉被連			舊17上 舊169 冊153
99	劉伉*	藍田縣令	寶曆2	雷州	贓罪			冊150 冊707
100	林蘊	邵州刺史	寶曆年間?⁶⁹	儋州	殺客。坐贓	決杖	配流而死	新200
101	王士遷	殿前兵馬使	文宗寶曆2	天德軍	敬宗朝佞幸	杖一百		冊153
102	李忠亮	殿前兵馬使	文宗寶曆2	天德軍	敬宗朝佞幸	杖一百		冊153
103	張士岌	殿前兵馬使	文宗寶曆2	天德軍	敬宗朝佞幸	杖一百		冊153
104	樊惟良	飛龍排馬官	文宗寶曆2	靈州	敬宗朝佞幸	杖一百		冊153
105	閻文穎	飛龍排馬官	文宗寶曆2	靈州	敬宗朝佞幸	杖一百		冊153
106	辛自政	待詔	文宗寶曆2	永州	敬宗朝佞幸	杖二百		冊153
107	杜金立	內侍省高品	文宗寶曆2	儋州	敬宗朝佞幸	杖一百		冊153
108	許士莒	內侍省高品	文宗寶曆2	儋州	敬宗朝佞幸	杖一百		冊153
109	邵士忠	內侍省品官	文宗寶曆2	瓊珠崖	敬宗朝佞幸	杖一百		冊153
110	李務真	內侍省品官	文宗寶曆2	瓊珠崖	敬宗朝佞幸	杖一百		冊153
111	閻敬宗	內侍省品官	文宗寶曆2	瓊珠崖	敬宗朝佞幸	杖一百		冊153
112	李叔	內侍省品官	文宗寶曆2	瓊珠崖	敬宗朝佞幸	杖一百		冊153
113	李元戩	伎術人	文宗寶曆2	嶺南	敬宗朝佞幸			舊17上

---

⁶⁹　《唐刺史考》以為寶曆元年在任，頁2489。

編號	姓名	官職	配流時間	配所	事由	附加刑	下場	出處
114	王信	伎術人	文宗寶曆2	嶺南	敬宗朝佞幸			舊 17 上
115	石雄	武寧捉生兵馬使	大和3	白州◎	武寧節度使王智興指動搖軍情		大和中召還	舊 17 上舊 161
116	崔長	兗海節度使李同捷書記	大和3	商州	李同捷擅為留後，不遵朝命			新 213
117	柏耆	循州司戶	大和3	愛州◎	取李同捷奴婢貲財		賜死	舊 154鑑 244
118	楊叔元	興元監軍	大和4	康州	激起兵變	錮身遞於配所		舊 17 下舊 165鑑 244/7871
119	田伾	門下主事	大和4	韶州	受贓錢五萬。逃亡。			舊 149冊 153
120	徐登	和州刺史	大和6	潮州	贓罪	杖四十		冊 150
121	杜叔近	慈州刺史	大和6	儋州	贓罪	杖八十		冊 150
122	楊志誠	幽州節度使	大和8	嶺外	幽州軍亂，被逐，得其所造袞衣及僭物。		至商州殺之	舊 17 下舊 180鑑 245
123	崔元武	濮州錄事參軍	大和9	賀州	贓罪	杖六十		舊 165
124	楊承和	樞密使	大和9	驩州	交結朋黨受其賂遺	錮送	賜死於公安	舊 17 下新 208
125	韋元素	左軍中尉	大和9	象州	交結朋黨受其賂遺	錮送	殺於武昌	新 208鑑 245
126	李貞素	左金吾衛將軍	大和9	儋州	李訓黨		至商山賜死	新 179

編號	姓名	官職	配流時間	配所	事由	附加刑	下場	出處
127	顧師邕	翰林學士	大和9	崖州[70]	李訓黨		至藍田賜死	新179 鑑245
128	蕭洪	鄜坊節度使	開成1	驩州◎	詐稱太后弟		半途賜死	舊17下 舊52 新77
129	呂璋	徐國夫人婿	開成1	嶺南	坐蕭洪事			舊52 鑑245
130	王晏平	靈武節度使	開成3	康州◎	盜贓七千餘緡		改永州司戶	舊156 鑑246
131	王少華	如京使	開成3		太子被廢，遭連		流死	鑑246
132[71]	吳士規	江西觀察使	開成3	端州◎	贓罪			舊17下 新159
133	蕭本*	金吾將軍	開成4	愛州◎	詐為太后弟			舊52 新77 鑑246
134	李珏	桂管觀察使	武宗會昌3	驩州◎	文宗朝宰相，帝崩，意立陳王。		大中徵入朝	舊173
135	歐陽秬	進士	會昌3？	崖州	為劉稹作表斥損時政		賜死	新203
136	李宗閔	漳州長史	會昌4	封州◎	與劉稹交通		會昌六年起為郴州司馬，尋卒。	新174 鑑248
137	李恪	不詳	宣宗大中2	天德軍	吳湘獄被連	決脊杖十五		舊18下
138	李克勳	揚州押軍牙官	大中2	硤州	吳湘獄被連	決脊杖二十		舊18下
139	劉群	揚州都虞候	大中2	岳州	吳湘獄被連	決臀杖五十		舊18下

---

[70]　《資治通鑑》卷245「唐文宗太和九年十二月壬申」條云：「顧師邕流儋州，至商山，賜死。」

[71]　《新唐書》卷159作「吳士矩」。

編號	姓名	官職	配流時間	配所	事由	附加刑	下場	出處
140	嚴譔	江南西道觀察處置等使	懿宗咸通9	嶺南◎	賄賂宰相楊收		賜死於路	舊19上
141	楊收	端州司馬	咸通10	驩州◎	前為宰相,受嚴譔贓百萬		賜死於路	舊19上 舊177
142	朱侃	楊收判官	咸通10	嶺南	楊收案牽連			舊19上 舊177
143	常溓	楊收判官	咸通10	嶺南	楊收案牽連			舊19上 舊177
144	閻均	楊收判官	咸通10	嶺南	楊收案牽連			舊19上 舊177
145	楊公慶	不詳	咸通10	嶺南◎	楊收案牽連		長流儋崖播等州	舊177
146	嚴季實	不詳	咸通10	嶺南◎	楊收案牽連		長流儋崖播等州	舊177
147	楊全益	不詳	咸通10	嶺南◎	楊收案牽連		長流儋崖播等州	舊177
148	何師玄	不詳	咸通10	嶺南◎	楊收案牽連		長流儋崖播等州	舊177
149	李孟勳	不詳	咸通10	嶺南◎	楊收案牽連		長流儋崖播等州	舊177
150	馬全祐	不詳	咸通10	嶺南◎	楊收案牽連		長流儋崖播等州	舊177
151	李羽	不詳	咸通10	嶺南◎	楊收案牽連		長流儋崖播等州	舊177
152	王彥復	不詳	咸通10	嶺南◎	楊收案牽連		長流儋崖播等州	舊177
153	崔黨兒	和州刺史崔雍子	咸通10	康州	崔雍降龐勛	錮身遞送		舊19上
154	崔歸僧	和州刺史崔雍子	咸通10	康州	崔雍降龐勛	錮身遞送		舊19上

編號	姓名	官職	配流時間	配所	事由	附加刑	下場	出處
155	路巖	新州刺史	僖宗乾符1	儋州◎	治軍不嚴		免官	新 184 鑑 252
156	田令孜*	三川都監	光啟3	端州◎72	顓國煽禍，惑小人計，交亂群帥		抗命不行	新 208 鑑 256
157	宋道弼	樞密使	昭宗光化3	驩州◎	宰相崔胤誣指與宰相王摶中外相結		殺於灞橋	新 208
158	景務脩	樞密使	昭宗光化3	愛州◎	宰相崔胤誣指與宰相王摶中外相結		殺於灞橋	新 208
159	李彥威	左龍武統軍	哀帝天祐1	崖州◎	妄為扇動		令所在賜自盡	舊 20 下
160	氏叔琮	右龍武統軍	哀帝天祐1	貝州◎	妄為扇動		令所在賜自盡	舊 20 下
161	柳璨	登州刺史	天祐2	崖州◎	結連凶險，陷害賢良		賜自盡73	舊 20 下 新 223
162	孫祕*	興唐府少尹	天祐3	愛州◎	河陽節度副使孫乘之弟		賜死	冊 925 舊 20 下

72　《新唐書》卷 208 作「儋州」，今從《通鑑》。

73　《新唐書》卷 223 下作「斬之」。

終章——流刑的創制在刑罰史上的意義

　　流刑雖是源遠流長，但直至北魏孝文帝朝方才創制入律，而作為一種新的刑罰會不會對既有的刑罰造成衝擊呢？簡而言之，流刑對原來的徒刑、死刑以及廢除已久卻不斷被倡議恢復的肉刑將帶來怎樣的影響？若謂流刑的創制在刑罰變革中扮演關鍵角色，標誌「古典刑罰」的走入歷史以及「傳統刑罰」的確立與奠定，刑罰變革的內涵究竟為何？本章將從微觀角度析論流刑的成立與成熟對既有刑罰的衝擊，亦擬從宏觀視野針對「古典刑罰」與「傳統刑罰」的內涵提出幾點觀察。

一、流刑對既有刑罰的衝擊與影響

　　上古之世，斷肢體、刻肌膚的肉刑是懲罰罪犯主要的手段，及至戰國時代，徒刑興起，漸有取代肉刑之勢。徒刑之興為肉刑之廢提供了客觀的條件，終於在漢文帝十三年（前 167）以「緹縈救父」為契機下，漢文帝一念之間將存續千百年的肉刑逐行廢除。然而，肉刑被廢後，懲治嚴重犯罪的手段主要就是死刑與徒刑，刑罰制度一直被詬病「死刑太重，生刑太輕」。為了解決此一難題，自東漢以來，朝野提出不同的解決方案，或是採取減死徙邊的措施，或是建議加重徒刑，或是主張頒布恩赦，或是乾脆恢復肉刑。然而，這些方案或因時移勢易不得不予以放棄，或是雖可解決問題，卻也衍生新的弊端。「死刑太重，生刑太輕」此一刑罰制度的困境，必有待「中刑」的誕生方能有效解決。北魏孝文帝太和十六年在死刑與徒刑之間創制了新的刑罰——流刑，反映歷經漫長的歲月，終於尋找到一種輕重適當的「中刑」以解決刑罰長期失衡的窘

境。

　　流刑既作為一種輕重適當的「中刑」，那麼一直以來嘗試解決刑罰失衡的諸多手段，勢必受到檢討與衝擊，最明顯的就是恢復肉刑之倡議。自東漢以來，班固、崔寔、鍾繇、陳群、劉頌等官人學者前仆後繼力主恢復肉刑，相關倡議數百年間從未間斷，甚至在漢末魏晉的朝廷更曾就此議題掀起激烈爭論。然而，由於肉刑殘酷不仁，兼且阻絕犯人改過自新之途，故此縱使得到統治者的支持，恢復之議終究落空。值得注意的是，自流刑正式成為死刑和徒刑之間的「中刑」後，刑罰失衡的窘境得到相當程度的解決，恢復肉刑的主張遂趨於沉寂。

　　北魏創制流刑並置於死刑與徒刑之間，流刑對這兩種刑罰勢必產生擠壓效果。《晉律》中徒刑的法定刑期原為五年，但為了懲治重犯，朝廷不斷加重徒刑的刑期，竟造成刑期長達十二年的「長徒」，南朝甚至更有所謂「終身之徒」。然而，自流刑在北朝晚期創制入律後，朝廷不再需要以加重徒刑刑期來解決「生刑太輕」之難題，徒刑刑期遂有縮短的可能。北齊的「長徒」僅需苦役六年，比南朝的「長徒」輕了許多。及至隋唐之世，徒刑分為徒一年、一年半、二年、二年半、三年等五個級距，法定刑期最長僅為三年，遠較漢魏六朝徒刑為短。不僅法定刑期縮短，更重要是爾後亦不再看到律外加重徒刑之事。徒刑自隋唐以後，遂成為較為穩定的刑罰。

　　流刑的成立導致死刑執行的減少，甚至死刑一度廢除。因為缺乏中刑以治中罪，若徒刑不足制裁的嚴重惡犯，過往只能判處大辟極刑。如今依律可以改科流放之刑以懲治重罪，死刑的適用勢必減少。另一方面，流刑是根據經典「流宥五刑」的精神而創制，原先就具有替代死刑的作用，所以，法司雖然對罪犯判處死刑，但皇帝經常頒降恩詔，減死從流，對於宣告死刑者不予執行。一旦死刑的宣告與執行不斷減少，死刑是否應該以及如何廢除等課題才會陸續浮現。作為新時代的刑罰課題，唐朝自建國之初即朝向嘗試廢除死刑而努力。太宗以降的貸死手

段，一直是圍繞著流刑而展開，舉凡加役流、長流、決杖配流等，乃至流放嶺南或天德軍等遠惡之地，不一而足。玄宗君臨天下數十年，自誇「未嘗行極刑」，[1]「市無刑人，獄無冤繫」，可見死刑的執行應是非常稀罕。甚至，在天寶六載（747）皇帝更下詔「自今已後，斷絞斬刑者，宜除削此條」，[2]宣告廢除死刑。玄宗廢死的創舉，在中國乃至世界刑罰制度史上深具意義。死刑的廢除固然緣於統治者「慕好生之名」，但若非流刑的成立與成熟，恐怕也不具備廢除的客觀條件。[3]

流刑自隋唐確立後不久，就成為五刑中最不穩定的刑罰。唐代以降，徒刑刑期是一年至三年，死刑是或絞或斬，律外的處罰，並不多見。然而，法定的流刑雖是二千里至三千里共三等，但早在貞觀年間即已不限以里數，犯人被流放至五、六千里外的遠惡之地，比比皆是。而且，流放以前，先行決杖一頓者，亦是所在多有。除了律令中的流刑以外，具有流放性質的刑罰，尚有配隸、安置、罰鎮、効力等多種，在在顯示流刑的種類繁雜以及流刑處罰方式的多樣性。誠如前述，加役流、長流乃至加杖等加重流刑的手段，不能單純認為是帝王的酷刑峻罰，應視作君主寬宥死刑的仁德恩典。諸種流刑懲罰的對象往往都是死刑犯人，流刑有別於其他四刑，是一種帶著濃厚皇帝恩典色彩的刑罰，從代刑階段到正刑階段，從表相、實相、變相都是如此。是故，玄宗朝諸種流刑廣泛使用的同時，即有廢除死刑之嘗試。

北周的《大律》與北齊的《河清律》差不多同時制定，二者都繼承了北魏的流刑而建立新的五刑架構，名稱雖略有小異，但基本上都是杖、鞭、徒、流、死等五刑。及至隋文帝開皇元年（581）制律，在《大

---

[1] 《舊唐書》，卷9，〈玄宗本紀下〉，頁207。

[2] 以上參看《冊府元龜》，卷612，〈刑法部・定律令四〉，頁7070。

[3] 關於玄宗廢死的創舉，可參看拙作，〈唐代死刑發展的幾個轉折〉，收入中央研究院法律史研究室主編，《中華法理的產生、應用與轉變——刑法志・婚外情・生命刑》（臺北：中央研究院，2019），頁227-260。

律》的基礎上將五刑修訂為笞、杖、徒、流、死,嗣後一直為唐宋元明清承襲,歷一千三百多年而不替。貞觀年間,唐太宗欲以刖足之刑取代部分死刑,但為房玄齡等朝臣反對,理由是「及肉刑廢,制為死、流、徒、杖、笞,凡五等,以備五刑。今復設刖足,是為六刑。」[4]「五」「刑」已然固定,即刑之數為五,刑之名為死、流、徒、杖、笞。肉刑廢後,墨、劓、宮、刖等已不在五刑之列,是故刑中有刖,不符五刑之數,最終朝廷制定「加役流」以取代刖足之刑。這場爭論以及最終的結果,正是象徵肉刑的地位主要為流刑所取代。流刑的成立奠定笞、杖、徒、流、死的「新五刑」體系,「新五刑」的確立標誌以肉刑為核心的「古典刑罰」,成功蛻變為以徒、流為核心的「傳統刑罰」。

二、從「古典刑罰」到「傳統刑罰」的變革

上古以肉刑為核心(當然也包括了象刑)的刑罰,筆者稱之為「古典刑罰」。這些刑罰固然確實存在甚至長期存在於古代社會,但與漢儒藉由儒家經義所建構的古典中國亦不無關係。肉刑在上古雖是普遍施行,但《尚書·呂刑》云「墨罰之屬千,劓罰之屬千,剕罰之屬五百,宮罰之屬三百,大辟之罰其屬二百,五刑之屬三千。」將肉刑之數概約為五,肉刑之名定為墨、劓、剕、宮、大辟,而五刑之總數共三千條等等,明顯是漢儒所建構的周朝聖王典制。故以「古典刑罰」名之,既表達其時間性,亦呈現其被建構的經典性。

隋朝繼承魏周流刑之制,確立笞、杖、徒、流、死之五刑體系。這一套以徒刑、流刑為主體的刑罰,筆者稱之為「傳統刑罰」。流刑是五刑中最後入律的刑罰,堪稱「傳統刑罰」的最後一塊拼圖。唐初大體承襲了隋朝的五刑體系,惟在流刑部分則頗有修訂。流刑發展至唐朝,法定

4　《舊唐書》,卷50,〈刑法志〉,頁2136。

規範趨於完備，而唐律的相關規定亦為後世承襲。「古典」相對的用詞經常是「中古」、「近世」之類，但這些用詞具有強烈時代概念，無法以之涵蓋隋唐至清末一千多年歷史，是故筆者沒有採用「中古」、「近世」等詞彙而以「傳統」名之。「傳統刑罰」一詞意在表述其時間性，即這套刑罰沿用了一千多年，亦旨在強調其經典性，即一個新傳統的建立。

以肉刑為核心的「古典刑罰」，論其性質約有四項特徵：（一）不管是刀鋸斧鉞，還是鞭扑笞杖，皆是直接碰觸與虧損人的身體。（二）刑罰帶來肉體剝割之痛，以及造成形體殘缺不可復原，極其殘酷。（三）一種強調「展示」的刑罰，並藉此達到威嚇的目的。（四）犯人身上留下明顯的標識，在社會中儼然被區隔開來，表面雖是重返故里，實質上卻是遭到社會唾棄與驅逐。

據《國語・魯語上》所載魯大夫臧文仲對上古刑罰的描述：「大刑用甲兵，其次用斧鉞；中刑用刀鋸，其次用鑽笮；薄刑用鞭扑，以威民也。故大者陳之原野，小者致之市朝。」[5]上古之世，兵刑合一，刑罰蓋起源於戰爭，故最重大的刑罰乃動員千軍萬馬，伐不祀之侯服，征不享的賓服。（《國語・周語上》）其實不論是陳之原野的大刑，還是致之市朝的小刑，單看斧鉞、刀鋸、鑽笮等刑具，可知其用途旨在砍斷肢體、割裂肌膚。肉刑名稱繁多，古籍載有墨、劓、宮、刵、刖、臏、剕等刑名，不一而足，概而言之，不外乎漢文帝所云的「斷支體、刻肌膚、終身不息。」古代雖不把鞭扑視為肉刑，但亦是碰觸虧損身體的刑罰，故臧文仲所描繪的上古刑罰基本性質都是直接處罰人的身體。

刑罰本身就具有痛苦的本質，只是不同的刑種帶來不同的痛苦感受，而痛苦程度往往亦因人而異。切割肢體的肉刑直接帶來的無疑是肉體的痛苦，故議論肉刑者不論是贊成抑或反對，幾乎都會指陳受刑者之

5　〔周〕左丘明撰；上海師範大學古籍整理研究所校點，《國語》（上海：上海古籍，1988），卷 4，頁 158。

「痛」，而這種痛不是暫時性的，而是永久性的痛。如漢文帝云：「夫刑
至斷支體，刻肌膚，終身不息，何其楚痛而不德也！」[6]西晉武帝時期的
廷尉劉頌倡議恢復肉刑，亦指出「聖王之制肉刑，遠有深理，其事可得
而言，非徒懲其畏剝割之痛而不為也，乃去其為惡之具。……殘體為
戮，終身作誡。人見其痛，畏而不犯。」[7]論者無不強調肉體痛楚的感
覺。此外，受肉刑者不論是刖足、閹割、黥面，造成終身殘體，不能復
原，此即緹縈所云「死者不可復生，刑者不可復屬。」[8]由於犯人受刑時
的痛楚以及對身體造成永久性的傷害，故不論是肉刑的支持者還是反對
者，都不會否認肉刑的慘酷。曹魏明帝時期反對恢復肉刑的司徒王朗就
提到「前世仁者，不忍肉刑之慘酷，是以廢而不用。」夏侯玄亦指出
「舍死折骸，又何辜邪？猶稱以『滿堂而聚飲，有一人向隅而泣者，則
一堂為之不樂』。」[9]東晉初年大將軍王敦以為「百姓習俗日久，忽復肉
刑，必駭遠近。且逆寇未殄，不宜有慘酷之聲，以聞天下。」[10]故肉刑
雖是上古聖王之制，對於防治犯罪不能說沒有作用，但最被非議之處無
疑是慘酷，亦是肉刑被廢除以及難以恢復的主要因素。

刑罰有所謂預防作用，國家採用刑罰是為了預防犯罪，以達到維護
社會長遠利益的目的。若從預防犯罪角度而論，「使淫者下蠶室，盜者刖
其足，則永無淫放穿窬之姦矣。」[11]肉刑對犯者「絕其為惡之具」，達到
阻絕再犯同樣罪惡的效果，即所謂「特別預防」的作用。刑罰除了防止
犯人再犯以外，更重要是預防並制止其他人犯罪，此即所謂「一般預

6　《史記》，卷10，〈孝文本紀〉，頁428。

7　《晉書》，卷30，〈刑法志〉，頁933。

8　《漢書》，卷23，〈刑法志〉，頁1098。

9　《通典》，卷168，〈刑法典・肉刑議〉，頁4336。

10　《晉書》，卷30，〈刑法志〉，頁942。

11　《三國志》，卷22，〈魏書・陳群傳〉，頁634。

防」作用。「刑一人」固然重要，但更應注意是藉此以「戒千萬人」，使良民「畏而不犯」。這亦是落實中國自古以來刑罰的目的和理想──刑期於無刑，[12]利用刑罰以威嚇社會千千萬萬人，從而期望達到沒有犯罪而不需再使用刑罰的境界。

刑之重者莫過於死刑，然死刑在防治犯罪的效果可能比不上肉刑。東晉初年王導等人倡議恢復肉刑，以為人皆愚昧，雖有死刑，但因瞬間處決，隨著死刑之事日漸遠去，而人在現實生活的欲求繼續存在，故不會因為死刑的存在而不去犯罪。反觀肉刑造成「刑者詠為惡之永痛，惡者覩殘剕之長廢」，[13]犯人身上留下永久性的殘缺，從黥面刺字到割鼻斷足，乃至受宮刑者臉部光滑無鬚、聲音轉為雌柔等，在外觀上很容易判斷是一名受過肉刑的犯人。肉刑之所以能貫徹「刑一人而戒千萬人」的目的，是因為「『人』見其痛」、「惡者『覩』殘剕之長廢」，犯罪的下場、受刑的慘狀都被大家目睹，而且是經常在眼前出現，達致「朝夕鑒戒」。肉刑透過「展示」的方式，使人們見而足懼，「畏而不犯」，終身作誡。

同樣具有「展示」效果的還有「畫衣冠，異章服」的象刑。[14]東漢章帝朝撰定的《白虎通》，對於「象刑」的解釋云：「五帝畫象者，其衣服象五刑也。犯墨者蒙巾，犯劓者以赭著其衣，犯臏者以墨蒙其臏處而畫之，犯宮者履雜扉，犯大辟者布衣無領。」[15]又《晉書・刑法志》云：「犯黥者皁其巾，犯劓者丹其服，犯臏者墨其體，犯宮者雜其屨，大

---

[12]　《尚書正義》，卷 4，〈虞書・大禹謨〉，頁 109。

[13]　王導云「惑者乃曰，死猶不懲，而況於刑？然人者冥也，其至愚矣，雖加斬戮，忽為灰土，死事日往，生欲日存，未以為改。若刑諸市朝，朝夕鑒戒，刑者詠為惡之永痛，惡者覩殘剕之長廢，故足懼也。」參看《晉書》卷 30〈刑法志〉，頁 941。

[14]　《漢書》，卷 23，〈刑法志〉，頁 1098。

[15]　東漢章帝朝撰定的《白虎通》，可謂官方對經義的統一解釋，更能呈現漢儒所描繪的古典禮刑，對於「象刑」的解釋也是建立在漢儒肉刑五刑的基礎之上。參看〔清〕陳立撰，吳則虞點校，《白虎通疏證》（北京：中華書局，1994）卷 9〈五刑〉，頁 439。

辟之罪,殊刑之極,布其衣裾而無領緣,投之於市,與眾棄之。」[16]說法雖是不盡相同,但都是在犯人衣冠服飾著上特別顏色或是作出特別處置,以象徵其所受之刑罰。罪犯並不真正處以五刑,其身體仍是保持完好,但外觀上即被標識出罪犯的身分。

擁護恢復肉刑的人經常主張犯人受刑後即重返社會,國家不必耗費資源監護管理。西晉劉頌對徒刑嚴厲批判,以為刑徒「去家懸遠,作役山谷,飢寒切身,志不聊生。」相對而言,肉刑的優點是「此等已刑之後,便各歸家,父母妻子,共相養恤,不流離於塗路。」肉刑犯人固然不會像徒刑犯人「流離於塗路」,但重新回到鄉里,真的如劉頌所說「諸已刑者皆良士也」?[17]犯人身體留下永久的印記,清楚被標識出來,雖然仍活在共同體中,卻仿佛遭到區隔開來。既是身處於此,卻又如同被此處驅逐一般。身體留下明顯痕跡,罪犯之標誌無法抹去,一直處於驅逐的狀態,難以重返社會。況且,犯人身上留下終身傷痕,長期在眾人之前展示,無疑是一種羞辱,甚至被宮刑而斷絕子嗣,家族亦為之蒙羞。包括肉刑和象刑在內的「古典刑罰」含有濃厚的羞辱的色彩,不論是本人還是家族。同時,身上傷害無法復原,受刑者往往自暴自棄,此即緹縈所云「雖復欲改過自新,其道無由也。」漢文帝亦是感慨「或欲改行為善而道毋由也。」[18]孔融所云「且被刑之人,慮不念生,志在思死,類多趨惡,莫復歸正。」[19]受刑者仿如被社會驅逐的同時,亦自我放逐。遭受肉刑或象刑的人在空間上或許沒有被驅逐,但在社會中被標識出來,實質上與驅逐無異。

相對於「古典刑罰」,以流刑、徒刑為主體的「傳統刑罰」,要而言

---

[16]　《晉書》,卷30,〈刑法志〉,頁917。

[17]　《晉書》,卷30,〈刑法志〉,頁932-933。

[18]　《史記》,卷10,〈孝文本紀〉,頁427-428。

[19]　《後漢書》,卷70,〈孔融傳〉,頁2266-2267。

之，重點有四：（一）刑罰從直接虧損人們身體到不再碰觸人的身體。（二）刑罰所帶來的痛苦不再是肉體的殘害，而是勞作苦役與離鄉背井的徬徨，乃至自由的剝奪等痛苦。（三）刑罰從以前向廣大人民眼前「展示」，轉變為讓人憑著「想像」而感到恐懼。（四）犯人雖是自鄉里被驅逐遠方，但在配所卻得以重返社會。

流刑成立之初，多少仍殘留「古典刑罰」的痕跡。北齊、北周的流放除了遠逐他方以外，尚有鞭笞等虧損身體的處罰。北齊的流刑是「調論犯可死，原情可降，鞭笞各一百，髡之，投於邊裔，以為兵卒。」[20]除了流放遠逐，尚有鞭笞各一百之刑。北周的流刑亦有附加刑的鞭與笞，五等流刑皆鞭一百，與北齊流刑相同。但笞刑之數，北齊是一律笞一百，北周是自六十至一百不等。[21]其實不僅流刑，徒刑何嘗不是如此？據《隋書·刑法志》，北齊的「刑罪」分為一歲至五歲，「凡五等，各加鞭一百」。北周的「徒刑」亦分為一年至五年共五等，同樣都有鞭和笞的刑罰。[22]及至隋唐，徒、流等刑已盡褪「古典刑罰」虧損身體的痕跡，按律不再附加鞭笞等刑罰了。

刑罰所帶來的痛苦不再是肉體的殘害，而是勞作苦役和遠徙旅途奔波等折磨，乃至人身自由遭到剝奪等痛苦。試看前述西晉劉頌對徒刑犯人苦況的描述，云「去家懸遠，作役山谷，飢寒切身，志不聊生。」刑徒遠離家園，在山谷等野外服役，餐風宿露、饑寒交迫，服役環境惡劣，無生人之趣。至於遭到流放遠逐者，則是充滿離別家鄉的無奈悲苦

---

[20] 《隋書》，卷25，〈刑法志〉，頁705。

[21] 據《隋書·刑法志》所載北周流刑制度：「流刑五，流衛服，去皇畿二千五百里者，鞭一百，笞六十。流要服，去皇畿三千里者，鞭一百，笞七十。流荒服，去皇畿三千五百里者，鞭一百，笞八十。流鎮服，去皇畿四千里者，鞭一百，笞九十。流蕃服，去皇畿四千五百里者，鞭一百，笞一百。」參看《隋書》卷25〈刑法志〉，頁707-708。

[22] 北周的徒刑：「三曰徒刑五，徒一年者，鞭六十，笞十。徒二年者，鞭七十，笞二十。徒三年者，鞭八十，笞三十。徒四年者，鞭九十，笞四十。徒五年者，鞭一百，笞五十。」北齊、北周徒刑的規定，分別參看《隋書》卷25〈刑法志〉，頁705、頁707。

以及對於流放地的彷徨與恐懼。初唐大詩人宋之問在睿宗景雲元年
（710）被流放欽州，其〈發端州初入西江〉云「潮回出浦駛，洲轉望鄉
迷。人意長懷北，江行日向西。」流露對故鄉的綣戀，離別家鄉的無奈
與彷徨。玄宗朝宇文融因贓罪被流嶺南巖州，史稱「地既瘴毒，憂恚發
疾……卒於路。」[23]宇文融非真死於瘴癘，而是憂恚而死。又如中唐因
諫迎佛骨而貶官潮州的韓愈，其〈謝恩表〉云：「所處又極遠惡，憂惶慚
悸，死亡無日。」[24]韓愈既為官人自不必如流刑犯人尚需勞作苦役，但
卻因所處環境「惡劣」，竟是「憂惶慚悸，死亡無日」。官人尚且如此心
境，流放犯人鬱鬱憂傷之情就更不需煩言。

　　沈佺期、宋之問、韓愈等京官或被流放，或遭左遷而被迫移居嶺
南，空間上離開他們熟悉的長安，踏足陌生的嶺南，對於週遭景緻特別
敏感，記錄下他們眼中種種奇珍異象。另外，這些官員在際遇上都因犯
罪而遭流貶，心情必是抑鬱消沉，而自阜康繁華的京洛以及錦衣玉食的
生活，突然墜落到「慎防杯裡蠱」、「瘴癘滿冬秋」的「魑魅鄉」，詩文中
遂不斷誇張嶺南的奇、怪、惡、毒，並藉此緬懷昔日光景，流露去國懷
鄉的心情，如宋之問〈早發大庾嶺〉有「出門怨別家，登嶺恨辭國」之
嘆。[25]孟浩然〈洛中訪袁拾遺〉亦云「洛陽訪才子，江嶺作流人。聞說
梅花早，何如北地春。」[26]宋之問、孟浩然等人都是從京畿的、中原
的、文明的角度觀看陌生的嶺南，所以嶺南就呈現種種蠻荒的、邊陲
的、落後的意象。既是如此，移徙嶺南除了擔心在瘴癘之鄉有生命危險
外，在精神上更承受一種遭到驅逐與拋棄的打擊。

---

[23]　《舊唐書》，卷105，〈宇文融傳〉，頁3222。

[24]　韓愈，〈潮州刺史謝上表〉，收入馬其昶校注；馬茂元整理，《韓昌黎文集校注》（上海：上海古籍，
　　　1987），頁618。

[25]　〔唐〕沈佺期、宋之問撰；陶敏、易淑瓊校注，《沈佺期宋之問集校注》（北京：中華書局，
　　　2001），頁429。

[26]　《全唐詩》，卷160，頁1667。

　　有別於肉刑、死刑是透過「展示」的方式，流刑是藉由「想像」而達致「刑一人而戒千萬人」的目的。誠如前述，流刑是五刑中唯一不在本州本縣執行的刑罰，在百姓安土重遷、不會輕易離鄉背井的時代，流刑犯是被強制遷離本籍，遠逐遐方，而依律流人是終身放逐，不得返鄉，因此，流人孤零零的一個人或一家人離開親族鄰里，流徙至陌生的區域，甚至放逐到嶺南這樣窮山惡水、叢林瘴癘的「邊惡之地」，能不害怕嗎？嶺南地區瀰漫著瘴氣、蠱毒，充斥著巨蜂、含沙等毒蟲，仿如人間煉獄。[27]唐中宗時沈佺期因黨附張昌宗、張易之兄弟而被流越南北部的驩州，其〈入鬼門關〉詩云「土地無人老，流移幾客還」；[28]唐睿宗時，宋之問被流欽州，至端州時賦詩「處處山川同瘴癘，自憐能得幾人歸。」[29]這樣的嶺南意象充斥於唐人腦海之中，一旦眾人都有共同的「想像」，就變成「真實」了。當人們想像嶺南是魑魅之鄉，它自然就會成為真實的魑魅之鄉。流刑的威嚇力相當程度來自於「想像」──想像離鄉背井之孤零無助，想像流放過程的困苦艱辛，想像嶺南這種遠惡之地的恐怖凶險，藉由種種想像達到威嚇震懾的效果。相對於肉刑、象刑而言，流刑、徒刑不再強調展示，亦不再強調羞辱了。

　　將犯人遠逐他方，自原鄉被強制移住至異鄉，自此處擯斥至他處，毫無疑問流放是帶有濃厚「驅逐」色彩的刑罰。然而，有別於「古典刑罰」是「在故鄉」被驅逐，「傳統刑罰」是「自故鄉」被驅逐。值得注意的是犯人抵達流所後，只需服完一年的勞役，「即於配所從戶口例，課役同百姓」，授田、課役乃至科考出仕，與一般百姓無異。武后時，和逢堯

27　參看拙作〈六朝隋唐的嶺南意象〉，收入王震宇編，《譯鄉聲影：文化‧書寫‧影像的跨界敘事》（台北：五南，2021），頁 307-332。

28　《沈佺期宋之問集校注》（北京：中華書局，2001），頁 87。

29　宋之問，〈至端州驛見杜五審言沈三佺期閻五朝隱王二無競題壁慨然成詠〉，收入《沈佺期宋之問集校注》，頁 433。

遭流放江南道的莊州，十餘年後進士及第，[30]可見流人同樣享有參加貢舉的機會。在空間意義上罪犯固然遭到「驅逐」，但實質上犯人在流所得以展開新的生活，無疑是獲得重返社會的機會。犯人雖被放逐，但並沒有被放棄，雖被驅逐他鄉，但卻得以重返社會。若以重返社會的角度思考，漢文帝廢肉刑的同時，亦制定徒刑的刑期。徒刑自無期刑變革為有期刑，犯人不再是終身遠離家族鄉里，而是重返社會有期。以徒刑與流刑為核心的「傳統刑罰」，與「古典刑罰」最大的分別無疑是讓犯罪者有重返社會的機會。

---

[30]　《新唐書》，卷123，〈和逢堯傳〉，頁4378。

國家圖書館出版品預行編目(CIP) 資料

從肉刑到流刑：漢唐之間刑罰制度的變革/陳俊強
　著. -- 初版. -- 臺北市：元華文創股份有限公司,
　2023.10
　面；　公分

　ISBN　978-957-711-324-5 (平裝)

　1.CST: 刑罰　2.CST: 歷史

585.509　　　　　　　　　　　　　112011576

從肉刑到流刑──漢唐之間刑罰制度的變革

陳俊強　著

發 行 人：賴洋助
出 版 者：元華文創股份有限公司
聯絡地址：100 臺北市中正區重慶南路二段 51 號 5 樓
公司地址：新竹縣竹北市台元一街 8 號 5 樓之 7
電　　話：(02) 2351-1607　　傳　　真：(02) 2351-1549
網　　址：www.eculture.com.tw
E - m a i l：service@eculture.com.tw
主　　編：李欣芳
責任編輯：立欣
行銷業務：林宜葶
出版年月：2023 年 10 月 初版
定　　價：新臺幣 570 元

ISBN：978-957-711-324-5 (平裝)

總經銷：聯合發行股份有限公司
地　　址：231 新北市新店區寶橋路 235 巷 6 弄 6 號 4F
電　　話：(02)2917-8022　　傳　　真：(02)2915-6275